창세기의 진화론

창세기의 진화론
노동, 언어, 생태의 눈으로 보는 창조론

2025년 6월 27일 처음 찍음

지은이   최종천
펴낸곳   도서출판 동연
펴낸이   김영호
등록   제1-1383호(1992. 6. 12.)
주소   서울시 마포구 월드컵로 163-3
전화/팩스   02-335-2630 / 02-335-2640
이메일   yh4321@gmail.com
인스타그램   instagram.com/dongyeon_press

ISBN 978-89-6447-274-3 03200

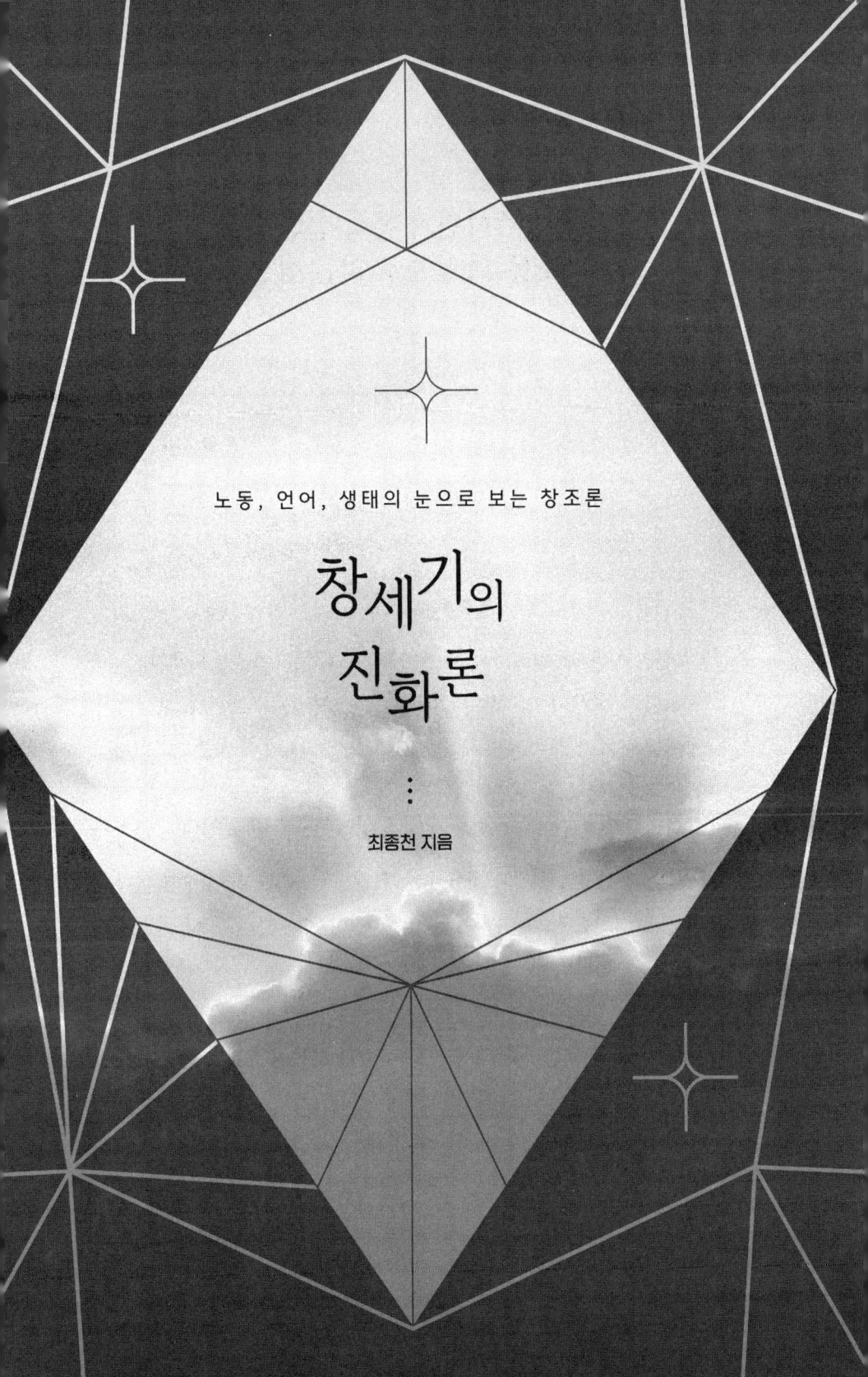

노동, 언어, 생태의 눈으로 보는 창조론

창세기의
진화론

⋮

최종천 지음

비트겐슈타인과 본회퍼와 함께,
'노동'의 눈으로 읽는 성경

김응교

(시인, 문학평론가, 숙명여대 교수)

이 책을 선택한 당신은 인류 문명의 원점을 보는 독특한 공간에 입장한 것이다. 미리 말하면, 이 책을 읽는 시간은 인류를 되새겨보는 의미 있는 순간이 될 것이다. 들어가는 입구는 투박할지 모르나, 2장에 들어가기 시작하면 시간이 얼마나 걸리든 완독하겠다고 마음 잡을 것이다.

탁월한 책은 빨리 읽을 수 없다. 좋은 소설이나 시집도 빨리 읽을 수 없다. 구절구절 성찰과 상상이 융기(隆起)하여 속도를 낼 수가 없다. 지혜로운 경전도 빨리 읽을 수 없으며, 시간이 지나 같은 구절을 읽어도 다른 맛을 우려낸다.

이 책을 읽는데 짧지 않은 시간이 걸렸지만, 그윽이 행복한 시간이었다. 이 책에는 성서에 대한 깊은 성찰과 더불어 창조적 인간론이 담겨 있다. 깊은 사유와 체험의 넓이를 평가하기에 나의 깜냥은 너무 알량하다. 군색한 서생의 마음에서 몇 가지 알곡을 정리해 본다.

왜, 창세기인가

희랍인과 히브리 유대인은 과거를 어떻게 보고, 미래를 향하여 나아갈까.

희랍 문화의 근본을 볼 수 있는 호머의 『오디세이아』를 보면, 오디세우스가 고향 이타카라는 목적지를 향하여, 미래를 향해 모험하는 것을 볼 수 있다. 이 그리스 서사시는 과거를 성찰하기보다는 그때그때 부닥치는 모험을 이겨나가는 용감성을 보여준다. 미래에 구원과 희망이 있다고 본다. 서양의 성장주의나 개신교의 번영신학은 희랍적 태도와 연결된다고 볼 수도 있겠다.

반면 히브리 유대인들은 구원을 과거에서 찾는다. 유대인 심리학자 지그문트 프로이트(1856~1939)는 인류의 종교 심리 그 원점을 창세기에서 찾으며 『모세와 유일신교』를 저술했다. 유대인 작가 프란츠 카프카(1883~1924)는 가인과 아벨의 살인사건을 패러디한 <형제 살해>와 바벨탑 신화를 현대적 은유로 재현한 <도시의 문장>을 쓴다. 유대인 작가 발터 벤야민(1892~1940)은 『역사철학테제』에서 과거가 현재의 구원에 중요한 가능성을 열어 준다고 본다. 과거의 사건 속에 메시아적 구원의 가능성이 숨겨져 있다고 한다.

범박하게 말하여, 희랍인이 과거를 뒤로 하고 미래를 향하여 나간다고 하면, 유대인은 과거를 성찰하며 뒷걸음으로 미래를 향해 간다. 과거 중의 근본 과거라고 할 수 있는 창세기를 연구하는 것은 바로 히브리 유대인의 걸음걸이 방식이 아닐까. 인류 문명의 근본인 창세기를 제대로 연구하면 인류의 구원과 희망을 확인할 수 있다는 입장이다.

디트리히 본회퍼(1906~1945)는 창세기 1~3장까지를 연구한 『창조와 타락』(1933)을 낸다. 본회퍼는 창세기 1~3장에 그리스도의 탄생과 부활이 모두 연관된다고 학술적으로 설명한다. 볼프하르트 판넨베르크(1928~2014) 등 많은 신학자가 창세기 연구서를 냈다. 인류의 창조를 보여주는 창세기 1장부터 인간의 타락을 거쳐 노아 홍수와 바벨탑 붕괴 사건을 다룬 11장까지, 이 과정은 인류 역사의 반복을 보여주는 원역사(原歷史, Urgeschichte, primeval history)라고 한다.

많은 이들이 연구해 온 창세기를 이번에 최종천 시인이 평생의 역작으로 써냈다. 단순히 몇 년간 이책 저책 짜깁기 한 책이 아니다. 십여 년 전, 어느 날 최 시인은 나에게 인류 최고의 책은 성경이라고 했다.

> 지금까지 나의 독서 경험은 성경이 가장 위대한, 인류를 위한 인류로부터의 책이라는 것이다. 그다음으로 나는 주역이나 노자의 『도덕경』을 그리고 비트겐슈타인의 『논리철학논고』를 들고 싶다. 지금까지도 과학의 진화론과 성경의 창조론이 피 터지게 싸우고 있는데, 진화론의 『종의 기원』과 성경은 같은 것을 달리 말하고 있다. 분명한 것은 이 두 가지 저술이 다 같이 인간의 소멸을 경고하면서 끝나고 있다는 것이다(지은이 머리말).

최 시인은 독실한 가톨릭 신자인 구상 시인에게 「현대시학」에 추천받으면서 1988년 구상 시인에게 선물로 공동번역성서를 받았고, 그때부터 성경을 읽었다고 한다. 그가 탐독해 온 개역개정판 성경전서는 얼마나 오랫동안 읽었는지 닳아서 가죽 표지 아랫부분이 온전치 못하다.

최종천 시인의 성경

그는 "창세기 1, 2, 3장을 신화나 시나설화가 아니라 역사적, 진화적 사실로 확정한 것이다"라고 확언한다. 특히 창세기에 최 시인은 인류의 원역사(原歷史)가 있다고 본다.

한국 개신교가 100년을 훨씬 넘었으나 독창적인 책을 찾아보기 힘들다. 외국 서적의 문장들을 각주로 따 붙여 저서를 내는 풍조에서는 독창성을 찾아보기 힘들다. 우치무라 간조나 함석헌처럼 육성의 고백으로 쓴 성서 묵상과 성서 연구가 늘 그리웠는데, 이번 최 시인의 저서는 그 독창성이 빛난다. 허투루 지나쳤던 성경의 진면목을 만날 수 있어 읽는 중에도 반가웠다.

노동의 눈, 일하기 싫은 자는 먹지도 말라

이 책의 첫 번째 특징은 '노동의 눈'으로 창세기를 분석했다는 점이다.

소설가 막심 고리키(Maxim Gorky, 1868~1936)의 아버지는 금속 노동자, 어머니 쪽은 염색 작업장을 운영했다. 세 살 때 아버지가 콜레라로 세상을 뜨고, 어머니는 그가 열한 살 때 돌아가셨다. 외할아버지 외할머니 집에서 자랐지만 가난하여 학교를 제대로 다니지 못했다. 수많은 노동 일을 했던 그에게는 모든 공간이 대학이었다. 그는 만나는 모든 사람에게 배우며 글을 쓰기 시작했다. 소설가 막심 고리키의 『유년 시절』, 『세상 속으로』, 『나의 대학들』을 읽을 때, 최종천 시인이 떠오르곤 한다. 콧수염만 있다면 얼굴도 비슷하겠다.

아빠와 엄마가 매일 싸우는 불안한 가족에서 자란 최종천 시인은 고리키처럼 할머니에게서 자라났다. 중학교가 최종 학력인 그는 구두닦이, 맥주홀 종업원, 중국집 배달원, 주방 보조 등을 했고, 스무 살 무렵부터 해온 용접 일을 지금까지 하고 있다. 1986년 계간 「세계의 문학」으로 등단하여 신동엽 문학상, 오장환 문학상을 수상한 그는 2천년대 들어 반드시 주목해야 할 시인 중 한 명이다.

2010년경 형을 처음 만난 나는 경이로운 존재에 많이 놀랐다. 만날 때마다 그의 다른 면모를 알기 시작했다. 나는 그와 여러 공부 모임을 함께해 왔다. 용접공이라고 가방끈이 짧다고 그를 우습게 보면 크게 실수한다. 비트겐슈타인에 정통한 그는 마르크스 『자본론』을 꿰며, 바그너를 좋아하는 음악광이다, 엥겔스가 존경할 만한 철근 노동자 최종천 시인. 형은 배고픔과 풍부함에 대한 비결을 알고 삶을 즐기는 즐거운 구도자다. 단순한 나의 계급적 고정관념에 충격을 준 이가 최종천 시인이다. 언제부터인가 형은 내게 창세기에 대한 묵상을 보내기 시작했다. 노동자답게 그는 '노동'의 눈으로 성서를 본다.

성서에는 많은 노동자가 나온다. 예수의 아버지 요셉은 목수였다. 어린 예수도 서른 살이 되기까지 아버지의 목수 일을 도왔을 것이다. 예수의 제자들은 대부분 고기를 낚는 어부였다. 바울도 텐트를 만들며 스스로 노동하며 생활했다. 이들은 모두 육체노동자였다.

이 글을 쓰고 있는 나는 노동자이다. 신이 이 세계를 창조함에 있어 우리 노동자 기술자들이 하는 것처럼 어떤 물질 재료들을 가지고 창조한 것이라면 이 세계와 같은 물리적 세계가 나타날 확률은 높다. 논리적으로 타당하다(본문 글 중에서).

이미 창세기에 창세기에서부터 "얼굴에 땀을 흘려야 먹을 것을 먹으리니"(창 3:19)라고 했고, "일하기 싫어하는 사람은 먹지도 말라"(데살로니가후서 3장 10절)고 쓰여 있다. 창세기 1장 26절에 나오는 인간이 "모든 것을 다스리게 하자"는 구절에서 노동의 중요성을 보는 것도 나처럼 가방끈 긴 서생들은 잡아낼 수 없는 시각이다.

창세기 2장 4-6절은 1장 26절에서 "다스리게 하자"의 답을 말하고 있는 절들이다. 여기서 말하는 다스리는 그 방법이 바로 인간의 노동이다. 이 노동이 지금도 행해지는 일차산업, 즉 자연을 직접적인 대상으로 하는 임업, 어업, 농업 등이다. 우리가 노동을 통하여 자연을 얻어내는 것이 곧 다스리는 것이다(본문 중에서).

최 시인은 인간은 노동을 통하여 생태계를 인식하고 신을 깨닫는다고 했다. 창조의 반대말인 타락은 하나님이 주신 노동을 버렸을 때 나타난다. 타락은 성적인 것만이 아니라 노동을 소외시키고, 노동을 외면하고, 노동을 통하여 자연을 착취할 때 나타난다는 것이다.

저자는 창세기 1장과 2장의 차이를 '창조 노동'으로 본다. 1장에서 창조된 인간이 2장 에덴동산에서 창조 노동을 하는 것이다. 자연을 대상으로 노동하면서 깨달은 인류는 대상인식이 자기의식으로 발전하면서 신을 알아보고, 다시 신을 배척하면서 자연을 버리고 문명을 택하면서 파멸하는 역사를 목도한다. 창세기 2장 7절에 나오는 코에 불어 넣은 호흡도 '노동하는 호흡'으로 표현한다.

미국이니 독일이니 서구에서 유학하고 온 학자, 아니 최소한 목사로 임직받아야 성서를 해석할 수 있다는 고정관념은 중세적 한계에 갇힌 좁은 생각일 뿐이다. 최 시인은 먹물들이 볼 수 없는 성서의 진면목을 노동의 눈으로 살려낸다. '노동'이라는 단어가 738회 나오는 이 책을, 최 시인은 글렌 굴드처럼 콧노래로 <골드베르크 변주곡>(GoldbergVariations)을 부르며 집필했을 것이다.

말씀이 세상을 창조했으니

이 책의 두 번째 특징은 언어를 통해 창조의 역사가 펼쳐진다고 보는 점이다.

창세기는 '~있으라 하시매 ~이 있었고'라는 구조로 시작한다. "빛이 있으라 하시매 빛이 있었고"라는 식으로 한 가지씩 창조된다. 여기서 저자는 비트겐슈타인의 『논리철학논고』를 인용하여, 창조의 역사는 "논리(말)가 무엇(일)에 앞선다"는 사실을 드러낸다.

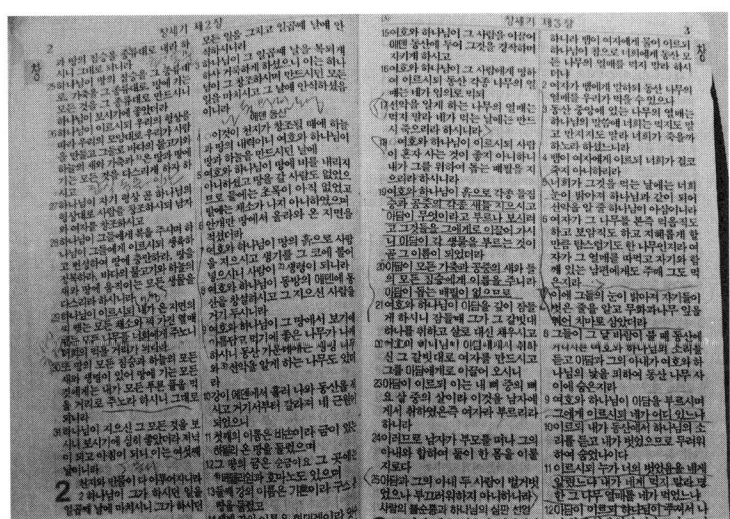

최종천 시인이 읽은 창세기

"태초에 말씀이 계시니라 이 말씀이 하나님과 함께 계셨으니 이 말씀은 곧 하나님이시니라 그가 태초에 하나님과 함께 계셨고 만물이 그로 말미암아 지은 바 되었으니 지은 것이 하나도 그가 없이는 된 것이 없느니라"(요 1:1-3)는 성경 구절은 비트겐슈타인의 논거와 비견하여, 새롭게 해석해 낸다.

교회에서는 창세기를 그저 믿으라고 강조하지만, 저자는 창세기 1장에 나타난 하나님의 창조는 시종일관 언어/논리를 앞세우고 그다음에야 무엇/세계의 형식이 창조되는 것으로 보여준다고 한다. 비트겐슈타인의 논리와 분석철학으로 창세기의 세계를 변증(辨證)해내는 일종의 '조직신학'(組織神學, Systematic Theology)을 펼쳐 보인다. 이 책에서 비트겐슈타인의 논리철학은 창세기를 새롭게 펼쳐 보인다.

대상이 눈에 보이지 않는다고 해서 존재하지 않는 것은 아니다. 사물의 실재성이란 무엇일까. 인간이 말하는 사랑도 보이지 않기는 마찬가지다. 창세기의 창조는 인류의 비밀을 밝혀주는 기적이며 신비다. 눈에 보이지 않지만, 분명히 실재하는 창조의 기적과 신비를 늘 간직하고 감사하며 기쁘게 살아가야 하는 것이 창세기가 인간에게 주는 핵심이며 선물인 것이다.

무너지는 먹이사슬 생태계와 문명 경고

셋째, 이 책은 생태학의 측면에서 창세기를 본다. 저자는 창세기에 이미 생태계의 먹이사슬과 생태학적 위기가 상세히 서술되어 있다고 본다. 아울러 진화와 창조는 동일하게 진행한다고 설명한다. 창세기를 신화로 읽는 이들이 있지만, 최 시인은 창세기를 철저하게 과학적 사실로 읽는다.

"씨 맺는 모든 채소와 씨 가진 열매 맺는 모든 나무를 너희에게 주노니 너희의 먹을 거리가 되리라"(창 1:29)는 구절을 인용하여, 창세기는 인간에게 채식을 권한다는 언급도 돋아 보인다. 하나님이 약속한 채식과 보존해야 할 생태계를 타락한 인간은 '폭력적 문명'으로 파괴하면서 인류는 종말로 간다고 경고한다.

저자는 소돔성이 타락하고 착한 사람이 하나도 없게 된 이유는 그 땅이 '온 땅에 물이 넉넉하기 때문'(창 13:10)이라고 본다. 따라서 현재 인류가 살고 있는 상황도 지나치게 풍족하여 멸망으로 치닫고 있다고 경고한다.

최종천 시인은 창세기나 구약 성서뿐만 아니라 신약 성서 구절을 인용하면서, 성서의 저자들이 주장하는 알짬을 드러내는 데 전력을 다한다. 저자는 성경에서 인간을 위한 인간학을 만날 수 있고, 성경은 가장 위대한 문헌으로 본다. 종교적인 텍스트로 가두면 안 되고, 교회를 안 다니는 이들도 읽어야 할 최고의 서적으로 소개한다.

여기까지만 쓰고 이 책의 내용을 세세하게 요약하지 않으련다. 과연 어떤 내용이 있기에 높이 상찬하는지, 한번 밑줄 치며 읽으시기 바란다. 어려울 듯싶지만 누구라도 이해할 수 있는 멋진 저작이다. 이 글은 풍성한 저작 앞에 겸허하게 페이지를 넘긴 애독자의 짧은 감상이다.

좋은 책은 독자와 '차이'를 만든다. 어떤 문장은 내가 읽은 시각과 전혀 다른 시각으로 해설하고 있다. 그 '차이'가 새로운 깨달음을 준다. 최종천 시인이 쓴 몇몇 구절은 정통 기독교의 해석과 부닥친다. 신실하고 독실하다는 기독교 신자가 읽을 때 어떤 구절은 받아들이기 어려운 구절도 있을 것이다. 가령, 전지전능한 하나님이라고 하는 기존의 신학과 다르게, 저자는 이 세계의 창조 앞에 '논리'가 있다고 하면서 인격신을 배제하는 것도 신실한 독자에게는 껄끄러울 것이다. 도대체 정통 기독교 신학이라는 것이 존재하는가. 성경 구절 하나에도 교파별로 해석이 다르고, 보수 신학, 개혁 신학, 민중신학, 해방신학 등에 따라 해석이 천차만별 아닌가.

시간이 지나면 텍스트는 독자의 인식에 '차연'(差延)을 만든다. '나'의 고정관념에서 차연이 발생할 때, 독자는 새로운 지평을 얻고 자신의 생각을 반성하고 성찰하기 시작한다. 차이가 있는 그 지점에서 상상력의 힘이 발휘될 것이다.

변하지 않는 알짬은 최종천 시인에게 성서란 인류가 반드시 읽어야 할 하늘의 선물이라는 사실이다. 그는 성서를 교회 안에 가두지 말고, 일반인이 늘 읽을 수 있도록 해야 한다고 평상시에도 강조한다. 이 책을 통해 그가 강조하는 성서의 진면목을 만나고, 또한 그와의 차이를 찾아내며 새로운 깨달음을 얻으시기 바란다. 생각날 때마다 찾는 냉면처럼, 분명 몇 번이고 다시 읽을 책이다.

머리말

 필자가 이 책에서 논하고 있는 것은 창조와 진화가 기실은 동일하다는 것이다. 필자는 처음부터 끝까지 창세기 1, 2, 3장을 논리적으로 읽었는데, 그 결과 창세기 1장이 다른 것이 아니라 지구 생태계의 먹이사슬이라는 것을 알게 됐다. 먹이사슬은 에너지의 이동 경로이다. 즉, 에너지의 순환 시스템이다. 이 시스템에 의해서만 지구는 영구히 유지 보존될 수가 있다. 창세기 2장은 이 지구 자연을 대상으로 인간이 노동하는 모습을 보여주고 있다. 자연을 대상으로 하여 의·식·주를 해결해야 하는 노동의 과정에서 막연한 대상인식이 싹트는 것을 보여주는 것이다. 이 대상인식을 2장의 마지막 절은 단순하게 표현하고 있다. 이것은 지구 인간의 진화사(進化史)이다. 창세기는 사실상 진화를 간결하게 표현하고 있다. 종교가 이제 와서 과학이 되고자 한다는 비아냥을 듣지 않아도 된다.

 아담과 그의 아내 두 사람이 벌거벗었으나 부끄러워하지 아니하니라(창 2:25).

 창세기 3장에서는 막연한 대상인식이 부끄러움을 아는 자기의식으로 변화하는 것을 다음과 같이 표현하고 있다.

 이에 그들의 눈이 밝아져 자기들이 벗은 줄을 알고 무화과나무 잎을 엮어 치마로 삼았더라(창 3:7).

지금 종교와 과학이 창조론과 진화론으로 극심하게 대립하고 있으나, 진화론의 근거인 종의 기원이나 창조론의 근거인 성경이 말하는 것은 아주 비슷한 것이다. 두 저술이 모두 다 인간의 소멸을 말하면서 끝나고 있다는 것은 시사하는 바가 크다. 서로 다른 것은 성경이 신학적 저술이 아니라 인간을 위한 인간학이라는 것에 비하여, 종의 기원은 자연학이라는 것이다. 그러므로 성경이 종의 기원보다 더 많이 철학과 관계를 가지고 있는 것이다. 필자는 창세기의 해석에 비트겐슈타인의 『논리철학논고』를 참고하였는데, 이것에 대하여 그는 『논리철학논고』에서 다음과 같이 말하고 있다.

　다윈의 이론이 자연과학의 다른 그 어떤 가설들보다도 더 많이 철학과 관계를 가지고 있지는 않다(『논리철학논고』 4.1122).

　이 명제에서 다윈의 이론은 물론 『종의 기원』을 말하고 있다. 어떤 다른 가설은 이 명제가 성경의 창세기를 말하고 있다. 이미 말했듯이 창세기 1장은 지구 생태계 먹이사슬로서 그것은 자연과학인 것이다. 그렇다면 왜 '가설'이라고 표현하고 있을까? 그 이유는 신학이 창세기를 자연과학이 아닌 형이상학적 신학으로 만들고 있기 때문이다. 더불어 많은 논란에 쌓여 있기 때문에 '가설'이라고 표현하고 있는 것이다.
　그것이 어떤 텍스트이든 간에 거기에 있는 그대로를 읽어 내기가 어려운 것이다. 이렇게 창세기를 논리적으로 해석한 결과 창세기 1장의 창조가 지구 진화와 일치하고 있다는 것을 독자들은 알 수가 있을 것이다.

필자는 개신교와는 전혀 관련이 없는 사람이다. 내가 성경을 읽게 된 동기는 시를 쓰는 데에는 무엇인가 지속적으로 탐구할 만한 텍스트가 있어야 한다고 생각하여 성경을 택하게 되었다. 성경에 관심을 가지게 된 동기도 나의 스승이신 구상 선생님이 공동번역성서를 선물로 주셨기 때문이다. 선생님께서는 언젠가 공초 오상순 문학상을 만들겠다고 시화전을 열기도 하셨는데, 당시 선생님께서는 그 상금을 500만 원으로 하시겠다고 하셨다. 내가 그 돈은 노동자들이 일 년을 안 먹고 안 쓰고 모아야 되는 금액이라고 말씀드리니, 실망하신 눈빛을 보이시다가, 하기야 가난한 사람들은 아마도 지금 이순간에서 영원을 살고 있을 것이라고 하신 말씀이 지금도 귀에 쟁쟁하다. 그런데 그 말씀이 지금 읽고 있는 『논리철학 논고』에도 나타나 있는 것이다.

> 선(善)하거나 악(惡)한 의지가 세계를 바꾼다면, 그것은 단지 세계의 한 계들을 바꿀 수 있을 뿐이지, 사실들을 바꿀 수는 없다. 즉, 언어에 의해서 표현될 수 있는 것을 바꿀 수는 없다. 간단히 말해서, 선악의 의지를 통하여 세계는 전혀 다른 세계로 되지 않으면 안 된다. 말하자면 세계는 전체로서 감소하거나 증가해야 한다.
> 행복한 자의 세계는 불행한 자의 세계와는 다른 세계이다(『논리철학논 고』 6.43).

필자는 처음에 우리의 악한 의지에 의하여 세계는 감소하고, 선한 의지에 의하여 세계는 증가한다는 것으로 읽었다. 그러나 코로나를 겪는 동안 생각해 보니 그 반대이다. 우리의 선한 의지에 의하여 세계는 감소하고, 악한 의지에 의하여 세계는 증가한다는 의미이다. 인간은 지구의 80%를 장악하고 있다. 그러니까 인간은 지구를 노아의 방주로 만들어야 하는 것이다.

인간은 재앙을 통하여 세계의 한계들을 바꿀 수 있을 것이다. 가난하게 사는 사람들은 가난을 통하여 지구의 수명을 늘리고 있는 것이다. 이것이 순간에서 영원을 사는 일이다.

비트겐슈타인이 『논리철학논고』를 통하여 은밀하게 말하고자 하는 것이 있는데, 그것은 이 세계의 전제가 신의 전지전능이 아니라 논리라는 것이다.

사람들은 일찍이, 논리 법칙에 어긋나는 것만 제외한다면 신은 모든 것을 창조할 수 있노라고 말했다. 요컨대 우리는 "비논리적" 세계에 관해서는 그 세계가 어떻게 보일지 말할 수 없을 것이다(『논리철학논고』 3.031).

논리는 세계를 가득 채우고 있다. 세계의 한계들은 또한 논리의 한계들이기도 하다(『논리철학논고』 5.61).

이것은 창세기 1장에도 나타나 있다. 신은 무엇을 창조하기 이전에 반드시 말씀을 한다. 이 말은 논리적인 말이고 자연과학적인 말이다. 이 세계는 말씀=논리로 되어 있는 세계이다.

하나님이 이르시되 땅은 풀과 씨 맺는 채소와 각기 종류대로 씨 가진 열매 맺는 나무를 내라 하시니 그대로 되어(창 1:11).

이것은 『논리철학논고』 5.552에서 다음 명제에 나타나고 있다.

논리는 모든 경험 각각에 — 즉 어떤 것이 어떠하다는 것에 앞선다.
논리는 '어떻게'에는 앞서나, '무엇이'에는 앞서지 않는다(『논리철학논고』 5.552).

그렇다면 우리가 생각할 수 있는 결론은 "신의 전지전능 그마저도 논리 안의 것이지, 논리의 밖에서는 그저 우연일 것이다"라는 것이다. 그런데 이 논리는 단 하나이다.

논리에서 과정과 결과는 동일하다(그렇기 때문에 뜻밖의 일이란 없다)(『논리철학논고』 6.1261).

예컨대 2+2=4라는 단 하나의 가능성과 결과만을 가진다. 신은 이러한 논리에 따라 이 세계를 창조했기 때문에, 이 세계가 아닌 다른 세계를 절대로 창조할 수가 없다는 것이다. 성경의 창세기 1장에서 신이 창조한 것이 지구의 생태계 먹이사슬이고, 인간은 맨 마지막으로 창조되었다는 것은 인간이 지구 생태계의 마지막 포식자라는 것을 의미한다. 실제로 인간은 마지막 포식자이다. 인간의 모든 행동은 대상을 포식하는 동작이다. 우리가 이 사실을 심각하게 받아들여야 하는데, 그 이유는 그 포식의 대상에는 인간 자신이 포함되어 있다는 사실에 있다. 우리 인간은 이 사실, 마지막 포식자로서의 운명과 사명을 떠나서는 존재할 수가 없게 되어 있다. 이 세계는 논리가 전제되어 있는 세계이고, 그로부터 질서가 작동하고 있고 유지되고 있다. 이 질서로부터 인간의 운명이 나온다. 따라서 우리는 창세기의 다음과 같은 말씀을 인간의 운명을 선고하는 것으로 냉정하게 받아들여야 할 것이다.

> 하나님이 그들에게 복을 주시며 하나님이 그들에게 이르시되 생육하고 번성하여 땅에 충만하라, 땅을 정복하라, 바다의 물고기와 하늘의 새와 땅에 움직이는 모든 생물을 다스리라 하시니라(창 1:28).

우리 인간이 땅에 충만한다는 것은 인간이 마지막까지 살아남는 유일한 생명체가 되리라는 것은 아닐까? 그렇게 되면 그때 인간은 무엇을 먹어야 할까?

창조주는 우리에게 이렇게 말하고 있을지 모를 일이다. "이 지상에서 천국과 지옥을 연출하지 말라. 천국과 지옥은 내가 나의 수중에 그대로 두겠다." 인간이 생각하는 천국은 어쩌면 창조주의 입장에서는 지옥일 수도 있고, 인간이 생각하는 지옥이 차라리 창조주의 입장에서는 천국일 수도 있다. 그러나 분명한 것은 우리의 선하거나 악한 행위에 대하여 상과 벌이 주어진다면, 이 상벌은 행위 그 자체 속에 이미 놓여 있는 것이다(논리철학논고 6.422).

현재 기독교가 주장하는 인격신은 인간이 자신의 죄를 합리화하기 위한 조치이다. 논리는 비인격적이다. 달리 말하자면 처음부터 자연은 공짜가 아니었다.

논리를 전제로 창조한 자연은 논리적으로 인간의 착취에 반응하고 있는 것이다. 자연의 재앙이 우리를 혁신할 것이다. 지금까지 신학은 목적론적 창조를 말하여 모든 것이 인간을 위해 창조되었다는 잘못된 사상을 전파해 왔다. 그러나 신은 창세기 1장에서 분명히 자신이 창조하고자 하는 것 그 자체인 것을 맨 먼저 그리고 그에 필요한 것을 우선순위로 하여 창조한 것이다. 따라서 인간은 이 우주에 가장 덜 필요한 존재로 창조된 것이다. 그럼에도 인간은 필연적으로 창조되었다. 논리에 따라 창조한 이 세계에 논리적인 존재가 없다면? 이 세계는 비논리만이 존재할까? 아니다. 그런 것은 처음부터 불가능하다. 우주 안에 우주를 이해하는 존재가 있다는 것은 당연한 것이다. 오늘날 인간은 지구를 황폐하게 하고 지금은 다른 행성을 식민지로 만들 기획을 하고 있다. 이러한 인간의 미래를 우리는 신이 인간을 창조하는 당시의 상황으로 돌아가 생각해 보면 알 수가 있다.

> 하나님이 이르시되 우리의 형상을 따라 우리의 모양대로 우리가 사람을 만들고 그들로 바다의 물고기와 하늘의 새와 가축과 온 땅과 땅에 기는 모든 것을 다스리게 하자 하시고(창 1:26).

이 26절의 해석에서 우선 분명히 해야 하는 것은 '다스리다'라는 것이 무엇을 지시하는가 하는 것이다. 그것은 인간의 노동이다. 인간은 동물과는 다르게 신의 피조물인 자연을 있는 그대로는 사용할 수가 없다. 자연을 가공해야 하는 것이다. 그것이 바로 인간의 노동이다. 우리도 신과 같이 286의 형상을 따라 그 모양대로 386을 만들었다. 386이 나오자 286은 버려지고 잊혔다. 인간도 신처럼 인간의 형상을 따라 그 모양 그대로 AI 로봇을 창조하고 있다. 인간은 자신의 몫인 이 노동을 대신하게 하기 위하여 AI 로봇을 창조하고 있다. 이제 로봇이 창조되면 인간도 신처럼 버려지고 잊힐 것이다. 우리가 신을 버리고 지배했듯이 꼭 그렇게 인간은 로봇에 의해 지배당하게 되어 있는 것이다.

여기서 성서가 인간을 위한 인간학이라는 것을 알 수가 있는 것이다. 이렇게 되어 있는 이유는 이 세계의 전제가 논리이기 때문에 그 논리에 따라 나오는 가능성일 뿐이다. 이 세계가 어떻게 나타났는가, 하는 것은 직관적으로 생각해 보면 알 수가 있다. 우리 인간이 논리에 따라 무엇인가를 할 수가 있기 때문에 그 가능성과 필연성에 따라 이 세계가 나타난 것이다. 만에 하나 그것이 불가능하다면 그건 안 되기에 그런 세계는 나타나지 않게 되어 있다는 것이다. 어떻게 무질서가 나타날 수 있겠는가? 그러나 논리에는 한계가 있을 것이다. 이 한계에 도착할 때까지 인간은 전진할 수밖에 없는 존재이다. 성서를 읽으면 인간의 미래를 볼 수가 있다. 나는 기독교만이 진정한 의미에서 종교라고 생각한다. 기독교만이 창조주로서 유일신을 내세우고 있기 때문이다. 그 유일신이 바로 논리이다. 이 세계에 논리적인 존재는 인간 외에는 없다. 논리적인 존재인 인간이 해야 하는 일은 비논리적인 것들이다. 사랑이나 행복, 자유, 평화 등의 것들은 대상이 없다. 비논리적이다. 비논리적이기 때문에,

> 실로 언표 불가능한 것들이 있다. 이것은 스스로 드러난다. 그것이 신비스러운 것이다(『논리철학논고』 6.522).

> 말할 수 없는 것에 관해서는 우리는 침묵하지 않으면 안 된다(『논리철학논고』 7).

우리 인간은 자연을 과학의 대상으로 하여 착취할 것이 아니라 신비롭게 바라보고 경이와 기쁨을 느끼며 살아야 한다. 하느님도 그런 것이다.

이 책에 한 가지 이상한 것이 있는데, 그것은 고학력이 아닌 필자가 이 책을 썼다는 것이다. 그러나 분명한 것은 이 책 외에는 창세기에 있는 그대로를 밝혀낸 책은 찾을 수 없다는 사실이다. 모험저인 출판을 해주신 동연의 김영호 사장님께 그리고 추천사를 써 주신 김응교 교수께 감사드린다.

2025년 4월

최종천

목차

제 1 장

⋮

들어가며

1. 지구라는 행성에서 인간의 운명

이 우주는 음양의 에너지가 가득 들어차 있는 상태를 유지한다. 그에 걸맞게 우주 안에는 인간이라는 존재가 있고, 인간 존재의 제반 조건은 우주에 가득 차 있는 에너지를 낭비하기 알맞게 되어 있다. 칸트가 말했듯이 "인간의 이성은 자연적 본능을 훨씬 능가하며, 자신의 모든 힘을 사용하는 규칙과 의도를 확장시키는 능력이며, 그 기획력은 한계를 모른다." 인간이 이러한 존재인 이유는 창세기 1장에 분명히 표현되고 있다. 창세기 1장은 다른 것이 아니라 지구 생태계의 먹이사슬이다. 이 먹이사슬은 에너지의 이동 경로이고, 에너지의 이동은 에너지의 순환이다. 오로지 이 하나의 방법/논리에 의해서만 지구라는 행성이 영구히 유지, 보존되고 있다. 정통 기독교의 해석에 따르면 인간은 하나님의 형상으로 창조되었기에 모든 것은 인간을 위해 창조되었다는 인본주의 사상을 말하고 있다. 그러나 이것은 창세기 1장을 잘못 이해한 것이다. 하나님은 창조시에 창조하시는 그것에 가장 필연적으로 필요하고 그 자체인 것을 먼저 창조하신 것이다. 그것이 바로 하늘과 땅이고 다음이 빛과 어둠이다. 인간이 마지막에 창조되었다는 것은, 즉 인간은 지구 생태계 먹이사슬의 마지막 포식자 라 는 것이다. 따라서 인간은 하나님에게서 가장 멀리 떨어져 있는 존재이며, 지구 생태계의 측면에서 본다면 하나의 안전장치에 불과한 존재이다. 앞으로 지구 인간이 생태계를 계속 파괴한다면, 지구는 오직 인간의 개체수를 줄이면 해결되는 문제이다. 그와 같은 생태계 해체의 위기에서는 하나님을 믿는 자나 안 믿는 자나, 부자나 가난한 자나 시간의 차이가 있을 뿐 멸망을 면치 못할 것이다. 이렇게 하여 인간의 개체수가 지구가 감당할 수 있는 수준으로 줄어든 다음에야, 지구는 안정을 취하게 될 것이다. 이는 지구가 자신을 스스로 돌보고 있다는 것이다. 지구는 자신에 맞게 스스로 최적화할 것이다. 이로부터 인간 개체수가 줄어든다는 것은 필연적이다.

그렇게 창조주는 마땅히 유지 보존되어야 하는 질서의 세계를 창조한 것이다. 신학을 읽다 보면 쓰레기통이라는 생각을 하게 된다. 신학에서는 창세기 2장의 에덴동산을 그냥 그대로 말하고 있다. 에덴동산은 인간의 서식처인 지구를 은유한 것이다. 그렇게 보는 이유는 에덴이 여러 갈래의 강이 흐르는 물이 풍부한 기름진 땅이라는 표현인데. 그 뜻은 인간이 살기에 좋은 땅을 의미하기 때문이다. 우주를 뒤지고 돌아다녀 보아도 지구는 하나뿐이다. 다중우주는 없다. 설사 다중우주라고 하더라도 그 다른 우주도 우리가 겪고 있는 이 우주와 똑같은 우주일 것이다. 에덴이 지구라는 것은 창조주가 아담을 이끌어 와 에덴을 경작하게 한다는 것으로도 증명되는 것이다. 창세기는 이렇게 최초의 인간이 에덴에서 소외되지 않고 수고롭지도 않은 노동을 했다고 전하고 있다. 물이 풍부한 기름진 땅, 에덴이 낙원인 이유는 인간의 자기의식 이전, 막연한 대상인식을 지니고 있기 때문이다. 그러나 창세기 3장은 대상인식이 자기의식으로 발전하는 과정을 분명히 보여주고 있다. 창세기는 인간의 역사가 노동으로부터 시작되었음을 알리는 인간학이다.

에덴, 물이 풍부한 기름진 땅, 인간이 번영, 번식하기 좋은 땅이 또 나오는 곳이 창세기 13장이다. 아브람과 롯이 서로 떠나면서 아브람은 롯에게 먼저 살 땅을 선택하도록 한다. 그들이 떠나야 하는 이유를 성경은 이렇게 말하고 있다.

> ⁶그 땅이 그들이 동거하기에 넉넉하지 못하였으니 이는 그들이 소유가 많아서 동거할 수 없었음이니라 ⁷그러므로 아브람의 가축의 목자와 롯의 가축의 목자가 서로 다투고 또 가나안 사람과 브리스 사람도 그 땅에 거주하였는지라(창 13:6-7).

이는 현대의 상황과 크게 다를 것이 없다. 오늘날 지구상에서 전쟁과 싸움이 일어나는 이유는 소유가 많아 동거하기에 넉넉하지 못하기 때문이다. 아브람과 롯은 들어가 살 땅을 선택하는데 아브람이 롯에게 우선권을 준다.

> ⁸아브람은 롯에게 이르되 우리는 한 친족이라 나나 너나 내 목자나 네 목자나 서로 다투게 하지 말자 ⁹네 앞에 온 땅이 있지 아니하냐 나를 떠나가라 네가 좌하면 나는 우하고 네가 우하면 나는 좌하리라 ¹⁰이에 롯이 눈을 들어 요단 지역을 바라본즉 소알까지 온 땅에 물이 넉넉하니 여호와께서 소돔과 고모라를 멸하시기 전이었으므로 여호와의 동산 같고 애굽 땅과 같았더라 ¹¹그러므로 롯이 요단의 온 지역을 택하고 동으로 옮기니 그들이 서로 떠난지라(창 13:8-11).

이렇게 창세기 13장에는 롯과 아브람이 서로 땅을 선택하여 떠나는 것을 보여주고, 13장부터 18장까지는 인간이 서로 다투고 질시하며 영토를 가지고 싸우는 오늘날과 같은 인간의 타락상을 보여준다. 그 다음 19장에 들어와서 소돔의 죄악과 타락상을 구체적으로 묘사하고 있다. 18장에서는 아브람과 여호와 사이에 소돔성 안에 있을지도 모르는 착한 사람의 수를 두고 홍정이 벌어진다.

> ²⁴그 성 중에 의인 오십 명이 있을지라도 주께서 그곳을 멸하시고 그 오십
> 의인을 위하여 용서하지 아니하시리이까 ²⁵주께서 이같이 하사 의인을
> 악인과 함께 죽이심은 부당하오며 의인과 악인을 같이 하심도 부당하니
> 이다 세상을 심판하시는 이가 정의를 행하실 것이 아니니이까 ²⁶여호와께
> 서 이르시되 내가 만일 소돔 성읍 가운데에서 의인 오십 명을 찾으면 그들
> 을 위하여 온 지역을 용서하리라(창 18:24-26).

처음에 아브람은 여호와께 착한 사람의 수를 50명으로 제시한다. 그러나 홍정이 진행되면서 착한 사람의 수는 열 명까지 줄어든다. 결국에는 착한 사람이 한 사람도 없는 것으로 드러난다.

> 아브라함이 또 이르되 주는 노하지 마옵소서 내가 이번만 더 아뢰리이다
> 거기서 십 명을 찾으시면 어찌하려 하시나이까 이르시되 내가 십 명으로
> 말미암아 멸하지 아니하리라(창 18:32).

이는 성경이 제시하는 가장 기독교적인 진리를 담고 있는 절이다. 19절의 앞부분은 착하지 않은 롯을 묘사하고 있다. 롯은 우리 시대의 평범한 이웃이며 적극적으로 선을 행하지 않는 사람이다. 결국 여호와와 아브람의 홍정은 이런 롯을 구하기 위한 것이 되고 말았다. 이제 롯이 소돔을 떠나는데 롯의 아내는 소돔성에 미련이 남아있어 뒤를 돌아보다가 소금 기둥으로 굳어버리고, 롯과 그의 두 딸이

탈출에 성공하여 살아남는다. 동굴에 들어간 두 딸과 롯 사이에서 동침이 이루어지고, 거기서 모압과 암몬 자손의 조상이 태어난다. 이렇게 창세기 13장에서 소돔성이 멸망하는 19장까지 기록된 기독교적 진리는 이런 것이다.

먼저 착한 사람의 수를 두고 흥정하는 것의 의미는 착한 사람이 한 사람도 없다면 그 자체로 이미 멸망한 것이다. 현대 사회도 역시 같은 이유로 멸망하게 되어 있다. 다음으로 여호와가 별로 착하지도 않은 롯과 그의 두 딸을 구원한 이유는 무엇인가? 그것은 종족을 잇기 위함이다. 여기서 중요한 것은 만약에 롯의 아내가 살아남아 그 사이에서 누가 태어난다면, 그는 여호와가 멸하신 소돔의 종족일 것이다. 그러나 롯과 두 딸 사이에서 태어난 사람은 멸하신 그 종족을 이으면서도 그 종족과는 다른 종족이 되는 것이다. 그가 바로 모압과 암몬 자손의 조상인 것이다. 중요한 것은 이것이 자연에서의 종의 분기와 같다는 것이다. 즉, 종의 다양성이다.

그렇다면 왜 소돔성은 멸망하게 되었을까? 그 이유는 이렇게 제시되어 있다.

> 이에 롯이 눈을 들어 요단 지역을 바라본즉 소알까지 온 땅에 물이 넉넉하니 여호와께서 소돔과 고모라를 멸하시기 전이었으므로 여호와의 동산 같고 애굽 땅과 같았더라(창 13:10).

소돔성이 타락하고 착한 사람이 하나도 없게 된 이유는 그 땅이 '온 땅에 물이 넉넉'하기 때문이다. 물이 넉넉하다는 것은 에덴동산의 묘사에도 나오나 이 표현의 의미는 인간이 번영하기에 좋은 기름진 땅을 말하고 있다. 이 기름진 땅에서 인간이 지나치게 번영, 번식한 결과 서로 질시하고 영토전쟁을 벌이며 타락하게 되었다. 우리 인류가 살고 있는 상황과 다를 것이 없다. 그래서 성서는 이렇게 말하고 있다.

여호와께서 소돔과 고모라를 멸하시기 전이었으므로(창 13:10).

바로 롯이 택하여 들어간 땅, 기름진 땅이 소돔성이 되어버린 것이다. 롯이 들어간 땅이 기름지고 물이 풍부한 땅이기 때문에 그 종족은 타락하여 착한 사람이 하나도 없이 멸망하게 되었다. 인류가 서식하고 있는 이 지구라는 행성이 바로 그 땅 에덴이나 소돔성은 아닐까? 이 지구라는 행성이 조금만 덜 비옥하고 기름지지 않은 터전이라면 인류는 지금처럼 지나치게 번영, 번식하지는 못했을 것이다. 전쟁이나 살인, 지구 온난화, 공해, 오염 등의 재해가 없이 평화롭게 살고 있을 것이다. 이는 현존하는 원시사회를 보면 알 수가 있다.

이렇게 창세기는 에너지로 충만한 우주, 지구라는 행성에 에너지를 소비하며 번식하고 번영해야 하는 인간의 운명에 대하여 미리 보여주고 있다. 이 기름지고 풍요롭고 넉넉한 행성 지구에서 인간이 무한으로 번영, 번식할 수 있는 기반은 과학의 발전에 의한 문명이다. 분명한 것은 그 과학의 발전도 지구 자연에 의한 것이라는 사실이다. 그리고 과학이 발전할 수 있는 근거도 하나님이 창조하신 이 세계가 질서 있게 유지되는 논리적이고 과학적인 세계이기 때문이다. 그러니까 과학의 발전은 하나님의 창조의 연속선상에서 가능하다는

것이다. 그러므로 우리가 원하는 과학적인 모든 일이 일어난다고
하더라도, 그것은 하나님이 우리에게 베푸시는 운명의 은총에 불과
할 뿐이다. 그렇다면 우리는 하나님에게 무제한적인 은총을 베풀어
달라고 요구해서는 안 될 것이다.

과학에 의한 생명체들의 복사, 핵무기 등을 인간은 서슴지 않고
현실로 가져오고 있다. 이는 금단의 열매를 따 먹는 것과 같다.
인류는 과학을 수단으로 하여 지금도 하나님께서 인류를 위하여
금하신 모든 금기를 범하고 있는 것이다. 인류 자신이 전능자로
자처하여 나서고 있다.

그러나 과학적 발전은 그 자체로 가치 있는 것이 아니다. 발전에
가치가 있다면 그 가치들은 이 세계의 밖에 놓아두어야 하는 것이다.
과학의 발전 그 자체에 심취하여 우리 삶의 문제들을 뒤로 미루어
둔다면, 정작 해소되어야 하는 삶의 문제들은 하나도 해소되지
않은 채 인간은 과학의 발전 그 자체에 도취하여 자신의 불행을
행복으로 착각하게 될 것이다. 오히려 과학의 발전은 인간 삶의
조건이 되어 인간은 불행과 타락에서 헤어 나오기 어려울 것이다.

2. 심판하시고 처벌하시고 보복하시는 하나님은 없다

성서를 잘못 이해하는 사람들이 기독교의 하나님은 처벌하고
화를 내며 보복한다고 말하는 경우가 있다. 그러나 하나님은 인간에
대하여 손을 쓸 수가 없다. 인간이 실천하는 모든 사실이 당위는
아니며, 따라서 인간 존재는 당위와 일치하지 않는다. 인간이 모든
금지된 것들을 실천하여 나갈수록 인간은 자신의 불행을 행복이라

고 강변하여 합리화하는 악의 구렁텅이에 빠지게 되는 것이다. 윤리적 요청으로서 무엇을 해야 한다는 법칙이 세워졌을 때, 만약 우리가 그렇게 하지 않으면 어떤 결과가 나오는가 하는 문제가 따라온다. 이렇게 인간이 행하는 악에 대하여 하나님은 처벌하거나 화를 내거나 보복하지 않는다. 인간의 선하거나 악한 행위에 대하여 상벌이 있다면 오직 인간이 행하는 그 행위 자체 속에 마련되어 있는 것이다.

> [11]불의를 하는 자는 그대로 불의를 하고 더러운 자는 그대로 더럽고 의로운 자는 그대로 의를 행하고 거룩한 자는 그대로 거룩되게 하라 [12]보라 내가 속히 오리니 내가 줄 상이 내게 있어 각 사람에게 그의 일한대로 갚아 주리라(계 22:11-12 개역한글).

> 이는 우리가 다 반드시 그리스도의 심판대 앞에 드러나 각각 선악간에 그 몸으로 행한 것을 따라 받으려 함이라(고후 5:10 개역한글).

우리가 성서를 읽을 때 흔히 할 수 있는 오해는 하나님은 심판하고 처벌하고 보복한다는 인상이다. 그러나 앞의 성경의 기록을 유심히 읽어보면 우리가 저지르는 악행 그 자체에 우리 자신에 대한 처벌이 마련되어 있음을 알 수 있다. "내가 줄 상이 내게 있어 각 사람에게 그의 일한대로 갚아 주겠다"는 표현은 그의 행위 속에 이미 그에 대한 상벌이 있음을 말하고 있는 것이다. 비트겐슈타인은 자신의 『논리철학논고』(이하 논고로 표기)에서 다음과 같이 말하고 있다. "일종의 윤리적 상벌이 존재하기는 해야 하지만, 이 상벌은 행위 자체

속에 놓여 있어야 한다"(논고 6.422).[1]

교회의 강론을 듣다 보면 '우리의 죄를 없애시는 하나님'이라는 말을 자주 듣게 된다. 죄라고 하는 것은 내가 속해 있는 공동체에 저지른 것이고, 따라서 죄는 고백을 통하여 공동체에 알려지고 그 죄의 짐을 공동체가 나누어짐으로써 용서되는 것이지 곧 없어지는 것은 아니다. 우리는 지구 생태계라는 조건 속에 살고 있으며, 우리가 지은 죄는 지구 생태계인 자연에 그대로 쌓이게 된다. 우리가 수고를 치르며 살면 살수록 자연도 수고를 치르며 살게 된다. 그것이 곧 환경파괴, 공해, 오염, 생태계 재앙으로 인간에게 돌아오는 것이다. 창세기 1장에서 인간은 맨 마지막에 창조되었다. 창세기 1장에서 하나님이 창조하는 것이 바로 지구의 생태계이다. 이 생태계에서 마지막으로 창조되었다는 것은 인간이 생태계의 마지막 포식자라는 것을 의미한다. 실제로 인간은 마지막 포식자이다. 마지막 포식자라는 것은 인간이 지구 생태계를 다스려야 하는 의무를 가지고 있다는 것이다. 따라서 인간은 창조주인 하나님과 자동적으로 계약을 한 것이다. 생태계의 질서 안에서만 인간은 자신의 자유를 누릴수가 있다. 이것이 창세기에서 하나님이 정언명령을 통하여 창조하신 근거이며 이유이다. 즉, 정언명령은 창조의 법칙성을 곧 질서를 의미하는 것이다.

우리는 모든 피조물이 오늘날까지 다 함께 신음하며 진통을 겪고 있다는 것을 알고 있읍니다(로마서 8:22 공동번역).

---

1 비트겐슈타인/이영철 옮김, 『논리철학논고』(천지, 1991). 이하 논고를 인용할 때는 원문의 명제번호로 표기한다.

"모든 피조물이 오늘날까지 다 함께 신음하며 진통을 겪고 있다"는 것은 지구 생태학적인 위기를 표현하고 있는 말이다. 앞에서 말했듯이 지구 생태계 위기의 해체는 인간의 개체수를 극단적으로 줄임으로써 정지, 가능하게 되어 있다. 지구의 생태계 먹이사슬은 창조에 의하여 논리적 순서에 따라 조립, 배열된 것이기 때문에 그 해체는 역순으로 될 것이기 때문이다. 현대 사회에서 한 국가의 운명은 그 나라의 인구에 좌우되는 것이다. 개별 국가에서는 인구가 줄어드는 현상에 대하여 심각하게 다루고 있다. 그러나 인간의 개체수가 줄어든다는 것은 지구 전체로 보면 크게 다행스러운 일이다. 그러나 개별 국가는 인구를 늘려야 하고, 그것이 국가의 존립을 결정하게 될 것이다. 창세기는 이에 대하여 다음과 같이 말하고 있다.

> 하나님이 그들에게 복을 주시며 하나님이 그들에게 이르시되 생육하고 번성하여 땅에 충만하라, 땅을 정복하라, 바다의 물고기와 하늘의 새와 땅에 움직이는 모든 생물을 다스리라 하시니라(창 1:28).

28절에서 '생육하고 번성하여'는 생물적인 번식을 의미하는 것이 아니다. 땅에 충만하라, 땅을 정복하라는 의미는 온전한 삶을 의미한다. 이는 이어지는 29절에서 인간의 먹을 것을 채식으로 규정하고 있는 것으로도 알 수 있는 것이다. 창세기는 식물의 광합성을 말한 뒤에 인간의 먹을 것을 채식으로 명령하고 있다.

> [11]하나님이 이르시되 땅은 풀과 씨 맺는 채소와 각기 종류대로 씨 가진

열매 맺는 나무를 내라 하시니 그대로 되어 12땅이 풀과 각기 종류대로 씨 맺는 채소와 각기 종류대로 씨 가진 열매 맺는 나무를 내니 하나님이 보시기에 좋았더라 13저녁이 되고 아침이 되니 이는 셋째 날이니라(창 1:11-13).

이 셋째의 날에 식물이 창조되었다. 이제 식물을 자라게 하는 빛이 필요하다. 이 빛은 3절의 빛과는 다른 빛이다. 땅을 비추어 식물의 광합성을 하게 하는 빛이다.

14하나님이 이르시되 하늘의 궁창에 광명체들이 있어 낮과 밤을 나뉘게 하고 그것들로 징조와 계절과 날과 해를 이루게 하라 15또 광명체들이 하늘의 궁창에 있어 땅을 비추라 하시니 그대로 되니라 16하나님이 두 큰 광명체를 만드사 큰 광명체로 낮을 주관하게 하시고 작은 광명체로 밤을 주관하게 하시며 또 별들을 만드시고 17하나님이 그것들을 하늘의 궁창에 두어 땅을 비추게 하시며 18낮과 밤을 주관하게 하시고 빛과 어둠을 나뉘게 하시니 하나님이 보시기에 좋았더라 19저녁이 되고 아침이 되니 이는 넷째 날이니라(창 1:14-19).

인용한 절에서는 땅을 비춘다는 표현의 두 번 나오고, 그 빛으로 계절과 날과 해를 이루게 하리라고 기록되고 있다. 이 빛이 식물의 창조 다음에 나오는 이유는 식물의 광합성을 위한 빛이기 때문이다. 이렇게 식물의 광합성을 말한 다음에야 인간의 먹을 것을 채식으로 규정하고 있다.

하나님이 이르시되 내가 온 지면의 씨 맺는 모든 채소와 씨 가진 열매 맺는 모든 나무를 너희에게 주노니 너희의 먹을거리가 되리라(창 1:29).

채식이 규정되고 있는 이유는 분명하다. 식물은 번식력이 가장 강하고 최초로 에너지를 먹을 수 있는 상태로 하여 모든 생명체에 공급한다. 모든 사람이 창세기의 규정에 따라 채식을 주로 한다면 지구는 지금보다 훨씬 건강하고 물과 공기도 맑을 것이다. 자연이 우거지면 그만큼 인간의 수고로움을 덜 수 있다. 창세기 1장에서 인간은 마지막으로 창조되는데, 거듭 말하거니와 창세기 1장은 지구 생태계의 먹이사슬이다. 따라서 마지막으로 창조된 인간은 마지막 포식자이다. 창세기는 이렇게 과학적이다.

인간의 운명은 자연으로부터 계속 생산되는 에너지를 소비해 주어야 한다. 축적되는 에너지를 가장 능률적으로 소비할 방법은 전쟁이다. 예술이라고 하는 것은 축적된 에너지를 좀 더 평화롭게 소비하기 위한 다른 방법이다. 인간이 에너지를 소비하자면, 자신의 생체에너지를 소비해야 한다. 자연이 산출하는 에너지가 축적된다고 해도 자신의 생체에너지를 소비할 동기가 없다면 그것으로 끝이다. 여기서 말하는 생체에너지가 다른 말로 하면 바로 '정력'이다. 인간은 자신의 몸에 축적된 정력을 소비하기 위해 활동한다. 그런데 전쟁이나 문화 등의 활동, 그러니까 자연을 소비하지 않고도 정력을 소비할 수 있는 것이 있으니 바로 성적인 사랑이다. 창세기 1장에서 성은 하나님의 창조의 기본 원리이다. 빛과 어둠이 양과 음이다. 하늘과 땅이 양과 음이다. 성은 모든 존재에게 주어진 것이다. 그런데 인간만이 자신의 성을 의식하고 행사한다. 이를 하나님이 인간에게만 성을 선물로 주었다고 표현할 수 있을 것이다.

성경은 이 인간의 성적인 사랑에 대하여 관대하다. 또 다른 하나는 몸 노동이다. 기계 노동이 아닌, 몸 노동이다. 인간의 일생은 이 두 가지가 전부이다. 만약에 인간이 자신의 문화 예술적 활동을 통하여 축적된 에너지를 소비하지 못한다면, 전쟁이 필요할 것이다. 축적된 에너지는 어떻게든 소비되어야 한다. 그런데 그렇게 소비된 에너지도 역시 에너지의 본질을 잃어버리지는 않는다. 그 결과 지구는 뜨거워지고 있다. 지구 온난화를 정지시키기 위해서는 모두가 조금 가난하고 단순하게 살면 된다. 그러나 그런 사람이 없기에 지구로서 할 방법은 인간의 개체수를 줄이는 것이다. 스티븐 호킹은 그의 책『단순한 대답』에서 인류가 존속하기 위해서는 100년 이내에 다른 행성으로 이주해야 한다고 말한다. 그러나 그렇게 되지는 않을 것이다. 지구가 인간의 개체수를 급격하게 줄여가다 보면 지구 온난화가 정지할 날이 있을 것이다. 만에 하나 그렇게 되지 않더라도 단순명쾌한 수단이 있다. 그것은 핵을 사용하는 것이다. 핵을 사용하여 전체 인구를 절반 이하로 줄이면 지구는 다시 건강하게 될 것이다. 전 인류가 멸망하느니 극히 일부라도 살아남아서 인간의 유전자를 지구가 멸망하는 그날까지 보존 운반해 가는 일이 선한 일이다. 이는 어쩌면 창조주의 뜻이리라! 지구상에서 인간이라는 종이 계속하여 존재하기 위해서는 더 많은 재앙이 인간에게 필요하고, 지구는 그렇게 할 것이다. 지구는 그렇게 자기 자신을 스스로 돌보아 나갈 것이다.

제 2 장

⋮

기독교 신앙의 근거

신이 이 세계를 창조했다고 할 때

1. 창조주로서의 신

오늘날 지구에 서식하고 있는 인류를 구원하기 위해서는 기독교를 개혁해야 하고, 기독교 개혁은 창세기를 바르게 이해하는 일부터 시작되어야 한다. 그 이유는 창세기 1장이 바로 우리가 서식하고 있는 지구의 생태계이기 때문이다. 더 자세히 말하면 지구 생태계의 먹이사슬이다. 먹이사슬은 에너지의 순환경로이고 에너지의 순환에 따라 지구는 영구히 유지, 보존되는 시스템인 것이다. 하나님이 이 세계를 창조하는 데 여섯 날이 필요했던 이유는 먹이사슬이 여섯 단계를 갖고 있기 때문이다. 창세기 1장에서 신은 하루에 한 단계의 먹이사슬을 창조했다. 지구에 서식하는 인류의 과다한 번영과 번식 때문에 지구는 지금 생태계가 파괴되는 이상기후와 오염, 공해의 극단을 보인다. 인간이 이렇게 과다한 번영과 번식을 누리게 된 이유는 바로 인간이, 하나님이 언어를 통하여 창조하신 생태계의 마지막 포식자이기 때문이다. 인간이 마지막 포식자이기 때문에 인간이 수고를 치르게 되면, 모든 우주 전체가 수고를 치르게 되어 있다. 그래서 예수는 "수고하고 무거운 짐 진 자들아 다 내게로 오라 내가 너희를 쉬게 하리라"(마 11:28)고 말한 것이다. 이러한 생태계 재앙 앞에서는 하나님을 믿는 자나 믿지 않는 자나 악한 자나 선한 자나 다 함께 재앙을 맞이할 수밖에 없다. 그리하여 지구는 인간의 개체수가 극단적으로 줄어든 후에야 안정을 찾을 수 있다. 지구는 스스로 자신을 돌보는 천체이다. 그러나 이 지구도 우주 안에서는 하나의 부분으로서, 우주 전체의 질서에 따라서는 종말을 맞이할 수밖에 없다.

창조주로서의 신을 논리에 따라 분석해 보면 이원론임이 드러난다. 나는 지금부터 위험을 각오하고 종단^{終斷}에까지 분석해 보겠다. 위험하다는 것은 우리가 신을 믿으면 거기에는 각오와 결단이 따라야 하는데, 이 분석이 각오와 결단에는 도움이 될 것 같지 않아서이다. 우리가 하나님을 믿느냐 보다 더 중요한 것은 이 세계를 어떻게 대하느냐, 어떻게 다루느냐이다. 기독교의 경우 하나님보다는 우리의 이웃이 우선이다. 이웃을 내 몸과 같이 사랑하라는 말씀에 따라 우리는 모두 피조물로서 대상들을 신비스럽게 보아야 하는 것이다. 이 세계가 어떻게 있느냐가 신비스러운 것이 아니라 이 세계가 있다는 그것이 신비스러운 것이다. 내가 여기서 수행하는 분석이 이러한 신비스러움을 제거하는 것인지 모르겠다.

신이 이 세계를 창조했다고 하는 경우에는 창조하는 주체와 창조되는 대상이 따로 있어야 한다. 이는 이원론적이다. 이보다 더 심각한 것들이 분석에 따라 나온다. 그 하나는 여기 창조하는 대상이 곧 창조의 전제라는 것이다. 대상을 창조하는 것이다. 그 둘은 따라서 창조주는 창조의 전제를 자신의 안에 가지고 있지 않다는 것이다. 결론은 더 심각한 것으로, 그렇다면 전제를 자신의 안에 가지고 있지 않다면, 자기원인이 될 수가 없다는 것이다.

그런데 이러한 논리적 분석이 옳다는 것은 이제 진화론을 분석해 보면 입증된다. 진화론에 의하면 이 세계는 스스로가 진화하여 나타난 것이다. 그렇다면 여기서는 창조하는 주체와 창조되는 대상이 동일한 것으로 된다. 이것은 일원론이다. 즉, 창조의 전제를 자기 안에 가지고 있다는 것이다. 진화는 이렇게 자기원인이라는 것이 입증된다.

2. 신의 전지전능에 대하여

전지전능이란 모든 것을 알고 모든 것을 할 수 있다는 것으로, 자신에 대한 부정을 함유하는 것이다. 전지전능에는 그 반대의 것이 포함되어 있기 때문이다. 할 수 없고 알 수 없는 것도 포함되어 있다. 만약에 포함되어 있지 않다면 전지전능이 아니다. 그런데 그것이 포함되어 있기 때문에 전지전능은 모순이 된다. 모순에 의해서는 어떠한 것도 창조되지 않는다. 창조되는 것은 합리적이며 논리적인 것이다.

이상 논리적인 분석에 따라 우리는 이 세계의 전제가 논리라고 할 수가 있다. 이 세계는 자기 자신을 스스로 돌보고 있는 세계이다. 논리는 스스로를 돌본다. 신의 전지전능도 어디까지나 논리 내의 것이지, 논리의 밖에서는 그저 우연일 것이다.

자기언급이란 무엇인가? 자기언급/자기지시는 자신이 하는 그 말이 자신을 지시하는 것을 의미한다. 창세기 1장에도 이러한 자기 언급이 나타나고 있다. 그것도 다름 아닌 인간을 창조하는 과정에서, 신이 인간을 창조하는 과정에서 자기언급을 하는 것은, 인간이 자기언급하는 존재라는 것을 의미할 것이다.

²⁶하나님이 이르시되 우리의 형상을 따라 우리의 모양대로 우리가 사람을 만들고 그들로 바다의 물고기와 하늘의 새와 가축과 온 땅과 땅에 기는

모든 것을 다스리게 하자 하시고 [27]하나님이 자기 형상 곧 하나님의 형상대로 사람을 창조하시되 남자와 여자를 창조하시고(창 1:26-27).

1장 26-27절에서 '우리의 형상을 따라 우리의 모양대로'는 분명한 자기언급이다. 이는 뒤의 '자기 형상 곧 하나님의 형상대로'가 보충하고 있다.

우리가 창세기 1장을 그렇게나 자주 읽으면서도 착각하는 것이 있다. 그것은 하나님이 어떠한 물질적 재료들을 가지고 창조했다는 착각이다. "전능하사 천지를 창조하신 하나님을 믿사오니" 하는 말의 뜻이 바로 이것이다.

하나님이 물질적 재료를 가지고 창조했다면, 이 물질적 세계가 나타날 확률이 크다. 그러나 창세기 1장의 기록은 분명히 언어를 통하여 창조하시는 모습을 기록하고 있다. 그리고 그 모든 언어는 정언명령이다. 언어란 어떤 것인가?

이 세계가 있다고 하자. 그러나 언어가 없다면? 이 세계는 없는 것이다. 적어도 우리 인간에게는 그렇다. 헤겔은 "인식은 대상에 선행하지 않는다"고 했다. 인간이 존재한다 한들 대상이 없다면 인식이 없을 것이고 따라서, 언어도 없을 것이다. 달리 말하자면, 인간은 대상이 없다면 아무것도 될 수가 없는 것이다. 이것이 곧 하나님이 창세기 1장에서 인간을 맨 나중에, 인간 존재의 근거이며 기반인 자연을 모두 창조하고 나서 마지막으로 인간을 창조하는 이유이다. 인간에 앞서 창조된 자연은 모두 인간의 대상이다. 이로부터 구시대적 인간관인 인본주의는 폐기 처분되어야 한다는 분명한 진리를 세울 수가 있겠다. 인간에게는 언어가 곧 세계이다. 언어를 통하여 인간은 대상, 이 세계를 인식한다. 요한복음은 이를 선언적으로 말하고 있다.

> [1]태초에 말씀이 계시니라 이 말씀이 하나님과 함께 계셨으니 이 말씀은 곧 하나님이시니라 [2]그가 태초에 하나님과 함께 계셨고 [3]만물이 그로 말미암아 지은 바 되었으니 지은 것이 하나도 그가 없이는 된 것이 없느니라 [4]그 안에 생명이 있었으니 이 생명은 사람들의 빛이라(요 1:1-4).

태초란 말씀 이전, 즉 형식 이전이다. 하나님은 창세기 1장에서 정언명령 명제를 통하여 창조하는데, 명제는 형식을 하고 있다. 그가, 즉 언어가 태초에 하나님과 함께 계셨고, 그로/언어로 말미암아 지은 바 되었다는 것이다. 그 지으신 것이 하나도 언어를 통하여 되지 않은 것이 없다는 말이다. 따라서 이 세계를 인식하게 하는 언어는 인간들의 빛이다. 인간이 언어를 통하여 이 세계를 인식하고 그 일원이 될 수 있다는 것은 언어가 곧 이 세계라는 것이다. 따라서 하나님이 언어를 통하여 이 세계를 창조하신 것은 지극히 당연한 일이다. 이 당연함이 곧 당위이며 이 당위가 곧 정언명령으로 표현되는 근거이다.

뿐만이 아니라 이 세계를 물질적 재료를 가지고 창조하는 경우에는 무로부터의 창조는 불가능하다. 그와는 다르게 언어를 통한 창조는 무로부터의 창조의 가능성을 열어 놓는다.

창세기 1장에서 신은 무엇을 창조하기 전에 말/논리를 앞세우며 무엇을 창조한다. "하나님이 이르시되 빛이 있으라 하시니 빛이 있었고" 이 3절에서 앞의 빛과 뒤의 빛은 다르다. 앞의 빛은 사물/언어의 빛이지만, 뒤의 빛은 식물의 광합성을 하게 하고 땀을 흘리게 하는 실재의 사실의 빛이다. 이렇게 신은 언어/논리를 앞세우며 무엇을 창조하고 있다.

이렇게 하여 우리가 언어를 통하여 창조한 하나님을 믿는 것은 당위가 될 것이다. 하나님을 믿는 일은 또 우리 자신을 믿는 일이기도 한 것이다. 하나님을 믿기 이전에 우리 자신을 믿도록 하자. 이러한 긍정을 통하여 우리는 하나님의 창조를 이어받아 이 세계의 창조를 이어 갈 것이다. 그것은 이 세계 하나님의 피조물들을 다스리는 것이다. 우리 인간도 언어를 통하여 이 세계를 인식하고 무엇을 창조하고 있다. 그것이 곧 인간의 노동으로, 다스리라는 정언명령으로 표현되고 있다. "그들로 바다의 물고기와 하늘의 새와 가축과 온 땅과 땅에 기는 모든 것을 다스리게 하자 하시고"(창 1:26).

3. 논리는 이 세계의 전제이다

앞에서 나는 종단에까지 분석하겠다고 했지만, 그렇게 한 것은 아니다. 이제 종단을 분석해 보겠다. 앞에서 우리는 논리적 분석에 의하여 창조의 본질이 드러나는 것을 보았다. 그렇다면 이로부터 우리는 다음과 같이 과감하게 말할 수 있어야 한다.

이 세계의 전제는 논리이다. 논리는 자신 안에 자신에 필요한 모든 전제를 가지고 있다. 논리는 스스로를 돌본다.

비트겐슈타인의 『논리철학논고』가 분명히 하는 것 중 하나는 이 세계의 전제가 논리라는 것이다.

논고 5.552. 논리는 모든 경험 각각에—즉 어떤 것이 어떠하다는 것에—
앞선다.

논리는 어떻게에는 앞서나, 무엇이에는 앞서지 않는다.[1]

그리고 이것이 사실이 아니라면, 우리는 어떻게 논리를 적용할 수 있을까?
우리는 이렇게 말할 수 있을 것이다: 만일 세계가 존재하지 않을 경우에도
논리가 존재한다고 한다면, 세계가 존재하는 경우에는 어떻게 해서 논리
가 존재할 수 있을까?[2]

명제 5.552에서 말하는 논리가 '어떻게'에는 앞서나, '무엇이'에는
앞서지 않는다는 것의 증거를 우리는 창세기 1장에서 찾아볼 수 있다.

[3]하나님이 이르시되 빛이 있으라 하시니 빛이 있었고 [4]빛이 하나님이 보
시기에 좋았더라 [5]하나님이 빛과 어둠을 나누사 하나님이 빛을 낮이라
부르시고 어둠을 밤이라 부르시니라 저녁이 되고 아침이 되니 이는 첫째
날이니라(창 1:3-5).

3절에서 앞의 빛은 언어로서의 빛이다. 그러나 뒤의 빛은 실제로
비치는 식물의 광합성을 하게 하고 알곡을 익게 하는 실재의 빛이다.
"하나님이 이르시되 빛이 있으라 하시니 빛이 있었고." 명제이며
정언명령이며 동시에 형식을 하는 논리적인 말이다. 언제나 논리/말
은 무엇/일에 앞선다. 어떤 일을 하든 간에 일정한 방법을 따라야

---

1 논고, 5.552.
2 논고, 5.552.

한다. 명제 5.552에서 하는 말은 이 우주가 그렇게 창조되었기 때문에, 인간이 어떤 것을 창조할 때는 우주가 창조된 그러한 과정을 따를 수밖에 없다는 것이다. 창세기 1장에서의 창조는 이렇게 언어/논리를 앞세우며 시종일관 진행되고 있다.

> [6]하나님이 이르시되 물 가운데에 궁창이 있어 물과 물로 나뉘라 하시고 [7]하나님이 궁창을 만드사 궁창 아래의 물과 궁창 위의 물로 나뉘게 하시니 그대로 되니라 [8]하나님이 궁창을 하늘이라 부르시니라 저녁이 되고 아침이 되니 이는 둘째 날이니라 [9]하나님이 이르시되 천하의 물이 한 곳으로 모이고 뭍이 드러나라 하시니 그대로 되니라 [10]하나님이 뭍을 땅이라 부르시고 모인 물을 바다라 부르시니 하나님이 보시기에 좋았더라 [11]하나님이 이르시되 땅은 풀과 씨 맺는 채소와 각기 종류대로 씨 가진 열매 맺는 나무를 내라 하시니 그대로 되어(창 1:6-11).

여기서 우리는 '그대로 되니라' 하는 표현에 집중하여 보자. 그대로는, 즉 말씀하신 그대로이다. 논리는 무엇에 앞서지 않으므로 그 말씀하신 그 말의 논리성을 따라 그대로 될 수가 있는 것이다. 그대로 되었다는 것은 하나님의 창조에 있어서는 과정과 결과가 동일하다는 것을 말한다. 비트겐슈타인의 『논리철학논고』에 의하면,

> 논리는 어떻게에는 앞서나, 무엇이에는 앞서지 않는다.[3]
> 논리(학)에 있어서는 과정과 결과가 동일하다.[4]

---

3 논고, 5.552.
4 논고, 6,1261.

논리(학)은 理說이 아니라 세계의 거울 상이다. 즉, 논리적 명제들이 보여주는바 언어의 논리는 곧 세계의 논리이기도 하다.[5]

논리는 세계를 가득 채우고 있다. 따라서 세계의 한계들은 논리의 한계이기도 하다.[6]

논리의 한계는 언어의 한계이기도 하다. 하나님이 말씀으로 이 세계를 내어놓은 바와 같이 우리 인간도 언어를 통하여 이 세계를 만들어 내는 것이다. 하나님이 지으신 이 세계가 질서가 유지되는 이유는 질서, 그 뒤에는 논리가 있기 때문이다. 논리가 없는 질서를 생각할 수가 있을까? 앞에서 물질을 통한 창조는 무로부터의 창조가 불가능하고, 언어를 통한 창조는 무로부터의 가능성을 열어 놓고 있다고 했다. 물질이 아무렇게나 있을 수는 없다. 그것은 배열되어야 한다. 그로부터 질서가 나타난다. 하나님의 창세기 1장에서 하신 일이 곧 배열이다.

4. 언어가 곧 세계이다

[1]태초에 말씀이 계시니라 이 말씀이 하나님과 함께 계셨으니 이 말씀은 곧 하나님이시니라 [2]그가 태초에 하나님과 함께 계셨고 [3]만물이 그로 말미암아 지은 바 되었으니 지은 것이 하나도 그가 없이는 된 것이 없느니라 (요 1:1-3).

---

5 논고, 6.13.
6 논고, 5.61.

말이 안 되는 말이 있을 수 있다. 요컨대 비논리적인 말이다. 말이 안 되는 말은 말이 아니듯이, 말이 안 되는 세계는 나타나지 않게 되어 있다. 나타난다면 그 세계는 반드시 말이 되는, 논리적인 질서 있는 세계이다. 질서는 필연적으로 나타난다. 태초에 말씀이 있었다는, 즉 "태초에 명제가 있었다"이다. 전지전능한 신은 이 세계가 아닌 다른 세계를 얼마든지 창조할 수 있다고 치자. 그렇지만 그 다른 세계는 어찌 되었든, 말이 되는 세계이다. 그 다른 세계에서도 역시나 하늘과 땅이, 바다와 육지가, 인간과 동물이 있어야 할 것이다. 어느 세계나 모두 다양한 대상들을 가지고 있어야 하기 때문이다. 하늘과 땅이, 바다와 육지가, 빛과 어둠이, 밤과 낮이, 인간과 동물이 필요 없는 세계는 어떤 형식을 할까? 대상들이 형식을 결정한다. 빛이 있으라 하니 빛이 있었고, 하시니 그대로 되었다. 이는 언어가 곧 세계라는 의미이다. 말씀이 곧 육신이 된, 세계란 언어에 다름 아니다.

신은 이 세계를 기능공들이 재료를 가지고 물건을 만들 듯이 만들었다는 것이 아니다. 그렇게 창조했다면 이 물리적인 세계가 나타날 것도 같다. 그러나 신은 언어를 통하여 창조했다. 신이 언어를 통하여 이 세계를 창조한 것은 당연한 것일 수 있다.

기독교 일부에서 이러한 논리적 창조를 반대하는 목소리가 있다면 그 근거는 무엇일까? 최근에 지적설계론을 들고나오고 있으나, 설계라고 하는 것은 논리적인 것이다. 지적설계론은 그 말 안에 이미 논리를 전제하고 있다.

기독교는 이러한 하나님 창조의 논리성을 인정하게 되면 더는 믿을 수가 없다고 생각할 수가 있다. 그러나 그런 생각은 미숙한 것이다. 이 세계가 아무렇게나 창조될 수는 없다. 창조는 논리에 따라서 가능하다. 비논리적으로는 불가능하다. 비논리적인 세계에 대하여 우리는 어떻게 보이고 이해될지를 말할 수가 없게 되는 것이다. 아인슈타인은 "우주에 관하여 가장 이해하기 힘든 것은 우주가 이해 가능하다는 것이다"라고 했으나 이를 논리적으로 이해하자면, 논리가 전제되어 나타난 우주에 논리적인 존재 인간이 없다면 아주 이상한 것이다. 달리 말하자면 우주가 이해 가능하다는 것은 당연하다.

이처럼 창세기 1장에서의 하나님의 창조는 시종일관 언어/논리를 앞세우고 그다음에야 무엇/세계의 형식이 창조되는 것을 보여주고 있다. 앞에서 우리는 하나님의 창조가 어떠한 물질로부터의 창조라면, 무로부터의 창조는 불가능하다는 것을 확인했다. 그러나 언어에 의한 창조는 무로부터의 창조의 가능성을 열어 놓는다고 했다. 그 무로부터의 창조란 구체적으로 무엇을 말하는가? 그것은 질서이다. 물질들이 아무렇게나 있을 수는 없다. 반드시 질서에 따라 배열되고 관계를 가지게 되어 있다. 이 질서 뒤에는 논리가 있다. 창세기 1장에서 시종일관하여 정언명령을 하시는 이유가 바로 이것이다. 질서가 없다는 것은 아무것도 아니라는 것이다. 따라서 하나님의 창조는 마땅히 정언명령을 통하여 이루어져야 하고 또 그렇게 되었다.

창세기 1장에서 창조는 곧 물질들을 배열하는 것이다. 하나님의 창조가 이미 주어진 물질로부터의 창조라면 창세기 1장의 정언명령은 가언명령의 명제를 하게 되었을 것이다. 가언명령은 기술적인 숙련의 규칙과 관련되어 있다. 그러나 정언명령은 그 자체로 당위의 법칙이다. 그것은 행위와 실천의 결과에 무관하게 행위와 실천 그 자체로 절대 선이기 때문에 무조건적인 명령이다. 객관적 논리적 필연성이다. 우리 인간은 필연적으로 행복해야 할 의무가 있는 것이지 권리가 있는 것이 아니다.

5. 하나님의 의미

유일신으로서 하나님의 의미는 이런 것일 것이다. 앞에서 말했듯이 지구가 영구히 유지 보존되는 방법은 먹이사슬에 의한 에너지의 순환이다. 먹이사슬은 각 존재의 번식력의 차이에 의하여 만들어진다. 이 번식력의 차이가 논리의 연쇄이다. 이 단 하나의 논리에 의하여 세계를 창조했기 때문에 하나님이라고 해야 하는 것이 아닐까?

> [1]태초에 말씀이 계시니라 이 말씀이 하나님과 함께 계셨으니 이 말씀은 곧 하나님이시니라 [2]그가 태초에 하나님과 함께 계셨고 [3]만물이 그로 말미암아 지은 바 되었으니 지은 것이 하나도 그가 없이는 된 것이 없느니라 (요 1:1-3).

태초는 말씀 이전의 세계이다. 태초에 말씀이 있었다는, 즉 세계 이전에 논리가 있었다. 말씀이 세계보다 먼저 있었다. 논리가 먼저 있었다.

세계가 없다고 하자, 그러나 논리는 있다. 이제 세계가 나타난다고 하자. 논리가 세계에 앞선다. 논리에 의하여 모든 것이 지은 바 되었으니, 비논리적인 경우는 없다.

2+2=4라고 하는 결과만을 가진다. 이것은 필연적이다. 동시에 가능성이다. 이 단 하나의 논리에 의하여 세계를 창조했기 때문에 이를 '하나님'이라고 한다.

논리에 있어서 과정과 결과는 동일하다.[7] 이 세계는 과정과 결과가 동일한 세계이다. 그것은 곧 가능한 단 하나의 세계이다. 신은 절대로 이 세계가 아닌 다른 세계를 창조할 수가 없다.

---

7 논고, 6.1261.

제 3 장

:

진화와 창조는
동일한 것이다

종교에서 주장하는 신의 창조와 과학에서 말하는 진화가 실은 동일한 것이라는 사실을 밝히는 일은 아주 단순명쾌하게 진행될 수 있을 것이다. 그 이유는 창조의 산물이자, 진화의 산물인 지구를 보면 되기 때문이다. 우선 이 세계가 신의 창조물이라는 것을 주장하는 종교에서도 이 세계가 질서 있게 작동하고 있다는 사실에는 수긍할 것이라 믿는다. 그렇다면 그들이 알아야 하는 것은 질서, 그 뒤에는 논리가 있다는 것이다. 논리 없이 질서를 생각할 수 없을 것이다. 질서가 작동한다는 것은 논리가 작동한다는 것과 다르지 않다. 이제 그들을 설득해야 하는 것은 창세기 1장에서의 신의 창조가 논리적이라는 것을, 분석을 통하여 보이는 일이다. 창세기 1장은 100% 논리적 분석이 가능한데 그 이유는 언어, 즉 명제를 통하여 창조했기 때문이다. 성경의 어디에도 신이 물리적인 이 세계를 직접 창조했다는 기록은 없다. 다만 언어를 통한 창조를 기록하고 있다. 창세기 1장의 분석 결과 실제로 지구가 진화해 온 과정과 일치한다면, 기독교는 신마저도 논리적으로 창조할 수밖에 없다는 사실을 인정해야 할 것이다.

　　한편 과학에서는 이 세계가 신과는 관계없이 스스로 나타났다고 주장한다. 저들의 이러한 주장에 반하여 과학에서는 아직 진화가 어떻게 진행되었는지 그 논리적 배경을 밝힌 것은 없다고 본다. 그런데 성경의 창세기는 바로 그러한 진화/창조의 논리적 구조를 보여주고 있는 문서이다. 창세기에는 인식론, 언어철학, 생태학, 인간학, 집합론, 인간의 자기의식, 자기지시/자기언급의 문제, 역설의 문제, 지구를 유지하는 식물의 광합성과 인간의 주식을 채식으로 규정하는 등등의 모든 것들이 나타나 있다.

호킹에 의하면 우주를 연구하는 과학에서는 우주에 대한 단일한 통일된 이론을 찾고 있다고 한다. 내가 생각하기에 그러한 우주에 대한 통일된 이론은 과학적 명제는 아닐 것이다. 그렇다고 형이상학적이거나 종교적인 명제는 더욱 아닐 것이다. 그 이론은 아주 보편적이고 논리적으로 단호한 명제로 제시될 것이다. 그런데 그러한 명제라고 하면, 이미 나와 있다. 우리는 그러한 우주에 대한 통일된 명제를 비트겐슈타인의『논리철학논고』에서 찾을 수 있을 것이다. 『논리철학논고』를 우주론으로 읽은 사람으로는 칼 포퍼가 있다. 그는『파르메니데스의 세계』에서 이렇게 말하고 있다.

모든 과학은 우주론이며, 내가 보기에 과학의 관심 못지않게 철학의 관심도 오로지 세계에 대한 우리의 앎과 세계에 대한 우리의 인식을 증대시키려는 대담한 시도에 있다고 생각한다. 예컨대 내가 비트겐슈타인에게 관심을 가지고 있는 것은 그의 언어철학 때문이 아니라 그의『논리철학논고』가 우주론적인 논문이었기 때문이며, 또 그의 인식론이 우주론과 밀접하게 연관되어 있었기 때문이다.[1]

비트겐슈타인은 『논리철학논고』에서 다윈의 『종의 기원』과 성경의 창세기 1장에 대하여 이렇게 말하고 있다.

다윈의 이론이 자연과학의 다른 그 어떤 가설들보다 더 많이 철학과 관계를 가지고 있지는 않다.[2]

다윈의 이론은 『종의 기원』을, 자연과학의 다른 가설은 성경의 창세기를 말하고 있다. 『종의 기원』이나 성경은 다 같이 인류의 소멸을 예고하면서 끝나고 있다. 다른 것은 『종의 기원』은 자연학이고, 성경은 인간학이라는 점이다. 때문에 비트겐슈타인의 말마따나 『종의 기원』이 창세기보다 철학과 관계를 많이 맺고 있지는 않은 것이다. 비트겐슈타인은 성경의 창세기를 자연과학적 명제로 읽었다. 그렇다면 '가설'이라고 하는 진실은 무엇인가? 그것은 신학에 의해 창세기가 과학적 명제로 바르게 이해되지 않고 신에 의한 창조, 즉 형이상학적으로 이해되고 있기에 이를 '가설'이라고 하고 있는 것이다. 그렇기 때문에 다음 명제를 이렇게 쓰고 있다.

철학은 자연과학의 논란 많은 영역을 한계 짓는다.[3]

자연과학은 창세기를 말한다. 그것에 대한 '많은 논란'은 다른 것이 아니라 바로 신학이다. 신학은 경험론자인 비트겐슈타인의

---

1 칼 포퍼/이한구 외 옮김, 『파르메니데스의 세계』 (영림카디널, 2009) 33.
2 논고, 4.1122.
3 논고, 4.113.

입장에서, 형이상학적 사이비 명제들로 가득 차 있다. 신학은 자연과
학의 명제인 창세기를 형이상학으로 환원해 버린다. 더하여 지금은
신학과 과학이 세계의 창조를 두고 피 터지게 싸우고 있다. 앞의
명제에서 창세기를 '가설'이라고 표현한 이유이다.

> 참된 명제들의 총체는 전체 자연과학 또는 자연과학들의 총체이다.[4]
> 철학은 자연과학들 중의 하나가 아니다('철학'이라는 낱말은 자연과학들
> 의 위 아니면 아래에 있는 어떤 것을 의미해야지, 자연과학과 나란히 있는
> 어떤 것을 의미해서는 안 된다).[5]

명제 4.11은 명제 4.1122의 저 앞에 있는 것이다. 여기서 비트겐슈
타인은 이미 창세기를 염두에 두고 있다. 그런 다음에 신학과 철학에
대하여 말하고 나서 명제 4.1122를 말하고 있는 것이다. 지난날
철학은 신학의 시녀였고, 지금은 물리학의 도구이다. 창세기 1장은
분명하게 자연과학 명제들의 총체이다. 그것은 지구 생태계의 먹이
사슬인 것이다. 그것은 말이 되는 말이고, 말할 수 있는 말이다.
창세기 1장 3절의 "빛이 있으라, 하니 빛이 있었다"에서 앞의 빛은
언어/사물의 빛이고 뒤의 빛은 사실의 빛이다. 이 빛은 식물의
광합성을 하게 하는 빛으로, 식물의 광합성이 있기 때문에 인간은
모든 것을 사실로써 경험할 수가 있다. 이 명제는 비가 오고 있는
상황에서 비가 오고 있다는 사실에 부합하는 명제와 같은 참 명제이
다. 말할 수 있는 말이고, 말이 되는 말이다. 이 세계는 이렇게

---

4 논고, 4.11.
5 논고, 4.111.

말이 되는 말의 세계이지 말이 되지 않은 말, 비논리적인 말의 세계가 아니다. 비트겐슈타인이 "참된 명제들의 총체는 전체 자연과학 또는 자연과학들의 총체이다"라고 할 때의 '총체'는 지금 우리가 볼 수 있게 제시되어 있는 어떠한 것의 전체를 말하는데, 그러한 총체로서 자연과학은 성경의 창세기 1장 외에는 없다. 창세기 1장은 지구 생태계의 먹이사슬을 그대로 제시하고 있는 것이다. 이 '총체'라는 말을 통하여 우리는 비트겐슈타인이 창세기 1장을 말하고 있다는 것을 알 수가 있는 것이다.

> 논리공간 속의 사실들이 세계이다.[6]
> 논리는 세계를 가득 채우고 있다: 세계의 한계는 또한 논리의 한계이기도 하다.[7]
> 논리는 어떻게에는 앞서나, 무엇이에는 앞서지 않는다.[8]
> 그리고 만일 이것이 사실이 아니라면, 우리는 어떻게 논리를 적용할 수가 있을까? 우리는 이렇게 말할 수 있을 것이다. 만일 세계가 존재하지 않는 경우에도 논리가 존재한다고 한다면, 세계가 존재하는 경우에는 어떻게 논리가 존재할 수가 있을까?[9]

창세기 1장을 읽어보면 먼저 말이 일에 앞선다. 말은 논리적이다. 이는 처음부터 끝까지 그러하다. 즉, 논리는 어떻게에는 앞서나

---

6 논고, 1.13.
7 논고, 5.61.
8 논고, 5.552.
9 논고, 5.5521.

무엇이에는 앞서지 않는다고 한 『논리철학논고』의 명제를 창세기가 입증하고 있는 것이다. 비트겐슈타인의 『논리철학논고』는 창세기를 읽고 쓴 것이다.

> 하나님이 이르시되 천하의 물이 한 곳으로 모이고 뭍이 드러나라 하시니 그대로 되니라(창 1:9).

하시니 그대로 되었다. 이렇게 하나님의 창조는 말/논리를 앞세우며 진행된다. 말씀하신 그대로 되었다는 것은 논리 그대로 되었다는 것이다. 창세기에서 하나님의 창조는 시종일관 말을 앞세우며 진행된다. 말씀 그대로 이 세계가 창조되고 있는 것이다.

논리공간 속의 사실들이 세계이다. 즉, 이 우주는 가능성의 총체로서 논리공간이라는 것이다. 논리 안에서는 모든 것이 가능하다. 가능성은 사실로 된다. 그렇게 이 세계는 논리로 가득 차 있다. 논리가 이 세계의 전제이다. 왜냐하면 논리는 어떻게에는 앞서지만, 무엇이에는 앞서지 않기 때문이다. 따라서 만일 이것이 사실이 아니라면, 세계가 존재하는 경우에는 어떻게 논리가 존재할 수가 있을까? 세계가 존재하는 경우에는 논리가 세계에 앞선다는 것이다. 그 논리에 따라 세계가 나타난다는 것이다. 이것은 인간이 무엇을 하는 경우에 논리에 따라서만 가능하다는 현재의 사실이 우주가 나타난 범행의 물증이라는 말이다. 이렇게 세계의 기원을 말하고 있다. 인간이 달에 가는 것은 처음에는 그저 상상이었다. 상상은 언어로 되어 있고 따라서 논리적이다. 지금은 사실이 되어 있다. 고로, 나의 언어의 한계는 나의 세계의 한계이다. 신의 전지전능

그마저도 논리적인 것이며, 논리의 밖에서는 우연이라는 것이다. "그리고 만일 이것이 사실이 아니라면"의 뜻은 논리는 어떻게에는 앞서나, 무엇이에는 앞서지 않는다는 것이 사실이 아니라면, 어떻게 우리가 무엇을 창조할 때 논리를 적용할 수가 있겠는가? 하는 말이다. 그리고 이렇게 말하는 뜻은 논리가 이 세계의 전제라는 것이다. 세계가 존재하지 않는 경우에도 논리는 존재한다. 세계가 존재하는 경우에도 역시 논리가 세계 이전에 앞신다는 것이다. 이것은 우주론이다. 현대 물리학자들과 기독교와 과학계가 귀담아들어야 할 선언이다. 그렇다면 왜 논리가 이 세계의 전제가 될 수 있는가?

논리는 스스로를 돌보지 않으면 안 된다. 논리는 외부에서 전제를 가져오지 않는다. 자신이 필요한 모든 전제를 자신 안에 가지고 있다. 그 의미는 논리야말로 자기원인이라는 것이다. 논리가 외부에서 전제를 끌어오지 않기 때문에 이 세계의 전제가 될 수 있는 것이다. 이러한 논리에 따라 이 세계가 나타났기 때문에 자신에게 필요한 것을 밖으로부터 끌어들이지 않고, 세계 내의 모든 존재는 스스로 자신을 창조하고 있는 것이다.

논리는 어떻게에는 앞서나, 무엇이에는 앞서지 않는다.[10]

'무엇'은 이 세계이고 '어떻게'는 세계의 전제인 논리이다. 이 우주는 이러한 논리적 필연성으로 나타나게 된 것이다. 그리고 이 논리는 단 하나이다.

---

10 논고, 5.552.

논리의 탐구는 모든 법칙성의 탐구이다.[11]

논리에서 과정과 결과는 동등하다(그렇기 때문에 뜻밖의 일이란 없다).[12]

하나님이 이르시되 천하의 물이 한 곳으로 모이고 뭍이 드러나라 하시니 그대로 되니라(창 1:9).

창세기 1장 9절은 처음에 지구의 표면이 물에 잠겨 있다가, 물에 잠겨 있는 육지가 물 위로 솟아오르는 과정을 묘사하고 있는 절이다. 여기서 말씀하신 '그대로 되었다'라는 표현은 말씀하신 그대로 되었다는 것으로, 논리에서 과정과 결과는 동등하다는 것을 보이고 있는 것이다. 하나님은 지금 세계가 나타나는 그 단 하나의 법칙에 의한 논리로 이 세계를 창조하고 있는 것이다.

2+2는 4이지 3이 되거나 5가 되거나 하지 않는다. 법칙이다. 과정과 결과가 동등하다. 이렇게 이 세계의 전제인 논리가 하나이기 때문에 이를 '하나님'이라고 하는 것이다. 성경은 이렇게 기록되어 있다.

[1]태초에 말씀이 계시니라 이 말씀이 하나님과 함께 계셨으니 이 말씀은 곧 하나님이시니라 [2]그가 태초에 하나님과 함께 계셨고 [3]만물이 그로 말미암아 지은 바 되었으니 지은 것이 하나도 그가 없이는 된 것이 없느니라 (요 1:1-3).

---

11 논고, 6.3.
12 논고, 6.1261.

태초라고 하는 것은 이 세계, 즉 형식 이전을 말한다. 이 세계 이전에 말씀이 있었다. 말씀은 논리적이다. 그 논리가 하나이기 때문에 하나님이시니라. 만물이 그로 말미암아 지은 바 되었다는 것은 만물이 비논리적이지 않다, 논리적이기 때문에 질서가 있다는 것이다. 지은 것이 하나도 그가 없이는 된 것이 없다는 의미는 모든 사물이 논리에 따랐다는 것이다. 이 세계는 이렇게 논리로 가득 차 있다는 것이다. 논리가 하나이기 때문에 신이 전지전능하다 한들 우리가 겪고 있는 이 세계가 아닌 다른 세계를 창조할 수가 없다는 결론이다. 자연의 진화 또한 논리적이기 때문에 지구가 아닌 다른 행성에서 진화가 시작된다고 해도 지구와 같은 세계가 될 수밖에 없다는 것이다. 따라서,

세계는 나의 의지로부터 독립적이다.[13]

그렇다. 이 세계는 신의 의지로부터도 독립적이다. 인간도 신과 같이 논리 안에서는 어떠한 것도 창조할 수가 있다는 것이다. 말은 논리적이다. 우리는 비논리적으로는 말할 수가 없게 되어 있다. 창세기 1장에서 신은 논리적으로 논리적인 것을 말하고 있다. 말이 되는 말을 하고 있다. 신이 우리가 겪고 있는 이 세계가 아닌 다른 세계를 창조할 수 있다고 하자. 그러나 분명한 것은 그 다른 세계도 역시나 말이 되는 세계, 논리적인 세계이어야 한다. 말이 안 되는 말은 말이 아니듯이, 말이 안 되는 세계는 나타나지 않게 되어

---

13 논고, 6.373.

있다는 것이다. 나타난다면 필연적으로 질서 있는 논리적인 세계라는 것이다. 그리고 이러한 법칙이 하나님이라고 하는 것이다. 이러한 법칙이 단 하나이기 때문에 하나님이라고 하는 것은 아닐까? 이런 생각을 대전 중에 성경을 읽으면서 논고의 노트를 작성하고 있던 비트겐슈타인이 해보았을 것이다. 나도 그렇게 생각한다. 러셀은 다음과 같이 말했다.

> "이 장에서는 언어의 구조로부터 세계의 구조에 관해서 어떤 것이 추론될수 있는지, 있다면 그것이 무엇인지 생각해 볼 것을 제안하고자 한다. (중략) 나는 비언어적인 사실들의 구조가 온전히 알려질 수 있다고는 생각하지 않는다. 그러나 충분히 주의만 기울인다면 언어의 성질은 세계의 구조를 이해하는 데 도움이 되리라 생각한다."[14]

> 세계는 하나의 고정된 구조를 가지고 있다(노트 북).
> 나의 저술은 논리의 기초로부터 세계의 본성에로 나아간다(노트 북).[15]

인용문과 같이 비트겐슈타인도 언어와 세계의 관계에 대하여 생각한 흔적을 노트에 남겨 놓고 있다. 그러나 논고는 세계로부터 언어로 나아가고 있다.

거듭하거니와, 여기서 비트겐슈타인이 말하고 있는 전체 자연과학이 바로 성경의 창세기 1장이다. 내가 논고에 추가할 만한 것은 논리가 전제를 자신 안에 가지고 있다는 것이 의미하는 것은 논리는

---

14 러셀/임병수 옮김, 『의미와 진리의 탐구』(삼성출판, 1982), 340.
15 비트겐슈타인/변영진 옮김, 『철학일기』(책세상, 2015), 154.

자신을 자신 안에 가두고 있다는 것이다. 행성들의 원운동과 자연의 순환, 낮과 밤의 뒤바뀜, 달이 차고 기우는 것, 반복은 그러한 논리의 구조를 보여주는 것이다. 그러므로 논리의 끝에 가서는 논리는 전복되어 버린다. 그리고 처음부터 다시 시작하게 된다. 이것을 보여주는 것이 있는데, 바로 바둑을 축으로 두었을 때 끝에 이르러 모두 따 내게 되는 것이다. 이런 뒤집기를 반복하는 것이 자연이며, 자연은 이렇게 순환을 통하여 지속 가능하다. 나는 젊은 시절에 급속으로 발전하는 문명을 보면서, 이렇게 간다면 정말 인류가 전멸하겠다는 생각을 한 적이 있다. 그러나 그렇게 되지 않을 것이다. 문명은 논리에 따르고 논리는 자신 안에 자신을 가두고 있기 때문에, 문명은 일직선으로 계속하여 나아가지 않게 되어 있다. 끝에 가서는 반드시 되돌아올 것이다. 이러한 논리의 한계는 세계의 한계이기도 하다. 인류가 진화시키고 있는 문명도 논리적 한계를 가지고 있다는 것이다.

세계와 삶은 하나다.[16]
나는 나의 세계이다.[17]
나의 언어의 한계들은 나의 세계의 한계들을 의미한다.[18]
세계는 나의 의지로부터 독립적이다.[19]

---

16 논고, 5.621.
17 논고, 5.63.
18 논고, 5.6.
19 논고, 6.373.

이러한 명제들은 기독교에서 말하고 있는 인간의 유한성을 다루고 있는 것이다. 사실 논고에서 비트겐슈타인이 말하고자 하는 것은 성서가 우리에게 가르치고 있는 바의 것이다. 『논리철학논고』를 읽는 내내 두려움을 느끼게 한 말은 '가능성'이라는 말이다.

『논리철학논고』는 언어철학 이전의 우주론이다. 이 세계가 이렇게 논리적이니 언어도 논리적이어야 한다는 것이다. 언어는 그러한 논리적인 것들에 대하여 말할 수 있고, 비논리적인 것들에 대하여 실천을 통하여 보여주어야 하는 것이지 말로 해서는 안 된다는 것이다. 성경의 창세기 1장은 저러한 과학적 명제들로 그것은 논리적이다. 성경은 이렇게 논리적이자 과학적인 명제를 통하여 이 세계를 창조하는 것을 보인다. 『논리철학논고』에 의하면, 비논리적인 것만 제외한다면 신은 물론, 인간도 신과 마찬가지로 모든 것을 창조할 수가 있다는 것이다.

> 사람들은 일찍이, 논리법칙에 어긋나는 것만 제외한다면 신은 모든 것을 창조할 수 있노라고 말했다. … 요컨대 우리는 '비논리적인' 세계에 관해서는 그 세계가 어떻게 보일지 말할 수 없을 것이다.[20]

비트겐슈타인은 나아가 우리는 말할 수 있는 것을 말하고, 말할 수 없는 것에 대해서는 침묵해야 한다고 한다. 내가 생각하기에 이 말은 성경에서 하는 것과 같다. 창세기에서 신은 말할 수 있는 것을 말하고 있다. 창세기 1장은 과학적 명제들인 것이다. 그리고

---

20 논고, 3.031

그것은 너무나! 논리적이라는 것이 내가 발견한 것이다. 창세기 1장의 명제들은 과학적 명제들로, 비트겐슈타인은 이런 명제들은 말할 수 있는 것들이라고 한다. 과학에서 주장하는 자연의 진화와 종교에서 주장하는 신의 창조가 다 같이 논리적인 것이라면, 창조와 진화가 달라야 하는 이유는 없다. 창조론에서 말하는 그 대상은 인간의 서식처인 지구이다. 진화론에서 말하는 그 대상도 인간의 서식처인 지구로, 동일한 것이다. 창조론과 진화론이 다른 것일 뿐, 창조와 진화는 동일한 것이다. 성경의 창세기 1~3장은 신화나 설화가 아니다. 사실에 대한 기록이다. 그러나 가인과 아벨의 이야기부터는 신화나 설화로 읽는 것이 가능할 것이다. 홍수나 노아의 방주도 그러하다. 그러나 신화나 설화로만 읽는다면 잃는 것이 너무나 많을 것이다. 앞으로 인간에게는 상상하기 어려운 생태적 환경 재앙, 경제적 재앙, 정신적 재앙 등이 닥칠 것인데, 그 이유는 지구가 모든 인류를 다 감당하기 어렵기 때문이다. 우리가 모두 가난하게 살 수는 있지만, 부유하게 살 수는 없게 되어 있는 것이다. 그렇다면 이런 상황은 노아의 방주에 비유할 만한 것이다.

그런데 아주 반가운 일이 시작되고 있다. 종교가 성경의 창세기를 과학적으로 읽으려는 노력을 보인다는 것이다. 그중의 하나가 존 C 레녹스의 저작 『최초의 7일』이라는 책이다. 이 책은 아직까지 신학에서 해결하지 못한 창세기의 여러 가지 의문을 모아 놓은 것이 흥미롭다. 창세기를 신학에서 해결하지 못하고 있는 문제들은 다음 것들이다.

1. 창조의 여섯 날 – 신의 창조에는 왜 여섯 날이 필요했는가?

2. 두 개의 창조 기사? — 창세기 1장과 2장은 겹치는 기사인가?

3. 해결하기 어려운 네 번째 날 — 태양은 왜 여기서 처음 나오는가?

여기에 나는 신학적으로 심각한 하나를 더 추가하고자 한다.

4. 호칭의 변화 — 창세기 1장의 '하나님'에서 2장의 '여호와 하나님'으로의
변화[21]

이 책에서 레녹스는 연대기적으로 창세기를 읽고 있으나, 나는 처음부터 끝까지 논리적으로 읽을 것이다. 창조란 본래 논리적인 것이다. 논리는 이 세계의 전제이다. 나는 레녹스가 제시하고 있는 그러한 의문들을 해결하면서 이 글을 진행할 것이다. 말해지고 있는 지적설계론은 차라리 논리적 설계론이라고 하면 어떨까 하는 생각이 든다. 설계 자체가 논리적이지 않은가? 『최초의 7일』을 읽어 보면 재미있는 진실이 나타나는데, 레녹스가 성경의 창세기가 과학적임을 증명하는 데 최선을 다하면서도 실패하고 있는 이유가 신의 전지전능을 여전히 믿는 것에 있다. 창세기는 충분히 과학이다. 아니 과학, 그 이상이다. 레녹스가 실패하고 있는 이유는 창세기를 과학으로 읽지 않고 신의 창조로 읽기 때문이다. 그러나 창세기를 주의하여 읽어보면, 신의 창조를 말하는 것이 아니라 신이 이 세계를, 세계의 법칙을 인식하는 것의 기록이라는 것을 알 수 있다. 굳이 말한다면 성서 전체는 인간을 문제 삼고 있는 저술이다.

---

21 존 C 레녹스/노동래 옮김, 『최초의 7일』 (새물결플러스, 2016).

우리는 직관적으로 상상력을 통하여 세계의 진실에 접근할 수가 있을 것이다. 이 세계가 신의 창조물이건, 스스로 나타난 진화의 산물이건 간에, 나타난 그 물증을 자신 안에 가지고 있을 것이다. 그 흔적으로부터 역으로 추리가 가능하지 않을까? 우리는 이렇게 단정할 수가 있다. 인간이 달에 갈 수 없게 되어 있다면, 이 세계는 나타나지 않았을 것이다. 인간이 전쟁을 할 수 없다면 그러한 세계는 불가능한 것이기 때문에 이 세계는 나타나지 않았을 것이다. 인간이 달에 갈 수가 있기 때문에 이 세계는 그러한 가능성의 공간으로써 스스로 나타난 것이다. 이 세계는 비트겐슈타인에 의하면 논리공간 이다. 논리공간이란 가능성의 총체를 말한다. 논리의 안에서는 모든 것이 가능하다.

우리 인간도 신처럼 모든 것을 창조할 수가 있어.
비논리적인 것들만 제외한다면,
아니, 왜? 그렇게 되어야 해?
그것도 이 세계가 허락하니까 할 수가 있는 거야.
이 세계가 허락하지 않는 일을 어떻게 할 수가 있겠어?
그것도 이 세계가 허락하는 그 방법으로만 할 수가 있다는 것이야!

그러니까 우리가 무엇을 하는, 할 수 있는 그 논리가 곧 이 세계가 나타난 논리이다. 이 세계는 그렇게 가능성의 세계라는 것이다. 이를 역으로 보면 가능성에 따라 필연적으로 이 세계가 나타난 것이다. 인간이 달에 갈 수가 없게 되어 있다면 그것은 불가능한 세계이니까, 이 세계는 나타나지도 않았을 것이다. 여기에 신이 꼭 있어야 하는가?

　신이 물리적으로 작동하고 있는 이 세계를 창조했다고 주장하는 기독교에서는 아무래도 창세기와 요한복음을 다시 읽기를 권한다. 창세기는 분명히 신이 언어를 통하여 창조하고 있는 것을 보여주고 있다. 이 글을 쓰고 있는 나는 노동자이다. 신이 이 세계를 창조함에 있어 우리 노동자 기술자들이 하는 것처럼 어떤 물질 재료들을 가지고 창조한 것이라면 이 세계와 같은 물리적 세계가 나타날 확률은 높다. 논리적으로 타당하다. 그러나 창세기와 요한복음은 분명하게 신이 언어를 통하여 이 세계를 창조한 것이라고 기록하고 있지 않는가? 그렇다면 기독교의 주장은 착각이거나 관념적인 것이다. 창세기는 신이 이 세계를 창조한 것을 기록하는 문서가 아니라 신이 이 세계를 인식한 것을 기록하고 있는 문서라는 것이다. 사실 성경은 신에 대하여 말하고 있는 것이라기보다는 인간에 대하여 말하고 있다. 성경은 인간이 이 세계를 바르게 인식하기를 바라고 있다. 신이 언어를 통하여 창조했다고 하는 기록은 저 유명한 폴 데이비스를 비롯하여 많은 과학자도 간과한 것이다. 폴 데이비스는 "우리는 하나님이 우주의 원인이라기보다는 우주에 대한 '설명'에 가까운 존재라고 말할 수 있다"라고 하고 있으면서도 창세기 1장의 언어에 대해서는 말하지 않았다.

　언어가 곧 세계이다.

　태초에 말씀이 있었다(요 1:1).
　만물이 그로 말미암아 지은 바 되었다(요 1:3).

말이 안 되는 말이 있을 수 있다. 요컨대 비논리적인 말이다. 말이 안 되는 말은 말이 아니듯이, 비논리적인 세계는 나타나지 않게 되어 있다. 나타난다면 그 세계는 반드시 논리적인, 질서 있는 세계이다. 질서는 필연적으로 나타난다. 태초에 말씀이 있었다는, 즉 "태초에 명제가 있었다"이다. 전지전능한 신은 이 세계가 아닌 다른 세계를 얼마든지 창조할 수 있다고 치자. 그러나 그 다른 세계 역시 어찌 되었든, 말이 되는 세계이다. 그 다른 세계에서도 역시나 하늘과 땅이, 바다와 육지가, 인간과 동물이 있어야 할 것이다. 어느 세계나 모두 동일한 대상들을 가지고 있어야 하기 때문이다. 하늘과 땅이, 바다와 육지가, 빛과 어둠이, 밤과 낮이, 인간과 동물이 필요 없는 세계는 어떤 형식을 할까? 대상들이 형식을 결정한다. 세계가 변경 불가능한 형식을 가지기 위해서는 거기에는 반드시 대상들이 있어야 한다. "빛이 있으라 하니 빛이 있었고", "빛을 낮이라 부르시고." 이는 언어가 곧 세계라는 의미이다. 세계란 언어에 다름 아니다. 신은 이 세계를 기능공들이 재료를 가지고 물건을 만들 듯이 만들었다는 것이 아니다. 그렇게 창조했다면 이 물리적인 세계가 나타날 것도 같다. 기독교와 기독교의 신학은, 신이 이 세계를 기능공들이 물건을 만들 듯이 창조한 것으로 착각하고 있는 것이다. 그러나 신은 언어를 통하여 창조했다. 언어를 통항 창조는 당연한 것일 수 있다.[22]

논리에 있어서는 과정과 결과가 동일하다.[23] "빛이 있으라 하니 빛이 있었다"는 2+2=4와 같은 명제인 것이다. 2+2는 4라고 하는 단 하나의 가능성과 필연성을 가진다. 이렇게 신은 말이 되는 말,

---

22 최종천, 「현대시」, 2023. 1월호.
23 논고, 6.1261.

논리적인 명제를 통하여 세계를 창조한다. 이 명제에 따라서 다중우주는 불가하다. 이것으로 기독교에서 신의 창조라고 주장하는 근거인 우주의 미세조정도 해명이 되는 것이다.

논리에 있어서는 과정과 결과가 동일하다. 그렇기 때문에 뜻밖의 일은 없다.[24] 빛이 있으라 하니 빛이 있었다. 앞의 빛은 언어/사물이고 뒤의 빛은 실재하는 사실의 빛이다. 이 빛은 우주의 모든 존재가 경험할 수 있는 빛이다. 고로, 이 세계는 일어나는 모든 것이다. 세계는 사실들의 총체이지 사물들의 총체가 아니다.[25] 신이 언어를 통하여 이 세계를 창조했다고 하는 성서의 기록은 그러므로 믿을 만한 것이다.

---

24 논고, 6.1261.
25 논고, 1.1.

제 4 장

:

창세기 1장의
올바른 이해

창세기 1장을 바르게 이해하는 데에는 히브리어나 낱말의 어원 등을 참고할 필요가 전혀 없다. 1장에 대한 이해를 전개한 모든 저서가 하나같이 하나님이 천지를 창조했다고 하는 창세기의 기록을 그대로 사실이라는 전제에서 진행되는 것은 순전히 신학이 아니라 신앙 그 자체이다. 신학은 신앙을, 신을 대상으로 두고 이해하는 일이다.

창세기 1장을 바르게 이해하고 나면 기독교에서 주장하는 창조론이 하나님에 의한 창조가 사실인가의 여부와는 별개의 문제임이 드러난다. 매우 유감스러운 사실은 거의 모든 기독교도에 의한 창세기 이해가 피조물에 대한 인간의 특권적 지위를 말하는 인본주의적 사상이 나타나고 있다는 사실이다. 이것은 창조의 본질이 무엇인가에 대한 반성이 없기 때문에 일어나는 것이다. 창세기의 기록은 사실에 있어서 충분히 과학적이며 동시에 진화론과도 만나고 있는 접점들이 있다. 따라서 본 글에서는 우선 창조의 본질이 무엇인가를 먼저 생각해 보는 일부터 착수할 것이다. 그런 다음에 창세기 1장에서 나타나고 있는 하나님의 창조 동기와 목적을 알아볼 것이다. 그리고 그것이 어떻게 과학과 만나고 있는지를 알아볼 것이다. 그 외 다른 창조론적인 의미들은 다른 제목의 글에서 개진할 것이다.

1. 창조의 본질

무엇을 창조하는 경우에 있어서 절대적으로 따라야 하는 것이 논리의 문제이다. 왜냐하면 창조하고자 하는 그 무엇은 반드시 어떻게 해야만 하는 것이다. 어떻게 하고 보면 무엇이 된다. 다르게 말하자면, 논리는 어떻게에는 앞서지만, 무엇이에는 앞서지 않기 때문이다. 창세기 1장에서의 논리는 다음과 같은 것들이다.

어떤 사람은 모든 피조물은 창조주를 중심에 두고 동심원에 존재한다고 할 수가 있을 것이다. 그러나 그렇지 않다. 창세기 1장을 읽어보면, 신은 창조하고자 하는 그것 자체인 것을 가장 먼저 창조한다. 그런 다음에 그것에 당장 필요한 것을 순서에 따라 창조하게 된다. 그러니까 창세기 1장에서 신이 창조한 그 순서 그대로 신을 중심으로 하여 차등한 거리를 두고 있는 것이지, 동심원에 있는 것이 아니라는 말이다. 그것이 바로 지구 생태계를 구성하고 있는 먹이사슬이다. 창세기 1장을 보면 먼저 천지, 하늘과 땅을 창조하는데. 하늘과 땅은 신이 창조하고자 하는 그것 그 자체의 것이기 때문에 맨 먼저 창조할 수밖에 없다. 창세기 1장에서 인간은 맨 나중에 마지막으로 창조된다. 따라서 인간은 상대적으로만 필요한 존재이다.

상대적으로만 필요하다는 것은 지구 생태계에서 인간이 맡은 역할을 생각해 보면 수긍이 될 것이다. 인간은 마지막 포식자이다. 인간이 해야 하는 일은 포식 활동을 통하여 지구 생태계를 건강하게, 균형 있게 관리하고 유지하는 일이다. 지구 생태계가 먹이사슬로 되어 있는 이유는, 먹이사슬이 곧 에너지 순환시스템이기 때문이다. 어떤 시스템이 영구히 그 자체로 유지 보존되기 위해서는 에너지를 순환시키는 방법 외에 다른 것은 없다. 창세기 이해가 피조물에 대한 인간의 특권적 지위를 말하는 인본주의적 사상이 나타나고 있는데, 그 근거는 인간의 다른 존재에 대한 자기 자신이 우월하다는 잘못된 사상이지, 거기에 실재적 근거는 없다. 이것은 오늘날 전 세계적인 생태 위기와 지구의 온난화가 인구의 폭발적 팽창 때문이라는 사실로부터 밝혀지고 있는 것이다. 지구의 80퍼센트를 점령한 지구에는 인간 홍수가 난 것이다. 이제 인간은 지구를 노아의 방주로 삼아 이 홍수를 이겨내야 하는 것이다. 진화론과 창조론이 다른 것이 지금까지 말한 이것에 있다. 진화론의 어떤 책에서도 우리는 창세기 1장에서와 같이 단순명쾌하게 제시된 지구 생태계의 먹이사슬을 제시하고 있는 경우가 없다. 그런데 창세기에서는 지구 생태계 먹이사슬을 신이 창조한 것으로 기록하고 있다. 먹이사슬을 만들었다고 생각하면, 그것이 조립되었다는 생각도 따라 나올 것이다. 지구 생태계 먹이사슬이 조립된 것이라고 하면, 이제 그 조립된 것을 해체하는 경우 조립의 역순으로 해야 한다는 생각이 따라 나올 것이다. 오늘날 인류가 당면한 생태 위기의 본질이 바로 이것이다. 생태 위기란 달리 말하자면, 지구의 생태계가 해체된다는 것이다. 해체는 조립의 역순이니, 인간이 그 첫 번째의 대상이 되는 것이다. 지금 인류가 겪고 있는 코로나는 그 시작에 불과하다. 지구는 자신이 건강하기 위해서 인류를 도태시킬 것이다. 지구는 자신을 스스로 돌보고 있다. 이상의 것이 진화론으로부터는 얻을 수 없는 창조론의 좋은 점이다. 그런데 이것은 일부 진화론자들이 신학의 인본주의를 경계하면서 인간은 진화에서 우연히 출현한 존재라고 하는 것과 맥이 닿아 있는 것이다.

그렇다면 이 세계는 왜? 이렇게 되어 있을까? 그 이유가 앞에서 말한 것으로 논리는 어떻게에는 앞서나, 무엇이에는 앞서지 않기 때문이다. 달리 말하자면 신은 일정한 논리에 따라 이 세계를 창조한 것이다. 이 세계의 전제가 바로 논리라는 것이다. 그러나 신을 믿는다는 사람들은 이 논리는 받아들이기 어려울 것이다. 그렇다고 해도 어쩔 수는 없다. 논리가 그렇게 생겨 먹었기 때문이다. 그게 왜 그렇게 된 것이냐고 물으면 그에 대한 답은 없다. 인류가 자신을 고집하고 신의 창조에 의한 인간의 특권적 지위라는 것은 환상이다. 그 환상을 유지하기 위해서는 우리는 지구 생태계 내의 논리적 질서에 순응하는 것 외의 다른 길은 없다.

먹이사슬인 이유는 창조의 순서/질서에 따라 창조된 그 순서 그대로 번식력이 다르기 때문이다. 첫째 날에 창조된 천지, 그 땅은 태어남과 죽음 그 자체라고 할 수가 있다. 그 흙 속에는 무수한 미생물들이 살고 있어서 죽어서 땅에 묻히는 모든 것을 다시 자연으로 회수한다. "하나님의 영은 수면 위에 운행하시니라"고 하는 것은 빙하기가 끝나고 지구의 표면이 물로 덮여 있었던 것을 나타낸다. 창세기 1장 6-8절은 수면 위로 대륙이 솟아오르고 갈라지는 것을 묘사하고 있다. 이제 솟아난 그 땅, 흙 속에 미생물이 살고 있다. 그리고 그 미생물은 가장 번식력이 강하다. 미생물을 먹는 식물이 그다음 날인 셋째 날에 창조된다. 그런 다음에 창세기는 지구를 유지 보존하게 하는 식물의 광합성에 대하여 기록하고 있다. 이것은 어떤 신학이나 창세기 연구에서도 밝혀내지 못하고 있는 것으로, 지구의 생태계를 보고 있는 사람에게만 제대로 이해가 될 것이다.

¹⁴하나님이 이르시되 하늘의 궁창에 광명체들이 있어 낮과 밤을 나뉘게 하고 그것들로 징조와 계절과 날과 해를 이루게 하라 ¹⁵또 광명체들이 하늘의 궁창에 있어 땅을 비추라 하시니 그대로 되니라 ¹⁶하나님이 두 큰 광명체를 만드사 큰 광명체로 낮을 주관하게 하시고 작은 광명체로 밤을 주관하게 하시며 또 별들을 만드시고 ¹⁷하나님이 그것들을 하늘의 궁창에 두어 땅을 비추게 하시며(창 1:14-17).

14-17절은 앞에서 창조된 식물의 광합성을 위해서 하늘에 땅을 비추는 광명체를 창조하고 있다. 더욱 놀라운 일은 식물의 광합성을 기록하고 난 다음에 인간의 먹을 것은 채식으로 규정하고 있다는 사실이다. 지구 생태계 위기의 해법으로 지금 당장에 전 인류가 실천해야 하는 진리이다. 식물은 지구 생태계 최초의 에너지 생산자이고 번식력이 강하기 때문에 인간의 먹을 것으로 규정되고 있다.

하나님이 이르시되 내가 온 지면의 씨 맺는 모든 채소와 씨 가진 열매 맺는 모든 나무를 너희에게 주노니 너희의 먹을거리가 되리라(창 1:29).

이러한 창세기의 전개를 따라 생각해 보면, 다음과 같은 복 주심이 인간에게 주어진 것이 아니라는 것을 새삼 깨닫게 되는 것이다.

하나님이 그들에게 복을 주시며 이르시되 생육하고 번성하여 여러 바닷물에 충만하라 새들도 땅에 번성하라 하시니라(창 1:22).

인간 이전에 창조된 모든 것은 인간이 존재하기 위한 기반이며 근거이다. 따라서 창조주는 그러한 피조물의 생육과 번성을 기반으로 하여 가능한 인간 존재를 비로소 말하게 된다.

[26]하나님이 이르시되 우리의 형상을 따라 우리의 모양대로 우리가 사람을 만들고 그들로 바다의 물고기와 하늘의 새와 가축과 온 땅과 땅에 기는 모든 것을 다스리게 하자 하시고 [27]하나님이 자기 형상 곧 하나님의 형상대로 사람을 창조하시되 남자와 여자를 창조하시고 [28]하나님이 그들에게 복을 주시며 하나님이 그들에게 이르시되 생육하고 번성하여 땅에 충만하라, 땅을 정복하라, 바다의 물고기와 하늘의 새와 땅에 움직이는 모든 생물을 다스리라 하시니라(창 1:26-28).

이렇게 읽어보면 분명히 드러나는 것이 앞에서 말한 지구 생태계에서 인간의 역할, 즉 포식자의 일이다. "바다의 물고기와 하늘의 새와 땅에 움직이는 모든 생물을 다스리라 하시니라." 다스림을 통하여 인간은 지구 생태계의 균형을 유지하고 아름답게 가꾸어야 하는 임무를 다해야 한다. 그런데 그 다스리는 것은 무엇인가? 그 방법이 무엇인가? 그것이 바로 인간의 노동이다. 이는 창세기 2장과 3장의 주제이다. 인간은 자신보다 먼저 창조된 자연을 먹고 입고 거주하기 위해 자연을 대상으로 노동을 해야 한다, 그 노동의 과정에서 인간은 대상인식이 싹트고 그 인식이 발전하여 신을 배신하기에 이르는 과정을 창세기 3장은 보여주고 있다. 인간의 역사가 노동으로부터 시작되었다는 사실을, 있는 그대로 창세기는 보여주고 있는 것이다. 창세기는 인간학이다. 신학은 이제 인간학이 되어 인간 구원에 활용되어야 하는 것이다.

2. 창조의 법칙 — 번식력

창세기 1장에서 맨 앞의 두 절을 빼고 나머지를 잘 읽어보면 이것이 그대로 지구 생태계의 지도라는 사실을 알 것이다. 지구의 생태계는 먹이사슬로 되어 있다. 그리고 지구 생태계는 진화의 순서와 질서를 그대로 반영하고 있다. 그런데 한 가지 경탄할 일은 성서의 기자가 창조 과정을 기록하면서 창조 순서를 지구에서 진행된 자연 진화의 순서와 어떻게 일치시켰는가 하는 것이다. 지구 생태계를 유심히 관찰한다고 해도 피조물들이 창조된 질서는 알아내기가 당시로서는 지난하였을 것이다. 지구 생태계는 진화의 순서대로 되어 있다. 이 생태계 지도는 창조론에 극구 반대하는 진화론자들이 먼저 제시해야 하는 것이 아닌가? 그렇지만 누구도 진화의 순서대로 되어 있는 생태계 지도를 성서만큼 확연하게 제시한 저서가 없다. 그것이 창조론의 근거인 성서에 하나님의 창조 과정으로 기록되어 있다는 것이 창조론의 의미이다. 창조 과정을 통하여 하나님은 질서를 제시한 것이다. 인간은 하나님이 창조 과정을 통하여 제시한 질서에 따라 하나님이 이루신 자연생태계를 닮은 그러한 사회를 만들고 그렇게 살아야 하는 존재이다.

지금부터는 창세기 1장을 생태학적으로 진술할 것이다. 1절에서부터 7절까지의 첫째 날은 그대로 진화론자들이 주장하는 빅뱅과 그 뒤로 상당 기간 진행된 각 행성이 자리를 잡고 우주가 안정되어가는 과정과 거의 일치하고 있다.

땅이 혼돈하고 공허하며 흑암이 깊음 위에 있고 하나님의 영은 수면 위에 운행하시니라(창 1:2).

2절의 내용은 빙하기가 끝나고 지구의 수면이 물로 덮여 있었던 것을 말하고 있다. 4절에 나타나는 빛과 어둠을 나눈다는 표현은 빅뱅 후에 우주의 온도가 냉각될 즈음, 전자들은 원자핵들과 결합할 수 있었고 그래서 말 그대로 빛이 어둠으로부터 도망쳐 나온 사실과 일치한다.

둘째 날인 9절에서부터는 시공간을 더욱 구체적으로 구획하신다. 물은 물대로 모아 바다를, 뭍은 뭍대로 모아 육지를 창조하신다. 바다의 물에서 솟아난 대지의 흙에는 미생물들이 살고 있다. 미생물은 식물이 먹는다. 둘째 날에 신은 바다에 잠긴 대륙을 솟아나게 하고 그 대륙이 지금과 같이 오대양 육대주로 갈라지게 하였다.

셋째의 날에 이렇게 완성된 육지에 이 세계를 먹여 살려야 하는 최초 에너지 생산자인 식물을 먼저 창조하시는 것이다. 식물은 세계 모든 생명체의 먹이가 된다. 그러므로 모든 존재 중에서 가장 먼저 창조되어야 하고 번식력이 강하다. 식물보다 번식력이 강한 것은 미생물인데 미생물은 땅에 묻혀 있다. 식물은 이 미생물 때문에 그 성장이 가능하다. 미생물은 지구 생태계의 실제적인 지배자인 것이다. 누가복음의 말구유에 뉘어있는 예수는 이 세계의 생명 유지를 위해 희생하고 먹히는 식물의 운명을 인간으로서 타고난 것이다. 먹잇감인 희생자가 없으면 이 세계는 유지되지 않는다. 식물은 바로 그런 먹이이다. 이 세계는 먹히는 자, 희생당하는 자, 착취당하는 자에 의하여 유지되고 있다. 그러므로 먹히고, 희생당하고, 착취를 당하는 것은, 즉 베푸는 것이다.

넷째 날에는 이 식물들을 비추어 성장하게 하는 광명체를 창조하여 땅을 비추게 한다. 식물들은 햇빛을 받아 광합성을 하고 광합성을 통하여 최초의 에너지를 먹기 가능한 형태로 생산하는 것이다. 또 식물은 광합성을 통하여 산소와 탄산가스를 배출함으로써 동물과 식물의 호흡을 가능하게 한다. 넷째 날이 흥미로운 것은 이미 첫째 날에 빛과 어둠이 창조되었는데 중복되고 있다는 것이다. 이는 창세기의 기자가 생태계의 질서를 잘 알고 있었다는 증거이다. 셋째 날에 창조된 식물의 광합성에 대하여 알고 있었다는 증거이다.

다섯째 날에는 조류나 바다의 고기 등을 창조하는데 조류나 바다의 고기는 식물을 먹이로 하는 경우가 많고 식물에 둥지를 틀어 집을 짓고 산다. 이렇게 조류나 바다의 고기는 먹이가 식물이므로 식물보다는 번식력이 약해야 한다. 이것이 식물이 가장 번식력이 강하게 창조된 이유인 것이다. 다섯째 날에 하나님은 초식동물과 육식동물을 창조한다. 초식동물은 주로 육식동물들의 먹이가 된다. 그러므로 초식동물은 육식동물보다 번식력이 강해야 하고 먼저 창조되어야 한다. 초식동물의 먹이는 바로 식물이고 따라서 초식동물들의 번식력은 식물보다는 약하고 그를 먹는 육식동물보다는 번식력이 강하다. 초식동물 다음에 육식동물이 창조되는데, 그 이유는 물론 초식동물을 육식동물이 먹어야 하기 때문이다. 마찬가지의 이유로 육식동물은 초식동물보다 번식력이 약하고 초식동물은 육식동물보다 번식력이 강하다. 이렇게 번식력을 축으로 하는 원리에 따라 창조하는 수밖에는 다른 방법은 가능하지 않다.

여섯째 날에 이르러 인간을 위한 기초가 다 창조된 다음에 마침내 하나님은 인간을 창조한다. 인간은 보이지 않는 관념을 지금까지 창조된 여러 식물이나 동물들과 함께 먹는다. 고로 인간은 잡식성의 동물이고 동시에 최상위 포식자인 것이다. 인간은 창조된 모든 것을 먹어야 하므로 모든 존재 중에서 가장 번식력이 약해야 하고 실제로 약하다. 이것이 인간이 맨 나중에 창조된 이유이다.

이상에서 보듯이 하나님이 창조한 먹이사슬의 핵심은 번식력에 있다고 하겠다. 번식력이 강한 것을 먼저 창조하고 그것을 먹고 사는, 그보다 번식력이 약한 존재를 그다음에 창조한 것이다. 그렇게 하지 않았다면 이 세계는 유지될 수가 없는 것이다. 따라서 번식력은 진화와 창조의 비밀이요 핵심이고 법칙이다. 그런데 이것은 실제 진화와 일치하고 있는 것이다.

자, 이상 서술한 것을 간단한 도표를 통하여 구체적으로 알아보기로 하자. 우선 상당히 큰 피라미드를 그리시라. 피라미드를 그려야 하는 이유는 각 피조물이 번식력을 중심으로 창조되었기 때문이다. 그러니까 피라미드는 번식력을 나타낸다. 그리고 그 피라미드를 하나님이 창조하는 데 여섯 날이 걸렸으므로 여섯 칸으로 나눈다. 그런 다음에 맨 위 삼각형에 인간이라고 명기한다. 다음 맨 밑 칸에는 시공간 하늘땅이라 명기한다. 그리고 이 땅 위에 식물이 돋아나 있으므로 그 위 칸에 식물이라 명기한다. 그 위에는 해, 태양, 빛, 식물의 광합성이라고 명기한다. 하나님의 창조 순서를 따라 그 위 칸에는 초식동물이라고 명기하자. 그 위 칸 그러니까 인간 바로 아래 칸에는 육식동물이라고 명기하자.

이렇게 그림을 그려 놓고 가장 중요한 것을 그려 넣어야 한다. 그래야만 하나님 창조의 의미가 뚜렷해진다. 그려 넣어야 하는 것은 맨 밑에서 맨 위, 인간을 향한 화살표이다. 화살표를 맨 밑에서부터 인간의 칸까지 뚜렷이 그려 넣어보자. 이 화살표는 무엇을 의미하는가? 그것은 에너지의 이동 경로이다. 에너지는 인간에게서 마지막으로 소비되어 사라진다. 화이트헤드의 말을 들어보자. 화이트헤드는 다음과 같이 쓰고 있다.

3. 왜 하필 이 법칙인가?

화이트헤드의 『이성의 기능』은 내가 읽기로는 멸망을 각오하고 쾌락에 탐닉하는 인간에 대한 냉소와 절규이다. 그는 진화의 핵심을 간파하고 있다.

> 그러나 진화론에는 적자생존의 이론에 의하여 전혀 설명되지 않는 또 하나의 요소가 있다. 왜 진화의 방향은 상승적이었던가? 유기적 종이 무기적 물질의 분포로부터 발생했다는 사실과 그리고 시간이 경과함에 따라 더 고차적 형태의 유기적 종이 진화하였다는 사실은, 환경에 대한 적응이론이나 또는 생존경쟁의 어떤 이론으로도 설명되지 않는다. 사실 상승방향에 수반하여 역의 관계가 생겨났다. 동물들은 환경을 그들 스스로에 적용시키는 과업을 진취적으로 수행하여 왔다.[1]

인용문에서 진화의 방향이 상승적이었던가? 하는 것은 자연의 진화가 단순한 무기물로부터 시작되어 인간과 같은 고차적 형태로

---

1 화이트헤드/정연홍 옮김, 『이성의 기능』 (이문출판사, 1998), 8.

진행된 것을 그렇게 표현하고 있는 것이다. 상승이라는 표현은 인간의 정신을 정점에 두고 무기물의 정신을 미미한 것으로 보는데 그 근거가 있다. 다음의 '역逆의 관계'란 진화론이 주장하는 적자생존, 즉 자신을 환경에 맞게 개조하는 것이 아니라 그와는 반대로 환경을 자신에 맞게 변화시키는, 환경에 대한 능동적 대응을 두고 하는 표현이다. 화이트헤드의 이러한 표현 뒤에는 환경에 대한 능동적인 개조야말로 무기물로부터 시작된 진화가 인간이라는 고차적 존재의 출현을 낳게 된 동기라는 생각이 있는 것이다. 그러니까 진화의 정점에 인간이 나타나게 된 것은 자연환경을 자신에게 맞게 개조하는 이성의 기능에 의한 것이라는 주장이다. 이성의 기능은 노동이다.

그러한 배경이 뒤에 이어지는 "환경에 대한 적응 이론이나 또는 생존경쟁의 어떤 이론으로도 설명되지 않는다"라는 표현에 함축되어 있다.

그런데 화이트헤드의 이러한 분석을 진화 전체에 적용시키면 존재론적인 이해가 가능하게 된다. 그것을 위해 여기서 상승적이라는 표현에 주목해 보자. 앞의 그림에서 우리는 피라미드를 그렸다. 이미 말했듯이 피라미드의 폭의 넓이는 번식력을 나타낸다. 화이트헤드가 상승적이라고 하는 이유는 정신의 진화가 가장 번식력이 강한 식물이나 미생물에서는 가장 미약한 정신이, 가장 번식력이 약한 인간에 와서 가장 활발한 정신으로 된 것을 이른다. 이 정신의 진화는 번식력을 축으로 한 생물적 진화의 피라미드를 거꾸로 세워 놓은 모습을 하고 있다. 설명하자면 피라미드에서 맨 위를 차지한 인간의 정신이 가장 활발하고 넓다. 반대로 식물의 정신은 가장 미미하고 소극적인 정신이다. 식물에서 위로 향할수록 각 단계에 있는 존재들의 정신은 더 적극적이며 능동적인 정신을 지니고 있다는 사실이다.

이렇게 진화의 방향이 상승적인 이유를 환경에 자기 자신을 맞게 적응하는 것이 아니라 오히려 환경을 자기 자신에 맞게 개조하는 것에서 찾고 있는 것이다. 이것을 화이트헤드는 실천이성이라 부르고 있으며, 이 실천이성이야말로 진화에서 인간이 출현한 이유로 보고 있다. 그는 다음과 같이 말하고 있다. 여기서 실천이성이란 각 존재의 노동이다.

실천이성의 역사는 인류가 출현한 동물 생활에까지 되돌아가야 한다. 방법에 대한 점진적인 완성에로 이끌어 간 희미한 산발적 지성의 번쩍임을 고려한다면, 그 기간은 수백만 년의 기한으로 측정된다.[2]

화이트헤드에 의하면 인간은 역의 관계로서 가장 적극적으로 환경을 자신에게 맞게 개조하는 존재이다. 가장 적극적으로 환경을 자신에게 맞게 개조하는 존재가 가장 약한 번식력을 가지고 있고 가장 활발한 정신을 지니고 있는 것이다. 반복하지만, 그렇게 되지 않으면 안 된다. 하나님이 창조하신 모든 것을 대상화하여 생각대로 개조할 수 있는 인간의 번식력이 강하다면 이 세계는 유지될 수가 없다. 생명의 본질은 자신을 복제하고 타자와 만남을 통하여 다른 세계를 내어놓는 것이며 이는 세계를 유지하기 위함인 것이다. 그런데 이를 두고 생각해 보면 이것은 아주 보편타당한 사물이

---

2 위의 책, 33.

되어가는 이치이다. 화살표의 의미가 이렇게 드러난다.

앞에서 그림에 그려 넣은 화살표는 에너지의 이동 방향이다. 식물로부터 최초로 생산된 에너지가 인간에게 와서 최종적으로 소비되는 것이다. 그러므로 우선 하나님의 인간 창조의 의미는 인간을 피조물 전체 속에서 마지막 포식자에 두신 것이다. 최상위에 있으므로 인간의 생태계에 대한 책임은 권리보다 막중한 것이다.

나는 이미 오래전에 이러한 생각을 하고 있었고, 그 당시 읽었던 막스 셸러의 저서 『우주에서 인간의 지위』에 그러한 생각이 나타나 있을 것으로 기대했으나 없었다. 앞서 말했듯이 우리는 화이트헤드가 말하는 역의 관계를 진화 전체에 적용하여 존재론적인 사유를 해 보면 하여튼 우리는 이미 그린 피라미드를 거꾸로 세운 경우를 생각할 수가 있다!

바로 선 피라미드가 번식력을 중심으로 한 생물적인 진화의 모양이라면 거꾸로 선 피라미드는 바로 각 존재의 정신적인 진화의 모양이 되는 것이다. 화이트헤드가 말하는 적자생존이 아니라 환경을 자신에게 맞게 개조하는 진화의 추동력으로서의 역의 관계란 결국 이러한 생물적인 진화의 모양에 반하는 정신적인 진화를 생각하게 만든다. 식물로부터 최초로 생산된 에너지가 인간에게 와서 최종적으로 소비되는 것은, 즉 우리 인간이 지구로부터 생산되는 에너지를 마지막으로 소비하는 존재라는 결론이다. 그런데 앞으로 돌아가서 피라미드를 두고 생각하면 과연 번식력을 축으로 하는 먹이사슬 외의 다른 형태의 창조/진화가 가능할까? 그 답은 전혀 그렇지 않다. 번식력을 축으로 하는 먹이사슬 외에 어떠한 다른 진화를 생각할 수가 없다는 것이다. 그러한 법칙은 전지전능한 창조자에 의한 창조에 있어서도 마찬가지이다. 달리 말하면 이 법칙 외에 다른 법칙을 만들거나 할 수 있는 전지전능한 존재는 없다는 것이다. 창조론과 진화론은 이렇게 허구가 아닌 실재의 세계에서 만나고 있다. 이 번식력을 축으로 하는 진화/창조에 의하여 나타난 세계만이 스스로 유지할 수 있는 세계가 된다. 그 세계는 식물의 광합성을 축으로 하는 에너지의 순환에 의해 유지 보존되는 세계이다.

지금 당장 화성이나 다른 행성에서 진화가 시작된다고 하자. 그 진화 또한 지금 지구상의 생태계와 똑같은 생태계를 만들 수밖에는 다른 길이 없다는 것이다. 여기서 우리 인간이 생각해야 하는 것은 다른 여러 가지의 방법을 두고 왜 하필이면 이 법칙인가 하는 것이다. 이것이 창조론적인 의미이다.

앞에서 나는 이 단의 제목을 '법칙'으로 하였는데, 그 이유는 자연 진화의 논리성을 강조하기 위한 것이다. 그 이유는 이미 말했듯이 이 법칙 외엔 생태계를 지속적으로 유지할 길이 없다는 것이다. 되풀이하지만 번식력이 강한 것을 번식력이 약한 존재가 먹여 기를 수가 없다. 여기에서 이 세계는 창조가 아닌 진화의 결과라는 사실이 밝혀지는 것이다. 그러나 창조론의 의미는 바로 성서에 기록된 대로 번식력을 축으로 하여 전개된 창조의 질서로부터 인간이 맨 나중에 창조되어야만 했던 진짜 이유와 그 이유로부터 우리에게 적용시킬 진리들을 찾아내는 데 있는 것이다. 그것은 곧 인간의 사회생태론의 철학이 될 것이다.

4. 하나님은 진화를 창조했는가?

창세기 1장에서 창조주가 인간을 맨 나중에 창조하는 이유는 인간보다 먼저 창조된 존재들이 인간 존재의 기반이며 근거이기 때문이다. 이것을 생물학적으로 표현하면 인간이 지구 생태계의 최상위 포식자라는 것이다. 지구 생태계 최상위 포식자로서 인간이 해야 하는 일은 지구 생태계에서 생산되는 에너지를 포식하는 일이다. 지구 생태계는 에너지를 생산하기만 하는 것이 아니라 새로운 생명의 탄생에 소비해야 한다. 이렇게 소비되고 남는 초과분을 소비하지 않고 그대로 둔다면 생태계는 균형을 잃고 아름답게 보존되지 않을 것이다. 따라서 인간은 초과분의 에너지를 소비해 주는 일을 해야 한다. 그 방법이 곧 노동이다. 때문에 2장에서 창조주는 인간을 창조하는데, 노동하는 인간으로 창조하게 되는 것이다. 인간은 노동을 통하여 식물이나 동물 등을 먹는다. 따라서 그 노동은 기계 노동이 아닌 몸 노동이어야 하는 것이다.

지구 생태계 에너지를 소비하는 인간이 그 방법으로 노동을 하지 않고 다른 것을 하게 되면 에너지가 부족하게 될 것이다. 그렇게 되는 것은 노동이 아닌 다른 허구적, 비물질적 노동을 하게 되면 그것은 결국 인간 자신의 생물적인 번식력이 되는 것이다. 인간의 정신을 표현하는 예술 작품 등은 자연 사물을 죽여야 가능한 것이다. 지구 생태계에 대해서는 인간 자신의 번식력이 되어 인간을 가장 번식력이 약하게 창조한 그 질서를 전복시키는 결과가 된다.

이렇게 우리는 하나님이 창조한 인간은 노동하는, 그 노동을 통하여 피조물들을 보살피고 보존할 보편타당한 인간, 노동하는 인간이라는 진리는 확인할 수가 있다. 그런데 이 노동이란 무엇인가? 하나님의 창조 그 자체가 노동이다. 창세기 1장의 기록에 의하면 하나님은 자신의 언어를 통하여 무기물로부터 하등 동물과 고차적인 존재까지를 창조한 것이다. 이는 실제의 진화와 일치한다. 실제의 진화도 각 존재의 노동에 의하여 추진되었다. 그런데 노동을 하게 되면 그 방법적인 모색이 절대적으로 필요하고 또 당연하게 나타난다. 이 방법에 대한 모색이 진화를 추진하게 된 것이다. 인간은 이 방법의 총체이다. 달리 말하자면 인간은 무엇이든지 할 수 있고 어떤 기계라도 만들 수 있는 보편적인 방법 그 자체라는 것이다. 이것을 말하는 문서가 화이트헤드의 『이성의 기능』이다.

> 이성의 기능은 삶의 기술을 촉진하는 것이다. 이 정의를 해석하는 데 있어서 나는 '적자생존'이라는 어구가 시사하는 진화론자의 오류와 즉각 의견을 달리 하지 않으면 안 된다.[3]

적자생존이란 환경에 적합한 개체의 생존이다. 그러나 환경에 적합한 생존이 아니라 삶의 기술을 촉진하는, 적극적으로 환경을 자신에 맞게 개선하는 것이 이성의 기능이라는 말이다.

> 동물들은 환경을 그들 스스로에 적응시키는 과업을 진취적으로 수행하여 왔다. 동물들은 둥지를 만들고 그리고 매우 복잡한 군거적 서식처를 만들었다. 비버는 나무를 잘라서 강에 둑을 쌓았다. 곤충들은 환경에 대한

---

3 위의 책, 6.

온갖 반응으로 고도의 공동생활을 다듬어 왔다. 동물들의 한결 친숙한 행동조차도 환경을 수정하는 활동이다.[4]

동물들이 둥지를 만들고 비버가 나무를 잘라서 둑을 쌓는 것은 확실히 환경을 수정하는 것이며 곧 방법을 적용시키는 것이다. 동물들도 그 나름의 이성을 가지고 있다는 증거이다. 그리고 그렇게 환경을 수정하는 것은 삶의 기술을 촉진하는 것이다. 모든 존재에 있어서 그 방법의 수행 자체가 각 존재의 노동이며 곧 삶이다.

그러나 진화에는 적자생존의 이론에 의하여 전혀 설명되지 않는 또 하나의 요소가 있다. 왜 진화의 방향은 상승적이었던가? 유기적 종이 무기적 물질로부터 발생했다는 사실과 그리고 시간이 경과함에 따라 고차적 형태의 유기적 종이 진화하였다는 사실은, 환경에 대한 어떠한 적응이론이나 또는 생존경쟁의 어떤 이론으로도 전혀 설명되지 않는다.[5]

확실히 그렇다. 환경에 적응하기만 했다면 인식/이성이 없고 따라서 진화는 나타나지 않았을 것이다. 거기에는 능동적 추진력이 없기 때문이다. 그때그때의 상황을 넘어서는 새로운 질서를 찾아내지 않았다면 진화는 불가능했다. 무기물로부터 유기적 종이 출현한 것부터가 물질에 정신이 있었기 때문에 가능했을 것이다. 물질에 내재하는 정신은 이미 이성이었던 것이다. 화이트헤드의 이러한 표현의 배후에는 이 세계가 필연적으로, 자기원인적으로, 스스로

4 위의 책, 8.
5 위의 책, 8.

있게 되었다는 생각이 있다고 보아야 한다.

동물들은 자신들의 용도에 맞도록 환경을 변형시키고 있는 것이다. 어떤 동물들은 먹이를 찾아 땅을 파고, 다른 동물들은 그들의 먹이에 몰래 접근한다. 인간의 경우에 있어서는 환경에 대한 이러한 능동적 공격이야말로 인간의 생존에 가장 두드러진 사실이다. 나는 이제 환경에 대한 이러한 능동적 공격에 관한 설명은 심중의 충동, 즉 1) 살기 위한 충동, 2) 잘 살기 위한 충동, 3) 보다 더 잘 살기 위한 충동이라고 서술한다. 사실, 삶의 기술이란 첫째로 살아 있는 것이고, 둘째로 만족스러운 방식으로 살아 있는 것이며 그리고 셋째로는 만족을 증가시키는 것이다. 우리가 이성의 기능, 즉 삶의 기술의 증진으로 돌아가지 않으면 안 되는 것은 우리의 논증의 바로 이 시점에서이다. 이성의 일차적 기능은 환경에 대한 공격의 지시이다.[6]

이성의 일차적 기능은 환경에 대한 능동적 공격의 지시로, 앞에서 말하는 삼중의 충동을 위한 것이다. 인간은 분명히 즐기기 위하여 문명을 발전시키고 있다. 그리고 즐거움을 만족시킬 때까지 인간은 노동을 통하여 문명을 발전시킬 것이다. 그런데 이와 같은 이성의 실현은 인간의 몸에 결부된 이성이라는 것이다. 동물의 이성은 동물의 몸에, 인간의 이성은 인간의 몸에 결부되어 있어서 몸과 이성이 분리되지 않는다는 것이다. 인간 이성의 실현으로서 문명 진화의 필연성을 화이트헤드는 생리학과 목적적 인과관계로 설명한다.

6 위의 책, 9.

이 결론은, 이성이란 사실로서가 아니라 상상적으로 실현된 목적을 달성하려는 충동을 지시하고 비판하는 경험 속의 한 요소라는 명제와 결국 같은 것이다.[7]

지난날에는 다만 인간이 상상하던 모든 것이 문명에서는 달성된다. 달나라에 가는 것도 옛날에는 다만 상상하기만 했지, 그것이 현실이 되리라고는 생각하지 않았다. 그러나 지금은 현실이 되어 있는 것이다. 이렇게 문명은 일단 상상한 것을 실현시키는 방식으로 진화한다. 인간의 몸은 특화되지 않은 보편화된 몸이며 그 몸에 결부된 보편적 이성을 가지고 있다. 인간은 모든 기계를 만들 수 있는 기계이다. 동물들은 인간이 만든 기계와 같은 존재인데, 동물들의 몸은 어떤 한 가지의 노동에 특화되어 있는 몸이다. 화이트헤드가 인간의 이성에 대하여 말하기 전에 동물의 이성에 대하여 말하는 것은 그러한 몸에 결부된 이성을 말하기 위한 전제이다. 동물은 그 몸에 맞는 이성으로 그 몸에 맞는 목적을 가지며 인간도 그렇다. 인간에 있어서 이성은 동물의 경우처럼 특화된 이성이 아니라 보편적인 이성이다. 이를 생리학과 목적적 인과관계로 설명한다.

현재 일반적인 생리학적 이론의 관점에서 보면 이러한 명제는 완전히 이단이다. 앞에서 언급한 오래된 논의들—신앙과 이성, 이성과 권위 등등—에 나는 또 하나, 즉 생리학과 목적적 인과관계를 추가했어야만 했다. 그 항목을 추가할 때, 우리는 이성에 대한 논의를 그 현대적 배경 속에

---

7 위의 책, 9.

위치 지우는 것이 된다.[8]

목적적 인과관계! 창조가 아니라 진화의 목적적 인과관계, 이제 진화의 과정에 인간 출현의 필연성을 향하여 화이트헤드의 논의는 나아간다.

동물의 신체에는 우리가 이미 본 바와 같이 목적에 의해 지배된 활동의 분명한 증거가 있다.
이성의 실용주의적 기능이 동물의 진화와 상승 경향을 일으키는 작인을 마련해 준다.[9]

인용문은 목적적 인과관계를 말하는 것으로 목적이란 기능하기 위한 것인데, 그런 인과관계란 진화와 상승 경향을 일으키는 작인을 마련하는 것이다.

이 기본적인 기능을 제외하면, 이성의 존재 자체는 무목적이 되고 그리고 그 기원은 설명 불가능하게 된다. 만일 인류의 이성의 활동이 그의 신체적 행동에 영향을 미치지 못한다면, 진화의 과정에서의 방향이 왜 인류에까지 도달해야 했을까? 만일 목적이 무용지물이라면, 이성은 설명될 수 없다는 점을 명백하게 의식하는 것이 좋을 것이다.[10]

---

8 위의 책, 9.
9 위의 책, 9.
10 위의 책, 23.

여기서 필연성은 그가 직접 명시적으로 말하지는 않았다. 하지만 인용문으로 진화의 선상에서 인간 출현의 필연성을 알 수가 있다. 이성이 인류의 신체적 행동에 영향을 미치고 그러한 이성의 목적에 따른 신체를 인류는 하고 있다는 것이다. 인류의 직립과 큰 두뇌는 이성의 목적을 수행하기에 좋은 보편적인 신체이다. 그 이성 또한 보편적인 이성이라는 것이다. 이러한 진화는 결국 먹이사슬의 완성을 위한 것이라는 명제가 가능하다고 하겠다. 진화는 먹이사슬을 완성해야 끝이 난다.

그러나 여기서 우리는 하나님의 창조를 말하고 있다. 그러므로 창조적 인과관계를 생각해야 한다. 창조적 인과관계를 말하기 위해서는 진화의 인과관계를 먼저 말하고 이를 전제로 창조적 인과관계를 말해야 하므로 우리는 진화를 말하고 있는 것이다. 창조적 인과관계와 진화적 인과관계는 인간이 에너지를 소비해 주어야 하는 마지막 포식자라는 것에서 만나고 있다.

제 5 장

:

창세기 1장은
지구 생태계 먹이사슬이다

1. 창세기 1장

창세기 1장에서 신은 여섯 날에 걸쳐 세계를 창조했다. 여섯 날이 걸린 이유는 바로 지구의 생태계가 여섯 단계의 먹이사슬로 되어 있기 때문이다. 창세기 1장을 읽어보면 먹이사슬이 뚜렷하게 보인다. 먹이사슬은 에너지의 이동 경로이고, 에너지의 이동 경로는 에너지를 순환시키는 시스템이다. 이 에너지 순환에 의히여 지구의 생태계는 영구히 유지 보존되고 있다. 이 먹이사슬은 너무나 중요하기 때문에 앞으로 필요할 때마다 언급하게 될 것이다. 진화론과 창조론의 대립의 근거가 되는 다윈의 『종의 기원』과 성서의 창세기 1장은 공히 지구의 생물권에 대하여 말하고 있는 저술들이다. 그러나 다윈의 『종의 기원』에는 성서의 창세기 1장처럼 지구 생태계의 먹이사슬이 알아볼 수 있게 제시되어 있지 않다. 창세기는 또 지구 생태계의 먹이사슬에서 인간이 마지막으로 창조되었음을 기록하고 있다. 이것은 인간이 먹이사슬에서 마지막 포식자라는 것을 말해주는 것이다. 인간의 모든 행위는 대상을 포식하는 포식 활동이다. 따라서 인간은 무작정하고 번식하거나 번영해서는 지구가 열 개라고 해도 모자라게 될 것이다. 마지막 포식자이기 때문에 인간은 생물학적 번식력이 제일 약하고, 생태계의 균형을 위하여 이를 성욕으로 보충하고 있다. 지구 생태계에서 인간의 역할은 포식하는 것이며, 그 방법은 육체노동 외 다른 것일 수는 없다. 먹고 배설하여 땅에 흡수되게 하여 순환시키는 일이다. 그러나 인간의 대부분 활동은 문화적인 것으로 그 배설물들은 문화적 유산이라고 하여 인간이 수고를 치르며 유지보존 관리하고 있다. 이렇게 순환을 차단한 것이다. 이는 지구를 유지하는 질서에 정면으로 배치되는 일이다. 이것이 환경파괴, 생태계 파괴이다.

1) 첫째 날

[1]태초에 하나님이 천지를 창조하시니라 [2]땅이 혼돈하고 공허하며 흑암이 깊음 위에 있고 하나님의 영은 수면 위에 운행하시니라 [3]하나님이 이르시되 빛이 있으라 하시니 빛이 있었고 [4]빛이 하나님이 보시기에 좋았더라 하나님이 빛과 어둠을 나누사 [5]하나님이 빛을 낮이라 부르시고 어둠을 밤이라 부르시니라 저녁이 되고 아침이 되니 이는 첫째 날이니라(창 1:1-5).

첫째 날에는 1절에서 보듯이 하늘과 땅이 창조된다. 그 창조된 하늘과 땅이 혼돈하고 공허했다고 기록하고 있는 것이다. 그리고 하나님의 영은 수면 위에 운행했다고 한다. 지구는 빙하기가 끝나고 물로 덮여 있었던 사실과 일치하고 있는 진술이다.

그러나 우리가 먼저 생각해야 하는 것은 그 땅의 흙 속에 살고 있는 미생물이다. 3절의 빛은 우주 탄생의 빅뱅을 묘사한다고 생각해도 좋다. 그리고 빛은 어둠으로 분리되었는데 이 또한 4절에 묘사되고 있다.

2) 둘째 날

[6]하나님이 이르시되 물 가운데에 궁창이 있어 물과 물로 나뉘라 하시고

⁷하나님이 궁창을 만드사 궁창 아래의 물과 궁창 위의 물로 나뉘게 하시니 그대로 되니라 ⁸하나님이 궁창을 하늘이라 부르시니라 저녁이 되고 아침이 되니 이는 둘째 날이니라(창 1:6-8).

땅의 바다에만 물이 있지 않고 하늘에도 물이 있다. 그래서 물과 물로 나뉘라 하고 있다. 궁창 아래의 물과 궁창 위의 물로 나뉘게 되었다. 그래서 비가 내리고 물이 순환하고 있는 것이다. 이 둘째 날까지 지구는 아직 수면으로 덮혀 있는 상태이고, 흙은 바닷물을 빨아들여 미생물이 번식하고 있을 것이다.

3) 셋째 날 — 식물의 창조

⁹하나님이 이르시되 천하의 물이 한 곳으로 모이고 뭍이 드러나라 하시니 그대로 되니라 ¹⁰하나님이 뭍을 땅이라 부르시고 모인 물을 바다라 부르시니 하나님이 보시기에 좋았더라 ¹¹하나님이 이르시되 땅은 풀과 씨 맺는 채소와 각기 종류대로 씨 가진 열매 맺는 나무를 내라 하시니 그대로 되어 ¹²땅이 풀과 각기 종류대로 씨 맺는 채소와 각기 종류대로 씨 가진 열매 맺는 나무를 내니 하나님이 보시기에 좋았더라 ¹³저녁이 되고 아침이 되니 이는 셋째 날이니라(창 1:9-13).

이 셋째 날에는 식물이 창조되고 있는데, 이유는 앞에서 말했듯이 지구가 수면 아래에서 바닷물을 마시고 미생물이 번식하고 있기 때문이다. 9절의 내용은 바로 수면 아래 있던 대륙이 솟아오른 것을 묘사하고 있다. 그래서 다음 절인 10절이 뭍을 땅이라 부르고,

모인 물을 바다라 불렀다는 것이다. 이렇게 바다 밑에 있던 대륙이 솟아올라 있으니 그 땅에 식물이 돋아나야 하는 것이다.

4) 넷째 날 — 식물의 광합성

14하나님이 이르시되 하늘의 궁창에 광명체들이 있어 낮과 밤을 나뉘게 하고 그것들로 징조와 계절과 날과 해를 이루게 하라 15또 광명체들이 하늘의 궁창에 있어 땅을 비추라 하시니 그대로 되니라 16하나님이 두 큰 광명체를 만드사 큰 광명체로 낮을 주관하게 하시고 작은 광명체로 밤을 주관하게 하시며 또 별들을 만드시고 17하나님이 그것들을 하늘의 궁창에 두어 땅을 비추게 하시며 18낮과 밤을 주관하게 하시고 빛과 어둠을 나뉘게 하시니 하나님이 보시기에 좋았더라 19저녁이 되고 아침이 되니 이는 넷째 날이니라(창 1:14-19).

이 넷째 날에는 앞의 3절에서 등장한 빛이 광명체라는 이름으로 다시 등장하고 있다. 그 이름의 다름에서 볼 수 있듯이, 광명체라는 이름은 땅을 비추기 때문이다. 앞의 셋째 날에 땅 위에 식물이 돋아나 있으니 이제 광명체, 즉 태양이 떠서 땅을 비추어야 한다. 그래야 식물이 광합성을 하게 되어 먹이사슬 최초로 에너지를 먹을 수 있는 상태로 공급하는 존재가 된 것이다. 이 넷째 날이 도대체 무엇을 말하는지 모든 창세기 해석은 밝히지 못하고 있다. 넷째 날은 식물의 광합성이다.

5) 다섯째 날 — 초식동물, 육식동물의 창조

²⁰하나님이 이르시되 물들은 생물을 번성하게 하라 땅 위 하늘의 궁창에는 새가 날으라 하시고 ²¹하나님이 큰 바다 짐승들과 물에서 번성하여 움직이는 모든 생물을 그 종류대로, 날개 있는 모든 새를 그 종류대로 창조하시니 하나님이 보시기에 좋았더라 ²²하나님이 그들에게 복을 주시며 이르시되 생육하고 번성하여 여러 바닷물에 충만하라 새들도 땅에 번성하라 하시니라 ²³저녁이 되고 아침이 되니 이는 다섯째 날이니라(창 1:20-23).

다섯째 날의 표현과 여섯째 날의 표현을 구별하여 읽어보면, 다섯째 날에 창조되는 존재는 앞의 넷째 날에 창조된 식물을 먹이로 하는 존재, 곧 초식동물임을 알 수가 있다. "하늘의 궁창에는 새가 날으라 하시고 큰 바다짐승은 물에서 번성하여"라는 표현은 육식동물이다. 24-25절은 분명히 육식동물의 창조를 묘사하고 있다.

²⁴하나님이 이르시되 땅은 생물을 그 종류대로 내되 가축과 기는 것과 땅의 짐승을 종류대로 내라 하시니 그대로 되니라 ²⁵하나님이 땅의 짐승을 그 종류대로, 가축을 그 종류대로, 땅에 기는 모든 것을 그 종류대로 만드시니 하나님이 보시기에 좋았더라(창 1:24-25).

가축과 기는 것과 땅의 짐승은 육식동물이다. 이렇게 먹이사슬이 완성되고 있는 것이다. 이제 마지막 포식자 인간만을 남겨 두고 있다. 인간은 노동을 통하여 앞에서 창조된 먹이들을 통하여 의식주를 해결해야 하는 존재이다. 성서에는 '다스리라'고 표현되어 있다.

6) 여섯째 날 ― 인간의 창조

> [26] 하나님이 이르시되 우리의 형상을 따라 우리의 모양대로 우리가 사람
> 을 만들고 그들로 바다의 물고기와 하늘의 새와 가축과 온 땅과 땅에 기는
> 모든 것을 다스리게 하자 하시고 [27]하나님이 자기 형상 곧 하나님의 형상
> 대로 사람을 창조하시되 남자와 여자를 창조하시고 [28]하나님이 그들에게
> 복을 주시며 하나님이 그들에게 이르시되 생육하고 번성하여 땅에 충만
> 하라, 땅을 정복하라, 바다의 물고기와 하늘의 새와 땅에 움직이는 모든
> 생물을 다스리라 하시니라(창 1:26-28).

인간 창조는 신의 창조의 과정에서 가장 심각하고 중요한 것이다. 여기서 '다스리라 하시니라' 하는 표현에 집중해 읽어보자. 그것은 노동이다. 지금까지 창조된 모든 존재는 인간이 존재하기 위한 기초이며 근거이다. 그것은 인간의 입장에서는 우선 포식의 대상이다. 먹어야 살기 때문이다. 그것은 노동의 대상이다. 그 대상들을 대상으로 하는 노동의 과정에서는 대상인식이 얻어지기 마련이다. 이 때문에 인간 존재의 근거라고 할 수가 있다. 이어지는 창세기 2장에서는 인간이 자신보다 앞서 창조된 대상을 상대로 노동을 하는 과정에서 인식이 싹트는 과정을 성서는 보여준다. 그리고 성경은 이어지는 3장에서 이 대상인식이 자기의식으로 발전하는 과정을 보여주고 있다. 막연한 대상인식이 자기의식으로 발전함에 따라 인간은 신/자연을 배반하고 문명을 선택한다. 이 문명 선택의

과정을 보여주는 것이 4장의 가인과 아벨의 이야기이다.

7) 인간의 먹을 것 — 채식 규정

> 하나님이 이르시되 내가 온 지면의 씨 맺는 모든 채소와 씨 가진 열매
> 맺는 모든 나무를 너희에게 주노니 너희의 먹을거리가 되리라(창 1:29).

29절은 이제 인간의 먹을 것, 그 주식을 채식으로 하기를 바라는 권고가 행해지고 있다. 인간이 채식을 주식으로 한다면 그로부터 나오는 좋은 것들은 한두 가지가 아니다. 공기는 맑아지고 물도 맑아지고 우선 인간 자신의 수고를 덜 수가 있다. 앞에서 식물의 광합성이 말해지고 난 다음에 인간의 먹을 것이 채식으로 규정되고 있는 것이 얼마나 과학적인가 살펴도록 하자.

그런데 더 의미심장한 것은 이 채식 규정이 인간이 복을 받는 하나의 조건으로 제시되고 있다는 것이다. 바로 앞의 28절은 그러한 내용을 담고 있다.

> 하나님이 그들에게 복을 주시며 하나님이 그들에게 이르시되 생육하고
> 번성하여 땅에 충만하라, 땅을 정복하라, 바다의 물고기와 하늘의 새와
> 땅에 움직이는 모든 생물을 다스리라 하시니라(창 1:28).

생육하고 번성하여 땅에 충만하라! 인간이 채식을 주식으로 한다면 우리는 땅에 번성하고 생육하며 땅을 정복할 수가 있을 것이다. 자연을 정복하는 것은 자연에 순종함으로써만 가능한 일이

다. 채식이 인간에게는 복을 받는 과학적이며, 실재적인 근거인 것이다. "바다의 물고기와 하늘의 새와 땅에 움직이는 모든 생물을 다스리라 하시니라." 다스리는 그 방법이 곧 인간의 노동이다. 자연을 보살피고 가꾸고 그로부터 의식주를 해결하기 위해서는 인간의 노동이 절대적으로 필요하다. 자연 그대로는 인간에게 소용이 되지 않으니, 자연을 취하여 가공하는 과정이 바로 노동이다.

2. 하나의 제안

지금은 창조론과 진화론이 법정 싸움까지를 해가면서 다투고 있다. 그러나 우리가 창세기 1장이 지구 생태계의 먹이사슬이고, 먹이사슬이 곧 에너지 순환 시스템이고, 에너지의 순환에 의하여 지구가 영구히 작동하는 질서를 생각한다면, 그로부터 진화론과 창조론의 싸움은 합의를 볼 수가 있어야 한다.

그로부터 따라 나오는 것은 이제 이 세계를 진화론적으로만 생각하는 경우에는 할 수 없는 생각을 창조론으로 해 볼 수가 있게 된다는 것이다. 창조한다는 것은 설계 없이는 불가하고, 설계란 조립과 배열의 문제가 된다. 그렇게 지구의 생태계 먹이사슬은 배열되고 조립된 것이다. 이 먹이사슬에서 인간은 맨 나중에 조립된 존재이다.

지금 인간은 지구의 생태계를 파괴하는 유일한 존재로 등장하고 있다. 지구의 생태계가 파괴된다는 것은, 즉 먹이사슬의 해체를 의미하는 것이다. 기계를 조립했다가 다시 해체하게 되면 그 역순으로 하게 된다. 따라서 지구의 생태계 질서가 해체되는 경우, 그 첫 번째의 대상은 곧 인류이다. 따라서 지구 생태계는 인간 개체수의 극적인 감소를 통하여 스스로 해결될 것이 분명하다.

이것이 여기서 내가 할 수 있는 하나의 제안이다. 그러나 자연 스스로가 해결할 수 없게 되는 경우에 인간은 단 하나의 수단을 행사해야 할 것이다. 그리하여 인간의 유전자를 다음 세대로 태양이 거대한 별이 되어 지구를 집어삼키는 그 종말까지, 인간의 유전자를 운반해 가야 할 것이다. 그때 인간은 신의 대리자로서 권한을 실천해야 할 것이다. 그것이 전 인류가 소멸하는 것보다 더 선한 일이 될 것이기 때문이다. 그 단 하나의 수단이란 다른 것이 아니라 바로 핵이다. 놀랍게도 이러한 일을 미리 예견한 사람이 있다. 그가 바로 비트겐슈타인이다. 그는 자신의 주저 『논리철학논고』에서 다음과 같이 말하고 있다.

> 선(善)하거나 악(惡) 악한 의지가 세계를 바꾼다면, 그것은 단지 세계의 한계들을 바꿀 수 있을 뿐이지, 사실들을 바꿀 수는 없다. 즉, 언어에 의해서 표현될 수 있는 것을 바꿀 수는 없다. 간단히 말해서, 선악의 의지를 통하여 세계는 전혀 다른 세계로 되지 않으면 안 된다. 말하자면 세계는 전체로서 감소하거나 증가해야 한다. 행복한 자의 세계는 불행한 자의 세계와는 다른 세계이다.[1]

나는 처음에 우리의 악한 의지에 의하여 세계는 감소하고, 선한 의지에 의하여 세계는 증가한다는 것으로 읽었다. 그러나 코로나를

---

1 논고, 6.43.

겪는 동안 생각해 보니 그 반대다. 우리의 선한 의지에 의하여 세계는 감소하고, 악한 의지에 의하여 세계는 증가한다는 의미이다. 인간은 지구의 80퍼센트를 장악하고 있고, 그로부터 코로나가 인간의 개체수를 줄이고 있는 것이다. 그러니까 인간은 지구를 노아의 방주로 만들어야 하는 것이다. 방주에 모두를 실을 수는 없다. 코로나19는 그 시작에 불과하다. 인간은 재앙을 통하여 세계의 한계들을 바꿀 수 있을 것이다.

> 세계는 나의 의지(意志)로부터 독립적이다.[2] 세계 속 어디에서 형이상학적 주체(形而上學的主體)가 발견될 수 있는가?[3] 주체는 세계에 속하지 않는다. 그것은 오히려 세계의 한계이다.[4]

3. 먹이사슬이 먹이사슬인 이유

앞에 제시한 것이 먹이사슬인 이유는 창조의 순서에 따라 각 존재의 번식력이 다르기 때문이다. 앞에 창조된 존재가 다음에 창조된 존재의 먹이가 된다. 인간은 그 생물적인 번식력이 가장 약한 존재이다. 그러니까 먹이사슬은 번식력을 축으로 하여 된 것이고, 그것은 곧 논리의 연쇄인 것이다. 이 번식력을 중심으로 하여 도형화한다면 피라미드가 될 것이다.

---

2 논고, 6.373.
3 논고, 5.633.
4 논고, 5.632.

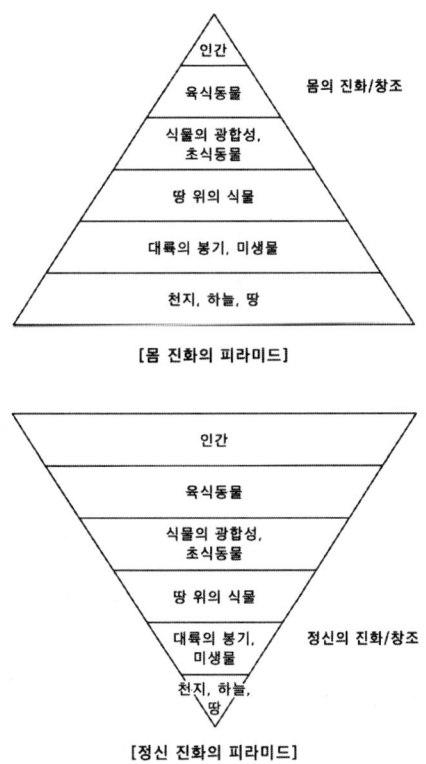

인간

육식동물

몸의 진화/창조

식물의 광합성,
초식동물

땅 위의 식물

대륙의 봉기, 미생물

천지, 하늘, 땅

[몸 진화의 피라미드]

인간

육식동물

식물의 광합성,
초식동물

땅 위의 식물

대륙의 봉기,
미생물

정신의 진화/창조

천지, 하늘,
땅

[정신 진화의 피라미드]

　　피라미드의 맨 위에 인간이, 맨 아래 흙 속의 미생물이 자리한다. 그런데 이 피라미드는 먹이사슬의 것이고, 정신의 피라미드가 또 하나 있다. 정신의 피라미드는 먹이사슬의 피라미드를 거꾸로 세워 놓은 것이 된다. 이 두 개의 피라미드는 꼭짓점을 맞대고 존재하며, 그 마주하는 점에서 X자 형태로 엇갈리는 순간이 포착되는데, 이 지점이 번식력을 축으로 한 창조의 논리가 전복되는 지점이 되는 것이다. 이는 아래와 같이 도형화하여 표현 가능하다.

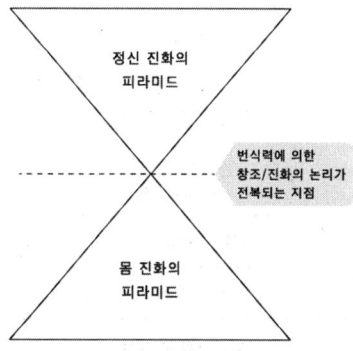

정신 진화의
피라미드

번식력에 의한
창조/진화의 논리가
전복되는 지점

몸 진화의
피라미드

위의 피라미드 도형은 번식력을 축으로 한 창조의 논리의 연쇄가
전도되는 것을 논리적으로 보여준다고 할 것이다.

그것의 내용은 바로 인간이다. 인간은 마지막 포식자인데, 그가
해야 하는 일은 노동을 통하여 자연을 고르게 먹고 배설하여 생태계
의 균형을 유지하는 일이다. 그러나 인간은 자연 사물만을 먹는
것이 아니라 관념을 먹고 배설한다. 그 배설은 예술 작품 등의
허구를 생산하게 되는데, 그 모든 일은 자연을 대상으로 하여 가능하
다. 따라서 인간의 이러한 활동은 자연에 대하여 자신의 생물적인
번식력으로 되어버린다.

이것이 대각선의 교차점으로 표현되는 내용이다. 이러한 일을
극복하자면 이론적으로 말하여 우리 본래의 것인 성과 노동에 몰두
하는 것이다. 인간은 노동을 통하여 자연을 앞서가서는 안 되며,
자연의 심부름만 하면 되는 것이다. 여섯 단계의 먹이사슬을 위의
두 개의 피라미드에 그대로 넣어보면 알 수가 있는 것이다. 먹이사슬
은 아래와 같다.

6. 인간의 창조/잡식동물

5. 바다/육지의 생물, 육식동물

4. 식물의 광합성/초식동물

3. 땅 위의 식물

2. 대륙의 갈라짐, 뭍이 드러남/흙 속의 미생물

1. 천지/하늘 땅/바다

4. 신의 과학 — 제럴드 슈뢰더

진화와 창조의 문제를 적극적으로 다룬 책은 제럴드 슈뢰더의 『신의 과학』과 존 C 레녹스의 『최초의 7일』이 있다. 이밖에 에른스트 마이어는 『진화란 무엇인가』에서 성경의 창조론을 공격하기 위해 존재의 대 사슬을 들어 말하고 있는데, 그가 말하는 존재의 대 사슬이 바로 창세기 1장에 기록된 지구 생태계 먹이사슬이다. 화이트헤드는 인간은 자연의 진화에서 우연히 나타난 존재라고 하는 진화론에 맞서 인간 출현의 필연성을 『이성의 기능』에서 말하고 있는데, 화이트헤드가 옳을 것이다. 또 비트겐슈타인은 『논리철학논고』를 통하여 이 세계의 전제는 신의 전지전능이 아니라 논리라는 것을 은밀히 말하고 있다. 화이트헤드가 이성의 기능에서 말하고 있는 것은 진화를 견인한 것도, 진화의 목적도 이성이라고, 따라서 진화의 선상에서 인간의 출현은 우연이 아니라 필연이라는 것이다. 그런데 『논리철학논고』가 말하는 대로 이 세계의 전제가 논리라고 한다면 당연히 논리적인 존재인 인간이 존재해야 할 것이다. 화이트헤드와 비트겐슈타인이 옳다고 생각된다. 이론물리학자이면서 신학자인 존 폴킹 혼은『과학시대의 신론』에서 '자연의 법칙'이라는 표현을 자주 말하고 있고, 다중우주를 부정하는 듯한 말을 하고 있다. 그렇다면 신의 논리적인 창조를 말하고 있는 것이 된다. 스티븐 호킹은『빅 퀘스천에 대한 간결한 대답』에서 문명의 발전과 그에 따라 인간이 지구를 떠나 다른 행성으로 이주하는 것이 가능하다고, 그러한 문명을 희망으로 제시하고 있다. 그런데 비트겐슈타인에 의하면, 이 세계의 전제는 논리이며, 이 세계는 논리로 가득 차 있다. 논리의 한계가 이 세계의 한계라고 한다. 이 세계는 논리공간이고, 가능성의 총체이다. 그러니까 호킹이 희망으로 제시하는 문명에 의한 과정들은 인류가 자기 의지로 추구하는 것이 아니라 논리에 따르는 것일 뿐이다. 인간이 문명을 발전시킬 수 있는 것은 그러한 논리로 가득 찬 우주가 베푸는 은총에 불과한 것이다.

진화냐 창조냐 하는 것은 우연이냐 필연이냐 하는 것과 같은 문제일 것이다. 진화는 우연이고 창조는 하나님의 의지에 따르는 필연이라는 것인 듯하다. 제럴드 슈뢰더의『신의 과학』에서도 다른 수많은 다윈주의자나 진화론자들이 말하는 '우연'이라는 개념이 자주 사용되고 있어서, 이 '우연'이라는 개념에 대하여 생각을 정리해 본 결과 거기에 심각한 맹점이 있다는 것을 발견하게 되었다. 우리가 읽을 수 있는 대부분의 진화론자들 저서에는 이 우연이라는 개념이 특히 인간에게 적용될 때 신랄하게 쓰이는 것이 재미있는 일이다. 한마디로 그들은 인간은 아주 우연히 나타난 존재이니 자연에 대하여 오만하게 굴지 말라는 것이다. 나 또한 인간의 오만한 열정을 달래기 위해 이 글을 쓰고는 있지만, 그러나 인간이 오만한 이유는 내 생각에 의하면 자연에 의해, 혹은 신에 의해 인간은 오만하도록 되어 있다는 것이다. 그들은 '우연'이라는 개념을 다음과 같이 쓰고 있다.

이런 예들은 우리가 인간을 다른 생물들과 분리시켜 우월감을 느끼는 전통적인 관념을 버리고 인간을 생명의 거대한 역사 속에 나타난 우연한 존재로서 다른 생물들과 하나로 보는 더 흥미로운 관점을 택해야 함을 제안하고 있나.[5]

자연이 생명을 향해 나아갈 수 있도록 한 설계 자체는 완전한 우연의 산물일 수도 있다. 아마도 우리가 여기에 존재하는 것은 바로 행운이 우리를 향해 미소 지었기 때문에 그리고 그 행운이 대폭발의 혼돈 속에서 생명의 공존에 필요한 무수한 사건들을 우발적으로 만들어 냈기 때문인지도 모른다.[6]

정말로 생명의 출현과 인간의 출현이 우연에 의한 것일까? 한편 필연의 개념은 다음처럼 제시된다.

펜로즈는 자연의 법칙들이 생명에 적합하도록 구성되어 있다고 생각한다. 자연의 법칙들이 일구어 내고 있는 균형은 너무도 완벽해서 그것들이 우연 발생적으로 생성되었다고 믿을 수 없으며, 따라서 지적인 창조자가 그와 같은 법칙들을 결정했다고 믿을 수밖에 없다고 그는 단호하게 주장했다.[7]

---

5 스티븐 제이굴드/이명희 옮김, 『풀 하우스』 (사이언스북스, 2010), 15.
6 제랄드 슈뢰더/이정배 옮김, 『신의 과학』 (범양사출판부, 2000), 52.

신의 현존의 일반적 징표를 가장 분명하게 드러내 줄 것으로 기대되는 두 가지의 장소가 있다. 하나는 광대한 코스모스 그 자체이며 그것은 최초의 빅뱅 이후 150억 년 동안 발전을 거듭해 온 역사를 가지고 있다.[8]

인용문을 읽고 생각할 수 있는 것은 자연이 무시되고 있다는 사실이다. 자연이란 스스로 그러함이다. 나는 앞의 두 저자들을 비롯하여 다윈주의자들이나, 다윈주의에 반대하는 신앙인들이 한 자 自然(자연)의 뜻풀이를 알고 있다면 우연과 필연의 개념을 이렇게 사용하지 않았을 것으로 생각한다. 도저히 그렇게 될 확률은 아주 적은데 그렇게 된 이 우주의 되어 있음을, 신을 배제한 상태에서는 자연의 법칙이 아니라 우연이라는 것이다. 그리고 그것이 필연이 될 때는 신이 어김없이 개입한다. 자연 그 자체로는 그렇게 되지 않는다는 것이다. 이러한 생각 뒤에는 물질에는 정신이 없다는 전제가 있다고밖에는 달리 근거를 찾을 수가 없다고 생각된다. 이에 반하여 나는 물질이 아니면 정신은 깃들어 있을 곳이 없으며, 이 우주는 물질의 정신 상호작용에 의하여 필연적으로 도출된 법칙에 의한 것이라고 생각한다. 따라서 인간의 출현 또한 필연적인 것이다. 마지막 인용문에서 생명에 적합하도록 너무도 완벽하게 이루어진 균형이란 다음과 같은 것이다.

만일 몇 가지 물리량들이 어느 것 하나라도 지금과 다른 값을 가졌다면, 우리가 알고 있는 생명은 불가능했을 것이다. 그중 하나의 상수값은 믿을

---

7 위의 책, 45.
8 존 폴킹 혼/이정배 옮김, 『과학시대의 신론』 (동명사, 2009), 1.

수 없을 만큼 정확한 적정값을 요구한다. 이 상수값은 빅뱅의 에너지와 관계가 있다. 와인버그는 그 적정값의 범위를 오차범위 10을 120번 곱하는 것으로 계산했다. 만약에 대폭발의 에너지 값이 1의 값이라도 달랐었더라면, 우리가 살고 있는 우주 어느 곳에도 생명은 존재할 수 없었을 것이다.[9]

이것이 왜 우연이라는 것인가? 그것이 필연이 되기 위해서는 반드시 신이 있어야만 하는가? 하는 문제는 생명권 내에서의 인간의 주체성을 묻는 물음에 이어져 있는 것으로서 심각한 것이다. 내가 생각하기로는 그렇게 될 확률이 가장 적은데, 그렇게 되었다는 것은 필연이라고 하는 것이 더 타당하다. 그렇지 않고 그렇게 될 확률이 가장 큰 대로 되는 것은 오히려 우연이라고 생각되는 것이다. 이 맹점은 자연의 그러한 이치를 인간의 입장에서만 보기 때문에 그렇다. 자연 내에서 본다면 확률이 가장 적은 대로 되는 것이 필연이라는 것이다. 이렇게 생각하자.

시인이 시를 쓸 때 어떤 작품을 쓰겠다고 생각하고 쓰는 경우에도 꼭 목적하는 그대로 써지지는 않는다. 그 이유는 시인이 시를 쓰면서 시의 내적인 논리나 언어의 나아감에 따랐기 때문인 것이고, 이것은 우연이 아니라 필연이다. 오히려 어떤 작품을 쓰겠다고 고집하는 경우에는 그 작품이 덜 되거나 엉성한 작품이 되는 경우가 허다하다. 이것은 우연이 아니라 필연이라는 증거일 것이다. 이 우주, 이 세계를 보라! 얼마나 훌륭하고 완벽하고 위대한 설계인가? 진화론자

---

9 제랄드 슈뢰더, 『신의 과학』, 19.

들이 우연이라고 하는 동기에는 진화에 목적이 없다는 것을 강조하는 것으로 보인다. 그리고 그 목적은 창조론자들이 말하는 인간이다. 이는 곧 인본주의이고 진화론자들은 이 인본주의에 반대하고 있는 것이다. 창세기 1장은 내가 생각하기에 이 점과 관련해서는 진화론자들의 편을 들고 있다. 이것은 창조론자들이 말하는 목적론과 대립된다. 창조론에 의하면 그 목적은 '인간'이다. 폴킹 혼은 다음과 같이 말하고 있다.

> 신의 현존의 일반적 징표를 가장 분명하게 드러내 줄 것으로 기대되는 두 가지의 장소가 있다. 하나는 광대한 코스모스 그 자체이며 그것은 최초의 빅뱅 이후 150억 년 동안 발전을 거듭해 온 역사를 가지고 있다. 다른 하나는 생각하는 갈대인 인간이다. 파스칼이 말했듯이, 인간은 비록 물리적으로는 보잘 것이 없지만 오직 그만이 모든 별과 그 자신에 대하여 알고 있으므로 우주와 그 우주가 스스로를 의식해 왔던 매체들은 우리 연구의 핵심이 된다.[10]

그러나 목적이 없다고 하더라도 사물이 그렇게 되어가는 매 과정에서의 법칙 그 자체는 필연적인 것이다. 달리 말하자면 필연이 목적에 종속되어 있지는 않다는 것이다. 적어도 스스로 그러한 자연에 있어서는 그렇다. 앞서 소개한 제랄드 슈뢰더의『신의 과학』에는 창조론과 진화론을 화해시키려는 재미있는 시도가 있는데 그것을 소개한다.

---

10 존 폴킹 혼,『과학시대의 신론』, 1-2.

창세기 제1일은 현재로부터 (B.P.) 157억 5,000만 년 전에 시작하여 77억 5,000만 년 전에 끝난다. 현대 우주론은 마침내 이 기간 동안 태초가 있었다고 우리에게 말해 주고 있다. 우주의 온도가 냉각될 즈음, 전자들은 원자핵들과 결합할 수 있었고 그래서 말 그대로 빛이 도망쳐 나올 수 있었다. 성서는 창조라는 말의 사용을 이 시기에 국한하고 있으며, 이 기간 동안 빛이 어둠으로부터 분리되었다.[11]

슈뢰더가 이렇게 말하고 있는 창세기의 구절은 1장 1-4절이다.

[1]태초에 하나님이 천지를 창조하시니라 [2]땅이 혼돈하고 공허하며 흑암이 깊음 위에 있고 하나님의 영은 수면 위에 운행하시니라 [3]하나님이 이르시되 빛이 있으라 하시니 빛이 있었고 [4]빛이 하나님이 보시기에 좋았더라 하나님이 빛과 어둠을 나누사(창 1:1-4).

그는 도표로서 창세기의 각 날에 우주 진화의 시간을 할당하고 이를 대략 설명하고 있는데 읽어보면 다음과 같다.

창세기의 1일 그 시작은 157억 5,000만 년 그 종결은 77억 5,000만 년 그에 대한 성서의 기술은 우주 창조: 빛이 어둠으로부터 분리되었다. 과학적 기술은: 대 폭발은 우주의 시작을 의미.
전자들이 원자들에 붙들릴 때, 말 그대로 빛이 도망쳐 나옴. 은하들이 형성되기 시작.

---

11 제랄드 슈뢰더, 『신의 과학』, 113.

창세기의 2일 그 시작은 77억 5,000만 년, 종결은 37억 5,000만 년. 성서의 기술은 하늘의 궁창이 형성됨. 과학적 기술은 원반 모양의 은하가 형성됨. 주요한 연속항성으로서의 태양이 형성됨.

창세기의 제6일 그 시작은 2억 5,000만 년 그 종결은 대략 6,000년 성서의 기술은 육상동물 포유류들 인간 과학적 기술은 대량 멸종 사건으로 인해 90퍼센트의 생명체들이 파괴당함. 땅에 원시 인류와 인간들이 다수 거주.[12]

슈뢰더의 이러한 설명은 과학자이자 유신론자인 자신의 입장에서는 리얼리티가 느껴질 수도 있으나 구차해 보인다. 슈뢰더가 말하고 있듯이 성서는 우주의 창조에는 그다지 관심이 없는 듯하다. 성서가 관심하고 있는 것은 어디까지나 인간이다. 그는 이 인용문의 훨씬 앞에서 다음과 같이 서술하고 있는데, 이것이야말로 구체적인 핵심을 담고 있다.

필자의 요점을 분명히 해야 할 것 같다. 부루지스 화석은 강 단위에서 일어나는 생명의 발전을 부인하지 않는다. 문단위의 생명체들이 처음에 수중 생명체로 출현하여, 이후 시간이 경과함에 따라 보다 더 복잡한 형태로 발전하여 나갔다는 데에는 전혀 의문의 여지가 없다. 창세기는 이 사실을 이미 3,300년 전에 선언했다. 처음에는 수중동물이, 그다음으로는 날개 달린 피조물들과 육상동물들이 그리고 마지막으로 포유류가 등장했다. 바로 그것이 창세기 1장이 말하고 있는 것이다! 성서는 발전 혹은 진화

---

12 위의 책, 114.

에 대하여 알고 있다. 인간은 창세기에 언급된 동물 형태의 생명체들 중에 가장 처음에 언급된 생명체가 아니라 가장 나중에 언급되는 생명체이다.[13]

창세기 1장에는 슈뢰더가 희미하게 말한 것이 들어있다. 그것은 곧 지구의 생태계로 지구의 생태계는 먹이사슬을 하고 있다. 창세기 1장에서 신은 하루에 한 단계씩의 먹이사슬을 창조한다. 먹이사슬이 여섯 단계를 하고 있으므로 신은 여섯 날이 필요했다. 창세기 1장의 지구 생태계 먹이사슬은 다음과 같다.

6. 잡식동물/인간 - 여섯째 날

5. 육식동물 - 다섯째 날

4. 초식동물 - 넷째 날

3. 땅 위의 식물/식물의 광합성 - 셋째 날

2. 대륙의 갈라짐, 뭍이 드러남/흙 속의 미생물 - 둘째 날

1. 천지/하늘 땅/바다 - 첫째 날

앞으로 나는 이 지구 생태계 먹이사슬을 반복하여 말할 수밖에 없다. 제럴드 슈뢰더가 『신의 과학』에서 말하고 있는 내용의 핵심은 바로 지구 생태계 먹이사슬이고, 그것은 또 에른스트 마이어가 『진화란 무엇인가?』에서 존재의 대 사슬로 말하고 있는 것이기도 하다.

---

13 위의 책, 75.

5. 진화란 무엇인가 — 에른스트 마이어

존재의 대 사슬

성경의 창세기를 옹호하는 데 있어 에른스트 마이어의 『진화란 무엇인가?』를 반박하는 것이 좋은 방법이 되겠다는 생각을 그 책을 읽으면서 하게 되었다. 마이어는 아마도 성경의 창세기를 읽었을 것이다. 창세기를 옹호하는 데 있어 진화란 무엇인가를 이용하는 것이 좋은 방법이 되겠다고 생각하게 된 것은 기독교인들에 의해서도 바르게 이해되지 못한 창세기를 마이어 역시 잘못 읽었으리라는 것이 당연하게 생각되었기 때문이다. 마이어는 그 책 『진화란 무엇인가』에서 창세기에 대하여 이렇게 말하고 있다.

> 그리고 왜 창세기에 제시된 이야기들과 어긋날 수밖에 없는지 보여주고 싶다.[14]

그러나 창세기를 바르게 읽는다면 창세기 1장이 기실은 지구 생태계의 먹이사슬, 즉 생태계의 지도를 보여주고 있다는 사실을 알았을 것이다. 이 세계 전체를 이루고 있는 모든 생명체는 다른 것이 아니라 먹이를 매개로 하여 관계를 맺고 있다. 먹이사슬은 이 생태계의 질서인 것이다. 마이어는 뒤에 가서 이렇게 말하고 있다.

---

14 에른스트 마이어/임지원 옮김, 『진화란 무엇인가』 (사이언스북스, 2008), 20.

마지막으로 나는 인간의 진화에 상당한 주의를 기울였고, 진화를 잘 이해하는 것이 현대 인류의 관점과 가치에 어느 정도 영향을 주었는지도 논의했다.[15]

여기서 말하는 인간의 진화, 문명의 진화는 지구 생태계, 생물권이 있기 때문에 가능한 것이다. 여기에는 다른 것이 있는데, 그것은 창세기가 제시하고 있는 것으로 인류가 지구 생태계의 먹이사슬에서 마지막 포식자라는 것이다. 그러니까 인류가 문명을 통하여 진화하고 있는 그마저도 인간의 포식 활동에 불과하다는 것이다. 지구에 존재하는 모든 사물은 먹이사슬의 구성원이며 동시에 먹이이거나 포식자이거나 한다. 모든 존재는 그러니까 먹이를 통하여 먹고 먹히는 관계를 맺고 있다. 창세기가 선명하게 제시하고 있는 먹이사슬에 대하여 마이어도 말하고 있다.

그러한 시도 중의 하나가 자연의 계단이라고 불리는 존재의 대 사슬이다. 이 체계에서는 세상의 모든 존재가 긴 사다리 위에 차례로 자리 잡고 있다. 맨 아래에는 암석이나 광물 같은 생명이 없는 존재들이 있고, 그 위로 이끼 식물, 산호. 그 위로 계속해서 고등동물, 포유류, 영장류 등이 차례로 나타나며 맨 위에 인간이 자리 잡고 있다. 이 자연의 계단을 결코 변화하지 않으며 이는 완벽을 향해 나아가는 방식으로 모든 것의 순서를 정한 창조주의 마음을 반영하는 것이라고 생각되었다. … 그러나 결국 세계는 불변하는 것 아니라 영원히 변화한다.[16]

---

15 위의 책, 22.
16 위의 책, 32.

여기서 마이어는 결정적으로 틀렸다. 지독한 오류이다. 앞에서 말하고 있고 뒤에 도표로 보인 자연의 계단이라 불리는 존재의 대 사슬은 지구 생태계의 먹이사슬이다. 어떠한 경우에도 먹이사슬이라는 질서는 지켜지게 되어 있는 것이다. 그렇게 된 이유는 먹이사슬이 각 존재의 번식력을 축으로 하여 되어 있기 때문이다. 번식력이 강한 존재가 번식력이 약한 존재의 먹이가 된다. 먹이사슬은 다른 것이 아니라 바로 에너지의 순환시스템인 것이다. 때문에 지구가 영구히 유지 보존되고 있다. 이 방법 외의 다른 방법은 없다. 마이어는 한참 뒤에 가서 진화는 질서를 만든다고 하고 있는데, 그 질서가 바로 먹이사슬이다. 이 질서는 절대적인 것이다. 마이어가 말하고 있는, '암석이나 광물 같은 생명이 없는 존재'는 무기물로, 현재 우리는 이 무기물로부터 생명이 탄생하게 되었다는 것을 상식으로 알고 있다. 성경의 창세기가 제시하고 있는 먹이사슬은 다음과 같다.

6. 잡식동물/인간 – 여섯째 날

5. 육식동물 – 다섯째 날

4. 초식동물 –넷째 날

3. 땅 위의 식물/식물의 광합성 – 셋째 날

2. 대륙의 갈라짐, 뭍이 드러남/흙 속의 미생물 – 둘째 날

1. 천지/하늘 땅/바다 – 첫째 날

이 먹이사슬은 마이어가 제시하고 있는 자연의 계단인 존재의 대 사슬과 같다. 같을 수밖에 없는 것은 진화나 창조나 다 같이 논리적으로 전개되기 때문이다. 창세기는 무엇보다 식물의 광합성

에 대하여 분명하게 말하고 있는데, 셋째 날에 식물의 창조를, 이어 넷째 날에 하늘의 궁창에 광명체를 두어 땅을 비추게 하라고 하여 식물의 광합성을 단순 명쾌하게 표현하고 있다.

> 12땅이 풀과 각기 종류대로 씨 맺는 채소와 각기 종류대로 씨 가진 열매
> 맺는 나무를 내니 하나님이 보시기에 좋았더라
> 15또 광명체들이 하늘의 궁창에 있어 땅을 비추라 하시니 그대로 되니라
> (창 1:12, 15).

그 이전에 창세기는 바다에 잠긴 대륙의 봉기를 말하고 있는데 모두가 실제 지구상에서 전개된 지구 진화와 일치하고 있다. 바다 위로 대륙이 봉기하여 땅이 솟아 나 있으니 땅 위에 먼저 식물이 자라게 되는 것은 정한 이치가 아닌가? 창세기 1장 6-9절은 바다에 잠겨 있던 대륙의 봉기를 표현하고 있다.

> 6하나님이 이르시되 물 가운데에 궁창이 있어 물과 물로 나뉘라 하시고
> 7하나님이 궁창을 만드사 궁창 아래의 물과 궁창 위의 물로 나뉘게 하시니
> 그대로 되니라 8하나님이 궁창을 하늘이라 부르시니라 저녁이 되고 아침
> 이 되니 이는 둘째 날이니라 9하나님이 이르시되 천하의 물이 한 곳으로
> 모이고 뭍이 드러나라 하시니 그대로 되니라(창 1:6-9).

앞의 먹이사슬에서 1에서 6으로 갈수록 존재의 번식력이 약하다. 아래로 내려오면서 번식력이 강하다. 이 번식력을 축으로 하여 먹이사슬이 구조되어 있기 때문에 먹이사슬은 변하지 않게 되어

있는 것이다. 각 먹이사슬에 있는 존재들의 먹이활동은 변화한다. 그러나 먹이활동도 그 질서까지 변화시키는 것은 아니다. 현재 전 세계를 휩쓸고 있는 코로나바이러스는 인간이 지구 생태계의 질서를 교란시키기 때문에 얻은 병이다. 코로나는 아마도 엄청나게 지나치게 번식한 지구 생태계의 마지막 포식자인 인간의 개체수를 줄이게 될 것이다. 그러니까 지구는 자신의 질서를 그대로 유지하기 위하여 코로나로 인간을 방어하고 있는 것이다. 이러한 생태계의 질서에 대하여 성경은 인간의 먹을 것을 채식으로 규정함으로써 그 질서를 지킬 것을 정언명령하고 있는 것이다.

> 28하나님이 그들에게 복을 주시며 하나님이 그들에게 이르시되 생육하고 번성하여 땅에 충만하라, 땅을 정복하라, 바다의 물고기와 하늘의 새와 땅에 움직이는 모든 생물을 다스리라 하시니라 29하나님이 이르시되 내가 온 지면의 씨 맺는 모든 채소와 씨 가진 열매 맺는 모든 나무를 너희에게 주노니 너희의 먹을거리가 되리라(창 1:28-29).

더구나 창세기는 인간의 채식을 복을 받는 것으로 말한다. 인간이 채식을 통하여 지구 생태계의 질서에 순응한다면 인간은 코로나에 걸리지 않고 더욱 건강하고, 지구의 공기는 탁해지지 않을 것이고 물도 그대로 맑을 것이다. 인간의 먹을 것을 채식으로 규정하는 이유는 식물이 생태계 최초의 에너지 공급자라는 사실과 식물의 번식력이 막강하다는 데 있다. 식물은 인간을 비롯한 모든 존재의 먹이이다. 다만 28절에서 말하는 번성은 생물적인 번식이 아니고 말 그대로의 번성, 즉 온전한 삶이다.

마이어는 존재의 대 사슬이 창조주의 마음을 반영하는 것으로 생각하였다고 하는데, 그럴 것이다. 마이어가 말하고 있는 존재의 대 사슬이 바로 신이 창세기 1장에서 창조한 것으로, 지구 생태계의 먹이사슬이다. 이 지구의 생태계를 건강하게 유지하는 것이 창조주의 마음이다. 이렇게 세계는 변화한다. 지구가 자신의 생태계를 건강하게 유지하기 위해서는 할 수 있는 일이 바로 마지막 포식자인 인간의 개체수를 줄이는 것일 것이다. 인간은 유일하게 지구 생태계 파괴자로 나서고 있다. 냉정하게 말하자면 인간의 지구 환경파괴도 역시 포식 활동인 것이다. 마이어는 이렇게 말하고 있다.

그러나 결국 세계는 불변하는 것 아니라 영원히 변화한다.[17]

마이어가 말하는 변화는 진화를 말하는 것인데 앞에서 말한 지구 생태계의 질서를 교란하여 코로나로 인한 인간 개체수가 줄어드는 것은 지구 진화의 한 현상이다. 그것은 결국 지구 자신이 스스로를 돌보고 있다는 것이다. 지구의 생태계는 논리적으로 되어 있으며 지구 자연은 모든 전제를 자신 안에 가지고 있다. 변화는 일어날 것이다. 그러나 지금 보는 것처럼 지구 생태계의 질서, 먹이사슬은 변화하지 않는다. 각 존재의 먹고 먹히는 먹이활동을 변화한다고 한 것일까? 영원히 변화한다고 한 것은 어떠한 변화/문명의 진화를 말하고 있는가? 지금도 생물의 진화는 계속되고 있다고 한다. 그 새로운 종이나 개체도 역시 먹이사슬 안에 있다.

---

17 위의 책, 32.

마이어는 진화에 대해 다음과 같이 말한다.

그러나 이러한 변화 가운데 계속해서 진행되며 일종의 방향성을 가지고
있는 특정한 변화가 있다. 이러한 변화를 진화라고 한다. 우리가 사는 세계
가 창조론에서 그려진 것처럼 일정 불변한 것이 아니라 점점 진화해 나가
는 것이라는 생각이 최초로 널리 퍼진 시기는 18세기로 거슬러 올라간다.
결국 정적인 자연의 계단이라는 개념은 가장 하등한 생물에서 점점 더
고등한 단계의 생물로, 그리하여 궁극적으로는 인간으로 나아가는 일종
의 생물학적 에스컬레이터라는 개념으로 변모하게 되었다.[18]

"하등한 생물에서 점점 더 고등한 단계의 생물로", 마이어가
이렇게 설명하고 있는 것이 우리가 앞에서 본 창세기에 제시된
지구 생태계의 먹이사슬이 아니고 무엇인가? 창세기에 제시된 먹이
사슬은 논리적 구조를 보여준다. 정점에 인간이 있고 맨 아래에
무기물인 흙이 있고 흙 속의 미생물이 있다.

마이어의 인용문 중에 '에스컬레이터'는 이러한 논리를 표현하고
있다. 일단 에스컬레이터에 올라타면 올라갈 수밖에 없다. 창세기에
서 신의 창조도 자연의 진화도 그렇게 되었다. 창조도 진화도 처음에
는 원시적인 존재로 출발하여 점점 더 복잡하고 고등한 존재를
향하게 되어 있지, 처음부터 복잡하고 고등한 존재가 나타나는
것은 아니다. 마이어는 "창조론에서 그려진 것처럼 일정불변한
것이 아니라" 하고 있는데 창세기에는 그저 지구 생태계의 먹이사슬

---

18 위의 책, 35.

을 보여주고 있을 뿐, 일정불변한다고 하지는 않았다. 또 마이어의 글을 인용한다.

> 라마르크에 따르면 진화는 단순한 것에서 복잡한 것으로, 하등한 것에서 고등한 것으로의 변화들로 이루어져 있다고 한다. 진화는 변화이기는 하지만 방향성을 가진 변화, 즉 계절의 변화와 같은 주기적 변화나 빙하기의 도래나 날씨의 변화 같은 불규칙적 변화가 아니라 점점 더 완벽한 상태를 향해 나아가는 방향성을 가진 변화이다.[19]

이 인용문도 창세기 1장에 제시된 지구 생태계 먹이사슬에 대한 것이라고 할만하다. 창세기는 분명히 단순한 것에서 복잡한 것으로, 하등한 것에서 고등한 것으로 상승 방향을 제시하고 있다. 그것은 흙 속의 미생물에서 식물, 초식동물, 육식동물, 잡식동물인 인간으로의 진화를 보이는 것이다. 마이어의 책 『진화란 무엇인가』에서 "진화론의 등장"이라는 장은 그야말로 성경의 창세기 1장에 제시되어 있는 지구 생태계 먹이사슬에 대한 설명으로 가득 차 있다. 더 인용해 보자.

> 진화는 질서를 만들어 내기 때문에 물리학의 엔트로피 증가의 법칙에 위배된다는 주장이 이따금씩 제기된다.[20]

인용문에서 질서를 만들어 낸다는, 그 질서가 바로 먹이사슬이

---

19 위의 책, 36.
20 위의 책, 37.

다. 그는 이어서 다음과 같이 식물의 광합성에 대하여 말하고 있다.

그리고 태양이 끊임없이 필요한 에너지를 공급해 주고 있다.[21]

인용문은 식물의 광합성을 말하고 있다. 태양이 하늘에 떠서 끊임없이 땅을 비추고 있다고 해도 땅에 식물이 없다면 지구에 에너지는 공급되지 않을 것이다. 창세기 1장은 셋째 날에 식물을 창조하고 넷째 날에 광명체를 하늘에 두어 땅을 비추게 하라고 하여 식물의 광합성을 말하고 있다. 식물이 있으므로 에너지를 먹이사슬의 다음 포식자들이 먹을 수 있는 상태로 공급하고 있다. 식물은 지구 생태계에서 에너지를 먹이로 만들어 공급하는 최초의 에너지 생산자이다. 그러한 식물이 지구에서 미생물 다음으로 번식력이 강하기 때문에 지구가 유지되고 있는 것이다. 그리고 인간이 진화 발전시키고 있는 문명도 식물이 있기 때문에 가능한 것이다. 지구 생물권이 없다면 모든 가능성이 없게 된다.

마이어가 존재의 대 사슬에 대하여 상당히 많은 것을 말하면서도 그것이 실은 지구 생태계의 먹이사슬이라는 사실을 몰랐다는 것은 이상할 것이 없다. 그만큼 창조론과 진화론은 관념상 극단적으로 다른 것이었다. 그러나 그것은 당시 사람들의 관념상인 것이지 그 실재에 있어서는 자연의 진화와 신의 창조가 동일한 것이 사실이다. 그 근거는 논리에 있다. 신이 이 세계를 창조할 때도 논리적으로 창조할 수밖에는 없다. 그렇다면 자연의 진화는? 마찬가지이다.

---

21 위의 책, 37.

자연의 진화도 역시 논리적으로 될 수밖에 없다. 그 증거가 바로 마이어의 진화란 무엇인가라는 저작이고 질서 있게 작동하고 있으며 일정한 패턴을 보이고 있는 이 세계이다. 그러한 질서 중에 관찰 가능하고 눈에 보이는 것이 반복 운동이다. 그러나 지구 생태계의 지도인 먹이사슬은 보이지 않는다. 보이지 않는 이유는 인간 자신이 이미 생태계 먹이사슬에 있기 때문이다. 그러나 행성의 운동 질서기 보이는 깃은 우리의 밖에 있기 내문이다. 보이지 않는 그것을 성경의 창세기는 단순 명쾌하게 보여주고 있는 것이다.

진화는 어떻게 질서인 먹이사슬을 만들게 되는가? 먹이사슬의 분명한 보기가 컴퓨터의 버전업이다. 286-386-486-586으로 나가는 버전업은 바로 먹이사슬이다. 286은 386에, 386은 486에, 486은 586에 먹힌다. 인간의 사회도 먹이사슬을 하고 있다. 제1차 산업 종사자는 먹이사슬의 맨 아래에 있다. 2, 3, 4차 산업으로 갈수록 그 종사자의 수는 적어지지만, 더 많은 돈을 번다. 그리하여 그 아래 산업의 종사자들을 착취할 수 있게 되는 것이다. 인간 사회에서 먹이사슬은 바로 계급이다. 계급에 따라 먹이사슬이 되어 있다.

마이어는 성경의 창세기에도 나타나 있는 두 가지 종류의 진화에 대하여 말하고 있다.

다윈은 또한 진화에는 두 가지 종류가 존재한다는 사실을 발견했다. 하나는 조상에서 후손으로 이어지는 과정에서 점차적으로 계통발생 줄기의 위쪽으로 움직이는 진화이다. 이것이 바로 향상진화이다. 또 다른 종류의 진화는 진화의 계통을 여럿으로 쪼개는, 좀 더 폭넓게 말해서 계통발생 나무에서 새로운 가지를 만들어 내는 진화이다. 다양성의 원인이 이러한

진화를 분기진화라고 한다.[22]

성경의 창세기에도 마이어가 말하고 있는 이 두 가지의 진화가 나타나 있다. 그것을 우리가 읽어내지 못하는 이유는 너무나 단순 명쾌하게 표현되어 있기 때문이다. 우선 마이어가 인용문 후반부에서 말하고 있는 분기진화를 창세기에서 찾아보자.

[3]하나님이 이르시되 빛이 있으라 하시니 빛이 있었고 [4]빛이 하나님이 보시기에 좋았더라 하나님이 빛과 어둠을 나누사(창 1:3-4).

3절에서 신은 빛을 창조했다. 이어서 4절에서는 그 빛을 나누어 어둠을 창조한다. '빛과 어둠을 나누사'라는 표현은 이미 앞에서 창조한 빛을 나누어 어둠을 창조한다는 의미이다. 여기서 빛과 어둠은 양과 음이다. 우주는 음의 상태로부터 나타났는데, 앞의 2절은 음의 상태를 표현하고 있다.

땅이 혼돈하고 공허하며 흑암이 깊음 위에 있고 하나님의 영은 수면 위에 운행하시니라(창 1:2).

2절의 음의 상태는 4절과 관련하여 이해하면 빛과 어둠이 섞여 있는 혼돈의 상태라고 이해할 수 있다. 따라서 4절의 끝에 '나누사' 하는 표현은 말 그대로 '빛과 어둠을 나누다'라는 것으로 자연 진화에

---

22 위의 책, 42.

서 분기와 같은 것이다.

이렇게 창세기는 계속하여 '나누다'라는 표현이 이어진다. 4절에 처음 등장하여 24절까지 '나누다'라는 표현은 이어지고 있다.

> 하나님이 이르시되 땅은 생물을 그 종류대로 내되 가축과 기는 것과 땅의 짐승을 종류대로 내라 하시니 그대로 되니라(창 1:24).

여기 24절에서의 종류대로 '내되' '내라 하시니' 역시 나눈다는 표현이다. 땅은 그 생물을 그 종류대로 낸다는 것, 가축과 기는 것과 땅의 짐승을 종류대로 낸다는 것은 분명하게 종의 분기를 표현하고 있는 것이다. 이 '나누다'라는 표현은 창세기 1장의 창조를 이끌어가는 표현이 되고 있다. 창세기의 '나누다'라는 표현은 분기진화의 본질과 원리를 말하는 것으로 어머니가 자식을 낳듯이 본래의 것으로부터 나누어져 나온다는 것이다. 창세기의 '나누다'는 자연 진화에서의 종의 분기와 일치한다. 종의 분기를 통하여 세계는 종의 다양성을 이루었다. 대륙이 수면 위로 봉기하여 여러 갈래로 갈라진 것도, 종이 분기하여 다양성을 이룬 것도 어떤 하나의 대상만으로는 세계를 이룰 수가 없기 때문이다. 비트겐슈타인은 『논리철학논고』에서 이렇게 말했다. 지구의 생태계는 분기를 통한 종의 다양한 대상들로 되어 있다. 이어서 그는 지구 생태계의 논리적 얽혀있음에 관하여 말했다.

> 오로지 다양한 대상들이 존재할 때에만 세계의 확고한 형식이 존재할 수 있다.[23]

대상들의 배열이 사태를 형성한다.[24]

사태 속에서 대상들은 사슬의 고리처럼 서로 걸려 있다.[25]

사태 속에서 대상들은 일정한 방식으로 서로 관계 맺고 있다.[26]

지구 생태계의 먹이사슬은 각 존재의 서로 다른 번식력을 가지고 있어서 서로 먹고 먹히는 사태를 만들어 낸다. 그 대상들은 서로 다른 번식력으로 사슬의 고리처럼 서로 걸려 있다. 다음은 마이어가 인용문 전반부에서 말하는 향상진화를 창세기에서 찾아보는데 이 것은 먹이사슬 그 자체이다. 지구 생태계의 먹이사슬은 여섯 단계를 하고 있는데 신의 창조에 여섯 날이 걸린 이유가 바로 이것 때문인 것이다. 그 여섯 단계를 창세기를 그대로 하여 다음과 같이 했다.

6. 모든 것을 먹는 잡식동물 인간

5. 식물을 먹는 초식동물과 육식동물

4. 식물의 광합성

3. 땅 위에 식물이 돋아남

2. 수면 위로 땅이 봉기하고 갈라짐

1. 대지와 흙, 흙 속의 미생물

이 먹이사슬에서는 지구 생태계에 가장 중요한 식물의 광합성을

---

23 논고, 2.026.
24 논고, 2.0272.
25 논고, 2.03.
26 논고, 2.031.

분명히 하기 위해 창세기를 그대로 한 것이다. 그러나 이제 식물의 광합성을 빼고 지구 생태계의 먹이사슬을 보면 아래와 같다.

6. 모든 것을 먹는 잡식동물 인간

5. 초식동물을 먹는 육식동물

4. 식물을 먹는 초식동물

3. 미생물을 먹고 자라는 식물

2. 흙 속의 미생물

1. 대지와 흙

대지의 흙, 흙 속의 미생물에서 초식동물과 육식동물을 거쳐 인간에 이르는 향상진화가 바로 먹이사슬이다. 향상진화란 단순한 존재로부터 복잡하고 고등한 존재로의 진화를 말한다. 이것이 바로 마이어가 어렴풋하게 말한 자연의 계단이라고 불리는 존재의 대 사슬이다. 마이어는 이렇게 성경의 창세기가 자연의 진화와 얼마나 다르고 어긋날 수밖에 없는지 보여주겠다며, 창세기에 나타난 지구 생태계의 먹이사슬에 대하여 자세하게 말했다.

6. 최초의 7일 — 존 C 레녹스

이 책은 흥미로운 내용을 담고 있다. 창조론과 진화론이 대립하는 문제들을 모아 놓고 있다. 창세기 1장에서의 신의 창조는 언어에 의한 것이고 그것은 다른 것이 아니라 자연과학의 명제들이다. 명제는 논리 형식을 한 것이다. 신이 언어를 통하여 창조했다는 것은, 즉 논리에 의하여 창조했다는 것이 된다. 그런데『최초의 7일』에서 레녹스는 논리적 창조로 창세기를 읽는 것이 아니라 처음부터 끝까지 연대기적인 창조로 창세기를 읽고 있어서 그에 따라 잘못된 이해가 대부분이다. 여기서는『최초의 7일』에 있는 '해결하기 어려운 네 번째 날'만을 읽어보겠다.

> 날들이 연대기적 순서로 주어진 것이라면 태양이 어떻게 넷째 날에 만들어질 수 있겠는가? 그리고 하나님이 하늘의 창공에 빛들이 생겨서 낮과 밤을 나누게 하라. … 그리고 그것들이 하늘의 창공에 빛들이 되어서 땅에 빛을 비추게 하라고 말씀하시니 그대로 되었다(창 1:14-15).
> 오리게네스는 다음과 같이 합리적인 질문을 제기한 것이다. 만일 태양이 넷째 날에 존재하게 되었다면 아직 태양이 없는데 처음 3일 동안 저녁과 아침이 있었다는 것을 어떻게 이해할 수 있는가? 태양과 태양을 마주한 지구의 자전이 없다면 '날'이라는 단어는 아무런 의미를 갖지 못한다.[27]

이러한 오해는 성경을 세밀히 읽지 않은 데서 발생하는 것이다. 성경의 표현을 보면 창세기 1장 3절에서 태양은 '빛'이라는 표현으로 등장한다. 인용문에서 레녹스가 말하는 대로라면, 1절의 '천지'라는 표현은 우주가 아닌 '지구'라고 해야 하는가? 이렇게 3절에서 이미 창조된 태양은 14-15절에 와서 그 표현이 달라진다. 그 표현은 '광명체'이다. 이렇게 표현해야 하는 이유는 이 넷째 날이 지구의 생태계를 유지해 주는 식물의 광합성을 말하고 있기 때문이다.

---

27 존 C 레녹스,『최초의 7일』, 63.

넷째 날이 식물의 광합성을 말하고 있다는 것은 앞의 셋째 날에 식물이 창조되었기 때문이다. 식물이 창조되었으니 이제 식물을 자라게 하고 광합성을 하게 하는 빛, 광명체가 있어야 하는 것이다. 더구나 창세기는 넷째 날에 식물의 광합성을 말하고 그다음에 인간을 창조하고 나서는 인간의 먹을 것을 채식으로 규정하고 있다는 것이다. 식물은 광합성을 통하여 지구 전체에 에너지를 먹을 수 있게 만들어 제공한다. 지구 생태계에서 식물은 처음 창조된 천지의 땅, 흙 속의 미생물 다음으로 번식력이 강하다. 이유는 식물이 미생물을 먹이로 하기 때문이다. 그렇게 번식력이 강하기 때문에 식물은 모든 존재의 먹이가 되고, 인간의 먹을 것을 채식으로 규정하는 과학적 근거가 된다.

성경이 식물의 광합성에 대하여 말하고 있다는 것은, 성경이 얼마나 과학과 일치하는가를 보여주고 있는 것이다. 레녹스는 지구의 생태계에 대해서는 어떠한 관심도 가지지 않고 있다.

이에 대한 논리적 대안은 태양이 창세기 주간의 시작점에 이미 존재했다는 것이다. 그렇다면 넷째 날에 대한 설명은 이러한 사실에 비추어 읽혀야 할 것이다. 한 가지 제안은 태양, 달 그리고 별들을 가리고 있던 구름 마개가 흩어지면서 이들이 식별 가능한 빛들로 하늘에 나타났다는 것이다.[28]

태양, 달, 별들을 가리고 있던 구름 마개가 3일 동안 태양을 가리고 있다가 넷째 날에 흩어지면서 태양의 빛을 보이게 했다?

---

28 위의 책, 63.

이건 무슨 소설 같은 이야기인가? 그 뒤를 읽어보면 레녹스는 큰 오류를 범하고 있다. 그는 신의 전지전능을 꿈같이 믿고 있다.

> 마지막으로 이 장에서 내가 주장해 온 바에 대한 보편적인 반론, 요컨대 고대 세계에서는 어느 누구도 이처럼 정교한 해석에 도달하지 못했기 때문에 이러한 견해가 성서를 과학에 종속시키기 위해 고안된 것이라고 주장하는 반론에 대해 다루고자 한다.[29]

그는 자신의 창세기에 대한 연대기적 해석을 정교한 해석이라고 하고 있다. 그러나 창세기는 분명히 신의 언어에 의한 창조를 기록하고 있다. 언어는 논리적 형식을 한 것으로, 논리에 의하지 않고는 어떠한 것도 창조할 수가 없게 되어 있다. 이어지는 글에서 레녹스는 젊은 지구론, 늙은 지구론, 창조의 여섯 날 중의 하루는 인간의 하루인 24시간으로 해석해야 되는지 등의 문제를 거론하고 있다. 날들의 하루가 인간의 하루인 24시간이냐 아니냐, 젊은 지구, 늙은 지구는 어떠한 가치도 없는 허무맹랑한 소리이다. 창조에 여섯 날이 필요했던 이유는 지구의 생태계가 먹이사슬이고, 먹이사슬이 여섯 단계를 하고 있기 때문이다. 먹이사슬은 각 단계의 존재의 번식력이 다르기 때문에 먹이사슬이 만들어진 것이다.

그러니까 신은 전혀 연대기적으로 창조한 것이 아니라 언어를 통해 논리적으로 창조한 것이다. 달리 말하자면 이 세계는 말이 되는 세계이다. 말이 안 되는 세계는, 말이 안 되므로 아예 처음부터

---

29 위의 책, 65.

나타나지 않게 되어 있는 것이다. 특히 창세기를 이렇게 잘못 이해하고 오해한 결과로 성경과 기독교라는 종교는 완전히 다른 것이 되어버렸다.

오늘날 유럽에서는 대형 교회나 성당들이 유지비가 없어서 팔리고 있고, 팔린 교회나 성당들은 카페나 맥주홀 그것도 아니면 댄스홀로 변경되고 있다고 한다. 저러한 교회와 함께 성경의 창세기도 바르게 이해되지 못하고 사장된다는 것은 이성을 가진 인간의 비극이다. 신이 창조했다고 하는 이 세계는 분명히 질서 있게 질서가 작동하고 있는 일관된 세계이다. 질서 그 뒤에는 논리가 있다. 질서가 작동한다는 것은, 즉 논리가 작동하고 있는 것과 다르지 않다.

7. 창조/진화는 먹이사슬의 완성이다

창조/진화의 과정에서 인간 존재의 필연성은 먹이사슬의 완성이다. 먹이사슬이란 어떤 것인가?

인간은 진화에서 우연히 나타난 존재인 것을 진화론자들은 강조하고 있다. 그와는 다르게 창조론에서는 인간은 하나님의 형상으로 창조되었기 때문에 필연적이라고 하고 있다. 우주를 논리의 관점에서 생각하는 화이트헤드나 비트겐슈타인은 우주의 전제가 논리이기 때문에, 논리적인 존재인 인간은 필연적으로 나타나게 되었다고 생각했을 것이다. 그렇다면 창세기 1장을 어떻게 읽고 분석해야 인간 창조의 필연성을 끌어낼 수가 있을까? 그것이 바로 먹이사슬이다. 창세기 1장에서 신이 창조에 여섯 날이 필요했던 것은 지구 생태계의 먹이사슬이 여섯 단계를 하고 있기 때문이다. 창세기에는 '나누다', '내다'라는 표현이 이어지는데 이것이 바로 진화에서의 가지치기, 즉 종의 분기점이다. 창세기 1장에서 신이 언어를 통하여 창조한 것은 지구 생태계이다. 지구의 생태계는 먹이사슬로 되어 있다. 먹이사슬을 분석하면서 인간 창조의 필연성을 알아보자. 창세기 1장에 제시된 먹이사슬은 다음과 같다.

6. 모든 것을 먹는 잡식동물 인간

5. 식물을 먹는 초식동물과 육식동물

4. 식물의 광합성

3. 땅 위에 식물이 돋아남

2. 수면 위로 땅이 봉기하고 갈라짐

1. 대지와 흙, 흙 속의 미생물

창세기는 특히 식물의 광합성을 강조하는데 넷째 날에 광명체를 하늘에 두어 땅을 비추게 했다고 반복하여 기록하고 있다. 셋째 날에 식물이 창조되었으니 넷째 날에, 둘째 날에 이미 빛으로 나왔던 태양이 광명체라는 이름으로 다시 나오고 있다. 이는 창세기 저자가 그만큼 광합성을 중요하게 생각했기 때문이다.

앞에 제시된 먹이사슬을 보면 각 단계에서 그 존재는 그 단계까지의 마지막 포식자이다. 천지의 흙은 지구 그 자체이기 때문에 필연적으로 맨 먼저 창조된 것이다. 어떤 경우에도 창조에 있어서는 창조되는 그 자체인 것, 가장 필요한 것을 먼저 그리고 그다음으로 필요한 것을 그다음으로 창조해야 한다. 이것은 논리 법칙이다. 이렇게 하여 그다음 날에 식물이 창조되는데, 흙을 퍼 놓으면 먼저 자리 잡는 것이 식물이다. 이 식물은 미생물을 먹이로 하는 넷째 날까지의 마지막 포식자이다. 다음 날에 초식동물이 창조되는데, 초식동물은 식물을 먹기 때문에 그 단계까지의 마지막 포식자이다. 다음 날에 육식동물이 창조되는데, 육식동물은 그 아래 식물과 초식동물을 먹기 때문에 그 단계까지의 마지막 포식자이다. 이제 인간이 마지막 닐 여섯째의 날에 창조되는데, 인산은 모든 것을 먹기 때문에 마지막 포식자이다. 인간은 보이지 않는 관념까지도 먹는다.

이렇게 놓고 보면 창조/진화는 마지막 포식자를 만들면서 진행된다. 그렇다면 창조는 왜 인간에 와서 완성된 것인가? 인간을 먹는 존재는 없기 때문이다. 인간이 만드는 기계나 문화 문명은 인간을 생물적으로 먹지 않는다. 문화적으로 먹는다. 이러한 창조를 단순한 것에서 복잡한 것으로의 진화, 혹은 단순한 존재에서 고등한 존재로의 진화라고 하는 것이다. 창조와 진화는 이렇게 단순에서 복잡하고 정교한 것으로 상승적인 진행을 할 수밖에 없다. 그래야 먹이사슬이 만들어진다. 이 먹이사슬은 생태계의 질서를 유지하는 논리이다. 먹이사슬이 없으면 지구의 생태계는 만들어지지 않았고, 먹이사슬이 나타나면 이제 질서가 있게 되는 것이다. 식물이 창조된 다음 날에 다시 또 식물을 창조할 수는 없다. 그 식물보다 더 나은, 그래서 식물을 먹는 존재를 창조해야 한다. 이렇게 진행된 창조는 이제 인간의 창조에서 끝이 나고 있다. 인간은 모든 것을 먹고 보이지 않는 것까지도 먹는 존재이기 때문이다. 신이 인간을 창조할 때 자신의 형상과 모습대로 자신보다 더 좋은 존재로 창조했다. 만일에 신이 자신보다 못한 존재로 인간을 창조하고 자신 안에 인간을 종속시킨다면 그것은 창조가 아니다. 여기서 우리는 창조와 진화가 동일한 것으로, 논리적이라는 것을 알 수가 있다. 이렇게 신이 논리적으로 창조했기 때문에 인간을 창조할 수밖에는 없는 것이다. 인간은 논리적인 존재이다. 신이 논리에 따라 창조했는데, 논리적인 존재인 인간이 그 창조에서 나타나지 않는다면 그것이야말로 이상하지 않은가?

그런데 인간은 신의 창조논리를 뒤집어엎어 버리고 나타난 존재이다. 인간이 관념까지도 먹는 존재이기 때문이다. 인간이 뒤엎어 버리는 것은 번식력이다. 앞에서 보인 먹이사슬은 각 존재의 번식력이 다르기 때문이다. 그러니까 신은 창조논리가 바로 각 날/단계에 창조되는 존재의 서로 다른 번식력을 원리로 한 것이다. 맨 먼저 창조된 천지의 흙은 죽음 그 자체이며 동시에 탄생 그 자체이다. 모든 죽음은 흙 속에 묻혀서 썩어서 미생물이 되고, 미생물은 식물의 먹이가 되어 다시 새로운 생명으로 돌아간다. 이러한 순환 장치가 바로 지구의 생태계 먹이사슬이다. 그런데 인간이 관념을 먹고 토하는 배설물은 흙 속에 묻히지도 않고 썩지도 않는다. 그것은 인간의 수고를 지불해 가며 관리하고 유지해 간다. 그러한 것들이 바로 인간의 유산인 예술과 문화이다. 이렇게 하여 인간의 제일 약한 생물적인 번식력은, 오히려 전복되어 자연에 대하여 인간 자신의 생물적인 번식력으로 되어버린 것이다. 인간이 자신의 관념을 표현하자면 자연을 손상시켜야 가능하기 때문이다. 인간의 모든 활동은 자신의 관념을 표현하는 활동이다. 전쟁에서부터 섹스까지 모든 일이 대상을 포식하는 활동이라는 말이다.

그렇다면 신은 무엇 때문에 번식력을 축으로 하여 창조한 것인가?

그 이유는 분명하다. 자연이 스스로 영원히 유지되어야 하기 때문이다. 그러한 시스템이 앞에서 말한 에너지의 순환이다. 인간이 마지막 포식자로서 자연에 대하여 해야 하는 일은 대상의 포식 활동을 통하여 자연의 생태계 균형을 유지하는 일이다. 여기에는 그 방법이 중요하다. 말하자면 그 포식하는 방법에 의하여 신의 창조논리를 전복시킬 수도 있고, 안 할 수도 있다. 그 방법이란 무엇인가? 그것이 바로 인간의 노동이다. 인간은 자신의 노동을 통하여 자연을 앞서갈 필요가 없다. 다만 자연의 심부름만 하면 된다. 그러한 노동이 창세기 2장의 에덴의 낙원에서 하던 그 노동이다. 에덴동산은 강이 여러 갈래로 흐르는 노동하기 좋은 기름진 땅이다. 에덴에서의 인간의 노동은 모든 대상을 몸으로 상대하는 원시 몸 노동이었다. 이러한 원시 노동만이 대상을 포식하는 활동/노동을 통하여 생태계를 건강하게 할 수가 있는 것이다. 그러나 기계에 의한 노동은 자연을 착취하게 된다. 자연에 대한 착취는 생태계의 균형을 무너뜨리고 불안전하게 만든다. 이 불안전한 노동과 문화와 예술 등의 활동은 비물질적인 활동이다. 이러한 활동을 통하여 인간은 뒤집힌 존재가 된 것이다. 이러한 결과는 각 존재의 번식력을 원리로 하여 창조한 데 따르는 필연적인 것이다. 이것은 생태계의 먹이사슬을 보면 드러난다. 생태계의 각 단계 존재의 번식력이 다르기 때문에 그것을 도표로 나타낸다면 피라미드가 될 것이다. 피라미드의 맨 아래에는 땅이고 위로 가면서 미생물, 식물, 초식동물, 육식동물, 잡식동물인 인간이 있다. 아래의 피라미드를 여섯 등분하여 각 등분에 창세기 1장의 창조 순서에 따라 밑에서부터 넣어보자. 그러면 맨 위가 인간이고 맨 아래가 흙이 된다.

그런데 먹이사슬의 피라미드는 몸의 것만 있는 것이 아니다. 흙 속의 미생물부터 인간에게 이르기까지 각 존재의 정신은 점점 활성화되어 인간에 와서는 완전히 열린 정신을 하게 된 것이다. 이 정신의 차이 때문에 인간은 다른 존재를 먹을 수가 있다. 그래서 다른 또 하나의 피라미드는 앞의 피라미드를 거꾸로 세운 것이 된다. 이 피라미드는 정신의 피라미드이다. 이 피라미드에서는 앞의 것과는 반대로 인간이 제일 넓은 영역을 차지한다. 인간의 정신이 가장 활성화된 것이기 때문이다.

　　문제는 이 두 개의 피라미드가 각각의 것이 아니라 서로 연결되어 있다는 것이다. 다음과 같이 연결되어 있다. 그 피라미드는 각각의 꼭짓점이 맞붙은 형태이다. 그렇게 되면 꼭짓점이 만나는 지점에서 두 개의 피라미드의 대각선이 교차하는 지점이 나타난다.

　　여기가 신의 창조논리가 전복되는 지점이다. 그렇다면 인간은 왜 이렇게 전복된 존재로 나타나게 되었을까? 나는 이것이 지구라는 행성의 전체 진화에 따르는 것이라 생각한다. 지구라는 행성이 우주 전체의 질서에 따라 종말을 맞는다면, 인간이라는 이 세계를 알아보는 정신적인 존재를 남겨 둔 채로는 아닐 것이다. 그 이전에 이미 인간이 사라져야 하는 것이, 우주의 질서에 맞는 일이다. 이러한 우주의 질서에 따르기 위해 인간은 스스로 자신을 생물체가 아닌 비 생물체로 만들어야 하는 것은 아닐까?

8. 창조/진화의 과정에서 인간 존재의 필연성

　　인간이 신의 형상에 의하여 창조되었다는 창세기의 기록은 수없이 많은 것을 생각하게 한다. 신이 창조한 존재 중에 오직 인간만이 대상화하는 인식을 지니고 있다는 사실을 직시할 때 우리는 우리 자신이 곧 신이라고 할 수가 있을 것이다. 나는 개인적으로 이러한 것의 근거를 창세기 1장에서 찾을 수 있다고 생각한다. 창세기 1장은 누누이 말한 대로 실제의 진화와 일치하기 때문이다. 창세기에서 신은 자신의 노동을 대신하기 위해 자신의 노동을 통하여 인간을 창조한다. 인간은 노동을 하면서 대상을 인식할 수가 있게 되었다. 그러니까 신은 인간이 인식을 지니고 그 인식으로 자신을 알아보게 하기 위하여 노동의 대상인 자연을 인간보다 먼저 창조한 것이다. 자신의 창조물 중에 자신을 신으로 알아보는 존재가 없다면 자신이 존재하지 않는다는 사실을 신은 이미 알고 있었다. 인간 노동의 대상인 자연이 먼저 창조되었고 노동을 하면서 인간에게는 대상인식이 싹 텄다. 그 대상인식에 따라 인간이 신을 인식하게 됨으로써 신도 존재하게 되었다. 그러나 인간의 이러한 대상에 대한 인식은 자기 초월적이기 때문에 신을 배신할 수밖에 없게 되어 있는 것이다. 자기 초월적인 부분이 전체를 포괄하는 것이다. 신이 창조주로서 전체이고, 인간은 그 피조물로서 부분이지만 부분인 인간이 전체인 신을 포괄한다. 만약에 자기 초월적인 인식이 아니라면 인간은 신을 신으로 알아볼 수가 없을 것이다. 그리하여 신의 로봇처럼 신이 시키는 대로밖에는 할 수가 없을 것이다. 그러나 이것은 창조가 아니다.

그러니까 신의 인간 창조는 스스로 알아서 하는 것이 전제되어 있고, 스스로 알아서 한다는 것에는 신에 대한 배반과 배신, 신으로부터의 독립이 전제되어 있는 것이다. 이것은 또 문명의 발생과 진화를 전제로 하는 것이다. 지금 여기서 말한 이것이야말로 진화와 창조의 분기점일 것이다. 그러니까 신이 만물을 창조하였으나, 스스로 알아서 하는 존재인 인간을 창조하지 않았다면 그것을 창조라고 할 수가 없게 된다. 이것이 창세기가 인간 창조에 와서야 일단락을 보는 이유이다. 성서에는 오류가 없다.

이 논리를 좀 더 밀고 나가서 신의 인간 창조는 인간이 신을 배신함에서 비로소 완성된다고 할 수 있다. 따라서 인간이 신을 배신하는 것은 도리어 신의 창조를 증거하는 것이 될 것이다. 그런데 문제는 인간의 어떠한 것을 신에 대한 배신으로 보아야 하는가이다. 이 문제에 대한 답의 실마리는 신이 이 세계를 창조한 목적과 이유가 무엇인가 하는 것과 맞물려 있다. 헤겔은 참으로 옳게도 신은 자신이 창조한 세계를 통하여 자신을 표현한다고 했다. 이는 우리가 자연과 인간을 통하여 신을 알 수 있다는 데서 확인된다. 신이 창조한 것은 인간을 포함하는 자연이다. 신이 창조한 자연을 대상으로 하는 것은 인간의 노동이다. 그런데 노동은 신이 인간을 창조한 동기이자, 인간이 신으로부터 독립하는 계기이며 동시에 방법이 된다. 노동이 인간으로 하여금 신으로부터 독립하게 하는 것은 노동을 통하여 대상을 인식하는 정신이 싹텄고, 그 인식으로 신을 인식하기 때문이다. 그러니까 인간은 노동을 통하여 신으로부터 독립하고 나아가 신을 떠나 자신을 창조하게 된다. 노동은 인간이 신으로부터 독립하고 나아가 자신의 세계를 창조함으로써, 신을 배반할 수 있는 것이 된다.

노동이 신에게 있어서나 인간에게 있어서나 자신을 창조하는 원리였기 때문에 어떠한 것이란 노동과 관련하여 생각해 볼 수 있을 것이다.

화이트헤드의 『이성의 기능』에는 이것에 대한 답이 나와 있다. 이성의 기능은 진화론자들의 진화에서 인간의 출현은 우연이라는 것에 반대하여 인간 출현의 필연성을 논하고 있는 저술이다. 화이트헤드가 옳을 것이다. 비트겐슈타인이 『논리철학논고』를 통하여 은밀히 말하고 있는 것은 이 세계의 전제는 신의 전지전능이 아니라 논리라는 것이다. 이성은 논리적이다. 진화를 견인한 것도 이성이요 진화의 목적도 이성이라는 것이다.

이성의 기능은 삶의 기술을 촉진하는 것이다. 능동적 주체성을 설정하고 있는 화이트헤드의 이 말은 진화에는 목적이 없다는 진화론자들의 말과 만난다. 이 정의를 해석하는 데 있어서 나는 '적자생존'이라는 어구가 시사하는 진화론적 오류와 즉각 의견을 달리하지 않으면 안 된다.[30]

이 문장에서 '적자생존'이라는 표현은 진화론의 명제로서 수동적인 존재를 설정한다. 그러므로 의견이 다를 것이다. 적자생존은 환경에 맞게 자신을 변화시킨다는 의미가 강하다.

그러나 진화론에는 적자생존의 이론에 의하여 전혀 설명되지 않는 또 하나의 요소가 있다. 왜 진화의 방향은 상승적이었던가? 유기적 종이 무기적 물질의 분포로부터 발생했다는 사실과 그리고 시간이 경과함에 따라 더 고차적인 형태의 유기적 종이 진화하였다는 사실은, 환경에 대한 어떤

---

30 화이트헤드, 『이성의 기능』, 6.

한 적응 이론이나 또는 생존경쟁의 어떤 이론으로도 전혀 설명되지 않는다.[31]

만약에 삶의 기술을 촉진하는 능동적인 요인이 없이 적자생존만 있었다면 진화의 방향은 상승적이지 않고 머물렀을 것이다. 그리고 더욱 고차적 형태의 유기적 종은 나타나지 않았을 것이다. 화이트헤드가 여기서 말하고 있는 것은 자신을 환경에 맞게 하는 적자생존이 아니라 환경을 자신에 맞게 개변하는 것이다. 그런데 이것은 유기적 종이 무기물질의 분포로부터 발생했다는 사실에 이미 마련되어 있었다. 생명하고는 전혀 관계가 없을 듯한 무기물로부터의 고차적 유기체로의 진화를 우리는 시적으로 표현해 볼 수 있다. 그것은 배신이다.

동물들은 환경을 그들 스스로에 적응시키는 과업을 진취적으로 수행하여 왔다. 동물들의 한결 친숙한 행동조차도 환경을 수정하는 행동이다.[32]

여기서 역의 관계란 앞의 행에서 말하는 환경에 적응하는 것이 아니라 오히려 환경을 자신에게 맞게 개선하는 것을 말하는데, 바로 그러한 것이 상승을 가능하게 했다는 것이다.

인간의 경우에 있어서는 환경에 대한 이러한 능동적 공격이야말로 인간의 생존에 있어서 가장 두드러지는 사실이다. 나는 이제 환경에 대한 능동적 공격에 대한 설명은 삼중의 충동, 즉 살기 위한 충동, 잘 살기 위한 충동

---

31 위의 책, 8.
32 위의 책, 8.

보다 더 잘 살기 위한 충동이라고 서술한다. 사실 삶의 기술이란 첫째로 살아있는 것이고, 둘째로 만족스러운 방식으로 살아 있는 것이며, 셋째로 는 만족을 증가시키는 것이다.[33]

확실히 인간은 만족을 모르는 존재이다. 만족하지 않는 것이 곧 자기 초월이다.

이성이 일차적 기능은 환경에 대한 능동적 공격의 지시이다.[34]

인간의 인식/이성은 환경을 공격하도록 지시함으로써 자기 초월, 즉 진화한다. 여기까지는 동물과 인간의 환경에 대한 개선을 그대로 서술하고 있다. 다음부터는 그 근원을 추적한다.

즉, 생리학과 목적적 인과관계를 추가했어야만 했다. 그 항목을 추가할 때 우리는 이성에 관한 논의를 그 현대적 배경 속에 위치 지우는 것이 된다.[35] 우리는 이성을 동물의 신체적 생존에 포함된 작용의 하나로 생각 할 수도 있고 그리고 어떤 특정한 동물의 활동으로부터도 추상된 것으로 생각할 수도 있다.[36] 우리는 목적적 인과관계의 개념이 동물의 신체적 행동에 대해 가지는 관련성을 고찰함으로써 이성의 이 두 양상에 관한 논의를 결합시킬 수가 있다.[37]

---

33 위의 책, 9.
34 위의 책, 9.
35 위의 책, 9.
36 위의 책, 10.
37 위의 책, 10.

문제는 동물의 신체의 작용을 이해하는 것이다. 특정 동물의 신체의 특정 활동은 목적의 예견과 그 목적을 달성하려는 의도에 달려 있다는 뚜렷한 증거가 있다.[38] 동물의 삶에서 이성의 원초적 기능에 관한 이러한 일반적 記述 속에서, 그 자신의 자족적 조직을 가진 생명체와 전체로서의 물질적 우주의 자족적 물리적 조직과의 유사성이 면밀하게 추구되어 왔다.

동물의 신체에서 우리는 이성을 선택권자로 하는, 상승 경향으로 향하는 욕구를 관찰할 수가 있다.[39]

동물의 신체에는 우리가 이미 본 바와 같이 목적에 의해 지배된 활동의 분명한 증거가 있다. 그러므로 유추를 반복하여, 이성의 작용의 어떠한 저차적이고 확산된 형태가 물질적 우주를 탄생케 한 거대한 역기능을 구성한다고 논증하는 것이 자연스럽다.[40]

화이트헤드가 이렇게 동물의 신체를 말하면서 논하고 있는 것은 실천이성이다. 이 실천이성이란 동물들이 자신에 맞게 환경을 개선하는 행동을 말하는데, 그것은 동물들의 노동이다. 인용문들의 핵심은 동물들의 신체가 그들이 하는 노동에 맞게 특화되어 있다는 말이다. 동물들의 생존을 위한 노동은 동물들의 목적이다. 생존이 목적이 아니라 그 방법의 수행인 노동이 목적이라는 말이다. 그리고 동물들의 몸은 자신들이 하는 각각 다른 노동에 맞게 되어 있는 것을 그는 목적적 인과관계라고 하고 있다. 이러한 동물들의 특징은 기계와 같다. 목공기계는 오로지 목공에만 유용하게 만들어졌다.

---

38 위의 책, 15.
39 위의 책, 21.
40 위의 책, 22.

땅을 파는 기계는 오로지 땅을 파는 일에만 유용하다. 동물은 자신의 신체가 그 능력에 있어서 제한적이고 특수한 조건에 맞게 되어 있다는 말이다. 동물은 그 신체적 특징상 보편적인 능력을 가지고 있지 않고 가질 수도 없게 되어 있다는 의미이다. 말하자면 동물은 그 이성의 능력에 있어서 보편적인 이성이 아닌 특수한 이성인데 이는 그 신체의 생김새와 결부되어 있는 것이다. 이러한 동물들의 목적적 인과관계를 보면 그로부터 이성을, 즉 인산을 향한 상승 경향의 욕구를 볼 수가 있다는 것이다.

예를 들어 컴퓨터의 발전을 두고 질문을 해 보자. 컴퓨터는 왜 처음부터 최고의 컴퓨터가 나오지 않는가? 사물의 진화는 애초부터 고차적인 존재가 출현할 수가 없게 되어 있다. 기계도 마찬가지이다. 가장 초보적인 기계가 만들어지고 그걸 사용하는 과정에서 여러 가지의 개선점들이 발견된다. 개선점들을 반영하여 다음 단계의 기계가 만들어지고 사용 과정에서 여러 가지의 개선점들이 나타난다. 개선점들을 적용하여 다음 단계의 기계, 좀 더 진화한 기계가 만들어지는 것이지 처음부터 완전한 기계, 보편적인 기계가 만들어질 수가 없게 되어 있다는 것이다. 이러한 동물이나 기계는 개별적인 존재로서 개별적인 노동만을 할 수가 있다. 이러한 발전을 추동하는 계기를 목적적 인과관계라고 한다. 이렇게 하여 진화는 드디어 보편적인 노동을 통하여 그 모든 기계를 만들 수 있는 보편적 이성을 가진 존재, 보편적인 신체를 한 보편적인 기계를 진화시킨다. 그가 곧 우리 인간이다.

그런데 이러한 진화사는 창세기 1장에 기록된 하나님 창조의 과정과 일치한다. 하나님은 맨 처음에 빛을, 다음에 그 빛을 나누어 어둠을 창조하는데 이는 실제로 빅뱅 직후에 빛과 어둠이 분리된 것과 일치한다. 생물권의 창조도 처음에 식물을, 다음에 식물의 광합성을 위하여 태양을, 다음에 초식동물과 육식동물을, 다음에 잡식성 동물인 인간을 창조한다. 인간보다 먼저 창조된 동물은 앞에서 말했듯이 어떤 노동에 특화된 몸의 존재이다. 그리고 인간은 보편적인 몸을 가진 보편적 인식을 지닌 존재인 것이다.

> 만일 인류의 활동이 그의 신체적 행동에 영향을 미치지 못한다면, 진화의 과정에서 방향이 왜 인류에게까지 도달해야 했을까? 만일 목적이 무용지물이라면, 이성은 설명될 수 없다는 점을 명백하게 의식하는 것이 좋을 것이다.[41]

나는 지금까지 데카르트의 정신과 신체의 분리, 이원론이 대체로 옳다고 생각해 왔다. 그러나 여기서 나는 그 이원론이 무엇을 지시하는지 그 실체를 알게 되었다. 그 실체란 바로 지금까지 화이트헤드가 말하고 있는 그것이다. 즉, 이성은 그 신체에 결부되어 있다는 것이다. 이성은 몸의 이성이다. 다음 인용문은 앞의 인용문 앞에 놓여있는 문장이다.

> 왜냐하면 이론이란 목적적 인과관계가 작용되지 않는 한, 결코 시험 될 수 없기 때문이다. 이 기본적인 기능을 제외하면, 이성의 존재 자체는 무목적적이고 그리고 그 기원은 설명 불가능하게 된다.[42]

---

41 위의 책, 23.
42 위의 책, 23.

여기서 그가 설명 불가능하게 되는 기원이라는 것은 앞의 문장에서 말하고 있는 것으로, 진화가 인류에까지 도달한 기원을 말한다. 그 기원을 화이트헤드는 목적적 인과관계로 말하고 있다. 이것은 확실히 그렇다. 자신을 환경에 적응하는 것이 아닌, 환경을 자신에 맞게 개변하는 실천이성의 목적적 인과관계 끝에 만족을 추구하고 그 만족을 증가시키는 존재로서의 보편적 이성의 존재인 인류가 나타났다고 말하고 있다.

> 나는 이제 환경에 대한 능동적 공격에 대한 설명은 삼중의 충동, 즉 살기 위한 충동, 잘 살기 위한 충동보다 더 잘 살기 위한 충동이라고 서술한다. 사실 삶의 기술이란 첫째로 살아있는 것이고, 둘째로 만족스러운 방식으로 살아 있는 것이며, 셋째로는 만족을 증가시키는 것이다.[43]

인간의 이성은 보편적인 이성이요, 동물들의 이성은 특수한 개별적인 이성이다. 이 문장은 인간에 대한 서늘한 냉소를 품고 있다. 이성의 기능은 이러한 분위기를 파악하고 나서야 화이트헤드가 말하고자 하는 것이 무엇인지를 알게 되는 책이다.

이것을 두고 생각해 보면 동물의 이성/인식은 그 신체에 결부되어 있고 그 대상에 제한되어 있는 이성이기 때문에 이원론이 적용될 수가 없다. 동물은 앞에서 예를 든 목재를 가공하는 일만 할 수 있는 목공기계와 같다. 그러나 인간의 이성은 보편적인 몸으로부터의 것으로 보편적인 이성이다. 인간의 이성은 부분이 전체를 포괄하

---

43 위의 책, 9.

고 그럼으로써 자기 초월 한다. 그렇다면 이원론의 적용이 가능하지 않겠는가? 데카르트는 이원론의 근거를 동물과 인간의 영혼이 아주 다르다는 사실에서 찾았다.

그러나 화이트헤드는 데카르트의 이원론을 부정하는 듯하다.

그러나 세계에는 또 하나의 명백한 이중성-신체와 정신이 있으며 그것을 고찰하는 것이 모든 우주론의 첫째 과제이다. 만일 우리가 데카르트를 좇아서 실체의 개념에 의하여 이러한 이중성을 표명한다면, 우리는 신체적 실체와 정신적 실체의 개념을 얻게 된다. 신체적 실체들은 이 이론에 따르면 공허한 존재를 갖는다.[44]

여기서 말하는 공허한 존재란 목적적 인과관계를 배제하는 것이고, 신체적 실체란 그 신체에 어울리는 이성/인식을 말한다.

그리하여 목적적 인과관계를 배제하려는 움직임은 동인적 인과관계의 이론을 꼭 같이 설명 불가능한 것으로 만듦으로써 끝나게 되었다. 데카르트는 자신의 신체를 끌고 다니기 위하여 신을 요청해야 했다.
데카르트는 그들은 신에 의하여 유지된다고 말한다. 그러나 왜 신이 그렇게 하기를 원하는지에 대한 어떤 이유도 제시하지 못한다.
그리하여 목적적 인과관계를 배재하려는 움직임은 동인적 인과관계의 이론을 똑같이 설명 불가능한 것으로 만듦으로써 끝나게 되었다.
데카르트의 신체와 정신의 분명한 구별 또한 경험적 사실을 잘못 이끌어

---

44 위의 책, 25.

간 것이다.[45]

데카르트의 실체는 존재하기 위해서 다른 어떤 것을 필요로 하지 않는다는 것인데, 유기체 철학에 정면으로 맞서는 것이다. 데카르트의 실체는 바로 신이라고 보아야 할 것이다. 그에 반하여 화이트헤드는 철저한 상호의존적인 유기체를 말하고 있다.

여기까지만 읽게 되면 확실히 데카르트의 이원론이 그릇된 이론이라는 것으로 결론될 것이다. 그러나 화이트헤드는 사변 이성에 대하여 말한다. 사변 이성은 이론적인 것이고 실천이성은 그 이론을 실천하는 이성이다. 누가 어떤 기술을 배울 때는 이론만 해서는 안 되고 이론과 실제의 경험을 통하여 기술이 발전하게 되는데 그가 말하는 내용이 이것이다. 사변 이성이 어떤 새로운 기술을 창안하여 내놓으면 실천이성을 그 기술을 실행해 보게 된다. 그러면서 상호 결점을 보완하여 발전하는 것이다.

> 실천이성의 역사는 인류가 출현한 동물의 생활에까지 되돌아가야 한다. 방법에 대한 점진적인 완성으로 이끌어 간 희미한 산발적 지성의 번쩍임을 고려한다면, 그 기간은 수백 만년의 기한으로 측정된다.[46]

자연 안에 인간이 나타나서 먼저 해야 했던 것이 노동이다. 여기서 실천이성이란 노동을 말한다. 희미한 산발적 지성의 번쩍임이란 수백 만년의 기한으로 측정되는 원시시대의 인간이나 확실한

---

45 위의 책, 25.
46 위의 책, 33.

인식이 아닌 초보적 인식으로서 아마도 원시 인류가 도구 등을 만드는 것을 생각하고 말하는 것 같다.

> 사변 이성의 역사는 훨씬 짧다. 그것은 문명에 속하며, 그리하여 그 기간은 약 육천 년이다.[47]

사변 이성이란 육체노동으로부터 분리되어 나타난 정신노동을 말한다. 화이트헤드가 사변 이성의 역사는 훨씬 짧다고 하는 이유는, 인류 출현 후에 육체노동이 진행되다가 나중에 정신노동이 나타나면서 육체노동과 분리되었기 때문이다.

내가 생각하기에 육체노동과 정신노동이 분리되었다는 것 자체가 이원론을 의미하는 것이다. 순수한 의미의 정신노동은 인간에게서만 볼 수 있는 것이고 육체노동은 동물에게서 볼 수 있는 것이다. 그래서 화이트헤드의 다음과 같은 말은 사실상 이원론에 대한 것으로 읽어야 한다.

> 사변 이성은 그 본질상 방법의 제약을 받지 않는다. 그 기능은 제약된 근거를 넘어서 일반적 근거를 간파하는 것이고, 모든 방법을 초월함으로써, 파악될 수밖에 없는 사물의 본질 속에 통합된 모든 방법을 이해하는 것이다.[48]

이것은 앞에서 내가 이미 인간의 정신은 부분이 전체를 포괄한다

---

47 위의 책, 33.
48 위의 책, 51.

는 것과 같은 취지의 말이다. 그런데 이것은 창조의 법칙이다. 이와 같은 내용의 다른 표현을 우리는 비트겐슈타인의 『논리철학논고』에서도 찾을 수가 있다.

> 논리에 우연은 없다. 사물이 사태 속에 나타나려면 그러한 사태의 가능성이 사물 속에 선취되어 있어야 한다.[49]
> 만약 모든 대상이 주어져 있다면 가능한 모든 사태도 주어져 있다.[50]

사태의 가능성이 사물 속에 선취되어 있어야 한다는 의미는 이런 것이 아닐까? 몸이 있으면 그 몸에 맞는 정신이 깃들기 마련이다. 사물의 그러한 정신을 이용하여 인간은 논리를 짜내고 그 논리를 사물에 적용해 실현하는 것이 바로 과학기술이다. 마찬가지의 이치로, 이것은 무기물질로부터 진화가 가능하게 된 것을 말해준다.

실천이성, 즉 노동은 사물 속에 선취되어 있는 가능성을 찾아내 실현시키는 것 외 다른 것이 아니다. 그렇게 모든 대상인 자연이 인간에게 주어져 있고 모든 사태가 가능하다. 이러한 노동으로부터 인간은 필연적으로 진화한 것이다. 진화론자들이 말하는 것은, 인간은 우연히 나타난 존재라는 것이다. 화이트헤드의 『이성의 기능』은 진화에서 인간 출현의 필연성을 말하여, 진화론자들의 오류를 분명히 지적하고 있다.

이제 우리는 앞에서 화이트헤드가 말하는, "그러나 세계에는 또 하나의 명백한 이중성—신체와 정신—이 있으며, 그것을 고찰하

---

49 논고, 2.012.
50 논고, 2.0124.

는 것이 우주론의 첫 번째 과제이다"라는 이 우주론의 과제를 나름대로 풀어 볼 수가 있지 않을까 생각해 본다. 화이트헤드의 이 말을 달리 생각해 보면 하나의 결론을 얻을 수가 있는데, 우주의 미래는 인간의 수중에 있다는 것이다. 왜 이러한 결론인가? 화이트헤드에게는 과정철학자로서 과정신학이라고 할 만한 것이 있다. 그런데 이것은 사실상 이성의 기능의 연장선에 있는 것으로 보인다. 이성의 기능에서 화이트헤드가 말한 것을 요약하자면 이렇다. 진화에서 인간의 출현은 필연적이다. 진화를 견인한 것이 이성의 기능이며 이성은 목적적 인과관계에 의한다. 목적이란 삶의 기술을 촉진하는 것이다. 그러니까 인간이 삶에 만족할 때까지 진화는 계속된다는 결론이다.

과정신학은 인간과 세계의 진화론적 성격을 강조하여 신(神)도 변화해 가는 세계와의 영적인 교류를 통하여 발전해 가는 과정에 있다고 주장하는, 1960년대에 미국에서 새로 생겨난 신학 사조 가운데 하나이다. 이 용어는 영국의 철학자 A.N. 화이트헤드가 기포드 강연에서 한 원고 "과정과 실재"(Process and Reality)에서 유래하였다.

그러나 여기에는 하나의 문제가 있는데, 화이트헤드가 과정으로 파악하고 있는 것이 자연이 아니라 자연을 이용하는 문명이라는 것이다. 화이트헤드의 과정은 창세기 3장 이후에 하나님을 대상화하는 인간에 의한 문명의 진화를 말한다. 그런데 자연이야말로 과정이다. 자연은 순환하고 질서를, 생명을 생산하여 다시 생명이 끝난 물질을 부패시켜 땅을 통하여 흡수하고 그것을 다시 새로운 생명으로 환원하는 완벽한 지속이며 이 지속이 과정이다. 자연은 절대로 고장 나지 않는다.

　일반적으로 과정철학에서는 만물의 근본 질서, 곧 실재의 근본 성질은 존재 또는 실체가 아니라 과정이라 하며, 불변하는 실체나 기계적·자존적 개체보다는 사건, 형성 그리고 유기적 관계성이 실제로는 더욱 근본적이고 포괄적인 양태라고 주장한다. 화이트헤드도 실재의 기본 단위는 고전적 개념의 실체가 아니라 현 실재 또는 현실 계기라 부르는 사건이라 하였다. 그리고 현 실재가 우주 속에서 하는 일은 자기 창조와 타자 창조라 하였다. 여기서 자기 창조란 궁극적으로 자기실현을 말하며 이를 위해서는 자료가 필요한데, 그 자료는 바로 물리적 자료인 다른 현 실재와 개념적 자료인 영원한 객체이다.

　문명은 자연에 기생하여 진화한다. 문명을 과정으로 본다면 그 과정은 자연의 제한을 받을 수밖에 없다. 자연이 건강한 그만큼만 문명은 과정을 이을 수 있는 것이다. 더구나 문명은 고장 나는 것으로 그것은 무질서이다. 여기서 물리적 자료인 현 실재란 다름 아닌 자연 사물을 말한다. 영원한 객체로서의 개념적 자료는 이성으로부터 얻는 과학적 기술을 말한다. 자기를 궁극적으로 실현한다는 것은 만족을 끝까지 추구하는 것인데, 인간이 자기를 궁극적으로 실현한다는 것은, 그것이 만족을 지시하는 것이라면 불가능하다. 그러나 인간이 궁극적으로 자기를 실현하게 되면 어떠한 결과를 초래하게 될 것이다. 그것은 인간이 사라지는 것 말고는 없다. 자기를 실현한다는 것은 삶의 만족을 극단적으로 하는 것이다. 이것은 화이트헤드가 이성이 기능을 서술해 가는 과정에서 놓친 것으로, 다음 인용문을 다시 읽어보면 우리는 거기서 하나의 질서를 발견하게 된다.

그러나 진화론에는 적자생존의 이론에 의하여 전혀 설명되지 않는 또 하나의 요소가 있다. 왜 진화의 방향은 상승적이었던가? 유기적 종이 무기적 물질의 분포로부터 발생했다는 사실과 그리고 시간이 경과함에 따라 더 고차적인 형태의 유기적 종이 진화하였다는 사실은, 환경에 대한 어떠한 적응 이론이나 또는 생존경쟁의 어떤 이론으로도 전혀 설명되지 않는다.[51]

왜 진화의 방향은 상승적이었던가? 묻고 있는 것은 다른 것이 아니라 지구 생태계의 먹이사슬이다. 먹이사슬은 각 존재의 번식력을 축으로 하여 이루어진 것이고, 각 존재의 번식력을 기하학적으로 표현한다면 피라미드가 될 것이다. 이 피라미드의 맨 위에는 고차적인 유기적 존재인 인간이, 맨 아래 바닥에는 흙과 흙 속의 미생물이 있다. 이 피라미드는 물질의 진화를 나타낸다. 물질의 진화를 견인하여 인간을 출현하게 한 것이 이성이다. 따라서 우리는 물질의 진화를 나타내는 정삼각형을 거꾸로 세워 놓은 또 다른 정삼각형을 생각해야 한다. 이 거꾸로 선 정삼각형이 바로 정신/이성의 진화를 나타내는 것이다. 정신의 삼각형이다.

이를 입증해 보자면, 맨 나중에 출현한 인간은 그 바로 밑의 육식동물보다 훨씬 뛰어난 추상 능력을 가지고 있다. 인간은 상상력과 상징의 동물이다. 바로 밑의 육식동물을 보면 그 밑의 초식동물보

---

51 화이트헤드, 『이성의 기능』, 8.

다 더 뛰어난 인식능력을 가지고 있다. 화이트헤드는 어디에선가 먹이를 물고 가다가 물 표면에 반사되어 보이는 여우를 생각해 보라고 한다. 그 여우는 물에 비치는 먹이를 먹기 위해 입을 벌린다. 순간 물고 있던 먹이는 물에 떨어지고 만다. 그 여우는 물에 비친 그 먹이가 자신이 물고 있는 먹이라는 것을 몰랐다. 이 여우는 인간의 상징 능력에 채 미치지 못하는 인식능력을 가지고 있는 것이다. 육식동물 바로 밑의 초식동물들은 여우와 같은 착각을 하는 일이 없다. 그들의 인식은 상징과는 전혀 관계가 없는, 물 자체를 인식하는 것이다. 최근에 까마귀가 호두알을 차가 다니는 도로상에 놓아두었다가 차에 밟혀서 호두가 깨지면 그때 알을 먹는 일이 목격되었다고 한다, 까마귀는 도구를 사용하고 있는 것이다. 그러나 초식동물에게서 이러한 일을 결코 일어나지 않을 것이다. 초식동물은 도구를 사용할 필요가 없다. 목이 긴 기린은 높은 나무의 잎을 따 먹기 위해 긴 것인데, 긴 목이 도구를 대신하는 것이다. 화이트헤드가 각 존재의 몸이 목적적 인과관계에 의한 것이라고 하는 것은 바로 지금 내가 말한 그것이다.

왜 진화의 방향은 상승적이었던가? 유기적 종이 무기적 물질의 분포로부터 발생했다는 사실과 그리고 시간이 경과함에 따라 더 고차적인 형태의 유기적 종이 진화하였다는 사실은…[52]

진화의 방향이 상승적이라는 것은 시간의 경과에 따라 더 고차적

---

52 위의 책, 8.

형태의 종이 출현한 것을 말한다. 이렇게 진화는 저차적 형태로부터 시작되어 고차적 형태의 유기적 종으로 먹이사슬을 만들었다.

화이트헤드가 말하는 삶의 만족의 추구로서 자기를 궁극적으로 실현한다는 것은 정신에 대한 물질의 정삼각형을 거꾸로 세워 놓는 것이다. 물질의 진화를 나타내는 정삼각형에서 맨 위 꼭짓점이 인간의 영역이다. 인간은 지구 생태계 구성원 중에서 제일 번식력이 약하기 때문이고 진화에서 맨 나중에 나타났기 때문에 이 좁은 영역을 차지하고 있다. 그런데 문명의 진화와 발달은 자연에 대하여 작용하기 때문에 지구 생태계에서 제일 번식력이 약한 존재인 인간의 번식력을 제일 강한 것으로 만드는 것이다. 달리 말하자면 문명은 인간의 생물적인 번식력을 대치한 것이다.

나는 화이트헤드가 이성의 기능을 쓰면서 성서의 창세기 1장을 읽었는지는 모른다. 그러나 그가 저차적 형태로부터 고차적 형태로의 진화를 말하면서도 그것이 기실 번식력에 의한다는 것과 따라서 먹이사슬이라는 절대적인 질서를 만든다는 것을 생각하지 않은 것을 보면 성서의 창세기를 읽지 않았을 것이라는 생각을 하게 된다. 먹이사슬이 절대적 질서라는 것은 번식력이 강한 존재를 번식력이 약한 존재가 먹여 살릴 수가 없기 때문이다.

인간의 모든 행위는 실재 지향적이 아니라 비실재적 허구를 지향하는 것이다. 달리 말하자면 인간은 자연을 살고 있는 것이 아니라 문화를 살고 있다는 것이다. 그것은 한마디로 배설 행위이다. 따라서 인간이 자연을 노동의 착취를 통하여 착취하고 자연을 해치는 것은 자신보다 한 단계 더 진화하는 존재를 만들고 있는 것이다. 먹이사슬을 한 단계 더 만들고 있다는 말이다. 달리 말하면 보이는 물질의 정삼각형 뒤에는 보이지 않는 정신의 정삼각형이 있는데, 이 보이지 않는 정신의 정삼각형이 나타나는 것이다. 따라서 인간보다 한 단계 더 진화한 포식자인 그것은 인간을 먹이로 한다. 우리는 우리의 배설물인 허구를 먹여 살리기 위하여 죽어간다.

과정신학자들은 고전적 유신론은 신의 불변성(Unchangeability)과 무감동성(Impassibility)이라는 철학적 개념에 사로잡혀 성경의 역동적 신 이해를 놓쳐버렸다고 비판하면서, 하나님은 변하실 수 있고 또 감정이 있는 분임을 주장한다. 이들에 의하면 변할 수 없거나 감정이 없는 신은 불완전한 신이요 죽은 신이며, 반면에 피조물의 기쁨과 슬픔, 고통에 깊이 참여하여 공감하고, 그 자신도 그러한 감정들을 느끼면서 변화되는 하나님(passible and changeable God)이야말로 참다운 하나님이다.

우리는 헤겔의 신에 대한 개념을 참고할 만하다. 헤겔에게 있어서 신은 절대정신이다, 절대정신, 정신만의 존재에 있어서는 어떤 감정을 느낀다고 하여도 그것을 반드시 물리적으로 표현할 필요는 없을 것이다. 달리 말하자면 변화하지 않는다. 변화하고 감정을 느낀다는 것은 그것을 물리적으로 표현한다는 것이다. 감정이 있어도 물리적으로 표현하지 않는다면 그것은 변화라 해서는 안 되는 것이다. 과정신학을 통하여 화이트헤드가 말하는 신이란, 사실상 인간이지 신이 아니다.

9. 스티븐 호킹의 '희망'에 반대하여

호킹은 자신의 마지막 저서 『빅퀘스천에 대한 간결한 대답』에서 인간의 미래에 대한 희망의 메시지를 남기고 있다. 그는 우주 식민지가 가능하다는 것과 인공지능, 시간여행 등의 가능성을 시사하고 있다. 그러나 그는 인간은 지구에서 살아남을 것인가를 두고는 상당히 회의적인 견해를 나타내고 있다. 지구는 좁아지고 있으며 자원은 고갈되고 있고 기후는 재앙을 가져다 줄 것이라는 것이다. 그는 기후의 변화와 지구 온난화 등은 앞으로 그렇게 진행될 것이라고 한다.

"온실효과와 지구 온난화는 궁극적으로 지구의 기후를 매우 뜨겁고 황산비가 내리는 섭씨 250도의 금성처럼 만들 것이고, 인간은 지구에서 삶을 지속할 수 없게 된다"[53]고 한다.

그는 이어서 "우리는 1997년 국제협약인 교토 의정서 이상의 것을 실행해야 하고, 지금 당장 탄소배출을 감축해야 한다. 우리에게는 그럴 기술이 있다. 필요한 것은 오직 정치적 의지이다"[54]라고 한다.

호킹의 이러한 희망찬 예언에 반대할 이유가 있는데 그것은 지구가 자신을 스스로 돌보게 될 것이라는 생각 때문이다. 지구의 자연은 논리적으로 되어 있으며 논리학이 스스로를 돌보듯이, 자신 안에 모든 전제를 가지고 있듯이, 지구 자연은 모든 전제를 자신 안에 가지고 있으며 논리적으로 되어 있는 지구도 그렇게 자기 자신을 돌볼 것이 분명하다. 하늘은 스스로 돕는 자를 돕는다는 말이 있다. 이 말의 본뜻은 우주의 모든 존재는 자신을 스스로 창조한다는 것이다. 이를 우리는 제곱으로 말한다. 우주에는 이 제곱이 창조의 법칙으로 주어져 있는 것이다.

호킹은 또 인류가 기후협약 같은 것을 실천하지 않으면 우리는

53 스티븐 호킹/배지은 옮김, 『빅퀘스천에 대한 간결한 대답』 (까치, 2019), 203.
54 위의 책, 203.

불과 수백 년 안에 지구를 떠나 다른 행성으로 인류가 이주해야 한다고 하고 있다. 그러나 내 생각에 모든 것이 호킹이 말하는 그대로 되지는 않을 것이다. 그 이유는 앞에서 말한 대로 지구가 스스로 자신을 돌보기 때문이다. 말하자면 지구는 인간의 개체수를 빠른 속도로 줄이게 될 것이다. 그렇게 되면 다른 행성으로 이주할 이유가 사라지게 될 것이다. 인류에게는 더 많은 재앙이 기다리고 있을 것이다. 그렇게 극소수만이 살아남아 사람이라는 종의 유전자를 지구가 멸망하는 그때까지 운반할 수 있게 될 것이다.

신은 존재하는가? 호킹이 이 책에서 강조하는 것은 '자연법칙'이다. 그런데 이 자연의 법칙은 비트겐슈타인의 논고에서 말하는 '가능성'의 다른 표현이다. 법칙은 논리이고 가능한 것은 논리적으로 가능하다. 그러니까 앞에서 호킹이 말한 가능한 것들은 논리에 의한다는 것이다. 그는 이렇게 말하고 있다.

> 나는 아인슈타인이 그랬던 것처럼 자연의 법칙에 대해서 비인격적인 의미로 '신'이라는 말을 사용한다. 따라서 신의 마음을 안다는 것은 자연의 법칙을 아는 것이다. 나는 아마도 21세기가 끝날 무렵에는 신의 마음을 알게 될 것으로 예측한다.[55]

이 말에 대하여 호킹의 『위대한 설계』를 조목조목 반박한 존 C 레녹스 같으면 이렇게 따지고 들 것이다. 비인격적인 의미로 신이라는 말을 사용한다고 하고서 신의 마음을 말하는 것은 논리적

---

55 위의 책, 61.

이지 않다. 마음이란 인격을 말하는 것이라고 할 것이다.

논리는 단순 명쾌한 것이다. 이 논리에 의하여 신이 이 우주를 창조했느냐 아니냐를 따져 본다면, 신이 이 우주를 창조했다고 할 때 그 답은 단순하지도 명쾌하지도 않다. 비논리적이다. 복잡해진다. 호킹은 "가장 단순한 설명은 신은 없다는 것이다"라고 말한다. 우주의 나타남에 대한 설명을 두고 복잡한 것과 단순한 것이 있는 경우 단순한 것이 진리일 확률이 복잡한 것에 비하여 높다. 그러니까 이렇게 된다.

이 우주가 저 스스로 나타나는 것에 비하여 신이 우주를 창조하는 것은 우주가 수동적으로 창조되었다는 것인데, 이는 아주 복잡하다. 왜냐하면 창조하는 주체와 창조되는 대상이 따로 있어야 한다. 이것은 이원론이다. 그런데 이 세계는 일원론의 세계이다. 그러니까 이렇게 복잡한 원인에 의하여 우주가 나타날 가능성은 단순한 원인에 비하여 적다는 것이다. 이로써 나는 직접적으로 우주가 스스로 나타난 것이라고 하겠다. 우주가 스스로 나타난 경우에는 창조하는 주체와 창조되는 대상이 동일하게 된다. 이것이 앞에서 말한 제곱이다. 일원론一元論이다.

이것은 호킹이 말하는 자연의 법칙을 나는 직관과 상상력으로 말한 것이다. 그러니까 나도 호킹에 동의한다. 그러나 신에 대해서는 다른 생각을 가지고 있다.

누구도 우주를 창조하지 않았고 누구도 우리의 운명을 지시하지 않는 다.56

누구도 우리의 운명을 지시하지 않는다? 정말 그럴까?

호킹이 누구도 우주를 창조하지 않았다고 하는 그 의미는 우주가 스스로 창조한다는 것으로, 앞에서 말한 것이다. 그렇다면 우주가 스스로 나타났기 때문에 우리의 운명을 지시하고 있을 것이다. 호킹이 이 책에서 신은 존재하는가를 앞에 두고 있고 그 뒤의 장들은 우주탐사, 우주 식민지, 인공지능, 인류가 지구가 아닌 다른 행성으로 이사 가는 문제들이 가능하다고 하고 있다. 호킹은 그러한 발전/진화를 희망으로 말하고 있다. 그것은 희망인가 하면 희망이 아니다.

왜냐하면 '희망'이라고 할 때는 인간의 자유의지가 개입되기 때문이다. 그가 말하는 희망적인 메시지들은 사실상 인간 자유의지에 의한 것이 아니라 그가 그토록 찬양한 자연의 법칙들에 의하여 가능한 것들이기 때문이다. 그 또한 제곱의 법칙이다. 비트겐슈타인은 『논리철학논고』에서 다음과 같이 말하고 있다.

세계는 나의 意志(의지)로부터 독립적이다.[57] 비록 우리가 원하는 모든 것이 일어난다고 하더라도, 그것은 말하자면 운명의 은총에 불과할 것이다. 왜냐하면 의지와 세계 사이에는 그것을 보증해 줄 논리적 연관이 없으며, 그렇다고 그 가정된 물리적 연관을 우리 자신이 다시 의지할 수는 없을 것이기 때문이다.[58]

그러니까 호킹이 희망으로 제시하고 있는 문명의 발전은 우리

---

56 위의 책, 74.
57 논고, 6.373.
58 논고, 6.374.

인간의 의지와는 독립적이라는 말이다. 왜냐하면 문명의 발전은 논리에 따르고, 논리는 떨어져 있는 것이 아니라 서로 걸려 있기 때문에 오직 논리적 필연성만이 존재하기 때문이다. 그래서 우리가 원하는 문명을 이루어 내는 것은 그러한 법칙에서 따라 나오는 운명의 은총에 불과하다는 말이다. 그것은 인간의 의지에 따르는 것이 아니라 자연의 법칙에 따르는 어쩔 수 없는 일이다.

그러한 문명의 발전은 논리적으로, 논리에 의하여 가능한데 이 세계는 이렇게 가능성의 총체로서 논리공간이다. 그러니까 인간이 호킹이 말하는 그러한 문명을 이루어 낼 수가 없다면, 바로 그러함 때문에 이 우주는 나타나지 않게 되어 있다. 인간이 그러한 것들을 할 수 있어서 이 우주가 나타난 것이다. 그러한 것들을 할 수 없는 세계는 불가능하기 때문에 나타나지 않는다. 인간은 우주가 허락하는 그 논리의 방법에 따라서만 그 모든 일들을 할 수가 있는 것이다. 달리 말하자면 그러한 문명의 발전은 우주가 허락한 것이고, 우주부터가 그러한 가능성의 공간이기 때문에 그렇게 되는 것이지 인간의 자유의지로 하는 것이 아니라는 사실이다. 인간의 자유의지는 곧 마음의 문제인 것이다. 이렇게 생각하면 앞에서 호킹이 말하는 "신의 마음을 안다는 것은 자연의 법칙을 아는 것이다"가 지시하는 진실은 다른 것이다. 호킹이 말하는 '희망'이 문명의 발전이고 이것이 인간 자유의지와는 상관없이 자연의 법칙에 따라 진행된다.

논리에서는 아무것도 우연적이지 않다. 사물이 사태 속에 나타날 수 있다면, 그 사태의 가능성은 사물 속에 이미 선결되어 있어야 한다.[59]

인간이라는 사물 안에는 동족을 죽이고, 전쟁하고, 문명을 발전시키고, 핵을 만들고, 우주를 식민지로 하고, 유전자를 조작하는 그 모든 사태의 가능성이 인간이라는 사물 안에 이미 선결되어 있다는 것이다. 이 우주도 마찬가지이다. 더구나 이러한 가능성은 논리의 사슬로 되어 있어 하나가 나오면 그에 따라 모든 것이 나오게 되어 있다는 것이다. 호킹이 간과한 것이 바로 이것이다. 그러니까 호킹은 지구를 버리고 다른 행성으로 인류가 이사를 하고 우주를 식민지로 만들고 인공지능을 발전시키고 하는 모든 사태가 인간 자유의지에 따르는 것으로 생각하는데, 그렇지 않다는 것이다. 차라리 그 모든 것은 우주 전체 진화의 법칙 안에 있는 것이라고 해야 한다. 이러한 착각은 모든 과학자의 뇌에 장치되어 있다. 이 책에서 호킹은 철학이나 신학, 인간학적으로 말하고 있는 것이 아니라 하나의 직업인으로서 말하고 있다. 자연의 법칙이 우리 인류의 운명을 지시하고 있는 것이다. 인간은 자연의 법칙의 한계에 갇혀 있는 것이다.

논리가 세계를 가득 채우고 있다. 세계의 한계는 또한 논리의 한계이기도 하다.[60]

여기서 말하는 논리가 바로 호킹이 말하는 자연의 법칙이다. 그러나 호킹이 말하는 대로 그 모든 것이 가능하지는 않을 것이다. 왜냐하면 논리가 이 세계를 가득 채우고 있는 이상에는, 그 논리에

---

59 논고, 2.012.
60 논고, 5.6.

한계가 있기 때문이다. 그 논리의 한계가 바로 이 세계의 한계이며 인간의 한계이다.

논리공간인 우주 안에서 논리적인 존재인 인간이 할 수 있는 일은 논리 내의 것이다. 따라서 인간은 우주가 허락하는 모든 것을 할 수가 있다. 그 일이 자신을 해치고 소멸시킨다고 할지라도 가리지 않고 하는 것이다. 인간이야말로 전지전능한 존재인 것이다. 창조의 본질에는 창조한 자신에 대한 부정이 따라 나오게 되어 있다. 창조하는 자신보다 더 진화한 더 좋은 존재로 창조해야 하기 때문이다. 창조한 자신은 피조물에 대하여 대상이 되고 피조물이 자신에 대하여 메타가 된다. 이것이 창조의 법칙이다. 이 법칙에 의하여 지금 인간은 기계가 없이는 생존할 수가 없게 되어 있다. 인간이 기계의 노예가 되어 있다.

여기서 반드시 짚고 지나가야 하는 것이 있다. 그것은 어떻게 하여 호킹이 말하는 희망들, 우주를 식민지로 하고 DNA 기반의 생명체인 인간을 전자 소자 기반의 생명체로 개선하고 다른 행성에 기계를 보내고 하는 일들, 그 논리적인 일들이 어떻게 가능한가? 하는 것이다. 지금 2020년 현재 성경의 창세기에 대한 야유와 부정은 생물학보다는 물리학이나 우주론 쪽에서 더 적극적으로 나오고 있는 것으로 보인다. 그러나 창세기 1장에는 우주의 창조에 대해서는 단 두 절을 통하여 말하고 있고, 나머지 모두는 지구 생물권에 대하여 기록하고 있다. 호킹이 말하는 희망은 바로 지구의 생물권이 있기 때문에 가능한 것이다. 그렇다면 미생물을 기반으로 하는 지구의 생물권이 인간에 대하여서도 주체일 것이다. 무슨 말인가? 이에 대해서는 우리의 시인 신동엽의 말을 듣도록 하자.

마침내 인간은 아마도 지구를 벗어 날 것이며 지구의 파괴를 기억할 것이며 인조두뇌를 만들어 自動 時作을 희롱할 것이다. 그러나 그것이 어떻단 말인가. 나는 생각한다. 모든 생물의 물질적 능력에는 동물로서의 한계가 숙명 지워져 있을 것이라고.[61]

호킹이 직업에 도취되어 지나치게 희망을 확대하고 있는 말을 들어보자.

그러나 우리는 이제 자체설계 진화라고 하는 새로운 진화 단계에 접어들었다. 우리의 DNA를 직접 변경하고 개선할 수 있게 될 것이라는 뜻이다. 현재 DNA 지도가 제작되어 있는데, 이로써 우리가 생명의 책을 읽게 된 셈이며 이제부터 직접 DNA를 고치는 일도 가능해졌다.[62] 유전공학을 이용하여 DNA 기반의 생명체를 무한정, 아니면 적어도 10만 년 정도는 생존하게 할 수도 있다. 그러나 더 간편하고 우리가 가진 능력으로 지금도 가능한 방법은 기계를 보내는 것이다. 이 기계는 장거리 성간 여행을 견디도록 설계될 것이다. 이 기계 장치가 새로운 별에 도착하면, 그 별에 착륙하여 채굴을 하고 더 많은 기계를 제작하는 것이다. 그리고 새로 제작된 기계들이 더 많은 별들을 향해 떠난다. 이 기계들이 화학적 고분자가 아닌 전자소자 기반의 새로운 생명 형태가 될 것이며, 궁극적으로는 DNA 기반의 생명을 대체할 것이다. 마치 DNA가 원시 형태의 생명체를 대체했던 것처럼.[63]

---

61 김형철/김윤태 엮음, 『신동엽 산문집』(창비, 2019), 98.
62 스티븐 호킹, 『빅퀘스천에 대한 간결한 대답』, 123.
63 위의 책, 123, 125.

그러니까 호킹의 말은 미래에 지구를 탈출하여 다른 행성으로 이주할 생명체는 우리들 'DNA 기반의 생명' 인간이 아니라 전자소자 기반의 생명 형태라는 것이다. 앞에서 호킹은 현생 인류가 지구를 탈출하여 다른 행성으로 이주해야 한다고 했다. 그는 그러니까 앞에서 신동엽 시인이 말한 인간의 동물로서의 숙명 지워진 한계를 말하고 있는 것이다. 그러나 앞의 인용문은 호킹이 과학이라는 대상에 대하여 도취된 상태를 우리는 볼 수가 있다. 그는 하나의 직업인으로서 말하고 있다.

　　기독교에서 '하나님'이라고 하는 것의 근거는 창조의 논리 법칙이 단 하나이기 때문에 하나님이라고 하는 것은 아닐까? 그 논리 법칙이 지구 생태계의 먹이사슬의 법칙이다. 창조주는 번식력이 강한 존재, 이 세계에 가장 필요하고 따라서 이 세계 그 자체인 것을 먼저 창조한 것이다. 그것이 천지, 하늘과 땅이다. 자연의 존재는 모두 땅으로 돌아간다. 땅은 탄생과 죽음이 있는 곳이다. 죽으면 모든 존재는 썩어서 흙을 기름지게 한다. 그것이 미생물이다. 이 미생물을 먹고 식물이 자라고 식물을 먹는 초식동물이 있고, 초식동물을 먹는 육식동물이 있고, 육식동물과 모든 것을 먹는 잡식동물, 인간이 있다. 인간으로 오면서 그 번식력이 약하다. 인간은 생물적인 번식력이 제일 약하다. 그러나 인간은 문화적, 문명적 활동을 통하여 번식력이 제일 강한 존재로 되어버렸다. 번식력을 축으로 한 창조의 논리가 인간을 창조하여 전복된 것이다. 모든 것을 먹는 존재인 인간 창조에서 먹이사슬은 완성되었으나, 인간은 문화 문명을 만들어 내고 있다. 인간이 만들어 낸 문화 문명이 인간을 먹이로 하고 있다. 그런데 문화 문명을 먹는 존재는 없다.

문화 문명은 생물이 아니기 때문이다. 이렇게 하여 전체 먹이사슬이 완성되었다. 이것이 의미하는 것은 도대체 무엇일까? 지구는 자신 안에 정신적인 존재, 인간을 남겨 놓은 상태로 종말을 맞이할까? 아마도 종말 이전에 인간을 모두 제거하지 않을까? 창세기 1장에 지구 생태계 먹이사슬에서 인간은 마지막으로 창조되었다. 인간은 마지막 포식자인 것이다. 인간은 이 위치를 지켜야 한다. 인간이 다른 존재의 먹이가 되는 일은 가능하고, 기계문명은 이미 인간을 먹고 있는 것이다.

혹자는 창조주를 중심으로 하여 모든 피조물은 동심원에 존재한 다고 할 것이다. 그러나 그렇지 않다. 창조주는 창조하는 그 자체인 것을 먼저 창조하고 그에 붙여질 것들을 필요의 순서대로 창조한 것이다. 그것이 지구 생태계이다. 지구 생태계의 위기란 다른 것이 아니라 생태계의 해체를 의미한다. 창조는 조립 배열이다. 따라서 해체하는 경우에 그 역순으로 될 것이다. 그렇다면 해체의 첫 번째 대상은 바로 우리 인간이다.

그러니까 인간의 개체수가 적정선으로 줄어들면 지구는 자신을 회복하게 될 것이다. 따라서 인류가 다른 행성으로 이주해야 하는 일은 일어나지 않게 될 것이다.

10. 창조와 진화는 왜 동일한 것인가?

성경의 창세기에 제시된 신의 창조와 자연의 진화는 왜 동일한 것이어야 하는가? 이 문제를 다루는 일은 좀 어렵다. 우리가 경험하 는 일은 우리 인간이 무엇인가를 만들기 위해서는 반드시 방법이 먼저 있다고 하는 사실이다. 즉, '어떻게?'의 문제라는 것이다. 왜 이렇게 되어 있을까? 이 문제를 두고 신을 개입시키면 복잡해진다. 그러므로 곧바로 신이 창조한 우주를 생각해 보자. 좀 막막하게 들리겠지만 우리 인간은 우주 안에 있고 우리를 낳은 우주가 '어떻게'에 의하여 나타났기 때문에 인간은 우주의 그러한 것을 그대로 할 수밖에 없다는 것이다. '어떻게'는 논리를 말하는데, 논리는 '어떻게'에는 앞서지만, '무엇'에는 앞서지 않는다. 어떻게 무엇을 한다. 그러니까 어떻게 하고 보면 무엇이 되는 것이다.

신이라고 할지라도 이러한 논리를 피해 갈 수는 없다. 논리는 이 세계의 전제인 것이다. 이렇게 말하면 존 폴킹혼 같은 이는 강렬하게 부정하겠지만 이것은 사실이다. 그는 자신의『쿼크 카오스 기독교』에서 전지전능한 신은 지금과 같은 우주가 아닌 다른 우주를 얼마든지 창조할 수가 있다고 한다. 그것도 자신의 원하는 방식으로 그렇다고 한다. 이렇게 말하기에 앞서 그는 다음과 같이 말한다.

> 기독교인들이 창조를 생각하는 방식에는 네 가지 중요한 결과가 뒤따르는데, 그것은 유대교나 이슬람교의 경우에도 마찬가지다. 그 이유는 창조주가 합리적이고 일관된 분이기 때문이다.[64]

인용문에서 합리적이고 일관된다는 표현은 신의 창조논리를 말하고 있는 것이다. 존 폴킹혼이 신은 지금과 같은 우주가 아닌 다른 우주를 자유롭게 만들 수 있다고 하는 배경에는 신이 전지전능

---

64 존 폴킹혼/우종학 옮김,『쿼크 카오스 기독교』(SFC, 2009), 40.

하다는 관념이 있다.

그런데 그 전지전능이라는 것도 논리 안에서의 일이지 논리의 밖에서는 그저 우연이거나 할 뿐이다. 왜냐하면 전지전능이란 자신의 할 수 없는 것도 할 수 있어야 하고 자신이 알 수 없는 것도 알 수 있어야 하기 때문이다. 그것은 모순이다. 그러니까 전지전능한 신에게 자신의 들 수 없는 무거운 것을 만들게 해 보자. 그것을 만들면 들지 못하니 전능이 아니게 되는 것이다. 들 수 없는 것을 만드는 것부터가 모순이다.

그는 '창조주가 합리적이고 일관된 분'이라고 하고 있다. 그렇다. 신은 절대로 모순적인 존재가 아닐 것이다. 그런데 만약에 신이 모순의 존재라면 이 세계를 모순되게 창조할 것이라고 우리는 생각하기가 쉽다. 그러한 생각은 에러이다. 신이 모순된 존재라면 절대로 어떤 세계도 창조할 수가 없다. 모순에 의해서는 창조되지 않기 때문이다. 모순된 신은 존재할 필요가 없다. 오로지 논리적이고 합리적인 세계만이 창조가 가능하다. 왜? 이 세계의 전제가 논리이기 때문이다. 모순은 작동하지 않는다. 적어도 인간의 어떤 일이 아니고 물리적인 세계라면 그렇다. 우리가 보고 있는 질서 그 뒤에는 논리가 있고, 논리에 의한 질서가 지속적으로 작동하고 기능하고 있는 세계가 바로 우리가 겪고 있는 세계인 것이다.

신이 지금과 같은 우주가 아닌 다른 우주를 자유롭게 만들 수 없는 이유는 신은 존 폴킹혼의 말대로 합리적이고 일관된 존재이기 때문이다. 합리적이고 일관된 것이 바로 논리이다. 비트겐슈타인에 의하면 논리는 과정과 결과가 동일하다. 그렇기 때문에 뜻밖의 일은 일어나지 않는다. 세계의 전제인 논리가 단 한 가지이기 때문이다. 이해될지 모르겠지만, 즉 2+2는 4이지 3이거나 5이거나 하는 다른 결과로는 되지 않는다. 2+2라는 과정에 이미 4라는 결과가 전제되어 있는 것이다. 2+2=4가 된다는 것은 필연성과 가능성을 동시에 가지고 있다. 비논리적으로는 아무것도 되지 않는다. 우리가 겪고 있는 이 세계는 이렇게 가능성의 공간이다. 이 세계는 가능성의 총체라는 말이다. 때문에 필연적으로 인간의 그 가능성의 행위로서 문명이 진화가 있게 되는 것이다.

존 폴킹혼이 말하고 있는 신이 인간에게 얼마만큼의 자유를, 자유의지를 허락했는가의 문제가 아니다. 신이 이 세계를 논리적으로 창조했기 때문에 당연하게 인간에게 논리 안에서 무한한 가능성과 자유가 주어진 것이다. 이렇게 신의 전지전능 또한 논리 안의 것이라는 말이다. 그는 다음과 같이 말한다.

> 세계가 안고 있는 고난들은 우리로 하여금 차라리 자유를 덜 갖는 한이 있더라도, 고통이 없는 것이 낫지 않을까 하는 생각을 부추기기도 한다. 그러나 우리는 정말로 우리가 자동로봇이 되는 것이 낫다고 생각하는가? 윤리적 악의 문제와 관련하여 유명한 자유의지 변증론이 있는데, 그에 의하면 완전히 자동 프로그램화된 기계들의 세계보다는 죄를 지을 가능성이 산재하는 세계가 훨씬 낫다고 한다.[65]

존 폴킹혼은 신의 전지전능에 도취된 상태인 것 같아 보인다. 왜냐하면 그가 이렇게 말하기에 앞서 다음과 같이 다중우주를 부정

---

65 존 폴킹혼, 『과학시대의 신론』, 15.

하는 말을 하고 있기 때문이다.

독립된 다수의 우주들을 주장하는 양자 이론은 성공할 수 없을 것이다(혹 누군가가 그것이 성공할 것이라고 믿고 있다 해도, 필자로서는 믿기 어렵다). 왜냐하면 그 이론이 제안하는 평행우주들 속에서 양자 사건들은 다른 특정의 결과들을 산출하겠지만, 자연의 기본법칙들은 그 세계들 모두에 공통일 것이며, 따라서 결국 하나의 세계일 것이기 때문이다.[66]

진화이건 창조이건 간에 거기에 적용된 방법이나 논리가 일관되어 있지 않다면 질서 있는 세계는 아닐 것이고, 따라서 처음부터 불가능하게 되어 있다. 무조건하고 세계가 나타난다면 질서 있는, 논리에 따르는 세계이다. 그렇다면 서로 독립된 다수의 우주가 존재할 리는 없어 보인다. 폴킹혼의 이런 말은 그가 자신도 모르게 신의 논리적인 창조를 믿고 있다는 것을 말해주고 있다. 그렇다면 논리적인 이 세계에 논리적인 존재 인간이 없다면 이상한 것이고, 인간이 있다면 그 인간은 논리적인 제한을 받을 뿐, 어떤 존재의 제한도 받지 않아야 한다. 말하자면 신이 인간에게 자유의지를 허락하는 것을 넘어서 신은 인간에게 종속된다. 그렇게 된 이유는 신이 인간을 창조할 당시의 상황으로 들어가 보면 알 수가 있다.

하나님이 이르시되 우리의 형상을 따라 우리의 모양대로 우리가 사람을 만들고(창 1:26).

---

66 위의 책, 8.

창세기 1장의 26절을 논리적으로 분석해 보면, 신이 인간을 만들 때 '우리의 형상을 따라 우리의 모양대로'의 의미는 자신을 대상으로 하여 자신보다 더 좋게 더 낫게 인간을 창조한다는 의미다. 마치 586컴퓨터를 만들 때 그 아래 버전인 486을 모델로 하여 만드는 것과 조금도 다를 것이 없다. 486의 형상을 따라 486의 모양대로 586을 창조하게 되면 586이 486보다 훨씬 더 좋은 것이 되는 것이다. 같은 이치로 인간이 신보다 더 나은 좋은 존재가 된 것이다. 이제 신이 인간에게 종속된다.

기독교가 자신의 유일신을 하나님이라고 부르는 근거는 무엇인가? 앞에서 이미 말했듯이 창세기 1장에서 신이 이 세계를 창조한 그 논리가 단 한 가지이기 때문이다. 때문에 하나님이라고 하는 것이다. 반복하지만 존 폴킹혼이 『과학시대의 신론』에서 다중우주론을 부정하는 이유는 신의 논리적인 창조를 생각하기 때문이다.

다른 우주들의 존재를 가정할 수 있는 여러 방식이 있고, 또 그 다른 우주들은 제 나름대로의 자연법칙들을 갖고 있을 수 있다. 하지만 보다 설득력 있는 설명을 구하고자 한다면, 우연의 장난으로 출현한 많은 독립된 우주가 있다는 임기응변식의 가정보다는, 과학지식에 근거하여 생각하여야 할 것이다. 독립된 다수의 우주들을 주장하는 양자 이론은 성공할 수 없을 것이다. 왜냐하면 그 이론이 제안하는 평행우주들 속에서 양자 사건들은 다른 특정한 결과들을 산출하겠지만, 자연의 기본법칙들은 그 세계들 모두에 공통일 것이며, 따라서 결국 하나의 세계일 것이기 때문이다.[67]

---

67 위의 책, 8.

이러한 말은 이 세계가 논리에 의한 것이며 신이 이 세계를 논리적으로 창조했다는 생각이 없다면 할 수 있는 말이 아니다. 단 한 가지의 논리에 의하여 신이 우주를 창조했기 때문에 이 우주 외의 다른 우주가 존재한다고 해도 결국에는 이 우주와 조금도 다르지 않은 우주일 것이 명백하다. 그것은 다중우주가 아니다. 『과학시대의 신론』에는 '자연의 법칙'이라는 말이 많이 등장하는데 이 또한 논리적인 세계를 전제하는 표현이라고 보아야 한다. 법칙이란 말 그대로 법칙이다. 필연적이고 동시에 보편적인 것이다.

비트겐슈타인의 『논리철학논고』가 은밀히 강조하는 것은 이 세계는 신의 전지전능이 아니라 논리가 전제된 세계라는 것이다. 이 세계는 질서가 작동하고 있는 세계이고 질서 그 뒤에는 논리가 있다. 논리가 전제된 세계가 아니라면 논리적인 존재인 인간이 필요하지 않을 것이다. 이 세계의 전제가 논리라고 하는 그 증거가 바로 우리 인간이다. 인간이 논리에 의하여 달에 착륙할 수가 있기 때문에 논리에 의한 가능성의 공간으로서 이 세계가 나타난 것이다. 인간이 달에 착륙할 수가 없다면 그런 세계는 모순적이고 불가능의 세계이기 때문에 나타나지 않게 되어 있다는 것이다. 이런 사정을 말하는 것이 요한복음에 있다.

¹태초에 말씀이 계시니라 이 말씀이 하나님과 함께 계셨으니 이 말씀은 곧 하나님이시니라 ²그가 태초에 하나님과 함께 계셨고 ³만물이 그로 말미암아 지은 바 되었으니 지은 것이 하나도 그가 없이는 된 것이 없느니라 (요 1:1-3).

여기서 태초란 말씀/명제 이전을 말한다. 말씀은 창세기 1장에서 보는 바, 논리적인 과학적 명제들이다. 말씀 이전에는 세계가 없었다. 말씀이 있고 나서야 세계가 있게 되었다. 비트겐슈타인에 의하면,

> 논리는 어떻게에는 앞서나, 무엇이에는 앞서지 않는다.[68] 그리고 이것이 만일 사실이 아니라면, 우리는 어떻게 논리를 적용할 수 있을까? 우리는 이렇게 말할 수 있을 것이다. 만일 세계가 존재하지 않을 경우에도 논리가 존재한다고 한다면, 세계가 존재하는 경우에는 어떻게 해서 논리가 존재할 수 있을까?[69]

요한복음에서 지은 것이 하나도 그가 없이는 된 것이 없다는 것은, 즉 논리가 없이는 비논리적으로는 창조된 것이 없다는 것이다. 말씀은 명제이고 명제는 논리 형식을 하고 있다. 태초에 말씀이 있었다. 태초란 말씀 이전의 세계이다. 세계 이전에 말씀/논리가 있었다. 논리는 과정과 결과가 동일하고 일관되어 있는 것이다. 그렇다면 창조주가 이 세계를 창조한 그 논리가 단 하나이기 때문에 하나님이라고 하는 것이다. 논리가 하나인 이유는 논리에서 과정과 결과가 동일하기 때문이다. 과정과 결과가 동일하다는 것은 필연적이고 동시에 가능한 단 하나의 길이다. 신은 모순적인 것만 제외한다면 모든 것을 창조할 수가 있는 것이다. 인간도 마찬가지로 비논리적인 것, 모순적인 것을 제외하고는 모든 것을 창조할 수가 있는 존재이다. 그러나 우리 인간에게는 비논리적으로 해야 하는 것들이

---

68 논고, 5.552.
69 논고, 5.5521.

있다. 그것은 바로 우리가 추구하고 바라는 모든 것이다. 사랑과 행복, 평화 이런 희망은 우리가 비논리적으로 실천할 때 가능하다. 그러나 우리는 여전히 논리적으로 사랑하고 행복해한다. 그것은 위장된 사랑이고 행복이다. 그러니까 신이 논리적으로 창조한 이 세계 안에서 비논리적으로 살아야 하는 인간을 둔 것은 자신의 거처를 비논리적인 곳에 마련하고 싶기 때문일 것이다. 비트겐슈타인의 『논리철학논고』는 이런 인간의 비참을 은밀히 말한 저술이다.

11. 우주의 미세조정에 대하여

가능한 단 하나의 우주와 세계

인류가 살고 있는 이 물리적인 세계를 두고 신이 창조했다는 근거로 아직까지 생명력을 가지고 있는 것이 '우주의 미세조정'이다. 물리학계에서는 이에 대한 확실한 판단을 내리고 있지 못하는 것으로 보인다. 일부 물리학자들도 우주의 미세조정을 들어 이 세계를 신의 창조물이라고 생각하고 있다. 지적설계를 말하는 종교에서는 이 미세조정을 하나님만이 할 수 있는 '창조'라고 주장하고 있다. 우주의 미세조정에 대하여 리처드 도킨스는 이렇게 말하고 있다.

비록 덜 드러나기는 하지만 물리학에서도 이런 자만심을 닮은 개념이 하나 있다. 잠깐 언급하고 지나가기로 하자. 그것은 물리학의 법칙들 자체가, 혹은 우주의 근본상수들이 인류를 탄생시키는 쪽으로 미세하게 조종되었다는 '인본주의적' 개념을 말한다. 그것은 반드시 허영심을 토대로 한다고 볼 필요는 없다. 그 개념이 반드시 우주가 우리를 존재하도록 하기 위해서 만들어졌다는 의미일 필요는 없다. 그것은 우리가 여기에 있으며, 우리를 탄생시킬 능력이 없는 우주에서는 우리가 있을 수 없다는 의미만 지니면 된다. 말해둘 것이 몇 가지 더 있다. 우리를 만들 수 있는 물리 법칙들과 상수들이 있어야만 우리가 존재한다는 진부한 사실을 받아들인다고 해도, 그런 강력한 기본 원칙들이 존재한다는 것 자체가 도저히 있을 법하지 않게 보일 수가 있다.[70]

우주의 미세조정을 설명하는데 세 가지의 해석이 있다고 한다. 우선은 하나님인데 오늘날 과학적 탐구를 통하여 밝혀지고 있는 사실들은 하나님이 아니라 우주가 저 스스로 나타난 것이라고 말한다. 이 두 가지의 주장을 놓고 생각해 보면 하나님이 창조하는 경우, 창조하는 주체와 창조되는 대상이 따로 있어야 한다. 이것이 의미하는 것은 이원론二元論이다. 왜냐하면 여기서 창조의 대상이 곧 창조의 전제이기 때문이다. 즉, 하나님은 창조의 전제를 자신의 밖에 두고 있는 것이다. 이것은 자기원인이 아니다.

그와는 다르게 진화론의 주장대로 우주가 스스로 창조하는 경우는 창조하는 주체와 창조되는 대상이 동일하여 창조의 전제를 자신 안에 두고 있다. 이것은 자기원인이다. 진화론이 옳다는 것은 지금 우주 안의 모든 제 존재가 자신을 스스로 창조하고 있는 데서 그 증거를 볼 수가 있는 것이다. 우주가 스스로 창조되었으니, 우주 안의 존재들은 우주의 그러함을 따를 수밖에 없지 않겠는가? 그런데

---

70 리처드 도킨스/이한음 옮김, 『조상이야기』 (까치, 2005), 14.

자연自然이라고 하는 말의 의미는 저 스스로 그러함이다. 그러니까 자연이라는 말은 하나님에 의한 수동적인 창조를 배제하고 있다는 것, 자연은 저 스스로 창조한다는 것이다. 창조되는 대상과 창조하는 주체가 따로 있는 하나님의 창조는 자연이 스스로 창조하는 것에 비하여 아주 복잡하다는 것이다. 진리는 단순하기에 아름답다. 복잡한 방법에 의하여 우주가 나타날 확률은 아주 적다고 생각된다. 물리학자들이 생각하지 못하고 있는 것이 방금 말한 단순성과 복잡성의 차이이다.

다음으로는 미세조정이 우연이라고 하는 주장과 우연이 아니라 필연이라고 하는 주장이 있다. 우주의 어떤 상수가 1에 0이 23개가 붙는 정도의 미세조정은 그것이 우연이라고도 할 수 있고 필연이라고도 할 수가 있을 것이다. 그러나 내가 보기에는 그 우연인즉, 필연이고 필연인, 즉 우연이 아닐지 생각한다.

우연이라는 말도 의심스러운데, 물질 없이 정신이, 정신없이 물질이 나타날 수가 없기 때문이다. 정신은 물질이 아니면 깃들어 있을 곳이 없다. 그렇다면 무로부터의 창조 또한 헛소리일 것이다. 정신은 목적을 가지고 있고, 물질에 정신이 깃들어 있다면 우연은 아닐 것이다. 정신은 또한 필연적으로 논리를 지니고 있을 것이다. 논리에서 과정과 결과는 동일하다. 2+2는 4이지 3이나 5가 되지 않는다. 이것이 의미하는 것은 논리적인 가능성만이 있는 것이다. 비논리적인 불가능성은 없다. 그리고 그 가능성은 필연적이다. 2+2=4가 되는 것은 필연적이고 동시에 가능하다는 것이다.

인류가 겪고 있는 이 우주는 달리 말하자면, 가능성의 시공간이다. 그것은 논리적 시공간이다. 우리는 비논리적인 세계를 상상해 볼 수가 없는데, 왜냐하면 우리가 무엇을 할 수 있고, 하고 있다는 것이 그 증거이다. 오늘날 인류는 태양계의 밖으로 탐사선을 보내고 있다. 거기 어떤 행성을 식민지로 만들고 있다. 그 식민지에서 지구에는 없는 어떤 광물을 채굴하여 가져와 사용할 생각을 하고 있다. 이 모든 일이 논리적으로 진행된다. 이 우주는 이렇게 가능성의 총체이다. 우리는 이러한 사실에 의하여 우주의 미세조정이 어떤 것인지를 밝힐 수가 있다. 미리 말하자면 그렇게 미세 조정되는 것이 우주에 합리적이다. 다르게 말하자면 논리적이라는 것이다. 이러한 가능성의 세계에 대하여 다루고 있는 저술이 비트겐슈타인의 『논리철학논고』이다.

비트겐슈타인의 논고를 통하여 확실하게 할 수 있는 것이 아직도 미궁 속에 있는 '미세 조정된' 우주이다. 도킨스는 『만들어진 신』에서 이렇게 말하고 있다.

물리학자들은 물리 법칙들과 상수들이 아주 조금만 달랐더라도 우주는 아예 생명이 불가능한 곳으로 발달했을 것이라고 주장한다. 여기서 요점은 강력의 값이 주기율표에 따라 핵융합 연쇄가 얼마나 멀리까지 진행될지를 결정하는 핵심 요소라는 것이다. 강력이 너무 적으면, 즉 0.007이 아니라 0.006이면, 우주에는 수소밖에 없을 것이고 그 어떤 흥미로운 화학작용도 빚어질 수 없을 것이다. 강력이 0.008처럼 너무 크다면, 수소는 모두 융합되어 더 무거운 원소가 될 것이다. 수소 없는 화학작용은 우리가 아는 형태의 생명을 발생시킬 수가 없을 것이다. 그 한 가지 이유는 물이 없을 것이기 때문이다.[71]

여기까지 읽고 우리는 무엇을 생각할 수 있을까? 그것은 바로 '미세조정'은 다른 것이 아니라 우주가 나타나는 단 하나의 길(논리) 이라는 것이다. 논리는 단 하나의 방향을 가진다. 그 방향이 가능성이 다. 우연이자 필연인 미세 조정된 우주, 그것은 단 하나의 가능성에 의한 것이다. 그렇다면 다중우주는 의심스럽다. 그런 다중우주 말고 이런 다중우주를 생각해 볼 수가 있다. 논리는 자신을 자신 안에 가두고 있다. 따라서 끝에 이르러서는 다시 처음으로 돌아가 반복한 다. 이것이 자연의 순환이며 순환을 통하여 우주는 지속하고 있다. 행성들이 원을 그리며 도는 운동도 이러한 논리의 구조에 따르는 것으로 보아야 할 것이다. 우주가 팽창하고 있다면 끝에 가서는 다시 수축할 것이다. 수축했다가는 다시 팽창할 것이다. 이렇게 계속되면 각각의 여러 우주가 가능할 것이다. 도킨스는 이렇게 말하고 있다.

> 우리의 우주는 무한히 팽창하거나, 안정된 평형상태에 도달하거나, 팽창 이 역전되어 수축함으로써 이른바 '대붕괴'를 맞이할 운명이다. 일부 대붕 괴 모형들은 그다음에 우주가 다시 팽창하여 그런 식으로 200억 년을 주기로 무한히 반복된다.[72]

이러한 연속적인 다중우주는 가능할지 모르나 강력의 값이 0.005, 0.006, 0.008 등 제멋대로 되는 다중우주는 분명히 불가능하 다는 것이다. 달리 말하자면 그러한 비논리적인 세계는 불가능하다.

---

71 리처드 도킨스/이한음 옮김, 『만들어진 신』(김영사, 2007), 222-223.
72 위의 책, 226.

미세 조종된 우주란 바로 논리적인 우주라는 것이다. 우주는 합리적으로 되어 있고 그 합리성이 곧 질서가 작동하는 것이다. 불완전하고 비논리적인 질서가 없는 그런 우주는 불가능한 우주인데, 바로 그래서 처음부터 나타나지 않는다는 것이다. 왜 이 우주는 가능성의 총체로써 논리공간이기 때문이다. 따라서 그러한 불완전하고 질서가 없는 것은, 즉 논리가 없다는 것이고 그렇다면 그런 세계가 나타나는 것은 불가능하다는 것이다. 불완전하고 비논리적이며 무질서한 우주는 처음부터 나타나지 않게 되어 있다. 나타난다면 창세기 1장에서 신이 언어를 통하여 창조한 말이 되는 세계, 논리적인 질서가 있는 세계이다. 신이 전지전능하여 다른 세계를 창조할 수 있다고 하자. 확실한 것은 그 다른 곳도 말이 되는 세계, 질서가 있는 세계, 논리적인 세계일 것이다. 창세기 1장에서 신은 말이 되는 말을 한 것이다. 그러한 의미는 곧 논리가 이 세계의 전제이며 이 우주가 가능성의 총체로서 논리공간이라는 것이다. 그렇다면 강력의 값이 제멋대로인 불완전한 다중우주는 불가능하다. 우리 자신이 존재하는 현실 세계는 무한히 많은 가능세계 중의 하나일 뿐이다. 우리의 세계는 모든 가능세계 중 최선의 것이다. 그리고 이것이 바로 신이 다른 가능세계가 아닌 이 세계를 존재하도록 만든 이유이다. 도킨스는 이렇게 말하고 있다.

아마 노벨상 수상자인 스티븐 와인버그 같은 이론물리학자들은 현재 우리가 독립적인 것으로 다루는 우주의 근본 상수들이 언젠가는 어떤 대통합이론을 통해서 우리가 현재 상상하는 것보다 훨씬 더 적은 자유도를 지니고 있음이 밝혀질 것이라고 주장할지도 모르겠다. 우주가 존재하는 방법은 단 한 가지일지도 모른다. 그러면 우주의 인간 중심적인 모습도 우연의 일치로 여겨지지는 않을 것이다.[73]

무한히 많은 가능세계와 최선의 것은 서로 등지고 있는 표현이다. 최선의 것이란 단 하나의 것이며, 따라서 이는 무한히 많은 것에 대한 부정을 내포한다고 보아야 한다. 그러니까 무한이 많은 가능세계 중에 현실이 되는 가능성은 단 하나라는 것이다. 최선의 것 외 다른 많은 것은 없다. 무한히 많은 가능세계, 즉 가능성은 있다. 그러나 그 가능성이 모두 현실이 되는 것은 아니다. 최선의 것, 단 하나의 것이다. 단 하나의 것만이 현실이 된다. 비논리적인 가능성도 있긴 하다. 그러나 가능성일 뿐 현실이 되지는 않는다. 비논리적이기 때문이다. 이렇게 하여 우리는 우주의 미세조정이 어떤 것인지를 알게 되었다. 우주의 미세조정은 우주의 질서를 가능하게 한 것이고 그것은 논리적이고 합리적이다. 비트겐슈타인은 이렇게 말했다.

논리는 어떻게에는 앞서나, 무엇이에는 앞서지 않는다.[74] 그리고 만일 이것이 사실이 아니라면, 우리는 어떻게 논리를 적용할 수 있을까? 우리는 이렇게 말할 수 있을 것이다: 만일 세계가 존재하지 않을 경우에도 논리가 존재한다고 하면, 세계가 존재하는 경우에는 어떻게 해서 논리가 존재할 수 있을까?[75]

---

73 리처드 도킨스, 『조상이야기』, 15.
74 논고, 5.5522.
75 논고, 5.5521.

삼각형을 예로 들어 생각해 보면, 삼각형은 세계가 존재하지 않는 경우에도 존재할 것이다. 오히려 세계가 삼각형이 논리에 따르듯이 세계는 논리에 따라 존재하게 될 것이다. 왜냐하면 논리는 '어떻게'에는 앞서지만, '무엇이'에는 앞서지 않기 때문이다. 논리가 이 세계의 전제라는 말이다. 이 세계부터가 '어떻게'에는 앞서나 '무엇이'에는 앞서지 않는 논리의 결과이고, 그렇기 때문에 세계 안에서 인간은 무엇을 할 때 논리를 적용하여 가능하다는 것이다. 따라서 이 세계는 만일 세계가 존재하지 않을 때도 논리가 존재한다고 하면, 세계가 존재하는 경우에는 어떻게 해서 논리가 존재할 수 있는가? 그러니까 세계가 존재하는 경우 세계에 앞서 논리가 있다는 것이다.

> 논리는 세계를 가득 채우고 있다. 논리의 한계들은 또한 세계의 한계이기도 하다. 그러므로 우리는 논리학에서 이렇게 말할 수 없다. 즉, 이것과 이것은 세계 내에 존재하고, 저것은 존재하지 않는다고. 왜냐하면 외견상 그것은 우리가 어떤 가능성을 배제한다고 전제하게 될 터인데 이는 사실일 수 없기 때문이다. 왜냐하면 그렇지 않다면 논리는 세계의 한계들을 넘어가야만 할 테니까.[76]

논리가 세계의 한계들을 넘어가는 것은, 즉 어떤 다른 가능성을 배제하는 것이다. 그러나 그 가능성이 논리적이라면 배제되지 않고 현실로 될 것이다. 따라서 논리의 내에서는 이것은 세계 내에 존재하

---

76 논고, 5.61.

고 저것은 존재하지 않은 경우는 없다. 세계가 곧 논리적이기 때문에 그런 일을 일어나지 않는다는 것이다. 이 세계의 전제인 논리를 우리의 뜻대로 조작할 수가 없다. 그렇지 않다면 논리는 세계의 한계들을 넘어가야만 할 것이다. 그러한 것은 우리가 생각할 수가 없기 때문이다. 그러므로 우리가 생각할 수 없는 것을 우리는 말할 수도 없다는 것이다. 이렇게 하여 언어적 명제, 즉 말이 되는 말을 통하여 신이 이 세계를 창조할 수가 있었다. 신마저도 논리로부디 자유롭지 않다. 달리 말하자면 이 세계는 신의 의지로부터 독립적이다. 이것은 신이 언어, 즉 명제/논리를 통하여 창조한 이상에는 벗어날 수가 없다. "세계는 나의 의지로부터 독립적이다."[77] 논리가 전제인 이 세계에 논리적인 존재인 인간이 없다면 이치에 맞지 않은 것이다.

---

[77] 논고, 6.373.

제6장

:

기독교는 창세기를
바르게 이해할 수 있는가?

대상화의 문제

성경에 나오는 하나님은 자신의 몸을 드러내 보이지 않는다. 하나님은 정신만의 존재이며 하나님에게 몸이 없는 이유가 곧 인간이 하나님을 대상화하기 때문이다. 창세기에는 인간이 대상에 대하여 반응하는 대상화가 여러 번 나온다. 그중에 대표적인 것이 이브가 금단의 열매를 뱀과의 대화 끝에 따 먹은 사건이다. 창세기는 하나님이 자신의 몸을 움직여서 세계를 창조한 것이 아니라 언어를 통하여 창조했다고 기록하고 있다. 그런데 무엇을 창조한다면 몸을 움직여야 하는 것은 불가피한 일이다. 그러나 하나님은 정신만의 존재이고 따라서 언어를 통하여 세계를 창조했다고 하는 기록을 받아들이고 나면 몇 가지 문제와 만나게 된다. 이 문제로부터 단서가 주어진다. 하나님에게 몸이 없다는 사실이 신앙을 성립시킨다. 오히려 그것은 신앙의 근거이다. 하나님에게 몸이 있다면 사람들은 가만두지 않을 것이다.

그 문제란 이런 것들이다. 말하자면 몸을 움직이는 노동, 장인의 노동은 무엇인가 대상으로서의 물질이 주어졌을 때 가능하다. 그건 무로부터의 창조가 아니다. 아우구스티누스는 고백록 11권 5장 무에서의 창조에서 다음처럼 토로하고 있다.

> 주님께서는 어떻게 천지를 창조하셨는지요? … 기술공이 물체를 만들어 내는 그런 방법이 아닙니다. … 가령 돌과 나무와 흙과 황금 따위 이런 모든 사물에 형태를 부여할 수 있습니다. 그러나 이러한 사물들은 주께서 지으시지 않았다면 어떻게 존재할 수 있겠습니까?[1]

육체노동은 무엇인가 물질이 주어지고 나서야 가능하다. 그것은 무로부터의 창조는 아니다. 여기서 기술공, 장인의 창조는 사실적 실체를 창조하는 창조이다.

그와는 다르게 정신적인 존재로서 신의 언어에 의한 창조는 무로부터의 창조가 가능하다는 논리가 성립될 수가 있을 것이다. 여기서 앞에서 말한 기술공, 장인의 창조와는 다르게 언어에 의한 창조는 사실적 실체를 창조할 수는 없다. 그 논리란 다음과 같다.

질료는 아직 형상이 주어지지 않은 상태의 것으로 어떠한 기능도 결여되어 있다. 여기서 질료란 앞에서 아우구스티누스가 "그러나 이러한 사물들은 주께서 지으시지 않았다면 어떻게 존재할 수 있겠습니까" 하는 물음이 지시하는 것으로, 아직 형상을 부여받지 못한 질료이다. 돌과 나무와 황금 따위는 형태를 지닌, 어떤 기능을 하는 사물이다. 기능이 없으면 관계가 없다. 따라서 관계가 없는 것은 존재하지 않는 것이나 마찬가지이다. 이 질료들에 말씀, 즉 형상이 가해져서 형태를 가지게 되면서 기능이 시작된다고 보아 이를 무로부터의 창조로 볼 수 있다는 것이다. 실제로 하나님의 언어적 명령은 이 논리와 잘 부합한다.

"빛이 있으라 하니 빛이 있었고" 여기서 있으라는 명령은 질료인 물질에 빛이라는 형상을 부여하는 것으로 이해할 수가 있다. 앞의 빛은 언어/사물이고, 뒤의 빛은 사실로서의 빛이다. 질료에 빛이 있으라 하여 빛이라는 형상을 준 것이다. 그리하여 실재하는 사실로서의 빛이 창조된 것이다.

---

1 아우구스티누스/김희보 · 강경애 옮김, 『고백록』(동서문화사, 2010), 308.

모든 질료에 형상을 부여할 수 있다는 말은 언어를 통한 형상의 부여를 말할 것이다. 육체노동은 무로부터 창조가 불가능하다면 반대로 정신노동은 무로부터의 창조가 가능할 수도 있다는 논리가 이렇게 하여 가능하다. 그렇다면 아우구스티누스의 이 말은 정신을 통한 무로부터의 창조의 가능성을 열어 놓는다. 아우구스티누스의 고백을 더 들어보자.

> 주님은 천지를 저 하늘 속에나 땅 위에 창조하신 것이 아닙니다. 또 한 공기 속에나 물 속에 지으신 것도 아닙니다 ― 천지가 지어져 존재하기 전에는 온 세계가 지어질 만한 장소가 존재하지 않았습니다. 그러니 주께서, '있으라' 하심으로 지어졌으며, 주님은 만물을 말씀으로 창조하셨습니다.[2]

여기서 주님의 '있으라'는 일단 대상을 인식하는 것으로 이해될 수밖에는 없다. 무엇이 실제로 있다고 하더라도 인식되지 않으면 없는 것이다. 인식함으로써 관계 안에 들어오기 때문이다. 앞에서 말한 그 단서란 언어는 곧 인식이라는 것이다. 언어를 통한 창조는 사실로서의 실체들을 창조할 수가 없다. 창조의 처음에 빛이 창조되는데 이 빛은 물질로서의 빛이기 전에 인식의 빛이다. 먼저 빛이 창조될 수밖에 없다. 하나님이 창조의 과정에 처한 이러한 사정은 마치 공장에 출근한 노동자들이 일을 하기 전에 공장의 문을 먼저 열고 전원들을 올려서 등을 켜는 것과 다를 바가 없다. 등을 먼저

---

2 위의 책, 309.

켜야만 물건을 만들 자제들이 준비되어 있는지를, 사물들을 보고 인식할 수가 있는 것이다.

요한복음은 말씀을 하나님과 동일시하고 있다.

> [1]태초에 말씀이 계시니라 이 말씀이 하나님과 함께 계셨으니 이 말씀은 곧 하나님이시니라 [2]그가 태초에 하나님과 함께 계셨고 [3]만물이 그로 말미암아 지은 바 되었으니 지은 것이 하나도 그가 없이는 된 것이 없느니라 (요 1:1-3).

태초란 세계/말씀 이전을 말한다. 말씀은 곧 명제이고(창세기 1장은 자연과학의 명제들이다) 명제는 논리의 형식을 한 것이다. 태초에 말씀이 있었다는 것은 세계 이전에 논리가 있었다는 것이다. 지은 것이 모두 논리적이라는 것이다.

창세기 1장을 이해하는 서적들을 읽어보면 하나같이 하나님의 창조를 물질의 창조로 이해하고 있는데 이것은 중대한 오류이다. 창조의 과정에서 하나님은 하나의 기능을 창조하고 나서야 그 단계의 창조가 완성되었다고 기록하고 있다.

"하나님이 빛과 어둠을 나누사 빛을 낮이라 부르시고 어둠을 밤이라 부르시니라"(창 1:3). 여기서 낮은 빛이 활동하는, 기능하는 시간이고 밤은 어둠이 기능하는 시간이다. 이렇게 하나의 기능이 작동하고 나서야, 저녁이 되고 아침이 되니 이는 첫째 날이니라. ― 이렇게 하나의 과정이 완성되는 것이다.

창세기는 전적으로 인식론에 의해 논리적으로 환하게 밝혀질 수 있는 문헌이다. 나는 창세기를 이해한 수많은 서적을 읽어보았으나 인식론에 의하여 논리적으로 접근하는 저작을 읽을 수가 없었다. 창세기 1장은 바르게 이해하고 나면 하나님이 사실적인 이 세계를 실제로 창조했다는 이해는 불가능하다. 창세기를 바르게 이해하기 위해서 우리는 하나님이 자기 몸을 움직여서 세계를 창조한 것이 아니라 언어를 통하여 창조했다고 하는 기록을 받아들여야 하는 것이지 이 세계를 실제로 창조했다고 믿으라는 것이 아니다. 창세기의 기록이 하나님이 몸을 움직이는 노동을 통하여 창조했다고 한다면 우리는 하나님이 이 세계를 실제로 창조했다고 믿을 만한 근거를 가지고 있는 것이 된다. 그러나 하나님이 언어를 통하여 창조했다고 하는 이상, 어디까지나 인식론에 의한 이해를 요구하는 것이다. 하나님은 정신만의 존재이기에 몸으로 창조를 수행할 수가 없다. 내가 생각하기에 하나님 형상대로 인간을 창조했다고 하는 것의 의미는 모든 피조물 중에 오로지 인간만이 대상을 인식하는 존재라는 사실, 인간이 인식의 주체이며 논리적인 존재라는 사실로부터 이해되어야 한다.

그런데 지금까지 말한 것은 하나님의 존재를 입증할 가능성을 열어준다. 하나님은 언어를 통하여 이 세계를 창조했다는 것은 하나님이 정신적인 존재라는 것과 잘 어울린다. 때문에 하나님은 사실로서는 존재하지 않을 수가 있으나, 실재로서는 얼마든지 존재할 수가 있는 것이다. 요컨대 하나님이 존재 하느냐 그렇지 않느냐의 문제는 인간 인식의 문제인 것이다. 따라서 우리는 하나님의 존재함을 완전히 부인할 수가 없다.

그러므로 하나님이 이 세계를 실제로 창조했음을 사실로 믿는 것이 기독교라면 기독교는 창세기를 바르게 이해할 수가 없을 것이다. 하나님의 창조를 대상화할 수가 없기 때문이다. 그러므로 기독교가 창세기를 바르게 이해하는 것은 대상화의 문제이다. 신을 믿기보다는 대상화하라는 것이다. 하나님을 맹목으로 믿기만 하는 것은 기독교가 아니라 미신이며 어떻게 믿느냐의 문제이다. 하나님을 어떻게 믿을 때 우리는 하나님을 바르게 모실 수가 있다. 지금까지의 신학은 신을 대상화하는 신학이 아니라 신을 믿어버리는 신앙이다. 그러나 신학은 신을 대상으로 두고 보아야 한다. 이 대상화 문제에 대하여 폴 틸리히는 다음과 같이 말하고 있다.

> 신학은 항상 하나님에 대해서 말할 때 주객 구조를 선행하여 있는 것을 대상으로 만들고 있다는 것을 기억해야만 하며, 따라서 하나님에 대해서 말할 때는 하나님을 대상으로 만들 수 없다는 사실을 인정하지 않으면 안 된다.[3]

생각해 보면 대상화는 인간의 인식의 발전과 맥을 같이하는 철학사에서 그 골격을 볼 수가 있다. 데카르트의 코지토부터가 대상화인 것이다. 그가 자신의 존재 근거를 신의 창조에 두는 것이 아니라 자신의 생각함에 두는 것은, 즉 인간을 주체로 내세우는 것에 다름 아니리라. 그것은 신으로부터 인간을 독립시키는 보편적인 주체성이다.

인간은 사물 이상이며 단순한 대상이 아니다. 인간은 자아이며, 따라서

---

3 폴 틸리히/유장환 옮김, 『조직신학』 (한들출판사, 2001), 29.

주관성의 담지자이다. 자아가 사물로 변형되고 있는 사회의 제도들과 형이상학적인 이론들은 진리와 정의와 모순되는 것이다. 왜냐하면 이들은 존재의 기본적인 구조인 자아-세계의 대극성과 모순되기 때문이다.[4]

인간은 단순한 대상이 아닌 것이 아니라 모든 세계가 인간에게는 대상으로 주어져 있다. 하나님의 창조를 주장하기 위해서 우리는 이 사실을 현실로 인정해야 한다. 데카르트의 코지토는 인간에게 모든 세계가 대상으로 주어져 있기에 설득력을 가지고 있는 것이다. 코지토는 인간 존재의 경이를 불러일으킨 사건이었다. 철학자들이 대부분 철학은 세계와 우리 자신에 대한 경이로부터 생겨난다고 한 말에는 이러한 배경이 있는 것이다. 데카르트의 철학은 또 신학으로부터 철학의 독립을, 신학과 철학의 분기점이기도 한 것이다. 이제 신의 자리를 차지한 것은 인간이다. 신학은 인간학이다. 창세기는 곧 우리들 자신, 인간의 이야기라는 것이다. 데카르트의 코지토를 인간 존재의 근거론이 아니라 방법론으로 읽을 때, 우리는 철학의 경이를 경험할 수가 있다. 나는 생각한다고 할 때 우선 무엇보다 자기 자신에 대하여 자신을 생각한다는 것이겠다. 마찬가지로 신에 대하여 믿는다기보다는 우선 신에 대하여 생각한다는 것이다. 그가 의심할 만한 것이 없을 때까지 의심해 보아야 한다고 할 때 그 의심의 대상에는 신도 포함되었을 것이다.

창세기의 기록에 의하면 인간은 열매를 따 먹고 눈이 밝아진 존재이다. 금단의 열매는 인식의 열매이고 그 나무는 인식의 나무이

---

4 위의 책, 30.

다. 눈이 밝아진다는 표현은 대상화의 능력을 의미한다. 인간은 자신을 포함하여 모든 것을 대상으로 한다. 하나님이 창조하신 이 세계, 자연은 대상을 가지지 않는다. 자연은 인간의 대상이다. 인간의 인식은 자연에 영향을 행사한다. 인간의 의지는 인식의 변화에 따라 달라진다. 따라서 인간의 인식의 변화에 따라 이 세계는 변화하게 되어 있다. 창세기는 인간이 성적인 존재임을 말한다. 창세기는 또 인간이 노동을 해야 하는 존재임을 말한다. 전자에 대해서는 조금이나마 말해지고 있지만 후자에 대해서는 조금도 말해지지 않고 있다.

기독교에서 '타락' '원죄'로 가르치고 있는 것, "눈이 밝아져서 자신들이 벗을 줄을 알고 무화과 나뭇잎을 엮어 앞을 가리웠다"라는 표현은 성이 인간의 자기의식의 동기임을 말하는 것이다. 실제로 어린이들은 성숙하는 성으로부터 의식을 지니기 시작한다. 창세기는 한 인간이 자연 속에 나타나서 그 자연을 가공하는 노동을 통하여 인식을 얻고, 그 인식이 발전 변화함에 따라 변화하는 세계를 보여준다. 인간의 창조주에 대한 배신은 인식의 발전변화에 따르는 필연적인 결과이다. 하나님이 이 세계를 창조했다고 하더라도 그 피조물 중에 창조주를 창조주로 인식하는 존재가 없다면 하나님은 존재하지 않는 것이다.

창조주는 피조물에 의하여 인식되지 않는다면 부정되지도 않을 것이다. 그러나 그건 창조라고 할 수가 없다. 창조주는 피조물에 의하여 부정됨으로써 창조주임이 드러난다. 피조물인 인간은 창조주로부터 완전히 독립해야만 자신을 스스로 창조하게 되는 것이다. 그렇지 않고 피조물이 창조주에 종속되어 있어 모든 과정을 창조주가 지시한다면 창조가 아닐 것이다. 따라서 피조물 중에 대상을 인식하는 존재, 인간이 하나님의 창조를 부인하는 것은 도리어 하나님의 인간 창조를 증명하는 것이며 동시에 완성하는 것이다. 창조주는 자신을 드러내기 위하여 자신을 인식하는 인간을 창조했다. 인간이 없다면 창조주는 존재하지 않는다.

인간이 신을 인정함으로써 깨달을 수 있는 진리들이 있다. 성서는 이 진리들을 제시하고 인간을 구원할 수 있는 구체적일 길을 제시한다. 우리 인간이 신을 부정하는 그만큼 신은 존재하게 되는 것이다. 신을 부정하는 어떠한 행위도 그 이면에는 신에 대한 인식이 있는 것이다. 신을 부정하는 일은 즉 신을 인식하는 일이며 인식하는 일은 인정하는 일이다. 다만 인식하는 것과 믿는 것과의 관계가 있을 뿐이다.

창세기를 바르게 읽고 나면 밝혀지는 진리들이 있다.

1) 하나님은 오늘날 우리가 떠받들고 있는 사제들을 창조하지 않았다. 하나님이 창조한 인간은 자신의 피조물인 자연과 세계를 보살피고 가꾸고 유지할 존재, 곧 노동하는 보편타당한 인간이다. 자본주의 사회에서 노동계급이야말로 진정한 의미의 기독교, 하나님의 사제이다.

2) 인간이 하나님의 형상대로 창조되었다는 것은 인간의 피조물에 대한 의무를 의미하는 것이지, 피조물 위에 군림하는 특권적인 존재임을 의미하지 않는다. 모든 기독교 문서는 하나같이 하나님 형상의 인간을 특권적인 존재로 이해하고 있는데, 이것이야말로 반기독교적이며 하나님의 창조에 반하는 것이다.

3) 창세기가 인간에 대한 것이라면 하나님의 창조는 인간의 노동이다. 하나님의 창조는 노동이다. 인간의 노동은 창조이다.
4) 창조의 원리에 있어서 창세기에 제시된 원리 외의 다른 원리는 없다. 따라서 창세기에 제시된 창조의 법칙과 원리는 보편적인 단 하나의 것이다. 하나님이라고 하여 이러한 사정은 달라지지 않는다.
   여기서 법칙이라는 표현은 그리될 수밖에 없는 것으로 논리적이고 합리적인 단 하나의 것, 예외가 없는 것이다. 이를 하나님이라한다.
5) 창세기 1장은 실제 자연의 진화와 동일하다.

우리는 다음 장에서부터 창세기에 기록된 하나님 창조의 원리를 탐색할 것이다.

제 7 장

창조의 원리와 성(性)

1. 창조의 법칙으로서의 성性/음과 양

일찍이 신은 만물을 창조할 수 있지만 논리적 법칙에 어긋나는 것만은 창조할 수 없다고 말한 사람이 있다. 비논리적인 세계에 대해서는 그것이 어떠한지를 말할 수 없기 때문이다.[1]

태초에 카오스가 있었고, 그다음엔 가이아 그다음엔 에로스가 있었다.[2]

카오스로부터 갈라져 나온 각각의 것들이 가이아이고, 이제 각각의 것들에 조화가 있어야 하는 것이다. 조화와 사랑의 신이 에로스이다. 성경의 창세기를 이해하는 데는 무엇보다 먼저 창조의 본질과 핵심이 무엇인가를 알아보는 것이 순서일 것이다. 그러나 창세기를 해석한 수많은 책 중에 "창조가 도대체 뭐냐?"를 따지는 것은 없다. 기독교는 하나님이 이 세상을 창조했다는 것은 의심할 것 없는 기정사실로 받아들이고 있기 때문일까? 그러나 하나님이라고 할지라도 무엇을 창조하는 데는 방법이나 법칙이 있다는 그 사실은, 하나님이 이 세상을 창조했다고 하는 것보다 더 필연적인 진리이다.

우선 창조하기보다 더 어려운 것은 바로 그 창조 된 것을 그대로 유지하고 보존하는 일이다. 하나님에 의해 이 세상이 창조된 이상에는 이 세계를 유지 보존하는 일이야말로 창조하는 것이 된다. 여러분이 어떤 물건을 이용하기 위해 만들었다고 하자. 그러면 이제부터는 그 물건을 어떻게 관리하고, 고장이 나면 보수하여 유지하는가

---

1 논고, 3.031.
2 헤시오도스/김원익 옮김, 『신통기』 (민음사, 2003), 27-28.

하는 것이 문제가 된다. 나는 현재 조그만 기계를 제작하는 공장에서 일을 하고 있다. 기계를 사용하다가 고장이 나거나 어떤 사고로 인해서 심하게 부서지거나 하면 기계를 고치거나 다시 만들어야 하는데, 많이 부서지거나 고장 난 경우에는 기계를 고치는 것보다 새로 만드는 편이 더 빠르고 돈도 적게 들어간다. 그런데 이 경우에는 고장 난 그 물건을 보고 다시 만드는 것이 아니라 도면을 보고 만들게 된다. 도면이란 그 기계를 제작하는 그림이고 제작 의도와 목적, 방법이 담겨 있다.

실제로 창세기를 읽어보면 하나님은 이 세상을 어떻게 유지 보존할 것이냐에 맞추어 창조한 것이 드러난다. 그리고 그 창조의 원리가 바로 성性/음과 양이다. 세계의 모든 창조신화를 보면 하늘과 땅, 여성과 남성의 창조는 많은 창조신화가 공통적으로 말하고 있다. 우주에 음의 에너지만 있고 양의 에너지가 없다면 그로부터 아무것도 나타나지 않게 되어 있다. 그 반대도 마찬가지이다. 하나님은 이러한 원리 외의 다른 원리로는 창조할 수가 없다. 단 하나의 원리, 성적인 원리가 있다. 그래서 그것은 법칙이라고 말해야 한다. 여러분들은 이제 경악스러울 것이다. 창조의 법칙이 다른 무슨 신비하거나 거룩한 그런 것이 아니고 성이라니? 당신의 생각에 성이란 어떤 것인가? 인간은 성을 참지 못하고 주장하기에 성은 상당히 저질스러운 것인가? 그러나 내가 생각할 때 질 낮은 포르노 영화보다 질 높은 폭력 영화가 사람에게 더 좋지 않다. 우리는 창세기에 등장하는 롯의 두 딸을 어떻게 볼 것인가? 조녀선 커시는 『길섶의 창녀』에서 기독교는 롯과 두 딸의 수치스러운 이야기를 합리화하기 위해 노력해 왔다고 하면서 다음과 같이 말한다.

그런데 참으로 기묘한 것은 롯이 처녀인 두 딸을 욕정에 눈이 먼 폭도들에게 기꺼이 내주려고 했던 사실이나 산악지대로 피신 후 두 딸과 육체관계를 맺은 사실에 대해서는 아버지, 남편, 남자로서 할 수 있는 최악의 범죄 행위로 간주하지 않는다는 것이다.[3]

두 딸이 분명히 알고 있는 것은 도시 전체가 멸망했고 오로지 자신들과 아버지 외엔 살아남은 사람이 없다는 것이다. 이 두 딸로부터 이어지는 역사는 이스라엘의 가장 위대한 왕이었던 다윗과 솔로몬까지 이어진다. 롯과 두 딸의 일은 생명과 죽음의 대결이었다. 두 딸과 롯이 육체관계를 가지는 것은 그것이 아무리 좋지 않은 것이라고 해도, 그러한 행위에 대한 처벌이 생육하고 번성하라는 계율에 우선하지는 않는다는 것이다. 그리하여 맙소사! 성이야말로 거룩한 것이다. 앞 세대의 사람들이 무엇 때문에 성을 그렇게 추하게 보았는지는 일일이 다 말하기가 어렵다. 그러나 성(Sex)을 추하게 보게 된 동기 중에 가장 큰 것 하나가 바로 창세기의 인간 타락 신화이다. 그곳 3장을 읽어보자.

[1]그런데 뱀은 여호와 하나님이 지으신 들짐승 중에 가장 간교하니라 뱀이 여자에게 물어 이르되 하나님이 참으로 너희에게 동산 모든 나무의 열매를 먹지 말라 하시더냐 [2]여자가 뱀에게 말하되 동산 나무의 열매를 우리가 먹을 수 있으나 [3]동산 중앙에 있는 나무의 열매는 하나님의 말씀에 너희는 먹지도 말고 만지지도 말라 너희가 죽을까 하노라 하셨느니라 [4]뱀이 여자

---

3 조너선 커시/오성환 옮김, 『길섶의 창녀』(까치, 1998), 55.

에게 이르되 너희가 결코 죽지 아니하리라 5너희가 그것을 먹는 날에는 너희 눈이 밝아져 하나님과 같이 되어 선악을 알 줄 하나님이 아심이니라 6여자가 그 나무를 본즉 먹음직도 하고 보암직도 하고 지혜롭게 할 만큼 탐스럽기도 한 나무인지라 여자가 그 열매를 따먹고 자기와 함께 있는 남편에게도 주매 그도 먹은지라 7이에 그들의 눈이 밝아져 자기들이 벗은 줄을 알고 무화과나무 잎을 엮어 치마로 삼았더라(창 3:1-7).

창세기의 3장에는 성을 추하게 볼만한 것이 있기는 하다. 인용문 5절에는 눈이 밝아지면 하나님처럼 선악을 알게 되는데, 7절에는 선악을 아는 것이 다른 것이 아니라 자기들이 벗은 것을 아는 것으로 되어 있다. 우리는 이 구절을 통하여 은연중에 "우리의 성을 악에 결부시키지 않았는가?" 하는 반성을 할 수 있을 것이다. 엄밀히 이해하자면 우리가 다른 피조물들도 지닌 성을 우리 인간만 지닌 것처럼 의식하는 것은 여러 가지의 부작용을 일으킬 것이라는 사실이다.

그러나 그것은 성이 하나님 창조의 법칙이라는 진리가 가려져 있는 경우이다. 성은 그야말로 성스러운 것이다. 최근에야 성을 아름답게 보고 하나님이 창조한 인간이 성적인 존재라는 진리를 말하는 저술들이 나오고 있다. 그러나 다시 말하거니와 성은 바로 하나님 창조의 법칙이다. 성은 하나님이 창조하신 이 세계가 영원히 스스로 유지되도록 하는 자연스럽게 작동하는 원리라는 것이 여기서 말하고자 하는 것이다. 암컷과 수컷은 서로 전제되어 있다. 서로 쌍/짝이다. 그것은 자연의 실재 음과 양이다. 이 실재가 과정이다. 과정을 지속적으로 창출하는 원리가 성이라는 것이다. 그리고 지속적으로 창출되는 과정을 통하여 이 세계는 유지되고 있다.

자연自然이라 함은 스스로 그러함이다. 스스로 그러할 수 있는 것은 성이다. 그 원리를 밝히기 위해 하나님이 인간을 창조하시는 당시로 돌아가 보자.

> 하나님이 자기 형상 곧 하나님의 형상대로 인간을 창조하시되 남자와
> 여자로 창조하시고(창 1:27).

'창조하시되'는 인간 창조의 조건을 말하고 있는 것이다. 그 조건이란 남자와 여자로 창조하는, 하나님도 그렇게 할 수밖에는 없는 절대적인 조건이다. 이 구절을 통하여 우리는 인간뿐만이 아니라 다른 모든 피조물도 쌍으로 창조되었으며 성이 있다는 확신을 가질 수가 있다. '-되'는 인간에 앞서 이미 창조된 피조물들도 암컷과 수컷 쌍으로 창조되었다는 것을 말하고 있다. 그렇기 때문에 하나님은 다음과 같이 복을 주시게 되는 것이다.

> 생육하고 번성하여 땅에 충만하라, 땅을 정복하여라, 바다의 물고기와
> 하늘의 새와 땅에 움직이는 모든 생물을 다스리라(창 1:28).

그러나 여기서 주의할 것은 번성하라고 하신 것이지 번식하라고 하시지 않았다는 사실이다. 번식은 생물학적인 것이고 번성은 존재론적인 것이다. 번성과 번식의 차이는 중요하다. 왜냐하면 이 구절과 관련하여 거의 모든 교부나 심지어는 후대의 철학자들까지도 인간의 성은 번식을 위한 것이라고 말하고 있기 때문이다. 그러나 인간의 성은 번식을 위한 것이 아니라 사랑을 위한 것이다. 달리 말하자면

즐거움을 위한 것이다. 번식의 기능은 이에 덧붙여진 것이다. 창세기 1장에서 신이 창조하는 그 순서대로 지구 생태계의 먹이사슬을 하고 있다. 이 먹이사슬에서 인간은 맨 마지막에 창조된 마지막 포식자이다. 그렇기 때문에 인간에게 성은 번식을 위한 것이 아니다. 만약 인간의 성이 번식을 위한 것이라면 지구가 10개라 해도 모자라게 될 것이며 지구는 이미 멸망해 있을 것이다. 지구 생태계 먹이사슬에서 인간의 생물적인 번식력이 제일 약하다. 그 약한 번식력을 성욕으로 보충하고 있는 것이다. 인간에게 성욕이 없다면 인간은 이미 멸망했을 수가 있다. 그 외 또 다른 구절을 들 수가 있는데 그것은 바로 아담의 계보, 노아의 족보이다. 누가 누구와 동침하여 누구를 낳고 누가 누구와 혼인하여 누구를 낳고 하는 기록은 성 때문에 가능한 것이다. 그러나 우리는 성이 하나님 창조의 법칙이라는 증거를 결정적으로 제시할 수가 있다. 그건 바로 노아의 홍수편이다.

> [2]너는 모든 정결한 짐승은 암수 일곱씩, 부정한 것은 암수 둘씩을 네게로 데려오며 [3]공중의 새도 암수 일곱씩을 데려와 그 씨를 온 지면에 유전하게 하라
> [15]무릇 생명의 기운이 있는 육체가 둘씩 노아에게 나아와 방주로 들어갔으니 [16]들어간 것들은 모든 것의 암수라 하나님이 그에게 명하신 대로 들어가매(창 7:2-3; 15-16).

하나님은 홍수로부터 구원받을 피조물들을 암수 한 쌍씩 방주에 들어가게 한다. 그렇게밖에 할 수가 없으셨다. 하나님이라고 할지라도 이치와 논리에 맞지 않게는 창조하지 못하시는 것이다. 만약에

암컷만, 수컷만 방주에 들였다면 어떻게 될 것인가? 왜 하나님은 세상 전체를 다 멸하지 않으시고 암컷과 수컷, 쌍으로 방주에 태우셨을까? 세상을 전부 다 멸하시고 다시 창조하시면 좋지 않을까? 인용한 구절은 리처드 도킨스가 주장하는 이기적 유전자 이론과 만나는데, 인간도 유전자를 운반하는 기계라는 명제는 창조론적으로 이해하면 다음과 같을 것이다. 인간의 잘못에 의하여 지구의 환경이 악화되어 인간이 소멸한다면 인간이라는 종은 유전자 보존의 차원에서 극히 소수만이 남게 된다는 것이 그것이다. 노아의 방주부터가 이런 의미를 말하고 있다. 지금은 인간이 지구의 80퍼센트를 점하여 인간 홍수가 나고 있는 것이다. 인류는 이제 지구를 노아의 방주로 삼아야 하는 것이다. 하나님의 계율, 땅에 충만하고 번성하여 온 땅에 퍼지라는 의미는 인간 공동체에 대한 것이다. 하나님은 인간 모두를 구원하시고자 하는 것이다. 이렇게 도킨스의 이기적 유전자와 만나고 있다. 다음 구절은 좀 더 신중하게 접근해야만 성이 창조의 법칙이라는 진리를 수긍할 것이다.

> [16]여호와 하나님이 그 사람에게 명하여 이르시되 동산 각종 나무의 열매는 네가 임의로 먹되 [17]선악을 알게 하는 나무의 열매는 먹지 말라 네가 먹는 날에는 반드시 죽으리라 하시니라(창 2:16-17).

인간 타락의 시초가 된 나무의 열매는 선의 열매나 악의 열매가 아니라 선악의 열매인 것이다. 선과 악은 쌍이기 때문에 창조의 법칙에 적용된 진리이다. 선만이 있다면 선 그 자체를 모르게 되고, 악만이 있다면 악 그 자체를 모르게 된다. 따라서 이 구절이 이끄는 논리는 다음과 같이 전개된다. 선만이 있거나 악만이 있어서 모르게 되는 것과 선악의 구별이 없는 것은 어떻게 다른가? 또 아예 선과 악을 모르는 경우는 어떻게 되는가? 하는 것이다. 이 모든 경우에는 선이건 악이건 간에 그 가치가 없게 된다는 것이 진리이다. 그건 선악이 없는 것인데 그런 것은 불가능하다. 인간에 있어서 선과 악은 하나가 아니라 쌍이라는 사실이다. 그 쌍으로 되어 있는 선악을 나누지 말라는 것이다. 그러나 인간은 나눌 수밖에 없다.

우리 인간이라는 존재에 있어서는 그렇다. 신은 형상 곧 정신만의 존재이지만 인간은 형상, 즉 정신에 그 정신을 표현할 질료인 몸을 가진 존재이기 때문에 선악이 몸을 통하여 표현되는 데는 선과 악이 구별될 수밖에는 없다는 것이다. 하나님 창조는 나눔의 법칙으로 일관하고 나누어진 것은 반드시 쌍으로 된다. 빛을 창조하고 빛을 나누어 어둠을 창조한다. 빛과 어둠도 쌍이다. 쌍이라는 것은 곧 성을 의미한다. 빛과 어둠은 서로 전제되어 있고, 서로 반대이다. 서로 반대여야 한다. 비슷하거나 해서는 안 된다. 서로 어둠을 나누어 빛을 창조했으니, 둘은 서로 반대이어야 한다. 그렇게 되어야 그로부터 조화가 나오기 때문이다. 자연은 그 자체가 성이며 이렇게 지속하고 있는 것이다. 성경은 인간을 위한 책이다. 그러나 인간의 권리로부터 인간의 지위를 확립하지 않고, 인간의 하나님 창조에 대한 의무로부터 인간의 지위를 확립한다.

인간을 하나님은 무엇보다 성적인 존재로 창조하셨다는 것은 오히려 성 윤리를 강조하는 것이지 성 윤리를 부차적인 것으로 하지는 않는다. 그렇다면 여기에는 하나의 문제가 개입해 있다.

2. 인간의 성과 다른 피조물의 성은 어떻게 다른가?

인간 외의 다른 피조물도 그 창조의 법칙이 성이라면 그 성은 다를 것이다. 성이란 한마디로 서로 부딪쳐서 조화를 낳는 과정이다. 서로 상대적인 극성인 것이다. 그래서 하나님이 태초의 빛과 어둠을 나누는 것과 아담의 갈비를 뽑아 하와를 창조하시는 것은 같은 것이다. 아담을 잠들게 하신 뒤 아담의 갈빗대 하나를 취하여 여자를 창조하신 것은 어둠에서 빛을 나누는 것과 같이 나뉘게 하신 것이다. 성서는 이렇게 기록하고 있다. "남자에게서 나왔은즉 여자라 하리라." 다른 존재의 창조 과정에서는 이러한 선언적인 표현이 사용되지 않다가, 인간의 여자를 창조하고는 "여자라 하리라"라고 선언적으로 말하고 있다. 이 선언은 돌출된 인간의 성만큼이나 돌출된 표현이다. 인간의 성에 잘 어울리는 표현이다. 매 창조의 과정에는 나뉘게 하시는데, 이는 그 나뉘어서 나오는 것들이 암수로서 서로 쌍이 됨을 의미한다. 어둠과 빛이 암수이다. 금단의 열매는 선악과이고 금단의 열매로 인하여 아담과 하와가 죄를 짓게 된다. 인간은 선과 악을 구별하여 분리할 수밖에 없고 이것이 기독교가 말하는 원죄이다. 인간의 인식에 의하여 구별된 선과 악은 서로 쌍이다. 서로 전제되어 있다.

> 6여자가 그 나무를 본즉 먹음직도 하고 보암직도 하고 지혜롭게 할 만큼 탐스럽기도 한 나무인지라 여자가 그 열매를 따먹고 자기와 함께 있는 남편에게도 주매 그도 먹은지라 7이에 그들의 눈이 밝아져 자기들이 벗은 줄을 알고 무화과나무 잎을 엮어 치마로 삼았더라(창 3:6-7).

그 열매가 선악과라면 두 사람의 눈이 밝아졌다는 것은 무엇을 의미할 것인가? 일단은 자기들이 벗고 있음을 알았다는 것으로부터 생각해 보아야 한다. 두 사람은 창조 당시부터 벗고 있었기 때문에 금단의 열매를 따 먹기 이전에 이미 자기들이 벗었다는 것을 알고 있었을 것이다. 따라서 7절에서의 벗은 줄을 알고는 벗은 것을 의식했다는 것이 되겠다. 그러니까 금단의 열매를 따 먹고 나서는 두 사람의 대상에 대한 인식에 질적인 변화가 초래된 것이다. 그것은 자기에 대하여 자기가 아는 것이요 그 안다고 하는 그 자체를 아는 것이다. 이것은 인간의 자기의식이다. 자기의식은 자신을 외계, 타자로부터 구별하고 자신에 대하여 의식적이다. 인간이 아닌 다른 피조물도 두 사람이 자신들이 벗었다는 막연하게 아는 것처럼은 알고 있다. 다만 그것에 대한 자기의식이 없을 뿐이다. 따라서 인용한 구절, "이에 그들의 눈이 밝아져 자기들이 벗은 줄을 알고 무화과나무 잎을 엮어 치마로 삼았더라"(7절)는 인간에 있어서는 성이 자기의식의 동기임을 가르치고 있는 것이다. 창세기 2장까지 인간은 막연한 대상인식을 가지고 있었다. 그러나 창세기 3장에서는 대상인식이 자기의식으로 된 것이다. 다른 모든 피조물들이 성을 지니고 있는데 인간만이 성을 지니고 있는 것처럼 우리는 아우성을 치고 있는 이유가 이것이다. 인간이 아닌 동물이나 식물도 암컷과 수컷이 있는 성적인 존재이기는 마찬가지이다. 그러나 그들은 자기의식이 없기 때문에 성을 인간처럼 행사하지 않는다. 인간의 성은 철저하게 미학적이다. 자연을 스스로 그러함이라고 하는 이유가 바로 이것이다. 자연에는 실수나 실패가 없다. 겨울에도 조건이 되면 꽃은 핀다.

이것이 자연의 스스로 그러한 질서이다. 그러나 인간은 의식적이어서 실수와 실패가 따르고 잘못 동작한다. 이것이 성의 타락이다. 그렇다. 성으로부터 우리는 자기의식을 얻었기 때문에 불륜을 저지르고 타락한다. 그러나 만약 자기의식이 없다면 인간은 하나님을 하나님으로 알지 못할 것이다. 하나님이 만물을 창조하시었으나, 그 만물 중에 창조주를 창조주로 인식하는 존재가 없다면 창조주는 없게 되는 것이다. 인간의 성에 대한 자의식은 사랑을 하게 만들고 섹스를 하게 만든다. 그리하여 우리는 하나님이 일일이 시키지 않아도 사랑에 눈뜨고 섹스하고 우리의 2세를 창조하게 되는 것이다.

3. 피조물은 모두 알몸이다 — 타락은 무엇을 의미하는가?

자기들이 벗은 줄을 알게 되었다는 것과 관련하여 우리는 다음 말씀을 참고해야 할 것이다.

> 이르시되 누가 너의 벗었음을 네게 알렸느냐 내가 네게 먹지 말라 명한 그 나무 열매를 네가 먹었느냐(창 3:11).

부끄러운 곳을 가린 두 사람은 이제 자신들이 벗고 있지 않다는 것을 알고 있다. 그런 상황에서 하나님이 동산을 거니시는 소리를 듣고는 하나님의 얼굴을 보기가 두려워 숨는다. 하나님은 두 사람을 어디에 있느냐 하여 불러내시고 두 사람을 살펴보시고는 묻는다. 누가 너의 벗었음을 알게 했느냐는 것이다. 또 묻기를 "아담아 지금 너는 어디에 있느냐?"

하나님은 숨어버린 아담을 찾고 있다. 숨는다는 것은 감춘다는 것이고 은폐하는 것을 말한다. 그런데 진리는 은폐하지 않고 드러내는 비은폐성을 말한다. 아담이 하나님이 보이지 않게 숨었다는 것은 그가 진리로부터 멀어진 존재라는 것을 우선 의미한다. 하나님은 본래 알몸으로 창조했기 때문에 그 앞에서 두 사람은 전혀 부끄러움을 느낄 필요가 없는데도, 부끄러워 숨는 것이다. 현대 사회에서 성적인 범죄는 성을 감추기 때문에 일어나는 일들이다. 우리는 우리의 성을 전혀 부끄럽게 생각할 필요가 없다.

"이르시되 누가 너의 벗었음을 네게 알렸느냐 내가 네게 먹지 말라 명한 그 나무 열매를 네가 먹었느냐"(창 3:11). 여호와 하나님이 이렇게 묻는 의미는 너 아담은 자신이 창조한 그 아담이 아니라는 의미이다. 하나님은 창조주로서 지금도 인간에게 이렇게 묻고 있을 것이다. 하나님이 이렇게 묻고 있는 이유는 이 두 사람뿐만이 아니라 다른 모든 피조물을 알몸으로 창조하셨기 때문이다. 이 두 사람은 알몸이기를 거부함으로써, 하나님에 대하여 반기를 든 것이다. 달리 말하자면 하나님이 창조하신 피조물은 모두 알몸이다. 벗은 알몸의 존재들은 자신의 성을 의식하지 않는다. 때문에 진리 그 자체이며 비은폐성을 지닌다.

그러나 두 사람은 몸을 가려 입음으로써 몸이 아니게 된다. 따라서 하나님의 말씀도 영도 거부된다. 그들은 이제 몸을 가려서 무장을 한 것이 된다. 그것은 곧 창조주와 창조 그 자체를 부정하는 것이다. 나아가 두 사람은 하나님 창조의 법칙인 성을 부정하고 있는 것이다. 다시 말하자면 창조의 법칙으로서의 성을 버리고 파괴와 타락의 법칙으로서의 성을 택한 것이다. 하나님의 피조물인 자연은 모두 벗고 있는 알몸이다. 그러나 인간만은 알몸이 아니다. 창조주와 창조에 대한 거부와 부정으로서의 인간의 문명은 이렇게 시작되고 있었던 것이다. 문명은 인간의 성으로부터 나누어져 나와서 성을 거부한다.

4. 물리계에서의 성性

⁴빛과 어둠을 나누사

⁶물과 물로 나뉘라 하시고

⁷궁창 위의 물로 나뉘게 하시니

¹¹내라 하시니 그대로 되어

¹⁴낮과 밤을 나뉘게 하고(창 1:4, 6, 7, 11, 14).

대부분 성경의 창조에 대한 이해가 창조에는 목적이 있다고 하면서도 물질을 창조한 것으로 되어 있는데, 조금 더 생각해 보면 물질의 창조는 창조라고 할 수가 없다. 물질 그 자체만으로는 어떠한 기능도 불가능하기 때문이다. 물질만의 창조는 어떠한 기능도 없기 때문에 거기에는 목적이 있다고 보기가 어렵다. 창조를 물질의 창조로 이해하는 사람들이 놓치고 있는 진리가 바로 이것이다. 그러나 하나님은 분명한 목적으로 창조하셨기 때문에 물질의 창조가 아니라 기능의 창조라는 것이다. 그리고 그 기능은 이미 창조한 것으로부터 나누어져, 그 나누어진 것은 기존의 것과는 상대적인 극성을 지니게 된다. 그리하여 성적으로 작동한다. 대부분의 성경해석이 물질을 창조한 것으로 되어 있는데, 그 하나의 예를 여기서는 루이스 벌코프의 『조직신학』 5권 "창조에 대한 성경의 설명" 중 '성경이 세계의 창조를 관조하는 관점'의 도입부에서 인용한다.

> 히브리인들뿐만이 아니라 다른 민족들도 물질의 우주의 기원과 근원적인 혼돈이 우주나 혹은 거주할 수 있는 세계로 변화된 방식의 기원에 관한 그들 나름의 기사들을 가지고 있다. 하늘들의 창조에 관하여 언급하면서도 창조 설화가 영적인 세계에 더 이상 관심하지 않는 것은 중요한 일이다. 그것은 물질의 세계에 관해서만 관계하며, 물질세계를 주로 인간의 거주지와 인간의 활동무대로 묘사한다.[4]

인용문에서 보듯이 창세기 이해의 대부분이 창세기 1장을 하나님에 의한 물질의 창조로 이해하고 있는 듯하다. 그러나 이는 앞의 인용, 즉 하나님의 말씀에 의해 나뉘기 이전의 창조에만 적용할 때는 맞다. 그러나 하나님이 나뉘게 하신 다음의 창조에는 옳지 않다. 하나님은 먼저 빛이 있으라 하시고 난 다음에 그 빛에서 어둠을 나눈다. 이때 나누기 이전의 빛은 기능하지 않는 물질이다. 그 빛에서 어둠을 나누면 이제 빛과 어둠이 상대적인 극성으로 성적으로 기능하게 되어 낮과 밤이 되는 것이다. 빛과 어둠을 나누면 나누어진 빛과 어둠은 이제 서로 반응한다. 그것은 하나의 기능을 하는 것이지 물질은 아니다. 그렇게 기능을 하게 되면 그 기능을 통하여 새로운 세계를 내어놓게 되는데, 비로소 한 가지의 창조가

---

4 루이스 벌코프/권수경 · 이상원 옮김, 『조직신학』 (크리스챤다이제스트, 2011), 356.

끝나는 것이다. 그래서 나뉘게 하신 다음에야 비로소 하나님은 그에 대한 이름을 부르신다. 그리고 저녁이 되고 아침이 되는 것이다.

> [5]하나님이 빛을 낮이라 부르시고 어둠을 밤이라 부르시니라 저녁이 되고 아침이 되니 이는 첫째 날이니라
> [8]하나님이 궁창을 하늘이라 부르시니라 저녁이 되고 아침이 되니 이는 둘째 날이니라
> [10]하나님이 뭍을 땅이라 부르시고 모인 물을 바다라 부르시니 하나님이 보시기에 좋았더라
> [12]땅이 풀과 각기 종류대로 씨 맺는 채소와 각기 종류대로 씨 가진 열매 맺는 나무를 내니 하나님이 보시기에 좋았더라
> [17]하나님이 그것들을 하늘의 궁창에 두어 땅을 비추게 하시며 [18]낮과 밤을 주관하게 하시고 빛과 어둠을 나뉘게 하시니 하나님이 보시기에 좋았더라(창 1:5, 8, 10, 12, 17-18).

인용 구절에서 빛과 어둠은 그 자체 물질이다. 그러나 빛이 활동하는 시간인 낮과 어둠이 활동하는 밤은 그 활동으로 다른 세계가 창출되는 과정이다. 따라서 빛과 어둠은 물질이지만, 낮과 밤은 빛과 어둠이 만나서 어떤 기능을 하고 있다는 것을 의미한다. 17절이 식물의 창조 다음에 오는 것은 빛으로 식물을 비추어야 하기 때문이다. 식물의 광합성이다! 빛과 어둠이 기능을 할 수 있게 된 것은 하나님이 어둠과 빛을 나누셨기 때문에 가능한 것이다. 빛과 어둠은 쌍이다. 그래서 하나님은 그때야 이름을 부르시고 '보기에 좋았다'라고 할 수 있는 것이다. 그렇게 창조의 한 과정이

끝나고서야 저녁이 되고 아침이 되는 것이다. 창세기 1장은 따라서 물질의 창조가 아니라 자연법칙의 창조로 이해되어야 한다. 이 법칙은 말할 것도 없이 창조를 통하여 창조된 바의 것을 지속적으로 유지하기 위한 것이다. 그리고 그 모든 원리는 성적이다. 그 기능은 단독의 물질로서는 되지 않고 두 물질 이상의 것들이 만나 반응하는 것이므로, 창세기에서의 창조는 물질의 창조를 의미하는 것이 아니라 법칙의 창조를 의미한다. 이 법칙에 의하여 창조된 세계가 유지되는 것이다. 따라서 각기 다른 물질들이 성적인 원리에 따라 반응하여 기능하는 원리는 질서라고 해야 할 것이다. 먼저 창조된 것에서 나누면 그 나누어진 것은 나누기 이전의 반대인 것이거나 상대적인 것이 되는 것이다. 따라서 성적인 방법적 원리에 의하여 창조된 것은 명백하다 하겠다.

> 이에 그들의 눈이 밝아져 자기들이 벗은 줄을 알고 무화과나무 잎을 엮어
> 치마로 삼았더라(창 3:7).

이 3장 7절은 금단의 열매를 먹고 나서 자신들이 벗었다는 것은 의식하고 부끄러운 곳을 가리는 장면이다. 그 의미는 인간의 자기의식의 동기가 성이라고 가르치고 있는 것이다. 금단의 열매를 따 먹기 이전에 이미 벗고 있었기 때문에 자신들의 알몸을 알고 있었다. 그러나 따 먹고 나서는 그 안다고 하는 그것을 알게 된 것이다. 앎에 대한 앎이다. 곧 자기의식이다. 자신들이 벗고 있다는 것을 의식하게 된 두 사람은 몸을 가리게 되는 것이다. 인간은 자신의 성을 의식하는 존재이다. 인간이 아닌 자연은 자신의 성을 의식하지

못한다. 때문에 아무런 실수나 실패가 없이 작동하는 것이다. 나무에서 꽃이 나오고 꽃에서 열매가 나오는 것도 하나님 창조의 법칙과 같이 나누는 것이다. 나무는 겨울에도 기온이 따뜻하면 봄인 줄로 알고 꽃을 피우고 잎을 낸다. 그러나 인간은 무질서를 낳는다. 창조의 원리인 성을 의식하기 때문에 가능한 것이다. 인간도 성적인 원리에 의하여 작동하기는 한다. 자본주의가 확대, 심화하면 할수록 청춘 남녀들은 짝짓기가 어려워지고, 인간은 성으로부터 멀어질 것이다. 성은 침묵하게 될지도 모를 일이다. 이러한 오작동은 성에 대한 자기의식 때문이다.

창조의 법칙이 성이라는 사실은 물리학 서적을 조금만 읽어봐도 알 수 있다. 자연에는 3대의 상대적인 극성이 존재한다. 상대적인 기능으로 전자기적인 극성 양전하(+)와 음전하(-) 암컷과 수컷, 물과 불, 공기와 대지, 식물과 동물, 상대적인 상태의 강약, 대소, 다소, 고저 등 평형상태를 유지하려는 물질.

상대적인 정신은 비물질적인 힘인데, 옳고 그름이나 좋고 나쁨, 기쁨과 슬픔, 사랑과 증오, 선과 악, 만유인력과 만유척력 등 서로 다른 두 물체를 마찰하게 되면 한쪽에는 양전기가 발생하고 다른 한쪽에는 음전기가 발생한다. 물리계의 이러한 원리를 들자면 한이 없을 것이다. 자연에서 성은 낳고 기르는 질서가 되고 있다. 전 세계의 모든 경전은 음과 양, 암컷과 수컷을 기본 원리로 한다. 대표적인 것이 주역일 것이다.

제 8 장

⋮

논리로 읽는
창세기 1장

I. 창세기 1장의 논리적 독해

태초에 하나님이 천지를 창조하시니라(창 1:1).

이 1절에 대해서는 누구보다 프랜시스 콜린스의 『신의 언어』를 참조하자.

유대 그리스도교 전통으로 보면, 창세기의 "한 처음에 하나님께서 하늘과 땅을 지어 내셨다"는 말은 대폭발과 딱 맞아떨어진다. 창세기를 문자 그대로 엄격하게 해석하는 사람들은 지구의 나이를 고작 6천 살로 보면서 앞서 언급한 과학적 결론을 거의 다 거부한다.[1]

이렇게 말하고 있는 것으로 보아 창세기 1장 1절이 빅뱅을 지시한 다는 의미로 읽힌다. 하지만 창세기 1장의 구절들 상호 관계를 생각하며 읽는다면 빅뱅은 1절이 아니라 3절이다. 따라서 1절은 빅뱅으로 보기보다는 하나님의 천지창조가 이러이러하게 이러이러한 방법으로 되었다고 하는 계시의 말로 읽겠다. 이유는 다음에 따라 오는 모든 절이 신의 창조의 방법을 구체적으로 기록하고 있기 때문이다. 여기 1절에서는 무엇보다 세계의 어떠한 형식/대상이 나타나지 않고 있지만, 창세기 1장이 지구의 생태계인 먹이사슬이기 때문에 천지의 땅, 흙 속에 있는 먹이사슬 최초의 존재 미생물을

---

1 프랜시스 콜린스/이창신 옮김, 『신의 언어』 (김영사, 2010), 86.

생각하자. 일단 이 1절에서 하늘과 땅이 창조된 것으로 이해하자.

그러니까 다음에 따라오는 절들은 대상/형식들이 하늘과 땅에 주어지는 절들이 되고 있다. 이에 대한 답이 비트겐슈타인의『논리철학논고』에 있다.

> 오직 대상들이 존재할 때에만 세계의 확고부동한 형식이 존재할 수 있다.[2]
> 대상들의 배열이 사태를 형성한다.[3]

이 창세기 1장에서 신의 창조의 논리적 순서에 따라 대상들이 배열되고 그 배열은 지구 생태계의 먹이사슬/사태를 만들게 된다. 먹이사슬은 각 단계의 번식력이 다른 논리 사슬이다. 따라서 먹고 먹히는 사태는 질서이다. 논고 2.026의 '형식'은 여기서는 지구라는 행성이다. 지구라는 형식 말이다. 지구 생태계 먹이사슬은 어떠한 막대한 대가를 지불하면서도 유지된다. '대상들'은 다양한 대상들을 말한다. 어떤 단일한 대상을 두고는 그것을 세계라고 할 수가 없고 다양한 대상이어야 한다. 이 다양한 대상들이 배열에 의하여 지구 생태계의 먹이사슬을 하고 있는 것이다.

1. 카오스

> 땅이 혼돈하고 공허하며 흑암이 깊음 위에 있고 하나님의 영은 수면 위에 운행하시니라(창 1:2).

---

2 논고, 2.026.
3 논고, 2.0272.

지구는 빙하기가 끝나고 난 다음 표면이 수면으로 되었다. 그러한 진화상의 실제 있었던 과정을 표현하는 절이다. 만약에 앞의 1절을 빅뱅으로 읽는다면 2절의 해석에 있어 1절과의 연결이 매끄럽게 되지 않는다. 2절의 후반부는 창조에 임한 하나님의 인식 상태가 그러한 것처럼 천지도 혼돈하고 공허하다고 말하고 있는 것이다. 과학적으로 읽자면 카오스의 상태이다. 이러한 심연(Surface of the Deep)의 세계는 아직 형식이 주어지지 않았고(formless), 공허(Empty)하다. 무질서한 혼돈의 덩어리였다는 것이다. 그래서 2절은 과학적으로 카오스라고 생각되는 것이다. 빅뱅 이전의 상태를 이렇게 묘사하고 있다는 것이다. 이 절은 현대물리학의 기본 원리인 $E=mc^2$의 E에 해당한다. 우주의 시초는 카오스라고 하는 음의 에너지 상태로부터 시작되었을 것이다. 카오스가 에너지 상태인 이유는 그 안에 각각 다른 성능이 서로 반발하고 마찰하고 있기 때문이다. 카오스란 벌어진 틈새를 말한다. 반발하는 이유는 정신 때문이다. 정신없이 물질이, 물질 없이 정신이 나타나지 않는다. 물질에 정신이 깃들어 있다. 정신이 에너지이고 에너지가 정신이라고 할 수 있다. 에너지가 질량으로 변환한 사건이야말로 우주 최초의 시작이었던 것이다. 그러므로 우주 최초는 물질로부터 시작된 것이 아니라 에너지로부터 시작된 것이다. 이 에너지가 폭발하면서 빅뱅이 일어나고 물질/질량들이 나타났다.

2. 빅뱅

하나님이 이르시되 빛이 있으라 하시니 빛이 있었고(창 1:3).

나의 직관에 의하면 이 절은 물리학의 기본 원리인 우아하고 아름다운 공식 $E=mc^2$의 mc^2에 해당한다. 앞의 2절은 E에 해당한다. 카오스가 에너지 상태인 것은 각기 다른 성능의 것이 한 덩어리로 뭉쳐 서로 반발하고 있고, 반발하는 이유가 곧 정신 때문이다. 그것이 다만 물질이라면 반발하고 있지 않을 것이다. 그 물질에 정신이 깃들어 있기에, 그 정신이 표현되기 직전이 곧 카오스인 것이다. 그래서 카오스는 자궁처럼 벌어진 틈을 가지고 있게 되는 것이다. 이 카오스가 폭발하면 빛이 나오고, 그 빛은 정신의 표현이며 정신은 곧 에너지이다. 에너지가 정신의 근거라고 할까? 정신이 없다면 에너지도 없다. 막상 카오스는 물질이 아닌 에너지였을 것이다. 이 에너지로부터 우리가 보고 있는 수많은 질량이 나타난 것이다. 물질 없이 정신이, 정신없이 물질이 나타날 수가 없다. 그렇지 않다면 우리가 보고 있는 대자연의 다양한 생명체들과 고등한 생명체인 인간이 나타나지 않았을 것이고 진화가 없었을 것이다. 진화/창조는 정신의 과정이라고 할 수 있다. 이렇게 이 세계는 가능성의 총체로서 필연적인 논리공간이다. 실제의 빅뱅은 즉 인식이 폭발한 인식 빅뱅이기도 한 것이다.

　"하나님이 이르시되 빛이 있으라 하시니 빛이 있었고"(창 1:3) 앞의 빛은 언어/사물이고 뒤의 빛은 식물의 광합성을 하게 하고 땀을 흘리게 만드는 모든 존재가 경험할 수 있는 사실의 빛으로 읽는 것이 좋겠다. 따라서 "세계는 사실들의 총체이지 사물들의 총체가 아니다."[4]

---

4 논고, 1.1.

우주의 나타남에서 처음에 빛보다 어둠이 먼저 있었을 것이다. 그러나 창세기는 빛을 먼저 창조하고 그 빛을 나누어 어둠을 창조했다고 기록하고 있다. 그 이유는 창세기의 저자가 신의 창조를 기록하지 않고 신의 세계에 대한 인식을 기록하고 있기 때문일 것이다. 빛이 곧 인식이다. 빛이 가장 빠른 이유는 빛에 매질이 없기 때문이다. 빛 자신이 빛의 매질이다. 대상과 메타가 동일하고, 주체와 객체가 동일하다. 이렇게 이 세계는 스스로 나타난 것이나. 이것이

$E = mc^2$의 제곱의 의미이다. 제곱이란 자신에 자신을 곱해 주는 것으로 대상과 메타가, 주체와 객체가 동일한 것이다. 빛은 자기지시를 하고 있는 것이다. 그렇다면 하나님이 언어를 통하여 창조한 것은, 즉 이 세계를 스스로 창조하는 자기지시 하는 세계로 보아야 할 것이다. 이렇게 하나님의 언어가 터져 나오고 있다. 빅뱅이다.

빛이 있으라 하는 언어적 명령에 따라 사실의 빛이 있게 되었다고 한다. 이제 빛 아래서 하나님은 모든 대상을 환하게 밝게 인식할 수가 있게 된 것이다.

앞의 혼돈의 상태에 이제 하나님이 대상들의 배열을 통하여 질서를 부여하기 시작했다. 우주/지구라는 형식을 위해 제일 먼저 빛이라는 대상을 놓고 대상들을 배열하기 시작한 것이다. 그래서 아래의 절들은 언어적 명령이 따르게 되는 것이다. 우리는 이어지는 다음의 절들에서 '나누사', '나누다', '나뉘다' 등의 분리를 의미하는 표현이 나오고 있다는 것을 염두에 두도록 하자. 이 나누기와 더불어 생각할 수 있는 것은 진화론에서 분기점과 같은 것이라는 것과 인간의 언어는 동물의 언어가 비분절음인 데 비하여 분절음이라는 것이다. 분절음은 나누어진 것이고 논리의 것이다. 우리 인간 자신이

곧 논리적인 존재라는 것이다. 빅뱅 이후 지금 우주가 팽창하고 있다고 한다. 팽창하고 있는 것은 우주만이 아니다. 인간의 사물에 대한 개념도 갈수록 세밀하게 나누어지고 있다. 인간의 문명도 계속하여 발전하고 있다. 이 또한 팽창이 아닐까?(보론 1. 카오스 빅뱅 에로스)

3. 어둠과 빛의 분리

> 빛이 하나님이 보시기에 좋았더라 하나님이 빛과 어둠을 나누사(창 1:4).

앞에서 창조의 원리가 성이라고 했는데 빛은 양이고 어둠은 음이다. 동양의 주역에서 말하는 그 양과 음이다. 성이 곧 양과 음이다.

좋았더라! 하나님의 세계에 대한 인식이 그렇다는 것이다. "빛과 어둠을 나누사." 여기서 '나누다'가 처음 나오고 있다. 그러나 내용상 이미 앞의 절에서도 나누고 있다. 과학에 의하면 빛과 어둠은 나누어진 것이라고 한다. 우주의 시초에 어둠이 먼저였을 것이다. 성경에서도 그렇다. 2절에서 어둠과 혼돈이 있은 그다음에야 3절에서 빛이 그 어둠으로부터 갈라져 나오고 있다. 창세기가 어둠보다 먼저 빛의 창조를 기록하고 있는 이유는 앞에서 설명되었다.

> 하나님이 빛을 낮이라 부르시고 어둠을 밤이라 부르시니라 저녁이 되고 아침이 되니 이는 첫째 날이니라(창 1:5).

이제 어둠과 빛이 각각의 기능을 하고 있다. 빛은 낮의 기능을 하고, 어둠은 밤의 기능을 한다. 이제 우주/지구의 형식이 드러나기 시작하고 있다. 질서가 주어지고 있는 것이다. '부르시고'는 분명히 인식하는 표현이다. 2절의 카오스와 3절의 빅뱅을 거쳐서 이제 첫째 날이 열린 것이다. 이 첫째 날에는 아직 수면으로 덮혀 있는 지구, 하늘과 땅 그리고 땅속의 미생물이 창조되었다. 그런데 이것은 신이 창조하고자 하는 바로 그것 그 자체인 것이다. 따라서 맨 먼저 창조할 수밖에 없다.

4. 대륙의 봉기와 갈라짐

⁶하나님이 이르시되 물 가운데에 궁창이 있어 물과 물로 나뉘라 하시고 ⁷하나님이 궁창을 만드사 궁창 아래의 물과 궁창 위의 물로 나뉘게 하시니 그대로 되니라 ⁸하나님이 궁창을 하늘이라 부르시니라 저녁이 되고 아침이 되니 이는 둘째 날이니라 ⁹하나님이 이르시되 천하의 물이 한 곳으로 모이고 뭍이 드러나라 하시니 ¹⁰하나님이 뭍을 땅이라 부르시고 모인 물을 바다라 부르시니 하나님이 보시기에 좋았더라(창 1:6-10).

궁창 위, 하늘에도 물이 있다. 땅에도 물이 있다. 과학에 의하면 실제로 최초의 지구 표면은 대부분이 바다였다고 한다. 그런 것이 물 위로 솟아 나오고 시간이 경과하면서 대륙이 갈라지고 지금처럼 5대양 6대주로 되었다고 한다. 여기서 알고 싶은 것은 왜 대륙이 갈라져야 했던가? 하는 것이다. 대륙이 갈라지지 않고 하나의 덩어리로 있는 상태에 대하여 생각해 보자. 그렇게 있다면 모든 사람이 하나의 언어를 말하게 되었을 것이다. 기후나 자연환경도 비슷비슷한 것이 되었을 것이다. 앞에서 우리는 '나누다'가 연속하여 나오는 것에 주의하자고 했다. 그것은 하나님이 '나누다'를 통하여 대상들을 창조하는 것이다. 다양한 대상들이 주어져야만 그것을 우리는 '세계'라고 할 수가 있다. 물 위로 솟아오른 땅덩어리가 하나라면 대상들이 아니고, 따라서 형식이 나타나지 않게 될 것이다.

오직 대상들이 존재할 때에만 세계의 확고한 형식이 존재할 수 있다.[5]
대상들의 배열이 사태를 형성한다.[6]

창세기 1장에서 창조의 논리적 순서가 배열이다. 그리고 그 배열이 형성하는 사태는 지구 생태계인 먹이사슬이다. 이렇게 세계란 다양한 대상들의 배열이고, 단 하나의 대상으로는 세계가 이루어지지 않게 된다. 그렇게 대상들이 주어지고 하나의 형식/지구를 하게 되면 그 세계의 형식은 변경 불가능하다.

5. 미생물의 창조

창세기 1장에는 미생물에 대한 표현이 없다. 그러나 식물의 광합성에 대한 표현은 있다. 앞의 절들에서 바닷속에 잠겨 있던 대륙이 수면 위로 솟아나 여러 개의 대륙으로 갈라졌다. 그렇다면 당연히 그 흙 속에, 땅속에 미생물이 번식하고 있을 것이다. 지금도 바닷속의 흙을 퍼 올려 쌓아두면 맨 먼저 잡초가 돋아난다. 그래서

---

5 논고, 2.026.
6 논고, 2.0272.

앞의 절들에 이어지는 11절부터는 식물의 창조에 대하여 기록하고 있는 것이다. 식물의 먹이는 미생물이다. 미생물은 사실상의 지구 생태계 지배자이며 땅에 묻히는 모든 것을 부패시켜서 땅을 기름지게 만들고 식물이 햇빛을 받으며 자라게 하는 것이다. 이렇게 에너지가 순환한다. 창세기는 이렇게 과학적이다.

6. 식물의 창조

11하나님이 이르시되 땅은 풀과 씨 맺는 채소와 각기 종류대로 씨 가진 열매 맺는 나무를 내라 하시니 그대로 되어 12땅이 풀과 각기 종류대로 씨 맺는 채소와 각기 종류대로 씨 가진 열매 맺는 나무를 내니 하나님이 보시기에 좋았더라 13저녁이 되고 아침이 되니 이는 셋째 날이니라(창 1:11-13).

바닷속의 흙을 퍼 올려서 땅 위에 쌓아두면 제일 먼저 자리 잡는 것이 식물이다. 식물은 씨를 가진 것으로 그 번식력이 미생물보다는 못하지만, 육안으로 보이는 것 중에서는 가장 강하다. '내라 하시니' 모든 태어나는 것들은 모체를 가지고 있고, 그 모체로부터 나누어져 나오는 것이다. 사람이 자식을 낳는 일도 자신을 나누어 내는 일이다. 식물은 최초의 에너지 생산자로서 지구상의 모든 존재의 먹이가 된다. 이 절들을 읽으면서 알아야 하는 것은 하나님이 지금 지구의 생태계를 창조하고 있다는 사실이다. 얼마나 과학적이고 논리적인가를 보라! 바다 안에 잠겨 있던 땅이 솟아 올라와 갈라졌으니 이제 그 위에 가지가지의 식물들이 자리를 잡아야 하는 것이다. 그래서 땅은 온갖 식물들을 내라고 하는 것이다. 이렇게 식물이 땅 위에 자라게 된 것이다. 셋째 날은 이렇게 땅 위에 식물을 창조한다.

논리에서는 아무것도 우연적이지 않다: 사물이 사태 속에 나타날 수 있다면, 그 사태의 가능성은 사물 속에 이미 선결되어 있어야 한다.[7]

땅이 물 위로 솟아올라 있으면 그 땅 위에 식물이 돋아나는 것은 땅/사물 속에 이미 선결된 것이다. 그리고 그러한 것은 모두 논리의 안에 일어나는 일이기 때문에 아무것도 우연적이지 않다.

사태 속에서 대상들은 일정한 방식으로 서로 관계 맺고 있다.[8]

창세기 1장에서 신은 지구의 생태계의 질서인 먹이사슬을 창조하고 있다. 생태계의 구성원들은 일정한 방식으로 각 존재의 번식력을 축으로 하여 서로 먹고 먹히는 관계를 맺고 있다. 이제 땅속의 미생물을 먹이로 하는 식물은 광합성을 하여 모든 존재의 먹이가 될 것이다. 먹고 먹히는 먹이사슬의 사태 속에서는 이렇게 대상들이 관계를 맺고 있다.

---

7 논고, 2.012.
8 논고, 2.031.

7. 식물의 광합성

[14]하나님이 이르시되 하늘의 궁창에 광명체들이 있어 낮과 밤을 나뉘게 하고 그것들로 징조와 계절과 날과 해를 이루게 하라 [15]또 광명체들이 하늘의 궁창에 있어 땅을 비추라 하시니 그대로 되니라 [16]하나님이 두 큰 광명체를 만드사 큰 광명체로 낮을 주관하게 하시고 작은 광명체로 밤을 주관하게 하시며 또 별들을 만드시고 [17]하나님이 그것들을 하늘의 궁창에 두어 땅을 비추게 하시며 [18]낮과 밤을 주관하게 하시고 빛과 어둠을 나뉘게 하시니 하나님이 보시기에 좋았더라 [19]저녁이 되고 아침이 되니 이는 넷째 날이니라(창 1:14-19).

이 넷째 날에 대해서는 존 C 레녹스의 『최초의 7일』을 먼저 읽어보도록 하자. 그는 이 넷째 날에 대한 해석에서 "해결하기 어려운 네 번째 날"이라고 제목을 붙이고 있다.

날들이 연대기적 순서로 주어진 것이라면 태양이 어떻게 넷째 날에 만들어질 수 있겠는가? 그리고 하늘의 창공에 빛들이 생겨서 낮과 밤을 나누게 하라. 그리고 그것들이 하늘의 창공에 빛들이 되어서 땅에 빛을 비추게 하라고 말씀하시니 그대로 되었다.[9]

레녹스는 지구를 사랑하지 않는가? 아니면 지구 생태계에 대하여 아무런 생각이 없는 것인가? 그는 오리게네스를 인용하며 이어서

---

9 존 C 레녹스, 『최초의 7일』, 63.

다음과 같이 쓰고 있다.

아직 태양이 없는데 처음 3일 동안 저녁과 아침이 있었다는 것을 어떻게 이해할 수 있는가? 태양과 태양을 마주한 지구의 자전이 없다면 날이라는 단어는 아무런 의미를 갖지 못한다.[10]

이제 레녹스는 논리적으로 접근해 본다. 다음과 같이,

이에 대한 논리적 대안은 태양이 창세기 주간의 시작점에 이미 존재했다는 것이다. 그렇다면 넷째 날에 대한 설명은 이러한 사실에 비추어 읽혀져야 할 것이다. 한 가지 제안은 태양, 달 그리고 별들을 가리고 있던 구름 마개가 흩어지면서 이들이 식별 가능한 빛들로 하늘에 나타났다는 것이다.[11]

이건 또 무슨 소리인가? 처음부터 태양이 있었는데 그 태양을 구름 마개가 가리고 있다가 넷째 날에 벗겨졌다? 그래서 태양이 나타난 것이다? 아무리 지구의 생태계에 대한 생각이 없기로서니 이렇게까지 엉뚱하게 비약하고 있다니!

이러한 답답한 생각은 이 장이 끝날 때까지 계속 이어진다. 이 장의 마지막에서 레녹스는 그 시시콜콜한 젊은 지구론, 늙은 지구론을 끌어들이고 있다. 선도적인 젊은 지구 창조론자가 움직이는 지구 논쟁과 관련하여 논평했던 다음과 같은 말은 주목할 만하다.

---

10 위의 책, 63.
11 위의 책, 63.

그러한 입장이 수학적으로 그리고 경험적으로 '가망이 없게' 될 경우에만 교회는 이를 포기했다. 교회는 사실 이렇게 해 왔다. 따라서 젊은 지구 창조론은 독단적이거나 정태적인 성서 해석을 포용할 필요가 없다. 교회는 기꺼이 입장을 바꾸고 실수를 인정해야 한다. 오늘날 우리는 젊은 지구 창조론자로서 매우 자연스러운 성서 해석을 방어하는 대가로 '오래된' 우주라는 매우 설득력 있는 과학적 해석을 포기해 버렸음을 인정해야 한다. 그러나 이것은 장기적으로 지지될 수 있는 입장이 아니다. 내가 보기에 오래된 창조론은 보다 덜 자연스러운 텍스트 독법과 훨씬 더 그럴듯한 과학적 견해를 결합한 것이다. 현재로서는 이것이 채택하기에 보다 더 합리적인 입장인 것으로 보인다.[12]

이 넷째 날은 해결되지 않는 것이 아니다. 넷째 날의 빛에 대한 서술과 3절의 빛에 대한 서술은 완전히 다르다. 이 셋째 날까지 태양은 나오지 않고 있다. 그러다가 넷째 날에 이르러 태양 비슷한 '광명체'가 나오고 있다. 레녹스는 이 광명체를 태양이라고 하고 있는데 지금 여기의 절들에서는 광명체가 태양보다는 더 적합한 표현이 된다. 저들이 이 넷째 날을 해결하지 못하고 있는 이유는 넷째 날의 서술에서 '땅을 비추다'가 두 번 나오고 있다는 것을 살피지 않기 때문이다. 셋째 날에 땅 위에 식물이 창조되어 자라고 있으니 그다음인 넷째 날에는 광명체가 떠서 땅을 비추어야 한다. 그래야 식물들이 광합성을 하여 지구 생태계를 유지하는 먹이가 될 수 있는 것이다. 이 넷째 날에 하나님은 식물들의 광합성을

---

12 위의 책, 67.

하게 한 것이다. 넷째 날의 정답은 식물의 광합성이다. 하나님은 지금 연대기적 시간적인 조건 안에서가 아니라 논리적인 조건 안에서 창조하고 있는 것이다. 창세기 1장에서의 창조가 모두 정언명령으로 되어 있는 것은 창조의 논리성과 법칙성을 의미한다. 창조하신 자연은 일정한 법칙에 따라 질서를 표현한다. 젊은 지구론이나 늙은 지구론은 지극히 에러이다.

논리에서는 아무것도 우연적이지 않다. 논리들은 따로 된 것이 아니라 서로 연쇄되어 있다. 따라서 식물이 있는데 광합성이 없다면 논리가 각각 따로 떨어져 있다는 것인데 그런 것은 불가능하다.

사물의 본질적인 것은, 어떤 한 사태의 구성성분이 될 수 있다는 것이다.[13]

식물이라는 사물의 본질은 먹히는 것이고, 이를 통하여 지구 생태계의 먹이사슬이라는 사태를 구성한다. 식물과 빛은 광합성이라는 사태의 구성성분이다.

사태 속에서 대상들은 사슬의 고리들처럼 서로 걸려 있다.[14]
필연성은 오직 논리적 필연성만이 존재하듯이, 불가능성도 오직 논리적 불가능성만이 존재한다.[15]

땅과 땅속의 미생물과 그 위의 식물과 광합성은 논리 연쇄에

---

13 논고, 2.011.
14 논고, 2.03.
15 논고, 6.375.

의하여 배열된 대상들이고, 연쇄가 곧 필연성이다. 이 대상들이 연쇄되어 있지 않다면 거기에는 필연성이 없고 따라서 불가능한 것이다. 빅뱅이라는 사태 속에는 이미 이러한 사물들이 나타날 가능성이 있고 그 가능성은 빅뱅이라는 사태 속에 이미 선결, 선취되어 있다는 것이다. 그것은 곧 물질에 정신이 깃들어 있기 때문이다.

사태 속에서 대상들은 일정한 방식으로 서로 관계를 맺고 있다.[16]

이렇게 먹이사슬이라는 먹고 먹히는 일정한 방식으로 관계를 맺고 있다. 먹이사슬이란 사슬에 걸려 있는 각 존재의 번식력 때문에 만들어지는 것이다. 우주의 모든 존재는 먹이 하나로 관계를 맺고 있는 것이다.

8. 초식동물의 창조

[20]하나님이 이르시되 물들은 생물을 번성하게 하라 땅 위 하늘의 궁창에는 새가 날으라 하시고 [21]하나님이 큰 바다 짐승들과 물에서 번성하여 움직이는 모든 생물을 그 종류대로, 날개 있는 모든 새를 그 종류대로 창조하시니 하나님이 보시기에 좋았더라 [22]하나님이 그들에게 복을 주시며 이르시되 생육하고 번성하여 여러 바닷물에 충만하라 새들도 땅에 번성하라 하시니라(창 1:20-22).

---

16 논고, 2.031.

땅 위에 식물이 광합성을 하며 우거지고 있으니, 이제 식물을 먹고 번식하고 살아가는 동물들이 창조되어야 한다. 이렇게 지금 하나님은 지구 생태계를 논리적으로 만들고 있다. 이제 가장 강한 번식력을 가지고 있는 식물이 돋아나오고 우거진다. 그것만으로는 이 세계가 아름답지 않을 것이다. 여기에 대상이 더 추가되어야 한다. 이제 지금까지 창조한 모든 것을 골고루 먹는 존재가 필요하게 된 것이다. 그래서 초식동물과 육식동물을 창조한 것이다.

이렇게 논리적으로 대상들이 배열되고 있음을 보라! 이 배열이 지구 생태계의 질서, 먹이사슬이다.

> 대상들의 배열이 사태를 형성한다.[17]
> 사태 속에서 대상들은 사슬의 고리처럼 서로 걸려 있다.[18]

대상들의 배열이 먹이사슬이라는 먹고 먹히는 사태를 형성하게 된다. 사슬의 고리가 먹이사슬이다. 먹이사슬에서 대상들은 서로 번식력을 중심으로 걸려 있다. 먹고 먹히는 관계를 가지고 있다.

9. 육식동물의 창조

[24]하나님이 이르시되 땅은 생물을 그 종류대로 내되 가축과 기는 것과 땅의 짐승을 종류대로 내라 하시니 그대로 되니라 [25]하나님이 땅의 짐승을 그 종류대로, 가축을 그 종류대로, 땅에 기는 모든 것을 그 종류대로

---

17 논고, 2.0272.
18 논고, 2.03.

만드시니 하나님이 보시기에 좋았더라(창 1:24-25).

육식동물은 초식동물을 먹어야 한다. 때문에 초식동물보다 육식동물이 번식력이 약하고 먹이가 되는 초식동물은 번식력이 강하다. 따라서 초식동물이 먼저 창조되고 다음에 육식동물이 창조되는 것이다.

모든 대상들이 주어진다면, 그와 더불어 모든 가능한 사태들도 또한 주어진다.[19]

지구 생태계의 구성원인 대상들이 모두 주어지면 이제 먹고 먹히는 사태들이 나타나게 된다. 이러한 사태 속에서 대상들이 연관된 방식이 사태의 구조이다.

이 사태의 구조가 바로 먹이사슬이다. 한 마리의 사슴/대상은 사자에게 먹히고 나뭇잎을 먹으며 뛰어다니고 서로 경쟁하는 그러한 모든 사태가 주어진다는 것이다. 그 모든 것을 먹는 인간이라는 대상/형식 안에는 서로 죽이고 전쟁하고 핵무기를 만들고 미사일을 쏘아 우주를 뒤지고 다니는 그러한 모든 가능성이 이미 선결, 선취되어 있다. 이렇게 대상들이 주어지니 그에 따르는 가능한 사태, 먹고 먹히는 사태들도 주어진다. 인간은 다시 자신이 창조하는 문명의 먹이가 된다. 이렇게 먹이사슬을 만들면서 진화가 이어진다.

---

19 논고, 2.0124.

10. 잡식동물 인간 창조

²⁶하나님이 이르시되 우리의 형상을 따라 우리의 모양대로 우리가 사람을
만들고 그들로 바다의 물고기와 하늘의 새와 가축과 온 땅과 땅에 기는
모든 것을 다스리게 하자 하시고 ²⁷하나님이 자기 형상 곧 하나님의 형상
대로 사람을 창조하시되 남자와 여자를 창조하시고(창 1:26-27).

24절에서 창조되는 존재는 초식동물들이다. 25절에서 창조되는
존재는 육식동물들이다. 그래서 24절에서는 땅의 생물이라 하고,
25절에서는 땅의 짐승이라고 하고 있다. 초식동물은 육식동물의
먹이가 된다. 이렇게 육식동물까지 창조되었다. 이제 이 모든 것을
먹어야 하는 존재 잡식동물이 창조되어야 한다. 인간이 곧 그러한
존재이다.

27절의 인간의 창조에 대해서는 단순하게 말할 수가 없다. 왜냐
하면 인간의 창조에는 하나님의 창조의 본질이 무엇인가가 드러나
기 때문이다. 인간의 창조에서 하나님은 자신을 모델로 하여 인간을
창조했다. 이렇게 하나님은 '지구'라는 형식을 위해 지구에 필요한
대상들을 창조하고 있다. 그리고 그 대상들은,

사태 속에서 대상들은 사슬의 고리처럼 서로 걸려 있다.²⁰
사태 속에서 대상들은 일정한 방식으로 서로 관계 맺고 있다.²¹

---

20 논고, 2.03.
21 논고, 2.031.

이렇게 대상들이 사슬의 고리처럼 서로 걸려 있어 먹이사슬을 만들고 서로 먹고 먹히는 관계를 맺고 있는 것이다. 인간은 신이 마지막으로 창조한 지구 생태계의 마지막 포식자이기 때문에 마지막으로 창조한 것이다. 인간의 창조에 있어 하나님은 자기지시/자기언급을 통하여 창조했다. 자기 자신을 대상으로 하여 자기 자신보다 더 나은 존재로 창조한 것이다. 컴퓨터의 286을 대상으로 하여 창조하면 386이 된다. 386이 나오면 286은 버려지고 잊힌다. 이것이 신과 인간과의 관계이다(보론 2. 자기지시/자기언급의 문제) (보론 3. 창조의 본질).

11. 인간의 먹을 것을 채식으로 규정

²⁸하나님이 그들에게 복을 주시며 하나님이 그들에게 이르시되 생육하고 번성하여 땅에 충만하라, 땅을 정복하라, 바다의 물고기와 하늘의 새와 땅에 움직이는 모든 생물을 다스리라 하시니라 ²⁹하나님이 이르시되 내가 온 지면의 씨 맺는 모든 채소와 씨 가진 열매 맺는 모든 나무를 너희에게 주노니 너희의 먹을거리가 되리라(창 1:28-29).

인간은 지구 생태계의 마지막 포식자로 창조하였음에도, 인간의 먹을 것을 채식으로 규정하고 있다. 마지막 포식자이기 때문에 오히려 먹을 것을 채식으로 하는 것이다. 그 근거는 지극히 과학적인 것으로 식물이 최초로 먹을 수 있는 상태로 에너지를 생산하고 번식력이 강하다는 것이다. 채식 규정이 광합성 다음에 오는 것도 과학적이다(보론 4. 인간의 먹을 것에 대한 채식 규정).

³⁰또 땅의 모든 짐승과 하늘의 모든 새와 생명이 있어 땅에 기는 모든 것에게는 내가 모든 푸른 풀을 먹을거리로 주노라 하시니 그대로 되니라 ³¹하나님이 지으신 그 모든 것을 보시니 보시기에 심히 좋았더라 저녁이 되고 아침이 되니 이는 여섯째 날이니라(창 1:30-31)(보론 5. 창조의 여섯 날).

인간이 마지막으로 창조되었으니, 이제 인간의 할 일이 주어진다. 그의 할 일은 자신에 앞서 창조된 모든 존재를 다스리는 일이다. 인간은 다만 자연의 심부름을 해야 한다. 그렇다면 '다스리라'의 의미는 구체적으로 어떤 것일까? 그들의 심부름인 그것은 다른 것이 아니라 인간의 노동이다. 창세기 저자의 서술은 치밀하고 논리적이다. 28절에서는 다스리라고 하고, 29절에서는 너희의 먹을거리가 되리라고 구체적으로 표현하고 있다. 인간이 그것들을 먹기 위해서는 해야 하는 것이 노동이다. 인간은 자연을 다스리는 노동을 해야 하지 착취하는 노동을 해서는 안 된다. 다만 자연의 심부름만 하는 것이다. 자연을 앞서갈 필요는 없다.

28절에서는 또 하나님이 인간에게 복을 주신다. 그 복을 받는 방법이 노동이다. 거기에는 하나의 조건이 있다. 그것이 29절에서 인간에게 규정하고 있는 '채식'이다. 하나님은 다른 모든 동물을 창조하고도, 인간의 먹을 것을 식물에 한하여 권장하고 있는 것이다. 그러한 이유는 현대 진화론이 밝히고 있는데, 인간과 동물의 차이는 그 정신에 있어서 아주 미미한 차이라고 한다. 그러므로 그 정신의 차이가 크게 나는 식물을 먹을 것으로 규정하고 있다. 이 채식 규정은 대단히 역설적이다. 인간이 마지막 포식자이기 때문에 역설이 인간으로부터 시작된다. 이렇게 지구라는 형식을 위해 모든 대상이 주어지고 그 대상들이 배열되어서 먹이사슬을 만들었다. 채식의 규정이 정언명령으로 되어 있다는 것에 주의하자.

> 세계가 변경 불가능한 형식을 가자기 위해서는, 거기에는 반드시 대상들이 있어야 한다.[22]

지구 생태계의 먹이사슬 배열은 변경 불가능하다. 이 먹이사슬은 어떠한 막대한 대가를 지불하고서도 유지된다. 이유는 대상들의 배열이 각 존재의 번식력을 축으로 하여 필연적이기 때문이다. 이렇게 대상들이 배열되고 그 배열이 먹이사슬이라고 하는 사태를 만들어 낸다. 이 지구라는 형식은 변경 불가능한 것이어야 한다.

> 대상들의 배열이 사태를 형성한다.[23]

대상들의 배열? 인간도 신처럼 대상들을 창조하여 배열하고 있다. 그것이 문명이다. 인간의 창조는 하나님의 창조와 별개의 것이 아니라 그 연속선상에 가해지고 있는 것이다. 따라서 아직 이 세계의 대상들이 전부 다 주어진 것이 아니다. 때문에 2장의 4절부터는 하나님에 대한 호칭이 하나님에서 여호와 하나님으로 변경되고 있다. 성경은 인간의 본성과 그로부터의 운명에 대하여 인간을 문제 삼고 있는 문서이다.

우리는 지금까지 창세기 1장에서 신의 창조가 논리적이라는

---

22 논고, 2.026.
23 논고, 2.0272.

것과 신의 창조가 논리적이기 때문에 실제 지구 탄생 진화와 일치한다는 것을 보았다. 읽은 바와 같이 먹이사슬은 논리의 연쇄이다. 그러나 이 논리, 즉 번식력을 축으로 한 먹이사슬의 논리는 인간에게서 전복되어 버린다. 이러한 논리의 함정은 이미 신이 "하나님이 이르시되 우리의 형상을 따라 우리의 모양대로 우리가 사람을 만들고"자 했을 때부터 있었다. 우리의 형상을 따라 우리의 모양대로는 신 자신을 모델로 하여 자신보다 더 나은, 좋은 존재로 창조한다는 것이기 때문이다. 이러한 논리의 한계를 밝히기 위해서 보론 3. 창조의 본질에서 286과 386을 다루었다(보론 5. 창조의 여섯째 날).

II. 창세기 1장에 대한 보론

보론 1. 카오스 빅뱅 에로스

태초에 카오스가 있었고, 다음에는 넓은 젖가슴을 가진 가이아가 있었다. 그다음에는 에로스가 생겼다.[1]

장소도 시간도 다른 거의 모든 창세 신화에서 하늘과 땅의 분리는 동일하게 등장한다. 하늘과 땅은 본래 하나였는데 나누어졌다는 것이다. 그렇다면 거기에는 어떤 필연적인 것이 있을 것이다. 하늘과 땅은 서로 반대되는 성능을 지니고 있다. 각각 다른 환경에서 형성된 신화에서 이렇게 하나같이 하늘과 땅이 본래 하나였다가 신에 의해, 또는 어떤 절대성을 띤 것에 의해 갈라지게 되었다고 말하고 있다. 그 필연성을 우리는 어디 다른 곳, 먼 곳으로부터 찾을 필요가 없을 것이다. 그 근거는 남자와 여자로 구성된 우리 자신 안에 있다. 이렇게 추리해 보면 아마도 남녀가 몸을 섞는 것으로부터 신화가 형성되었을 것이다. 남자는 하늘이고 여자는 땅이다. 남자와 여자가 몸을 섞는 것을 통하여 둘은 본래 하나였다는 생각은 자연스럽게 나타날 것이다. 남녀가 그토록 그리워하고 만나고 싶은 이유가 둘은 본래 하나였기 때문이라는 생각은 조금도 어색하지 않고 자연스럽다. 둘은 본래 하나였는데 나누어졌기 때문에 에로스에 의하여

---

1 헤시오도스, 『신통기』, 27.

둘이 만나는 것은 당연하다. 놀라운 것은 이것이 현대 과학에서 말하고 있는 카오스와 빅뱅이라는, 에로스라는 사실이다. 헤시오도스는 신통기에서 태초에 카오스가 있었고 다음에는 젖가슴을 가진 가이아가 있었고, 다음에는 에로스가 있었다고 하고 있다.

카오스는 하늘과 땅이 분리되기 이전 하나인 것으로 하늘과 땅은 서로 반대되는 성능을 지니고 있다. 서로 반대되는 성능이 한데 뭉쳐져 있기 때문에 서로 반발한다. 남녀가 몸을 섞는 것처럼 그래서 거기에는 벌어진 틈이 생기기 마련이다. FM 콘퍼드는 『종교에서 철학으로』에서 이렇게 말하고 있다.

카오스는 우리가 말하는 무정형적 혼돈이 아니라 단지 벌어진 '틈'을 의미한다.[2]

이러한 카오스와 빅뱅의 과정은 논리적이라는 것을 우리는 알수가 있다. 우주가 신의 창조물이건 자연의 진화, 즉 빅뱅의 산물이건 간에 일정한 논리에 의하여 된 것은 분명해 보인다. 그렇지 않고야 자연이 이렇게 질서에 따라 작동하고 있을 리가 없다. 이 질서 뒤에는 논리가 있다. 그 시초는 무엇일까? 이것에 대하여 직관과 상상력을 통해 보면, 이 우주 안에서 일어나고 있는 보편적인 일들에는 우주의 시작과 같은 카오스와 빅뱅의 과정이 되풀이되고 있다고 할 수 있다. 예를 들어 인간이 무엇인가를 만들고자 할 때도 우주의 그러한 원리가 적용된다는 것이다. 우주가 허락하는 논리에 따르지

---

2 FM 콘퍼드/남경희 옮김, 『종교에서 철학으로』 (이화여대출판부, 2009), 80.

않을 수가 없기 때문이다. 그리고 우주가 허락하지 않는 다른 논리는 없을 것이다. 이러한 직관에 따라 카오스와 빅뱅에 대하여 생각해 본다.

어떤 사람이 마음에 가득히 슬픔이나 불만을 품고 있다. 그가 이러한 마음을 밖으로 표현하지 못하고 병드는 경우를 우리는 카오스라고 할 수가 있겠다. 그가 이제 그러한 심정을 밖으로 표현하여 정리한다면 우리는 그것을 빅뱅이라고 할 수가 있겠다. 그 표현은 다양하게 될 것이다. 예를 들어 가구공장에 가 보면 먼저 통째의 나무를 여러 조각으로 나누는 일부터 시작한다. 이렇게 여러 조각으로 나누어진 것들은 이제 다시 조립되어야 한다. 이렇게 하여 가구가 만들어진다. 그 무엇보다 보편적인 것으로 우리의 언어를 들 수가 있다. 언어는 각각 다른 낱말들의 조립과 배열로 이루어진다.

지금까지 우주의 발생에 관하여 이런저런 연구가 많이 있어 왔다. 빅뱅 이론은 확실한 것이 아니라는 의견도 있다고 한다. 그런데 그럴 필요가 있는지 모르겠다. 내가 여기서 확실히 해 두고 싶은 것은 앞서 말했듯이 인간이 무엇을 하든지 우주가 허락하는 논리에 따른다는 것이다. 인간이 아닌 다른 존재들도 그러할 것이다. 그것은 우주의 논리를 본받는 것이다. 그 외 다른 방법이나 논리는 가능하지 않을 것이다. 그리고 이것이 의미하는 것은 이 우주가 가능성의 총체라는 것이다. 비트겐슈타인에 의하면 우주는 논리공간이라고 한다. 그렇다면 우주가 순간의 카오스를 거쳐 빅뱅으로부터 나타난 그러한 것이 지금도 반복되고 있다는 것이다. 물질이 에너지를 가지게 되면 그 에너지를 발산하는 것이 자연스럽다. 이 에너지를 우리는 정신이라고 할 수가 있다. 물질 없이 정신이,

정신없이 물질이 나타날 수가 없게 되어 있다. E=mc²는 물리의 일반적인 법칙이다.

논리는 '어떻게'에는 앞서나 '무엇이'에는 앞서지 않는다.[3] 그리고 이것이 만일 사실이 아니라면, 우리는 어떻게 논리를 적용할 수 있을까? 우리는 이렇게 말할 수 있을 것이다. 만일 세계가 존재하지 않을 경우에도 논리가 존재한다고 한다면, 세계가 존재하는 경우에는 어떻게 해서 논리가 존재할 수가 있을까?[4]

창세기 1장에서 신은 처음부터 끝까지 논리/언어를 앞세우며 무엇/대상, 형식들을 창조하는 신을 보았다.

³하나님이 이르시되 빛이 있으라 하시니 빛이 있었고
⁶하나님이 이르시되 물 가운데에 궁창이 있어 물과 물로 나뉘라 하시고
⁹하나님이 이르시되 천하의 물이 한 곳으로 모이고 뭍이 드러나라 하시니 그대로 되니라
¹¹하나님이 이르시되 땅은 풀과 씨 맺는 채소와 각기 종류대로 씨 가진 열매 맺는 나무를 내라 하시니 그대로 되어
¹⁴하나님이 이르시되 하늘의 궁창에 광명체들이 있어 낮과 밤을 나뉘게 하고 그것들로 징조와 계절과 날과 해를 이루게 하라(창 1:3, 6, 9, 11, 14).

논리는 어떻게에는 앞서나 무엇이에는 앞서지 않기 때문에 세계

---

3 논고, 5.552.
4 논고, 5.5521.

가 존재하지 않는 경우에도 논리가 존재하고, 세계가 존재하는 경우에는 논리가 먼저 있다는 것이다. 그리고 우리는 무엇을 하는 경우에 그 논리에 따라 할 수밖에 없다는 것이다.

우주는 지금 팽창하고 있다고 한다. 팽창하고 있는 것은 우주만이 아니다. 인간의 인식도 세분화되어 가고 있다. 문명도 계속 진화하고 있다. 인류는 지금 태양계 밖으로 탐사선을 보내서 우주를 뒤지고 다니고 있다. 이 모든 것이 팽창이다. 이러한 우주 안의 일을 통하여 우리는 우주가 팽창하고 있다고 할 수 있다. 그런데 이러한 것은 우주의 보편적인 법칙인 것이고 물리의 기본적인 원리인 것이다.

보론 2. 자기지시/자기언급의 문제

창세기를 읽다 보면 인간이 자연을 대상으로 하는 노동의 과정에서 싹튼 자기의식과 함께 자기언급이 나오는 것을 볼 수가 있다. 자기언급은 반드시 역설의 결과를 도출한다. 이것이 창조이다. 역설이 없다면 창조가 아니다.

> 26하나님이 이르시되 우리의 형상을 따라 우리의 모양대로 우리가 사람을 만들고 그들로 바다의 물고기와 하늘의 새와 가축과 온 땅과 땅에 기는 모든 것을 다스리게 하자 하시고 27하나님이 자기 형상 곧 하나님의 형상 대로 사람을 창조하시되 남자와 여자를 창조하시고(창 1:26-27).

"우리의 형상을 따라 우리의 모양대로", "자기 형상 곧 하나님의 형상대로" 이 두 문장은 너무도 분명하게 자기언급을 하는 문장이다. 자기의 형상대로는 자기언급이다. 이렇게 자기언급 하여 창조한 인간은 신을 배반하는 역설로 나타나게 되는 것이다. 이 역설 때문에 신의 창조가 가능하게 된다. 만약 역설이 발생하지 않는다면 창조가 아니다. 신이 인간을 창조했는데 인간이 신에게 종속된다면, 그래서 신이 시키는 대로만 할 수 있다면 역설이 아니고, 이는 창조가 아니다. 그런 인간은 신도 바라지 않는다. 때문에 신은 인간을 창조할 때 자신을 모델로, 자신을 대상화하고 자기언급 하여 인간을 창조한 것이다. 그렇다면 자기언급은 창조의 핵심이 될 것이다. 자기언급은 이렇게 창조의 핵심이고 그로부터 따라 나오는 역설逆說이 다른 게 아니라 곧 창조이다. 만에 하나 신이 자신이 아닌 다른 존재를 대상으로 창조한다면, 그로부터 인간이 아닌 다른 존재가 창조될 것이고, 그 존재는 개별적인 존재일 것이다. 인간이 보편적인 존재인 까닭은 인간에게는 모든 것이 대상으로 주어지기 때문이다. 개별적인 존재는 인간 이전의 것으로 비유하자면 기계와 같다. 목공기계는 목재를 전문적으로 가공하는 기계이지 다른 것을 가공하지는 못한다. 그 외 다른 기계들도 어느 한 목적에만 맞게 만들어진 기계이다. 그로부터는 역설이 발생하지 않는다. 동물들이 그러한 존재이다. 그러나 인간은 이 모든 기계를 만들 수 있는 보편적인 기계이다. 이렇게 인간은 보편적인 존재인 것이다.

인간에게 모든 것이 대상으로 주어져 있다는 것은 인간이 자기지시/자기언급 하는 존재라는 것을 말한다. 인간이 창조하고 있는 모든 것은 인간 자신을 모델로 하고 있으며 자신을 위한 것이다. 그러나 창조한 모든 것은 인간을 능가한다. 우리는 기계 없이 살 수 없고, 나아가 기계의 결정체인 로봇을 만들고 있다. 더구나 로봇을 인간과 같은 인식과 감정까지도 지닌 존재로 진화시키려 하고 있다. 이것은 신이 인간을 창조한 그 실수(?)를 되풀이하는 것이다. 신이 인간을 자기언급을 통하여 창조한 것은 인간이 모든 것을 대상으로 하는 메타적인 존재로 되기를 희망한 것이라 할 수가 있다. 그러나 인간은 신이 자신의 할 일을 대신하게 하게(창 1:26) 하려고 인간을 창조한 것과 똑같은 이유와 목적으로 기계와 로봇을 창조하고 있는 것이다. 이제 그 로봇이 창조되고 나면 신의 피조물인 인간이 신을 버린 것과 같이 로봇은 인간을 버리고 지배하게 될 것이다. 여기서 우리는 성경의 기록이 기실은 인간에 대한 것이라는 인식을 가져야 하는 것이다.

우리는 자기언급 하는 대표적인 것으로 빛을 들 수가 있다. 빛이 자기언급 한다는 것은 빛에는 매질이 없기 때문이다. 빛에 매질이 없다는 빛 자신이 자신의 매질이다. 이렇게 빛은 자기언급 하고 있다. 만약에 빛이 자기언급 하지 않는다면 우리는 그러한 상황을 상상하기 두렵다. 빛은 자기언급 하는 본질 때문에 가장 빠르게 돌아다니고 있다. 빛이 조금이라도 느리게 우주를 돌아다닌 다고 상상해 보라! 어떤 일들이 벌어질 것인가? 창세기 1장 3절에서의 빛은 바로 자기언급 하는 빛이기 때문에 먼저 나오고 있는 것이다. 빅뱅이란 인식이며 자기언급과 같다. 이 세계가 가능성의 총체로써 논리공간이라는 것을, 즉 자기언급하고 있다는 것을 의미한다.

보론 3. 창조의 본질

1) 286과 386

"하나님이 이르시되 우리의 형상을 따라 우리의 모양대로 우리가 사람을 만들고"(창 1:26) 그와 마찬가지로 286의 형상을 따라 그 모양대로 386을 만들었다. 386이 나오자 286은 버려지고 폐기처분되고 잊혔다. "우리의 형상을 따라 우리의 모양대로"는 자신을 대상으로 하여 인간을 자신보다 더 좋게 했다는 것이다. 굳이 말하자면 인간은 신의 메타이고 신은 인간의 대상이라는 말이다.

신의 세계 창조에도 이러한 논리는 개입되어 있다. 이유는 논리는 '어떻게'에는 선행하지만 '무엇이'에는 선행하지 않기 때문이다. 신의 창조도 그러니까 인간에게 인계되어 있으며, 따라서 하나의 과정에 있다고 할 수가 있다. 인류가 창조해 내는 문명은 나날이 진화 발전하고 있다. 그러한 이유는 지금의 것보다 더 훌륭한 것으로 만들기 때문이다. 이것은 신이 창조했다고 하는 이 세계가 허락하는 유일한 방법이며, 따라서 인류는 그러한 법칙에 따를 수밖에 없게 되어 있다. 고로, 창조라고 하는 것의 본질에는 창조하는 자신에 대한 부정이 따라 나오게 되어 있는 것이다. 그러므로 신이 창조한 인간이 신에게 종속되어 있다면 그것은 창조가 아닐 것이며, 오히려 인간이 신을 넘어서서 신을 배신하는 데 있어서 신의 창조의 의미가 있게 되는 것이다. 그렇다면 신은 창조주로서 현재도 이 세계에 관여하고 있는 것인가? 그렇지 않다. 왜냐하면 신은 인간을, 자신을 배제할 수 있는 존재로 창조함으로써 자신의 개입이 없이도 인간이 창조할 수 있기 때문이다. 신은 무작정하고 창조한 것이 아니라 '어떻게'에 의하여 창조했기 때문이다. 그리고 그 '어떻게'가 바로 인간이다. 이러한 것을 두고 누군가는 "신은 논리법칙에 어긋나는 것이 아니면, 모든 것을 창조할 수 있다"고 한 것이다. 자식을 이기는 부모는 부모가 아니다. 우리의 형상을 따라 우리의 모양대로는 자신을 대상으로 하여 인간을 자신보다 더 좋게 했다는 것이다. 그런데 이것은 진화의 논리이다. 이렇게 진화와 창조는 그 본질상 동일한 것이다.

지금까지의 기독교 신학은 이러한 창조의 본질에 대하여 묻지 않았다. 진정한 신학은 창조의 본질이 어떤 것인지를 물어야 한다. 신학은 신을 대상으로 두고 보아야 하는 것이다. 지금까지의 신학은 신학이 아니라 신을 믿는 것을 전제하는 신학이었다. 신을 믿는데 어떻게 신을 대상으로 두고 볼 수 있겠는가? 그러나 신학도 인간이 하는 것이지 신이 하는 것이 아니다. 인간에게는 모든 것이 대상으로 주어져 있는 것이다.

그러니까 신은 인간을 창조할 때 창조하는 자신마저도 대상으로 하는 메타적인 존재로 창조한 것이다. 그러나 인간은 이러한 신의 희망을 저버리고 자신을 대신할 수 있는 존재, 기계를 만들었다. 이유는 자신의 노동을 대신하게 하기 위해서이다. 이것은 이미 인간이 노동을 목적으로 하지 않고 수단으로 한 데서 마련되어 있었던 일이다. 인간이 자신의 노동을 자연을 착취하는 수단으로 하지 않고 자연에 앞서가지 않는, 자연의 심부름만 하는 그러한 노동을 유지해 왔다면 인간은 기계를 창조할 필요가 없었을 것이다. 기계를 통하여 노동으로부터 해방되겠다는 생각이었으나, 오히려 더욱 고된 노동에 처하게 되었다. 이제 인간은 기계에 종속될 것이다. 인간은 기계를 통하여 노동으로부터 해방되기는 고사하고 노동으로부터 도망치고 있는 것이다. 노동으로부터 도망치는 것을 인간은 아름답다고 착각하고 있다. 이렇게 인간은 더는 메타의 존재가 아니게 되었다. 인간은 기계의 대상이다. 기계는 노동의 모든 방법과 목적까지도 가지고 있다. 인간은 인간이기를 포기하였다. 앞으로 인간 자신의 기계가 될 것이다.

보론 4. 인간의 먹을 것에 대한 채식 규정

이 글에서 추적하고자 하는 것은 창세기에서 인간이 먹을 것을 채식으로 규정하고 있는 이유와 하나님 형상으로 창조된 인간이 바로 하나님의 창조물인 자연을 보살피고 가꾸고 심부름하는 보편타당한 노동자라는 것을 입증해 보는 것이다. 창세기는 하나님이 세상을 창조하시는 데 있어 일정한 원리와 법칙을 알려주고 있다. 그러한 창조의 원리와 법칙에 따라 사람들도 살아야 한다고 가르치고 있는 것이다. 창세기를 바르게 이해하기 위해서는 생물학적인 상상력과 지구 생태계에 대한 기본적인 이해가 불가피하다.

> 하나님이 이르시되 내가 온 지면의 씨 맺는 모든 채소와 씨 가진 열매 맺는 모든 나무를 너희에게 주노니 너희의 먹을거리가 되리라(창 1:29).

이 구절은 인간의 먹을 것을 식물로 한정하는 채식 규정이다. 사람들이 실제로 먹고 있는 것들은 지구 전체에서 나오는 식물과 생물, 동물을 포함하여 곤충, 파충류 등 거의 모든 것이다. 심지어는 광물까지도 먹고 있다. 이 모든 것보다 더 많은 것을 먹고 있는데, 그것이 바로 보이지 않는 관념이다. 그렇다면 성서는 무엇 때문에 채식으로 규정하고 있느냐는 물음은 오히려 당혹스럽기까지 하다. 사람이 먹는 것은 유전자까지도 바꾼다고 하며 먹는 것에 의하여 건강이 좌우되는 것은 상식이다. 성서가 채식 규정을 하는 이유는 지구의 생태계에 대한 약간의 상식이라도 있는 사람이면 추리 가능하다.

농사를 짓는 사람들이 부지런한 이유는 바로 식물들의 강력한 번식력 때문이다. 이 번식력 때문에 사람들은 수시로 논밭에 들러 살펴보고 물을 주든가 거름을 주든가 하면서 식물의 발육 상태를 살펴보게 된다. 식물이 너무나 배게 들어차기 때문에 솎아 주어야 식물이 제대로 자라서 폭이 들게 되는 것이다. 이렇게 인간이 이마에 땀을 흘려가며 가꾸는 식물이 없다면 인간은 살 수가 없게 된다. 식물은 지구 생태계 최초의 에너지 생산자이다. 생산자라는 것은 동물이 먹을 수 있는 상태의 에너지가 곧 식물이기 때문에 하는 말이다. 따라서 창세기 3장의 다음 구절은 이 사실을 염두에 두고 해석되어야 한다.

[18]땅이 네게 가시덤불과 엉겅퀴를 낼 것이라 네가 먹을 것은 밭의 채소인 즉 [19]네가 흙으로 돌아갈 때까지 얼굴에 땀을 흘려야 먹을 것을 먹으리니 네가 그것에서 취함을 입었음이라 너는 흙이니 흙으로 돌아갈 것이니라 하시니라(창 3:18-19).

씨를 맺는 식물들은 씨를 통하여 번식하기 때문에 번식률은 실로 엄청나다. 지구 생태계에서 식물은 가장 번식력이 강하다. 가장 번식력이 강하기 때문에 생태계 최초의 에너지 생산자이기도 하다. 그러나 식물보다 번식력이 강한 존재는 바로 미생물이며 미생물보다 번식력이 강한 존재는 바로 흙이다. 흙은 주검들이 새로운 생명으로, 에너지로 환원되는 죽음과 탄생이 일치된 것이다. 엄밀하게 말하자면 식물이 아니라 대지의 흙이 가장 번식력이 강한 것이다. 흙을 먹는 동물도 있으나 보편적인 먹을 것은 아니기 때문에 마찬가지로 미생물 또한 그렇기에 식물을 최초의 에너지 공급원으로 보아야 한다. 식물은 모든 존재의 먹이이다. 이러한 식물을 가꾸고 다스리자면 얼굴에 땀이 흐를 것이다. 인용한 구절에 대한 성서의 해석에서 노동은 형벌로 주어진 것이라는 이해는 노동을 착취하고 외면할 것에 대한 해석이다.

지구의 생태계는 먹이사슬을 하고 있는데, 이 먹이사슬을 분명하게 제시하고 있는 문서가 바로 창세기 1장이다. 창세기 1장에서 하나님이 창조하시는 순서가 자연의 진화에 따른 지구 생태계의 먹이사슬이다. 먹이사슬은 절대적인 질서이다. 식물에서 최초로 생산된 에너지가 인간에게서 마지막으로 소비된다. 식물에서 최초로 생산된 에너지는 먹이사슬을 타고 이동하여 인간에게서 최종적으로 사라지는 것이다.

하나님의 창조 순서를 보면 식물을 창조하고 나서 식물의 광합성을 위하여 광명체를 창조한다. 다음으로 동물을 창조하는데, 동물은 먹이사슬에서 식물보다 상위에 있다. 따라서 육식을 주로 한다면 엄청난 공간과 시간과 인력을 소비하는 것이 된다. 따라서 식물을 주식으로 한다면 엄청난 에너지를 아끼고 인간의 수고를 덜 수가 있는 것이다. 지구의 수명을 연장하고 공기와 물이 맑을 것이다. 공기와 물이 탁한 것은 인간의 영혼이 탁하기 때문인데, 채식을 하게 되면 인간의 영혼도 정신도 맑아진다. 그뿐만 아니라 지금처럼 사람들이 이렇게 많은 시간을 노동하지 않아도 된다. 창세기의 규정대로 인간이 채식을 한다면 이토록 복잡한 문명도 필요하지 않을 것이다. 인긴성도 지금처럼 공격적이지 않을 것이 분명하다. 채식은 무엇보다 여러 번 가공할 필요가 없다. 금단의 열매를 따 먹은 이브도 먼저 생각하는 사람으로 프로메테우스의 자매라고 할만하다. 불은 최초에 육식 때문에 필요하게 되었을 것이다. 육식에 는 무기가 필요하다. 자연에서 문화 문명으로의 진입단계에서 인간이 채식만을 하게 되었다면, 문명의 발전은 속도가 더디든가 아니면 지금과는 다른 방향으로 되었을 것이다. 창세기가 채식으로 인간의 먹을 것을 규정하는 배경에는 이런 것들이 있다.

창세기를 읽어보면 채식 규정 이전에 인간에게 복을 주시는데, 그 내용인즉 생육하고 번성하여 땅에 충만하라, 모든 생물을 다스리 라는 것이다. 요는 복을 주시는 조건으로 채식 규정이 있다는 걸 의미한다. 실제로 채식은 육식에 비하여 사람을 건강하게 하고 지구 생태계를 보호한다. 창세기는 과학보다 더 과학적이다. 육식이 무기를 필요로 하고 가공해야 하는 것이라면, 채식은 오로지 인간의 몸만으로 모든 것을 해결할 수가 있다. 불을 훔쳐 문명을 택한 프로메테우스에게 제우스가 복수하기 위해 아름다운 여자 판도라 를 보냈는데, 이는 실제로 육식과 성욕이 결부된 것을 시사한다. 인류 최초의 사회가 모계사회였다는 사실도 성과 육식과의 관계를 알려준다. 육식을 통하여 문명은 발전하고 곧 모계사회는 부계사회에 의하여 사라지게 되었다.

채식만의 사회에서의 노동은 몸 노동으로 충분하다. 그러나 육식의 사회에서는 몸 노동만으로는 부족하다. 이와 관련 하에 우리는 하나님의 복 주심을 다시 반성해 보아야 한다. 채식만의 사회에서는 문명은 부차적으로 된다. 따라서 그런 사회에서는 모두가 노동해야 한다. 지금도 존재하는 원시사회에서는 모두가 노동인지 놀이인지 분별이 되지 않는 삶을 살고 있는 것은 이 성서의 진리를 확증하고 있다. 원시사회가 원시사회인 이유는 노동을 착취하지 않기 때문이다. 계급이 없기 때문이다. 앞의 하나님의 언약, 복 주심은 그러한 노동을 전제로 하는 것이다. 스스로 몸을 움직여 하나님 창조물인 사물을 대하고 사물과 교제하고 교감해야 한다. 이것이 하나님의 창조물을 다스리는 것이다. 기계에 의한 노동이 아닌 몸 노동이 다스리는 방법이다. 몸 노동은 사물을 닦달하지 않는다. 비능률적이기 때문이다. 수단인 기계로서의 도구가 인간과 사물 사이에 개입되지 않아야 한다. 인간과 자연은 도구 때문에 단절되어 있는 것이 문명사회의 현실이다. 이상과 같이 성서를 바르게 이해하고 나서야 우리는 하나님 형상으로 인간을 창조했다는 의미와 그 인간이 어떤 사람인지를 밝게 옳게 이해할 수가 있는 것이다.

보론 5. 창조의 여섯 날

신이 세계를 창조하는데 왜 여섯 날이 필요했는가? 존 레녹스의 『최초의 7일』에 의하면, 신학에서 아직까지 풀지 못한 창세기의 네 가지가 있는데 그것들은 다음과 같다.

1. 창조의 여섯 날
2. 창조의 네 번째 날
3. 두 개의 창조 기사?
4. 하나님에서 여호와 하나님으로의 변화[5]

이 네 가지 가운데 신학적으로 가장 심각한 것이 네 번째이다. 전지전능한 신이 우주의 창조에 왜 하필이면 여섯 날이 필요했을까? 다음은 존 C. 레녹스가 『최초의 7일』에서 보이는 여섯 날이다.

날 형성
6. 육지 동물/인간
5. 바다/날개 달린 생물
4. 발광체
3. 바다/마른 땅/식물
2. 하늘/바다
1. 빛[6]

레녹스가 창세기 1장에서 신이 창조하는 것이 지구 생태계의 먹이사슬이라는 것을 알았다면, 앞의 인용처럼 표현하지 않았을 것이다. 신이 여섯 날에 걸쳐 창조한 것은 다른 게 아니라 지구의

---

5 존 C 레녹스, 『최초의 7일』, 63.
6 위의 책, 48.

생태계이다! 지구의 생태계는 먹이사슬로 되어 있다. 이 먹이사슬이 여섯 단계를 하고 있기 때문에 신의 창조에는 여섯 날이 필요했던 것입니다. 먹이사슬을 보면 다음과 같다.

6. 인간의 창조/잡식동물

5. 바다/육지의 생물, 육식동물

4. 식물의 광합성/초식동물

3. 땅 위의 식물, 식물의 광합성

2. 대륙의 갈라짐, 뭍이 드러남/ 흙 속의 미생물

1. 천지/하늘 땅/바다

하루에 한 단계를 창조한다. 이것이 먹이사슬인 이유는 각 날에 나타난 존재의 번식력이 다르기 때문이다. 땅/흙은 무덤이자 자궁이다. 천지의 땅속 미생물은 가장 번식력이 강하다. 이 미생물을 먹이로 하는 식물은 자신을 먹이로 하는 초식동물보다는 번식력이 강하고 자신이 먹는 미생물보다는 약하다. 이 식물은 지구 생태계에 에너지 공급자이다.

식물을 먹이로 하는 초식동물은 식물보다 번식력이 약하고 자신을 먹는 동물보다는 강하다. 바다와 육지의 생물과 동물들은 식물을 먹고 살고, 식물보다는 번식력이 약하다. 그러나 자신을 먹는 잡식성의 동물인 인간보다는 번식력이 강하다. 식물은 동물이나 인간이 없어도 존재할 수 있으나 인간과 동물은 불가능하다. 인간은 보이지 않는 것까지 먹어야 하는 마지막 포식자이기 때문에 번식력이 가장 약하다. 이렇게 우리는 우주 생태계의 마지막 포식자로 창조/진화된 것이다. 그러므로 인간이 수고를 치르게 되면 그 아래 모든 존재, 전 지구와 우주가 수고를 치르게 되어 있다. 인간이 버린 것은 다시 인간의 입으로 들어간다. 이렇게 신마저도 각 존재의 번식력을 축으로 하여 논리적으로 창조해야 했다. 그러나 논리는 한계를 가지고 있다. 따라서 이 논리는 인간에 와서 전복된다. 인간이 지구 생태계의 마지막 포식자라는 사실에 인간의 본성과 그로부터의 운명과 사명까지도 다 주어진 것이다.

보론 6. 먹이사슬은 무엇인가?

1) 지구 생태계 지도

우리 인간이 무엇을 창조하고자 할 때는 지금보다 더 좋은 것으로 창조한다. 지금 것을 모델로 하여 다음 것을 창조하면서 다음 것이 지금 것보다 더 좋은 것이 아니거나 같은 것이라면 그것은 창조라고 할 수가 없다. 그런데 이와 같은 법칙은 우주의 창조 법칙을 그대로 따르고 있는 것일 뿐이다. 인간의 활동무대는 우주이며, 따라서 인간의 창조는 우주가 창조된 그 법칙을 그대로 따르게 되어 있는 것이다.

성서의 창세기 1장은 이러한 창조의 법칙을 보여주고 있다. 창세기 1장에서 신이 창조한 것은 다른 것이 아니라 지구 생태계의 지도이며, 지구 생태계는 먹이사슬로 되어 있다. 먹이사슬은 세계의 보편적인 것이며 세계는 먹이사슬을 통하여 질서를 유지하고 있다. 자연은 먹이사슬 그 자체이고 먹이사슬은 자연이 유지되고 있는 원리이다. 자연의 먹이사슬을 보여주고 있는 것이 바로 창세기 1장이다. 이곳에 나오는 먹이사슬은 다음과 같다.

6. 인간의 창조/잡식동물
5. 바다/육지의 생물, 육식동물
4. 식물의 광합성/초식동물
3. 땅 위의 식물, 식물의 광합성
2. 대륙의 갈라짐, 뭍이 드러남/흙 속의 미생물
1. 천지/하늘 땅/바다

이렇게 여섯 단계로 된다. 창세기 1장에서 신의 창조에 여섯 날이 필요했는데, 이는 신학에서 말하고 있는 것처럼 신의 하루는 인간의 수천 년에 해당한다거나 하는 연대기적인 조건이 아니라 논리적인 조건이다. 논리적인 조건이란 것이 바로 먹이사슬이며, 먹이사슬이 여섯 단계를 하고 있기에 여섯 날이 필요했던 것이다. 신학에서는 신의 창조의 여섯 날을 두고 젊은 지구론이니 늙은 지구론이니 하며 쓸데없는 해석을 하고 있는데, 신의 창조부터가 아주 논리적이다. 그 한 보기가 바로 먹이사슬이다. 창세기 1장에서 신이 창조한 것이 지구 생태계의 지도이고, 생태계는 먹이사슬로 되어 있다. 창세기에서 놀라운 것은 식물의 광합성에 대하여 분명히 인식하고 있다는 것이다. 셋째 날에 식물을 창조하고 넷째 날에 광명체를 창조하여 땅을 비추게 했다는 것은 식물의 광합성을 말하고 있는 것이다. 어떤 책을 읽어보아도 성경보다 더 선명하게 지구 생태계의 지도를 보여주는 책은 없다.

2) 먹이사슬

1단계 — 먹이사슬은 여섯 단계로 되어 있는데 맨 처음 육지의 땅
　　이 있다. 그리고 하늘과 바다가 있다.
2단계 — 육지의 땅, 흙 속에는 가장 번식력이 강한 미생물이 살
　　고 있다. 과학에 의하면 육지가 본래는 바다에 잠겨 있었다고
　　한다. 그러던 것이 수면 위로 올라왔다고 한다. 본래는 육지가
　　온통 한 덩어리였으나 시간의 지나면서 지금과 같은 5대양 6
　　대주로 갈라지게 되었다고 한다.

　나는 과학의 이러한 생각이 맞으리라고 생각하고 있는데, 만약에
육지가 한 덩어리 그대로 있다면, 모든 사람이 같은 언어를 사용하고
비슷한 환경 속에서 살며 비슷한 생활을 하고 있을 것이다. 그렇게
되면 지구는 형식을 결여하게 될 것이다. 모든 조건이 모두에게
동일하다면 그것을 세계라고 할 수 없게 된다. 하나의 덩어리가
갈라져서 5대양 6대주로 되면서 형식이 나타나게 된 것이다. 미생물
을 번식시키는 땅은 그로부터 모든 탄생이 나오고 모든 죽음이
땅으로 회수되어 다시 새로운 생명으로 돌아가는, 죽음과 탄생이
동일하게 있는 곳이다. 자궁이자 무덤이다.

　3단계 — 땅속의 미생물이 가장 강한 번식력으로 번식하고 있으
니, 이제 그것을 먹어 주어야 하는 포식자가 필요하게 된다.
　그 포식자가 바로 식물이다. 식물의 번식력은 미생물의 번식력보
다는 약하지만, 식물을 먹어야 하는 존재의 번식력보다는 강해야

한다. 식물은 에너지를 먹을 수 있는 상태로 하여 인간의 가시권에서는 최초의 먹잇감이 되는 것이다. 식물은 번식력이 강하기 때문에 모든 존재의 먹이가 된다. 인간이 채식을 주로 하게 되면 지구는 그 수명이 길어질 것이고 공기는 맑고 물은 오염되지 않을 것이다. 경이롭게도 성서의 창세기는 인간의 먹을 것을 채식으로 규정하고 있다.

> 하나님이 이르시되 내가 온 지면의 씨 맺는 모든 채소와 씨 가진 열매 맺는 모든 나무를 너희에게 주노니 너희의 먹을거리가 되리라(창 1:29).

무엇보다 채식을 주로 하게 되면 인간의 수고를 덜 수 있게 된다. 성경에 의하면 이는 복을 주시는 것이다.

4단계 ― 초식동물은 식물을 먹이로 한다.
따라서 그 번식력이 식물보다는 약하지만, 자신을 먹이로 하는 육식동물보다는 번식력이 강하다. 인간이 육식동물을 먹기보다 초식동물을 먹게 되면 먹이사슬에서 초식동물이 육식동물보다 한 단계 아래이기 때문에 수고를 덜고 자원을 절약하며 공해와 오염 환경파괴를 줄일 수 있게 된다. 그러나 이것은 식물을 주로 먹는 것만은 못하다.

5단계 ― 5단계의 존재는 육식동물이다.
육식동물은 초식동물을 먹기 때문에 초식동물보다는 그 번식력이 약해야 한다. 그리고 자신을 먹는 잡식의 동물보다는 그 번식력이 강해야 한다. 육식동물은 서로를 먹이로 하기도 한다. 그러나 초식동물에서는 이 양상이 다른데, 육식동물은 상대를 직접 잡아먹지만 초식동물에서 서로 간의 생존경쟁은 주로 환경을 매개로 하며 직접 잡아먹는 경우는 드물다.

6단계 ─ 6단계의 존재는 잡식동물이다.

잡식동물은 먹이사슬의 마지막에 있어 마지막 포식자이다. 잡식동물이라고 할 수 있는 이유는 보이지 않는 것까지를 먹기 때문이다. 이 존재가 바로 우리, 인간/사람이다. 우리 인간은 지구 생태계의 마지막 포식자이다. 때문에 인간이 수고를 치르게 되면 그 아래의 모든 존재, 지구 전체, 우주 전체가 수고를 치르게 되어 있는 것이다. 지구 생태계에서 마지막 포식자로서 인간이 해야 하는 일은 포식을 통하여 생태계의 균형을 유지해야 하는 일이다. 그러나 진화/창조는 논리적이며 따라서 이 논리는 전복되게 되어 있다. 그 논리란 바로 번식력이다. 각 단계의 번식력을 축으로 하여 창조/진화되었다는 것은 단 하나의 논리가 적용되었다는 것이다.

이렇게 보이는 먹이사슬에서 우리는 많은 법칙을 끌어낼 수가 있는데, 그것들은 다음과 같다.

1. 먹이사슬은 번식력이 강한 것이 번식력이 약한 것의 먹이가 된다.
2. 1의 논리는 어떠한 경우에도 유지된다.
3. 각 단계의 존재는 그 단계의 마지막 포식자이다.
4. 이것은 진화/창조가 먹이사슬을 만들면서 진행되었다는 것을 의미한다.
5. 창조주이든 자연의 진화든 간에 지구가 스스로 유지되는 시스템을 하

기 위해서는 1의 논리에 의한 방법 외 다른 논리는 없다.

6. 생태계의 실제적인 주인은 녹색의 식물이 아니라 미생물이다.

7. 세계의 모든 존재는 먹이를 중심에 두고 관계를 맺고 있다.

8. 인간이 마지막 포식자이므로 인간이 수고를 치르면 모든 존재가 수고를 치르게 된다. 이것이 오염, 공해, 환경파괴이다.

9. 인간이 버린 것은 반드시 인간의 입으로 들어온다.

10. 인간 문명 문화의 발전이나 변화 등등 모든 가능성은 지구의 생물권으로부터 나오는 것이다.

11. 인간이 마지막 포식자라는 것은 뒤집힌 존재임을 의미한다. 즉, 번식력을 축으로 한 창조/진화의 논리가 전복된 것이다.

12. 논리가 전복되었다는 것은 논리의 한계를 말하는 것이다. 이를 분명히 보기 위해서 우리는 축으로 두는 바둑을 보면 된다.

13. 바둑을 축으로 둔다는 것은 단 하나의 논리를 적용한다는 것이다. 이렇게 두게 되면 다 따내고 다시 두게 된다. 다 따내는 것은 논리의 전복이고 다시 두게 되면 그 논리의 반복이다. 바둑은 대각선을 하고 있다.

14. 이렇게 지구 생태계의 지도인 먹이사슬이 전복된 논리를 가지고 있다는 것을 알기 위해서 우리는 정삼각형을 그리고 그 대각선이 연장된 거꾸로 된 정삼각형을 그려야 한다.

보론 7. 먹이사슬을 통하여 보는 창조의 본질

이러한 먹이사슬의 분석으로부터 우리는 창조/진화의 본질이 어떤 것인지를 알 수가 있게 된다. 그것은 자신보다 더 발전된

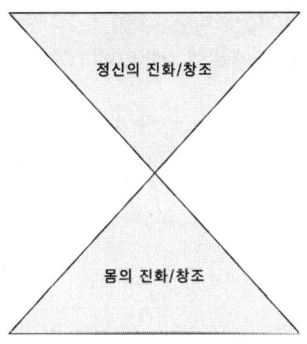

더 좋은 존재를 내어놓는 것이다. 창세기 1장의 다음 구절은 그러한 사정을 보여주고 있다.

"하나님이 이르시되 우리의 형상을 따라 우리의 모양대로 우리가 사람을 만들고"(창 1:26) 여기서 '우리의 형상을 따라 우리의 모양대로'는 자신을 본으로 하여, 자신을 대상으로 하여 자신보다 더 좋은 존재를 창조한다는 것이다.

자신보다 더 좋은 존재가 아니면 그 피조물은 창조주 자신에게 종속될 것인데 이것은 창조라고 할 수가 없다. 자기지시라고 하는 것을 정신의 본질이라고 했는데, 이는 의식적으로 그렇게 한다는 것이 아니라 논리적으로 그렇게 되어 있다는 것이다. 이로부터 당혹스러운 결론이 나온다. 종교에서 말하는 창조와 과학에서 말하는 진화가 실제에 있어서는 동일한 것이라는 결론이다. 그러므로 신의 창조에도 목적은 없다고 보아야 한다. 그리하여 우리는 창조/진화에는 자기부정이 전제되어 있다는 진리를 발견하게 된다. 전지전능이란 할 수 없는 것을 해야 하고, 알 수 없는 것을 알아야 한다. 곧 자기부정이다. 무엇인가를 창조하면 그 창조한 존재가 창조한 자신보다 더 좋다는 것은, 자신이 대상이 되고 자신이 창조한 피조물이 메타가 된다는 것이다. 대상에 대한 메타는 역설이다. 이렇게 신의 창조/자연의 진화는 그 자체 논리에 따라 필연적으로 전복된 것이다. 그러한 사정을 두 개의 연접한 피라미드는 보여주고 있다.

인간의 모든 활동은 자신의 생물적인 번식력을 문화적 번식력으로 대치한 것이다. 인간의 사회에도 지금까지 우리가 본 것과 같은 먹이사슬이 작동하고 있다. 그것이 곧 계급이다. 인간 사회의 먹이사슬이 자연의 그것과 다른 것은 계급투쟁이 있다는 것이다. 자연의 생태계는 변화가 없지만 인간 사회의 생태계는 계급투쟁으로 인하여 변한다. 인간은 자연을 그대로는 삶에 소용되지 않기 때문에 자연을 소용에 닿게 가공해야 한다. 이것이 노동인데 자본주의 산업사회에서 제1차 산업에 종사하는 육체노동 계급은 자연의 먹이사슬에서 식물과 같은 존재이다. 그들은 우선적으로 자연을 직접적인 대상으로 하는 노동을 한다. 식물은 에너지를 먹을 수 있는 상태로 하여 생태계에 공급한다. 마찬가지로 육체노동은 인간의 소용에 닿게 자연을 맨 처음으로 자연이 아닌 것으로 만든다. 따라서 노동계급은 그 사회의 구성원으로는 가장 많고 또 그래야 한다. 자연 생태계와 같이 번식력이 가장 강해야 하는 것이다. 그러나 그 번식력이 가장 약하다. 그것이 계급투쟁이다. 노동계급의 수입은 가장 적으며 사회적 대우도 가장 열악하다. 우리 모두는 성공이라는 관념을 지니고 있으며, 자신의 지위와 신분을 최대한으로 상승시키려는 욕구가 있다.

다음으로는 2차산업이 있다. 2차산업에서는 1차산업에서 인간의 영역으로 끌어들인 자연을 더 가공한다. 그렇게 되면 1차산업의 제품보다 더 고가의 제품이 된다. 2차산업에 종사하는 사람들은 1차산업에 종사하는 육체노동자들에 비하여 대체로 더 좋은 수입과 대우를 받고 있으며, 그 수는 적어야 하지만 실제로는 더 많다. 수입이 더 많기 때문이다. 제조업이 그 대표적인 것이다.

다음으로는 3차산업이 있다. 금융업이나 운송, 서비스 등이다. 3차산업은 2차산업을 토대로 하고 2차산업은 1차산업을 토대로 하고 있다. 3차산업 종사자들은 그 아래 사람들보다는 더 좋은 수입과 대우를 받게 된다.

다음에는 4차산업이 있다. 인터넷 등의 통신업과 금융업, 개인금융업, 비행기 운송업 등은 4차산업에 속한다고 생각된다.

5차산업은 어떤 직업이 있는가? 우선 과학자들이 있다. 새로운 기술을 발견하고 그 해당 제품을 만드는 것은 제조업이지만 과학 그 자체는 5차산업에 해당한다. 이 5차산업에는 스포츠도 있다. 월드컵이나 올림픽은 5차산업의 주 종목이다. 그 외 나는 정치집단과 교육자를 5차산업군에 두고 싶다. 대한민국에는 정치자영업자가 너무나 많다.

그렇다면 6차산업은 무엇일까? 영화나 음악, 미술, 문학 등의 예술이 바로 6차산업이다. 6차산업은 지구 생태계 먹이사슬처럼 에너지가 마지막으로 소비되는 산업이다. 6차산업은 인간에게 쾌락을 제조하여 공급하는 산업이다. 인간은 즐기는 존재이다. 인간은 노동을 즐길 수 없게 되어 있다. 노동은 이성에 복종하는 것이기 때문에 인간은 노동에 몰두할 수가 없다는 것은 조르쥬 바따이유가 『에로티즘』에서 갈파한 것이다.

보론 8. 지구 생태계 마지막 포식자로서의 인간

신은 인간을 그의 이미지와 그와의 유사성을 따라 창조하였지만, 인간은 죄를 범함으로써 신의 이미지를 간직하면서도 그와의 유사성을 잃어버렸다. 그렇다면 우리는 이 경우 미학적 실존(심미적인 실존)으로 들어가기 위하여 도덕적인 실존을 잃어버린 것은 아닐까?[7]

들뢰즈는 이처럼 분명하게 말하고 있다. 여기서 도덕적 실존은 이성을 견지해야 하는 노동이며, 미학적 실존이란 문화와 예술 등의 즐기고 몰두할 수 있는 영역이다. 예술과 문학, 영화 등의 작품은 인간이 수고를 치러 가며 영구 보존한다. 문화유산이다. 따라서 땅으로 흡수되어 썩어서 자연 순환으로 들어가지 않게 된다. 이렇게 하여 에너지가 마지막으로 소비되는 것이다.

이렇게 하여 신의 번식력을 축으로 한 창조논리(자연의 번식력을 축으로 한 진화의 논리)는 필연적으로 뒤집힐 수밖에 없다. 번식력을 축으로 한 창조/진화의 먹이사슬은 논리사슬이다. 논리의 연쇄이다. 인간은 이 논리를 범하지 않아야 한다. 연쇄 논리이기 때문에 하나의 논리가 무너지면 계속하여 그에 연결된 논리들이 무너지게 되어 있다. 그것은 논리의 한계이며 논리의 한계는 세계의 한계이다. 오늘날 문화의 무제한적인 팽창은 뒤집힌 신의 창조를 보여주고 있는 것이다. 지금 인류는 지구상의 광합성의 총량을 초과하여 소비하고 있으며 이것이 진화의 논리를 범하고 있는 것이다.

---

7 질 들뢰즈/박정태 옮김, 『들뢰즈가 만든 철학사』 (이학사, 2008), 34.

『6도의 멸종』에 의하면 지구의 평균기온이 3도 오르면 6도까지 에스컬레이터에 탄 것처럼 자동적으로 기온이 오르게 된다고 한다. 3도를 넘어서게 되면 지구상의 열대, 온대, 아열대 지역에서 겨울이 사라지고, 더 오르면 식물이 떠버려 숨을 못 쉬게 되고, 그렇게 되면 지구가 밖으로부터 들어오는 열을 반사하지 못하고 흡수하게 되어 사막화가 급격하게 진행될 것이라고 한다. 이것은 바로 진화가 논리적으로 진행되었고, 우주와 지구가 그러한 논리사슬에 따라 되어 있기 때문이다.

생물적인 번식력이 가장 약한 존재는 논리적으로 다른 모든 존재를 먹어야 하는 잡식성의 존재이어야만 하는 것이다. 그리고 그 존재는 보이지 않는 것까지를 먹어야만 하는 것이다. 창조/진화의 계층에 따라 정신의 계층적인 차이가 있어야만 먹이사슬이란 질서가 가능하기 때문이다. 그리고 보이지 않는 것까지를 먹는 존재는 필연적으로 추상력과 상징력을 지닌 그러한 정신을 지니고 있어야만 하는 것이다. 이것이 논리적이기 때문에 그렇게 된 것이다.

인간이 지구 생태계의 먹이사슬에서 마지막 포식자이기 때문에 그가 해야 하는 일은 자신의 포식 활동을 통하여 생태계의 균형을 유지하는 것이다. 때문에 잡식성의 동물인 것이다. 그러나 인간의 허구적, 미학적 실존은 자신의 생물적인 번식력을 문화적인 번식력으로 대치한 것이다. 그 모든 활동은 자연에 대한 것이기 때문에 자연에 대해서는 인간의 생물적인 번식력으로 되어버리는 것이다. 인간은 지구라는 밥그릇을 놓고 자기 후손과 더 많이 먹겠다고 싸우고 있다. 이렇게 하여 지구가 10개라고 해도 모자랄 지경이 되어버린 것이다. 이러한 운명을 이기는 길이 단 하나 있다. 그것은 미학적 실존을 포기하고 도덕적 실존의 길을 택하는 것이다. 그 구체적인 방법은 노동에 있다. 오로지 모든 것을 자기 몸으로 스스로 하는 온전한 육체노동을 하는 것이다. 기계 노동은 기계가 노동의 주체이다. 육체노동은 인간이 노동의 주체이다. 다른 하나가 있는데 그것은 우리의 육체적인 사랑을 증진하고 그것으로 문화적 소비재를 통한 쾌락의 추구를 제어하고 제한하는 일이다. 인간의 육체적인 사랑은 추한 것이 아니라 오히려 하나님이 인간에게 선물한 유일한 행복의 원천일 것이다. 인간의 육체적인 사랑은 자연을 느끼게 하고 인간으로 하여금 자연에 만족하도록 이끌어 간다. 우리가 알몸으로 엉키어 있을 때 우리는 순간순간 자연을 회복하는 것이다. 인간이 문명에 피로를 느끼는 이유는 곧 성이 있기 때문이며 성은 자연으로 돌아가는 길을 직접적으로 열어 놓고 있다.

나는 인천에 있는 수도권 매립지에서 6개월 동안 일을 해 본 경험이 있다. 하던 일은 음식물 쓰레기를 재활용품과 비료로 만드는 기계를 제작 설치하는 일이었다. 우리는 일이 끝나면 자동차로 매립지를 여기저기 뒤지고 다니다가 정문을 빠져나와 집으로 가곤 했다. 그곳에서는 모든 식물이나 채소가 다 잘된다. 나무도 일반적인 산에서보다 더욱 우거지고 있다. 이제 막 쓰레기를 버리고 있는 곳에 가면 뜨거운 물이 나오는 수도가 있는데, 전기로 하는 것이 아니라 쓰레기가 썩어가면서 내는 열을 이용하여 나오는 물이었다. 그러니까 쓰레기는 지금 버리고 있는 곳에서만 볼 수 있었고 완전히 썩어버린 곳에서는 볼 수가 없었다. 그곳은 쓰레기가 아니라 기름진 땅이다.

이렇게 쓰레기는 쓰레기가 아니다. 쓰레기는 썩으면 기름진 땅으로 된다. 그 땅에는 어떤 식물이나 채소도 아주 잘된다. 일반적인 밭에서보다 더 녹색이 짙어 보이는 것이다. 꿩이나 들짐승도 살고 있었다.

그렇다면 쓰레기는 어디에 있는 것인가? 그 쓰레기는 생명이 없기 때문에 인간보다 더 오랫동안, 이 세계에 존재할 것이다. 그것도 인간의 보살핌을 받아 가며. 그 쓰레기는 인간보다 더 한 단계 진화한 존재이다. 따라서 인간을 먹이로 하고 있다. 인간의 창조물인 그것은 인간을 부정하고 있으며, 인간을 도태시키고 있다. 인간이 오로지 몸 노동으로만 살고 있다면 아무것도 창조하지 않았을 것이고, 따라서 자신보다 더 진화한 다른 존재를 창조하지 않았을 것이다. 그러나 진화의 논리는 그러한 것을 허락하지 않게 되어 있다. 아무도 그러한 원시세계를 바라지 않는다.

제 9 장

⋮

논리로 읽는
창세기 2장

I. 창세기 2장의 논리적 독해

인간과 인간의 노동

1) 논리철학논고

성서의 창세기는 인류의 역사가 노동으로부터 시작되었음을 기록하고 있는 문헌이다. 창세기는 인류가 자연 가운데 나타나서 자연을 대상으로 하는 노동을 하면서 인식이 싹트고, 그 인식이 발전함에 따라 신을 인식하고 배반하고 문명을 통하여 스스로 창조하는 과정을 보여준다. 이것은 실제의 진화와 일치한다. 창세기는 인간의 노동을 참고하지 않으면 바르게 이해될 수가 없는 문헌이다. 창세기 1장과 2장의 진술이 다르게 기록되어 있는 이유가 바로 인간의 노동 때문이다. 그런데 거의 대부분 성서 해석이 창세기 1장과 2장이 다른 이유도 모르는 채 행해진다. 도대체 문맥상에 그리고 그 표현에 인간의 노동이 암시적으로 표현되어 있는 것도 아니고 명시적으로 되어 있는 문장을 바르게 읽지 못하는 이유가 뭔지 궁금하다. 창세기는 무엇보다 우선하여 인간의 노동에 대하여 말하고 있으며, 하나님이 창조한 인간은 하나님의 피조물인 자연을 대상으로 하여 그 자연을 보살피고 가꾸며 보존할 인간, 아주 보편타당한 인간, 곧 노동하는 사람이다. 창세기를 읽지 않더라도 우리는 인간의 생존에 있어 자연을 그대로는 이용할 수 없다는 것을 안다. 인간은 자연을 자신의 소용에 닿게 가공해야만 생존 가능하다.

자연을 인간의 생존에 맞게 가공하는 것이 노동이다. 따라서 하나님이 창조한 자연은 노동을 하지 않는다면 아무런 소용이 없게 되는 것이다. 다스리라고 하시는 명령 또한 노동을 의미한다. 다스리는 방법이 곧 노동이기 때문이다.

화이트헤드는 그의 과정과 실재에서 현대철학은 모두 플라톤에 대한 주석이라고 말한 적이 있다. 그런데 플라톤의 주석이 아닌 철학을 한 사람이 있는데 그가 바로 비트겐슈타인이라고 나는 생각한다. 내가 읽기에 그의 『논리철학논고』는 언어철학 이전에 우주론이다. 이와 같은 생각을 한 사람으로는 칼 포퍼가 있는데 그의 말을 소개하겠다.

> 내가 보기에 과학의 관심 못지않게 철학의 관심도 오로지 세계에 대한 우리의 앎과 인식을 증대시키려는 대담한 시도에 있다고 생각한다. 예컨 대 내가 비트겐슈타인에게 관심을 가지고 있는 것은 그의 언어철학 때문이 아니라 그의 "논리철학논고"가 우주론적인 논문이었기 때문이며, 또 그의 인식론이 우주론과 밀접하게 연관되어 있기 때문이다.[1]

비트겐슈타인의 『논리철학논고』는 어떻게 하여 이 세계가 나타나게 되었는지 하는 것을 말하고 있는데, 그에 의하면 이 세계는 논리가 전제되어 있다는 것이다. 그의 『논리철학논고』는 분명히 성경에 빚지고 있는 저술이다. 그 논거를 이렇게 제시하겠다.

---

1 칼 포퍼/이한구·송대현·이창환 옮김, 『파르메니데스의 세계』 (영림카디널, 2009), 33.

세계는 일어나는 모든 것이다.[2]

세계는 사실들의 총체이지 사물들의 총체가 아니다.[3]

위 명제는 창세기를 읽고 얻은 것일 수가 있다. 어떤 텍스트가 없다면 사물과 사실이 어떻게 다르고 사물이 어떻게 사실이 되는지의 모든 경우를 일일이 살피고 이러한 결론에 이르기는 어려울 것이다. 그러나 여기에 그러한 사물과 사실을 밝히는 글귀가 있다.

하나님이 이르시되 빛이 있으라 하시니 빛이 있었고(창 1:3).

창세기 1장의 3절에서 앞의 빛과 뒤의 빛은 다르다. 앞의 것은 사물/언어로서의 빛이지만, 뒤의 빛은 실재 사실의 빛이다. 식물의 광합성을 하고 땀을 흘리게 하는 모든 존재가 경험할 수 있는, 지구의 생태계가 유지되게 하는 빛이다. 이 실재의 사실의 빛이 있어야 세계는 일어나는 것의 총체일 수가 있는 것이다. 따라서 우리는 앞의 명제를 말해야 하는 것이다. "세계는 사실들의 총체이지 사물들의 총체가 아니다."

논리에 우연은 없다. 사물이 사태 속에 나타나려면 그러한 사태의 가능성이 사물 속에 선취되어야 한다.[4]

---

2 논고, 1.

3 논고, 1.1.

4 논고, 2.0121.

진화는 물질 속에 정신이 깃들어 있기에 필연적으로 가능했던 것이다. 정신은 필연적으로 논리를 지향한다. 이렇게 논리적이지 않은 일은 일어나지 않으며 이 세계는 하나의 논리공간으로써 인간의 자아가 배제되어 있다고 한다. 이『논리철학논고』는 창세기 1장을 분석하는 데 응용할 수가 있었다.

> 사람들은 일찍이 신은 만물을 창조할 수는 있지만, 논리적 법칙에 어긋나는 것만은 창조할 수 없다고 말한 사람이 있다. 비논리적인 세계에 대해서는 그것이 어떠한지를 말할 수 없기 때문이다.[5]

창세기 1장에 기록된 하나님의 창조는 논리법칙에 어긋나지 않는다. 비트겐슈타인의 이 명제는 자신이 창세기 1장을 읽고 분석하고 나서 그에 대하여 말하는 것으로 읽어도 좋다. 그는 하나님이 말씀을 통하여 창조했는데, 그 말씀이 논리적이라는 것을 말하고 있는 것이다. 창조주도 비논리적인 세계에 대해서는 그것이 어떠한지를 말할 수가 없다는 것이다. 창세기 1장에서 신은 모든 존재를 말씀을 통하여 창조한다. 말할 수 없는 것은 창조할 수 없다는 것이다.

하나님이 창조한 자연을 대상으로 인간이 노동할 때 비로소 자연은 사물이기를 그치고 사실로 되는 것이다. 앞에 제시된 논고의 명제 1과 1.1은 이러한 사정까지를 포함하고 있는 명제이다.

자연 사물을 사실로 하는 것이 노동이기 때문에 노동이 없다면 사실의 총체인 세계는 나타나지 않게 된다. 한 마리의 고등어에

---

5 논고, 3.031.

대하여 생각해 보라. 고등어를 바다에 그대로 둔다면 그것은 하나의 사물에 지나지 않는다. 고등어를 잡아 올려서 요리를 해야 비로소 사실이 되고 이 사실이 세계를 구성한다. 기독교가 다른 존재, 즉 인간이 아닌 다른 피조물에 대한 특권적 지위로써 지배하는 인간으로 해석하는, 하나님 형상에 의한 인간도 노동을 생각하지 않기 때문에 일어나는 그야말로 무신론적인 해석이다. 하나님 형상의 인간이란 무엇보다 우선하여 인식하는 인간을 의미하고 그 인식은 노동을 하면서 얻어진 것이다. 지금까지는 하나님이다가 창세기 2장 4절에서부터 여호와 하나님으로 인식되는 이유도 노동을 통하여 인식을 얻고 그 인식으로 하나님을 상대하게 된 인간, 그 인간의 대상으로 주어지게 된 하나님이기 때문에 그렇게 된 것이다. 그러니까 인간의 인식에 상관없이 객관적으로 존재하시는 하나님이기 때문에 여호와 하나님으로 부르게 되었다는 것이다. 하나님의 계시가 있다고 한들 그 계시를 인간이 인식하지 못한다면 무슨 소용인가? 기독교는 음험한 의도를 가지고 노동에 대하여 말하지 않는다고 할 수 있다. 계속하여 비트겐슈타인의 말을 들어보자.

논리공간 안에 있는 사실이 곧 세계이다.[6]

이제 노동에 의하여 사물이 사실로 되었고, 노동에 의하여 인간이 인식을 지니게 되었으니, 세계의 가능성이 열리게 되었다. 이 가능성의 총체가 곧 논리공간이다. 신마저도 논리에 맞지 않게는

---

6 논고, 1.13.

창조할 수 없게 되어 있는 것이다. 마찬가지로 인간이 달에 갈 수가 있는 것도 논리적이기 때문이다. 태초에 신의 말씀 이전에, 그 말씀이 곧 논리이기 때문에 가능성으로서의 논리가 있었다고 할 수가 있는 것이다. 이러한 사실들이 없다면 세계는 사물들만의 세계이고, 그 세계는 플라톤적 실재의 세계일 것이고, 인간은 필요 없는 그러한 세계일 것이다. 나와 언어 논리와 세계는 떼어 놓을 수 없는 하나이다.

> 논리에 우연은 없다. 사물이 사태 속에 나타나려면 그러한 사태의 가능성 이 사물 속에 선취되어야 한다.[7]

비트겐슈타인의 『논리철학논고』는 신에 의한 세계 창조의 비밀을 풀고 있는 저서로 읽을 수 있다. 요컨대 이 세계는 신에 의한 창조가 아니라 필연적으로 나타나게 되어 있었던 것이다. 여기서 말하는 가능성이라고 하는 것부터가 논리에 맞기 때문에 하는 말이다. 하나의 사물은 하나의 가능성을 제시한다. 그러니까 한 마리의 개라는 사물 안에는 뛰고 핥으며 꼬리를 치고 짖고 물어뜯는 그 모든 사태의 가능성들이 이미 선취되어 있다는 것이다. 이 가능성이 사물 자체의 생리에 내재되어 있는 것이다. 한 마리의 말도, 사람도, 지구라는 사물도 그 안에 사람과 다른 동물과 식물들이 생태계를 이루고 사는 사태의 가능성들이 선결, 선취되어 있다는 것이다.

이 명제를 진화가 무기물질로부터 시작되었다는 것과 결부시켜

---

7 논고, 2.0121.

생각해 보라! 무기물에는 진화라는 사태의 가능성이 선취되어 있다는 것이다. 이 우주야말로 스스로 존재하게 되었고 필연적으로 나타나게 되었다는 것이다. 지구를 탈출하여 달에 가는 로켓은 연료를 태워서 그로부터 동력을 얻는다. 연료는 사물로서 태워지는 성질을 지니고 있다. 이 연료의 성질을 이용하여 달에 가는 사태가 일어난다. 이렇게 하여 로켓이라는 사물은 지구를 떠나는 사태를 초래한다. 진화 또한 그렇다. 무기질로부터 인간이라는 고등한 종이 나타난 것은 우연이 아니라 필연이며 논리적 법칙에 맞는 사건이다. 무기질 자체에 그러한 가능성이 선취되어 있는 것이다.

만약 모든 대상이 주어져 있다면 가능한 모든 사태도 주어져 있다.[8]

자연은 모두 대상으로 인간에게 주어져 있다. 이제 인간은 자연을 대상으로 하여 무한한 가능성을 열어 갈 것이다. 그것이 문명의 진화라고 하는 사태이다. 인간이 하지 못할 것이란 논리가 허락하지 않는 것 외에는 없다. 비트겐슈타인은 의미심장하게도 논리라고 하는 것을 가능성과 결부시키고 있다. 가능성은 기술로 된다. 인간은 지금 화성으로 인류를 이주시킬 생각을 하고 있고, 구체적으로 실천하고 있다. 화성의 주위에 인공태양을 장치하여 화성의 얼음을 녹이는 것은 논리가 허락하는 기술이다. 논리가 허락하기 때문에 논리의 한계 안에서 우리 인류는 무한하게 진화할 것이다. 이렇게 인간에게는 진화라고 하는 사태가 주어져 있다.

---

8 논고, 2.0124.

논리는 세계를 가득 채우고 있다: 세계의 한계는 또한 논리의 한계이다.9

논리가 이 세계의 전제라는 것이다. 이 세계는 논리적으로 구조되어 있고, 따라서 질서 있게 질서가 작동하고 있는 세계이다. 언어는 논리이고 따라서 언어의 한계가 곧 세계의 한계이다. 인간에게는 언어가 곧 세계이다. 이렇게 이 세계는 논리에 의하여 유지되고 있다. 그러므로 논리가 끝나게 되면, 이 세계도 끝난다.

세계가 어떻게 존재하는지는 신비롭지 않다. 세계가 있다고 하는 것이 신비롭다.10

논리가 세계의 전제이다. 세계는 가능성의 총체로서의 논리공간이다. 이 세계가 이렇게 나타날 수밖에 없었다는 것을 알기 때문에 어떻게 존재하는지는 신비롭지 않다. 다만 신비로운 것은 논리에 의하여 열리고 벌어지고 실행되는 사실과 사태들이다. 세계가 있다는 그것이 신비스러운 것이다.

사람들은 일찍이, 신은 만물을 창조할 수 있지만 논리적 법칙에 어긋나는 것만은 창조할 수 없다고 말한 사람이 있다. '비논리적'인 세계에 대해서는 그것이 어떠한 것인지를 말할 수 없기 때문이다.11

---

9 논고, 5.61.
10 논고, 6.44.
11 논고, 3.031.

여기서 비트겐슈타인이 겨누고 있는 것은 창세기에 기록된 하나님의 말씀에 의한 창조이다. 창조 때 하나님의 말씀은 논리적이다. 이 말씀을 통하여 창조한 이 세계가 논리적이라는 것이다. 하나님은 비논리적으로 창조하지 않는 것이 아니라 창조하지 못한다. 하나님은 창세기 1장에서 맨 먼저 빛을 창조했는데 그 빛은 인식의 빛이기 때문이다. 대상들을 인식해야만 창조가 가능하다. 그 빛을 나누어 어둠을 창조했다. 빛을 나누니 빛과는 반대인 어둠이 되는 것도 법칙이다. 빛과 어둠은 서로 반대가 되어야 조화할 수가 있기 때문이다. 물리적인 이 세계는 이렇게 쌍/음양으로 되어 있고 쌍이 서로 반응하는 것은 물리적인 법칙이다. 빛을 나누어 비슷한 것이 되지는 않는다. 비슷한 것이 되면 조화가 어렵기 때문이다. 이 또한 논리법칙에 맞는다. 하나님이 창조한 자연은 논리법칙에 어긋나는 것이 아니다. 창조에 있어 하나님은 시종일관하여 말씀으로 창조하신다. 창세기 1장은 자연과학의 명제들이다. 그 말씀은 "나는 논리법칙에 어긋나는 것은 창조할 수가 없다"는 단 하나의 명제로 결론할 수가 있는 것이다. 창세기는 이렇게 논리적이다. 논리적이라는 것은 가능하다는 것이요 이치에 맞는다는 것이다. 따라서 창세기에는 진리로서 질서와 법칙이 나타나 있다.

　이 구절을 창세기에 그대로 적용하면 창세기의 기록은 하나님 창조의 기록이 아니라 하나님이 이 논리적인 세계를 인식하고 그것이 어떠하다고 말한 기록으로 읽을 수가 있다. 창세기는 논리적이고 과학적이다. 따라서 성서에는 오류가 없다. 그렇다면 인간이 창조하는 문명에 대하여 우리는 그 명제를 적용할 수가 있는가? 이것은 과학적인 문제가 아니라 존재론적인 문제이다. 이것이 성서의 입장이다. 비트겐슈타인의 논고의 기저가 바로 성경의 창세기이다. 논고에서 그가 인간의 언어/철학을 문제 삼고 있는 것도 창세기에서 신이 이 세계를, 언어를 통하여 창조한 것에 근거를 두고 있다.

2) 본회퍼와 콜린스

그러나 다음에 소개하는 뛰어난 두 사람의 창세기 해석에서는 이러한 논리를 캐내는 것을 보기가 어렵다. 이들은 창세기 1장과 2장이 무엇 때문에 어떻게 다른지, 같은지를 혼란스러워하는 것이다. 프랜시스 콜린스는 창조론과 진화론의 조화를 찾는 이유로, 본회퍼는 지나치게 신학적으로 치우친 해석 때문에 그런 것 같다. 본회퍼는 자신의『창조와 타락』의 타락을 다루는 부분에서 윤리적 인간과 생물학적 인간이 상치된다는 듯한 진술을 하고 있는데 우리 인간은 생물학적일 때 윤리적으로 된다. 이 또한 노동을 생각하지 않기에 그렇다. 인간의 타락은 성적인 것만이 아니라 노동을 외면하고 소외시킨 것이다. 오히려 노동에 대한 소외와 외면이 더 크다. 창세기는 이것을 분명히 말하고 있다.

본회퍼의『창조와 타락』, 프랜시스 콜린스의『신의 언어』두 저서를 읽으며 창세기가 말하는 것이 무엇인지를 그리고 1장과 2장이 어떻게 같고 다른지를 탐구한다.

(1) 신의 언어 — 프랜시스 S. 콜린스

인류 최초로 31억 개의 유전자 서열을 해독하여 우리 몸의 지도를 완성한 유전학자 프랜시스 콜린스의『신의 언어』는 진화론과 창조론을 조화시키려는 부분적인 시도를 하는 것으로 보인다. 이 저서는 가장 논리의 지나친 비약이나 모순이 없어 보인다. 그는 상당히 냉철하면서도 온화하게 진화론을 다루고 있는데, 다음과 같은 말에서 그런 것이 느껴진다.

> "한 처음에 하나님께서 하늘과 땅을 지어 내셨다"는 말에는 하나님이 항상 존재한다는 뜻이 담겨 있다. 이 부분은 과학에서 말하는 대폭발과 모순이 없다.[12]

그가 1절은 빅뱅과 모순이 없다고 하는 것에는 실수가 있어 보인다. 창세기 1장 1절의 선언적인 어조는 분명 맨 처음에 터지는 표현이라서 빅뱅과도 같은 느낌이 드는 것은 사실이지만, 그 의미는 뒤의 절들을 통하여 소개되는 원리와 법칙으로 하나님이 세계를 창조하셨느니라 하는 창조의 원리를 말하겠다는 것이기 때문에 빅뱅과 일치하지는 않는다.

빅뱅 이전에 카오스가 있었다는 것은 그 자신도 알고 있을 것이다. 카오스가 있었고 다음에 카오스가 갈라져서 빅뱅이 생겨났다. 창세기 1장 1절을 빅뱅과 같다고 말한 그가 조금만 더 주의하여 창세기 1장을 읽었다면, 카오스와 빅뱅 그리고 에로스로 이어지는 우주 발생의 과정과 동일한 창조의 과정을 알 수 있었을 것이다.

창세기 1장 2절은 카오스를 표현한다. 창조에 임하시는 하나님의 창조대상에 대한 인식과 형상이 혼돈의 상태였음을 말하고 있는 것이다.

---

12 프랜시스 콜린스, 『신의 언어』, 153.

모든 창조는 바로 이러한 카오스의 상태로부터 시작된다. 그가 과학의 대폭발과 일치한다고 말하는 절은 1절이 아니라 3절이다. 맨 처음의 빛이 있으라 하는 하나님의 호명은 바로 빅뱅이다. 혼돈의 인식상태로부터 이제 처음으로 빛을 먼저 인식하는 것이다. 그것은 혼돈의 인식상태에서 처음으로 빛을 분리해 내는 것과 다르지 않다. 이렇게 빛을 먼저 밝히시고 모든 대상을 인식하여 창조가 가능하게 된 것이다. 하나님도 법칙에 어긋나게는 창조할 수가 없어서 빛을 먼저 창조하는데, 그 빛은 물질적인 빛이기도 하지만 인식의 빛이어서 그렇다. 인식이 있어야 창조가 가능하다.

> 창세기 1장의 나머지 부분은 일련의 창조행위를 묘사하는데, 첫째 날 "빛이 생겨라"에서 시작해서 둘째 날에 물과 창공이, 셋째 날에 땅과 초목이, 넷째 날에 태양과 달과 별이, 다섯째 날에 물고기와 새가 그리고 마지막으로 매우 분주한 여섯째 날에 육지의 짐승과 남자와 여자가 탄생했다.[13]

그는 인용문의 앞에서 다음과 같이 말하고 있는 것으로 보아 진화론을 생각하면서 창세기를 읽는 것으로 보인다.

> 물론 많은 종교인들이 느끼는 문제는 신이 우주와 지구 그리고 우리를 포함한 모든 생명을 창조했다고 묘사한 종교 문헌과 진화가 말하는 내용이 서로 상반된다는 점이다.[14]

그런데 창세기를 읽으면서 우리가 해야 하는 일은 지구 생태계를

---

13 위의 책, 153.
14 위의 책, 152.

관찰하는 것이다. 아니면 창세기를 읽고 거기에 나타난 질서를 생각하는 일이다. 이 질서가 논리이다. 인용문은 지구의 생태계를 묘사하고 있다. 그리고 지구의 생태계는 틀림없이 진화를 반영하고 있을 것이다. 프랜시스 콜린스는 창세기의 1장과 2장의 다른 점들에 대하여 무척 당혹스러워하고 있다.

> 창세기 2장은 일곱째 날이 되어 하나님이 휴식을 취하는 모습으로 시작한다. 그다음에는 인간 창조의 두 번째 묘사가 이어지는데, 여기서 묘사된 인물은 분명 아담이다. 창조를 두 번째로 묘사한 이 부분은 첫 번째와 완벽하게 일치하지는 않는다.[15]

> 1장에서는 인간이 창조되기 전인 셋째 날에 초목이 나오는 데 반해, 2장에서는 나무와 풀이 전혀 등장하지 않은 상태에서 하나님은 땅의 흙으로 아담을 만든다. 재미있는 사실은 우리가 생명으로 번역하는 히브리어가 창세기 2장의 7절에서는 아담을 뜻하는데, 1장의 20절과 24절에서는 물고기, 새, 육지 짐승을 뜻한다는 것이다.[16]

콜린스의 이러한 읽기는 어쩌면 오류가 없는 성서를 오류로 읽는 전형적인 하나의 보기가 될 것이다. 그가 다음과 같이 말하고 있는 것으로 보아 그렇다.

> 이런 묘사를 어떻게 이해해야 할까? 이 대목을 쓴 사람은 하루가 24시간으

---

15 위의 책, 153.
16 위의 책, 153.

로 이루어진 여러 날 동안에 일어난 일을 순서에 맞추어 정확하게 글자 그대로 묘사하려 했을까? 태양이 만들어지기 전인 셋째 날까지는 하루를 어떻게 잡아야 하는가? 하는 문제는 여전히 의문으로 남는다. 만약 상황을 비유가 아닌 그대로를 묘사하고자 했다면, 왜 두 이야기가 정확히 맞물리지 않는가? 이 이야기가 시적 묘사, 나아가 우화적 묘사일까. 아니면 문자 그대로일까?[17]

콜린스가 이러한 의문을 일으키고 있는 이유는 창세기를 연대기적으로 읽기 때문에 일어나는 의문들이다. 그가 성서를 치밀하게 읽지 못하는 이유가 바로 창조론과 진화론을 조화시키려는 의지 때문이다. 우리는 대개 창세기의 구성을 무시하고 읽는다. 창세기 2장 1절이 끝나고 2절의 도입부와 3절에서 하나님이 휴식을 취하는 이유는 이제 지금까지와는 다른 창조를 해야 하기 때문이다. 형상이 다른 창조물이다. 뒤이은 2장의 4절은 그러한 내용을 미리 알려주는 내용이다. 콜린스가 다음처럼 의문을 제기하고 있는데 이는 그가 지구 생태계의 질서를 생각하지 않았기 때문이다.

1장에서는 인간이 창조되기 전인 셋째 날에 초목이 나오는 데 반해, 2장에서는 나무와 풀이 전혀 등장하지 않은 상태에서 하나님은 땅의 흙으로 아담을 만든다.[18]

1장에서 셋째 날에 식물과 초목이 창조되고 넷째 날에 광명체들

---

17 위의 책, 153.
18 위의 책, 153.

을 창조하는 것으로 창세기는 기록되어 있다. 그렇게 된 이유는 창세기의 기자가 식물의 광합성을 분명하게 알고 있기 때문이다. 식물의 광합성을 의식하지 않고 순서만을 생각했다면 맨 처음에 빛이 창조될 때 광명체의 창조가 말해져야 했을 것이다. 그러나 기자는 빛과 광명체를 구별하여 광명체의 창조를 식물 창조의 다음 날인 넷째 날에 두고 있다. 그렇게 된 이유는 맨 처음의 빛은 인식의 빛으로서 대상을 인식해야 창조가 가능하기 때문이다. 또 식물이 창조되었다면 그 식물을 자라게 하는 빛이 있어야 하기 때문에 식물이 셋째 날에, 광명체가 넷째 날에 창조된 것이다. 이제 식물이 광합성을 하기 때문에 그 식물을 먹이로 하는 동물들의 창조가 가능하게 되었다. 콜린스는 연대기적, 시간적인 것을 말하고 있는데, 하나님은 지금 논리적인 조건 안에서 창조하고 있다.

비트겐슈타인의 말이 옳다. 일찍이 신은 만물을 창조할 수 있지만 논리적 법칙에 어긋나는 것만은 창조할 수 없다고 말한 사람이 있다. '비논리적'인 세계에 대해서는 그것이 어떠한 것인지를 말할 수 없기 때문이다. 이것은 창세기 1장을 말하고 있다고 보아도 좋다.

다음 인용문에서 제기하는 의문, 기자는 여러 날 동안에 일어난 일을 순서에 맞추어 정확하게 글자 그대로 묘사하려 하기보다는 지구 생태계의 질서를 기록한 것이다. 여러 날에 걸친 창조의 과정은 단순한 순서가 아니라 질서이다. 콜린스가 지구 생태계의 질서를 생각했다면 그러한 여러 가지의 의문은 제기하지 않았을 것이다. 태양이 만들어지기 전인 셋째 날까지는 하루를 어떻게 잡아야 하는가? 하는 의문도 그렇다. 날로서 하루는 어찌 되든 상관이 없고, 다만 질서가 문제다. 이 질서가 곧 비트겐슈타인이 말하는 논리이다.

이 질서에 따라 날의 순서가 정해진 것이다. 그 질서는 지구상에서 전개된 실제의 진화와 일치하는 것으로, 각 존재의 번식력을 축으로 하여 이루어진 것이다. 번식력이 강한 존재가 먼저 창조되고 다음에 그 존재를 먹이로 하는 번식력이 약한 존재가 창조된 것이다. 진화는 먹이사슬을 따라 진행되었고 창세기의 기록도 그렇다. 창세기는 인간의 창조를 맨 마지막으로 기록하고 있는데, 인간은 지구 생태계의 모든 존재를 먹이로 하는 잡식성의 동물로 생태계 최상위 포식자이다. 진화는 생태계의 먹이사슬을 완성한 것이고, 창세기의 기록도 그렇게 되어 있다. 인간이 최상위 포식자이기 때문에 마지막으로 창조/진화되었고, 번식력이 제일 약하다. 그리고 최상위 포식자인 인간이 포식하는 방법은 노동이다. 이제 성서는 창세기 3장에서 노동하는 인간, 노동을 통하여 인식을 얻고 그 인식으로 하나님을 알아보고 상대하는 인간을 말하기 시작한다. 창세기 1장과 2장이 다른 것은 노동하는 인간 때문이다. 노동하면서 피조물인 인간은 인식이 싹트게 되고, 그 인식으로 창조주를 알아보고, 배반하기에 이르는 것이다.

(2) 창조와 타락 - 디트리히 본회퍼

앞의 콜린스처럼 본회퍼도 창세기 1장과 2장의 다름에 대하여 다음과 같이 말하고 있다.

여기 첫 번째 창조 기사와는 전혀 다른 두 번째 이야기, 즉 본래 더 오래된 창조이야기가 있다는 사실은 일찍이 알려져 있다. 그것을 어떻게 보아야 할까? 그것은 우리의 해석에 어떤 의미를 가지는가? 두 창조 기사를 전체적으로 살펴보면 우리는 그것들이 한 사물의 두 다른 면을 묘사하고 있다는 사실을 알게 된다. 분명한 것은 첫 번째 기사는 두 번째의 그것이 없이는, 또한 두 번째는 첫 번째 그것이 없이는 본래 말하고자 하는 것을 올바르게 할 수 없다는 사실이다. 이에 반하여 두 번째 창조 기사에는 좀 더 인접한 세계와 낙원에서 아담과 함께 살고 있고 지상의 근거리에 계신 주님에 대해 설명하고 있다. 거기 하나님을 위한 인간, 여기서 인간을 위한 하나님, 거기서 창조주, 주님, 여기서 가까이 계시고 아버지와 같은 하나님, 거기서 인간은 모든 세계가 인간에 앞서서 지어지고 하나님의 마지막 행위로서 인간, 여기서 첫 번째와 반대되는 순서로… 그러므로 창세기 2장은 자의적이기보다는 창세기 1장의 필연적인 다른 면이다.[19]

하늘과 땅을 창조하실 때의 일은 이러하다. 주 하나님이 땅과 하늘을 만드실 때, 주 하나님이 땅에 비를 내리지 않으셨고, 땅을 갈 사람도 아직 없었으므로, 땅에는 나무가 없고, 들에는 풀 한 포기도 아직 돋아나지 않았다. 땅에서 물이 솟아서 온 땅을 적셨다. 이것은 첫 번째의 기사에서 "황무하고 텅 비었다"는 것과 어느 정도 일치한다.[20]

"황무하고 텅 비었다는 것과 어느 정도 일치한다"는 말은 전혀 사실과 다르다. 첫 번째 기사란 창세기 1장 2절, "땅이 혼돈하고 공허하며 흑암이 깊음 위에 있고 하나님의 영은 수면 위에 운행하시니라"가 2절을 말하고 있는데 이 2절은 카오스의 상태를 표현하고 있어 많이 다르다. 본회퍼의 의문은 여기서 끝이 아니라 더 나아간다.

19 본회퍼/강성영 옮김, 『창조와 타락』 (대한기독교서회, 2013), 95-96.
20 위의 책, 97.

여기서는 우주적인 문제가 아니라 우선 우리의 땅과 인간의 관심의 초점이다. 하나님도 여기서 야웨(그 의미에 대해 일치된 견해가 없는)라는 매우 특정한 고유명사를 가지신다. 그렇게 하나님은 실제로 불리어졌다. 그보다는 명료한 신인동형동성설에서 우리가 하나님 자체를 제멋대로 생각할 수 없다는 사실이 더 강하게 표현된다. … 따라서 하나님을 올바르게 생각하기 위하여 하나님의 고유명사를 필요로 하는 것이다. 분명히 그 고유명사는 하나님 자신이다.[21]

본회퍼가 앞의 인용에서 말하고 있는 것은 창세기 2장의 3절까지는 하나님이다가 4절에 들어서는 여호와 하나님으로 호칭이 변화하는 것에 대한 말이다.

본회퍼의 이러한 의문점의 근원을 밝히기 위하여 우리는 좀 엉뚱한 방향에서 접근하고자 한다. 그것은 다른 것이 아니라 본회퍼가 말하는 "우리가 하나님 자체를 제멋대로 생각할 수 없다"라고 한 것의 진실이 무엇인가 하는 것이다. 그 진실은 오직 인식과 이성을 가진 존재는 인간 외에 없다는 사실이다. 따라서 인간이 하나님을 생각한다는 것을 두고 생각해 보면 인간이 생각하는 주체라는 것이다. 이에 대하여 하나님은 대상일 수밖에 없다. 달리 말하면 우리가 하나님 자체를 제멋대로 생각할 수밖에 없다는 것이다. 앞에서 본회퍼가 지적하는 것, '고유명사'는 인간이 하나님을 인식하는 주체라는 사실과 관련되어 있다. 이것이 창세기 1장과 2장의 진술이 다른 이유이다. 1장에서는 하나님에 대한 명사가

---

21 위의 책, 99.

'하나님'인데 반하여 2장의 4절부터 하나님은 이제 '여호와 하나님'으로 진술된다. 그렇게 된 이유는 인간 때문이라는 것이다. 더 분명히 말하자면 인간의 인식, 하나님을 알아보는 인식 때문이다. 노동을 통하여 인식을 가지게 된 인간에 의하여 대상화되시는 하나님이기 때문에 여호와 하나님으로 되는 것이다. 이 인식이 바로 노동으로부터 싹튼 것이라는 사실이다. 창세기는 인간의 인식이 노동하면서 싹트는 과정을 보여준다.

　1장에서는 하나님 창조의 과정 전체를 말하고 2장에서는 인간 창조의 목적과 근거를 말하기 위하여 인간의 창조를 다시 말하고 있다. 2장 19절에서 아담이 하나님의 피조물에 이름을 지어주는데, 이미 인간은 대상인식을 가지고 있다. 2장 19절 이전에 15절에는 "그 사람을 이끌어 에덴동산에 두어 그것을 경작하며 지키게 했다"고 기록하고 있는데 이때 이미 노동을 한 것이다. 이 노동을 통하여 인식이 얻어졌다. 3장에서는 이 대상인식이 자기의식으로 되어 창조주 하나님을 배반하는 것을 보여주고 있다. 그렇게 되는 것은 인간이 자신보다 먼저 창조된 자연을 대상으로 하는 노동의 과정에서 인식을 얻었고, 그 인식이 발전하기 때문이다.

　더구나 인간의 성숙한 성으로부터 자기의식이 발생한다는 것을 보여주는데, 이는 실제 인간 인식의 발달과정과 일치한다. 그러니까 1장의 인간은 아직 인식을 지니지 않은 인간이고, 2장의 인간은 노동을 하고 노동으로부터 대상인식이 싹튼 인간이다. 이 대상인식은 동물도 지니는 인식이다. 3장은 대상인식이 자기의식으로 발전하여 하나님을 대상화하는 인간을 보여주고 있다.

　1장과 2장은 중복되는 것이 아니다. 1장에서는 창조의 질서에 따라 기록하고 나서 2장에서는 인간이라는 전혀 다른 존재, 어쩌면 피조물이 아닌 존재인 인간의 창조와 인간의 노동을 기록해야 하기 때문에 그에 대한 창조를 세세하게 기록한 것의 차이일 뿐이다. 2장 4절의 전반부, "이것이 천지가 창조될 때의 하늘과 땅의 내력이니"라는 표현은 이러한 내용을 넌지시 알려주고 있다.

2장의 전체가 에덴동산을 표현하고 있는데, 에덴 땅은 네 갈래의 강이 흐르는 기름진 땅이다. 노동하기 좋은 땅이라는 말이다. 바로 인류의 서식처인 지구라는 행성이다(보론 1. 두 개의 창조 기사?).

3) 창세기 2장 본문 읽기

(1) 인간 노동의 필요성

창세기 1장과 2장의 진술이 왜 다른지를 분석해 보고자 한다. 창세기 1장과 2장의 인간 창조에 관한 진술은 그렇게 진술되어야 하는 필연성을 찾아 읽지 않으면 모순된 것으로 읽히기 쉽다. 그러나 그 필연성을 파악하면 모순은 사라진다. 그 필연성이란 인간 창조의 필연성이다. 인간 창조의 필연성은 인간의 노동이다. 사실상 하나님의 창조부터가 노동이다. 이제 하나님은 자신의 노동을 대신하여 이어갈 인간이 필요한 것이다. 인간이 해야 하는 노동은 하나님의 창조물인 자연을 다스리는 노동으로, 자연의 심부름만 하면 되는 노동이다. 자연을 닦달하여 착취하는 노동은 아니다. 창세기 전체에서 노동은 은밀히 표현되어 있어서 발견하기가 쉽지 않다. 그러나 이것은 아주 중요한 것이다. 왜냐하면 창조론이 이로부터 시작되기 때문이다. 다른 곳에서도 말했지만, 창세기 1장을 놓고는 그것이

신의 창조이냐 아니면 진화냐를 따질 필요가 없다. 창조냐 진화냐를 따져야 하는 것은 창세기 2장, 인간이 출현하고 나서 그 이후의 세계에 대한 것이어야 한다. 창세기 2장은 이미 창조된 자연에 인간이 생겨나서 그 자연을 대상으로 하는 노동을 하면서 인식이 얻어지는 과정을 기록하고 있다. 3장에서는 그 인식의 발전과 변화로 창조주 하나님을 배반하고 스스로 신으로부터 독립하는 인간을 묘사하고 있다. 그런데 이는 실제 진화와 일치하고 있다.

앞에서 나는 창세기 1장을 놓고는 그것이 신의 창조이냐 아니면 진화냐를 따질 필요가 없다고 했는데, 그 의미는 이런 것이다.

우선 그런 것은 진정한 의미에서 기독교 신앙의 창조론이 될 수가 없다. 문제는 하나님 형상으로 창조된 우리 인간이 해야 하는 창조가 무엇이냐. 이것이 진정한 의미의 창조론이다. 그 근거는 하나님이 우리에게 생육하고 번성하여 땅에 충만하라고 했기 때문이다. 인간에 앞서 창조된 자연을, 노동을 통하여 먹을 때 생육하고 번성하는 것이 가능하다. 이렇게 하나님은 자신이 창조한 이 세계가 영원히 건강하게 보존 유지되기를 바라는 것이다. 우리가 창조를 통하여 그렇게 되어야 한다는 것이다. 또 다른 근거는 하나님이 창조한 이 세계를 우리 인간의 뜻에 따라 대부분 개조해 버린다면 하나님도 그 세계를 낯설어하실 것이다. 그 세계를 자신이 창조했노라고 할 수가 없게 될 것이다. 지금은 지구 생태계의 붕괴가 인간의 재앙으로 돌아오고 있는 인류세이다.

지금 창조론자들과 진화론자들이 이 세계를 두고 이것이 하나님에 의한 창조냐 진화의 산물이냐로 크게 싸우고 있으나, 양쪽이 다 창세기를 잘못 읽고, 바르게 읽지 않기 때문에 벌어지는 싸움이다.

과학계보다는 종교계의 잘못함이 더 크다고 해야 할 것이다. 성경의 어디에도 신이 물질적인 이 세계를 창조했다는 기록은 없다. 다만 언어를 통하여 창조하는 신을 보여준다.

기독교는 우선 '창조'가 무엇인지를 생각해야 한다. 진화론자들이 진화에는 목적이 없다고 하는 것을 생각해 보면 진화는 진화 그 자체가 목적이라는 것이 되지 않는가? 그러니까 진화에는 인간도 하나님도 배제되는 것이다. 그런데 이는 하나님의 창조에는 목적이 있다고 하는 창조론과 정면으로 맞서는 것이다.

여기서 기독교가 생각해야 하는 것은 "인간 세계의 진화는 어떻게 하여 진행되는가?"이다. 문명의 진화는 노동을 착취함으로써, 또 그 노동을 통하여 진행된다. 그런데 노동의 대상은 자연이고 자연은 하나님이 창조하신 것이다. 이는 존재론적으로 결론하자면 노동을 수단으로 하여 그렇다는 것이다. 따라서 노동 그 자체를 목적으로 한다면 진화는 가능하지 않다. 이로부터 하나님의 창조가 하나님의 노동이라는 진리가 나온다. 창세기 1장에 기록된 하나님의 '창조'를 창조에 고정한다면 바르게 이해되지 않는다. 그 창조가 곧 노동이라는 발상의 전환이 있어야 한다. 이렇게 놓고 보면 창세기가 기실은 인간의 존재론이고, 인간의 역사가 노동으로부터 시작되었음을 알리는 문서인 것이 밝혀진다. 이에 대해서 기독교는 거부반응을 할 것이지만 이렇게 해야만 바른 창조론이 가능하고 인간 구원의 길을 열 수가 있는 것이다. 성경의 창세기가 과학적이지 않다면, 어떻게 물리적으로 작동하고 있는 과학적인 지구에 살고 있는 인간의 구원과 해방을 말할 수 있겠는가? 창조론의 핵심을 말하자면, 창조를 통하여 우리는 문명의 진화에 저항해야 한다는 것이다. 그런데 진화의 수단도 창조의 방법도 다른 것이 아니라 인간의 노동이다. 이 현실적인 사실로부터 하나님의 창조가 노동이라는 것이 진리가 된다. 진화는 노동을 수단화함으로써 가능하고 창조는 노동을 인간 존재의 목적으로 하는 데서 가능하다. 이제부터 창세기 1~3장에서 인간의 노동이 나타나는 과정을 추적해 보자.

창세기 1장과 2장에서 무엇보다 두드러지는 점은 2장의 3절까지는 하나님이었다가 2장의 4절부터는 여호와 하나님이다. 2장부터는 자신보다 먼저 창조된 자연을 대상으로 하여 인간이 노동을 하게 된다. 이 노동의 과정에서 인간은 대상인식을 얻게 되고, 이 인식으로 하나님을 인식하게 되는 것이다. 이러한 인간의 인식에 상관없이, 그건 스스로 있는 자로서의 하나님이다. 이 의미는 다음과 같이 해석된다. 하나님을 다른 누군가가, 그러니까 인간이 하나님으로 인식하지 않더라도 하나님이라는 것이다. 그래서 인식자가 없는 하나님으로서, 스스로 있는 자라는 뜻이다. 객관적으로 있는 하나님이다. 지금까지 기독교는 스스로 있는 자, 자기원인인 하나님이 세상을 창조했다, 그렇다면 그 하나님을 창조한 것은 누구냐는 것에 대한 답을 제시해 오고 있다. 그러나 스스로 있는 자, 자기원인은 그러한 의미가 아니라 하나님을 인식하는 존재가 없이도 스스로 계시는 존재의 객관성을 의미한다(보론 2. 하나님에서 여호와 하나님으로의 변화).

2장의 4절부터는 여호와 하나님이다. 이 의미는 이제 하나님을 하나님으로 알아보고 인식하는 존재인 인간을 상대하시는 하나님이기 때문에 여호와 하나님이 된 것이다. 그 하나님은 이삭의, 야곱의, 아브라함의 하나님이시다. 인간과 다투고 흥정하여 달래고

화내시는 하나님이시다. 그리하여 여호와 하나님이다. 그런데 반복하거니와 하나님을 알아보고 인식하는 동기는 그 인간에게 인식이 있다는 것이요 그 인식은 노동하면서 싹 튼 것이다. 창세기 2장은 이것을 여실하게 보여주고 있다. 이 또한 논리법칙에 맞는다.

2장 4절의 "이것이 천지가 창조될 때에 하늘과 땅의 내력이니"라고 하는 구절은 창조하시는 그 내력이 이렇다고 설명하고 있다. 그런 다음이 그 내력을 구체적으로 말하고 있다.

> ⁵여호와 하나님이 땅에 비를 내리지 아니하셨고 땅을 갈 사람도 없었으므로 들에는 초목이 아직 없었고 밭에는 채소가 나지 아니하였으며 ⁶안개만 땅에서 올라와 온 지면을 적셨더라(창 2:5-6).

이 5절과 6절의 의미는 인간이 창조되어도 그 인간이 노동을 할 준비가 되어 있지 않은 사정을 말하고 있다. "여호와 하나님이 땅에 비를 내리지 아니하셨고"라고 말하지 않는가? 더하여 땅을 갈 사람도 없다고 기록하고 있지 않는가! 인간이 창조되어 비가 내리면 땅을 갈아야 밭에는 채소가 나고 할 것이다. 그 궁극적인 의미는 그러니까 노동하는 존재가 없다는 것이다.

그다음 7절은 이제 인간 창조의 목적과 이유가 말해진다. "여호와 하나님이 땅의 흙으로 사람을 지으시고 생기를 그 코에 불어넣으시니 사람이 생령이 되니라" 창세기 1장에서 분명히 이렇게 기록하고 있다.

> 하나님이 이르시되 우리의 형상을 따라 우리의 모양대로 우리가 사람을 만들고 그들로 바다의 물고기와 하늘의 새와 가축과 온 땅과 땅에 기는

모든 것을 다스리게 하자 하시고(창 1:26).

창세기 2장 4-6절은 1장 26절에서 '다스리게 하자'의 답을 말하고 있는 절들이다. 여기서 말하는 다스리는 그 방법이 바로 인간의 노동이다. 이 노동이 지금도 행해지는 일차산업, 즉 자연을 직접적인 대상으로 하는 임업, 어업, 농업 등이다. 우리가 노동을 통하여 자연을 얻어내는 것이 곧 다스리는 것이다. 그러나 기계에 의하여 대량으로 자연을 착취하는 것은 다스리는 것이 아닐 것이다. 이렇게 미리부터 인간의 창조 목적이 명시적으로 말해지고 있다. 그리고 2장에서는 아주 구체적으로 인간 창조의 이유와 목적을 알리고 있다. 인간의 창조 목적이 곧 땅을 가는 것, 즉 노동으로 제시되고 있지 않은가! 따라서 1장 26절에서 하나님의 형상은 창조하시는 그 목적을 그리고 모양은 그 목적이 인간의 노동을 통하여 실현되어 나타나는 것을 의미한다. 하나님의 모양은 형상에 따라 창조하시는 모양이고 그게 바로 인간의 노동이다. 형상이라고 하는 것은 기능과 관계된 것이다. 기능이 바로 노동이다. 그러니까 하나님의 형상이란 노동하는/창조하시는 것이요 창조를 하면 창조물이 나타나므로 모양이다. 하나님이 창조한 자연은 그 자체로 인간에게 소용이 없다. 인간에게 소용되기 위해서는 노동을 통한 가공의 과정이 있어야 한다.

여호와 하나님이 땅의 흙으로 사람을 지으시고 생기를 그 코에 불어넣으시니 사람이 생령이 되니라(창 2:7).

7절에서 땅의 흙으로 사람을 지으시는 것은 인간이 땅의 흙을 갈아야 하기 때문이다. 그다음 생기를 코에 불어넣으시는데, 이 생기도 하나님의 영이라거나 하는 것으로 해석되기 이전에 땅을 갈 힘으로서의 생기라고 이해하는 것이 타당하다. 그 생기는 노동을 할 수 있는 생기인 것이다. 그렇지 않고 기독교가 해석하듯이 하나님의 영이라면 그에 어울리는 다른 표현이 많이 있다. 따라서 성서는 그와 다른 표현을 했을 것이다. 이제 8절의 기록은 이렇다.

> 여호와 하나님이 동방의 에덴에 동산을 창설하시고 그 지으신 사람을 거기 두시니라(창 2:8).

이 8절에서 창설하신 에덴은 무엇보다 인간이 노동하는 땅의 에덴이다. 이는 지금의 에덴에서 추방된 인간이 노동을 외면하고 착취함으로써 재앙의 존재가 되고 있다는 사실로 절실하게 입증되는 진리이다. '거기 두시니라'라는 표현은 땅을 갈도록 거기 두시었다는 의미이다. 이는 뒤이은 절을 보면 뚜렷이 밝혀진다.

> [10]강이 에덴에서 흘러 나와 동산을 적시고 거기서부터 갈라져 네 근원이 되었으니 [11]첫째의 이름은 비손이라 금이 있는 하윌라 온 땅을 둘렀으며 [12]그 땅의 금은 순금이요 그 곳에는 베델리엄과 호마노도 있으며 [13]둘째 강의 이름은 기혼이라 구스 온 땅을 둘렀고 [14]셋째 강의 이름은 힛데겔이라 앗수르 동쪽으로 흘렀으며 넷째 강은 유브라데더라(창 2:10-14).

10절에서부터 14절까지는 무엇을 말하고 있는 것인가? 그건 분명하다. 여러 갈래의 강이 온 땅을 둘러 흐르는 기름진 땅이다. 노동하기 좋은 땅이다. 땅이 오염되지 않고 공해도 없으니, 수고를 치르지 않아도 많은 소출을 내는 젖과 꿀이 흐르는 그런 땅이다. 이 강들이 흐르고 있는 이 땅이 곧 에덴이다.

에덴은 인류의 서식처인 지구라는 행성의 은유이다. 이미 인간이 이 기름진 에덴의 땅에서 노동을 하고 있음을 성서는 보여주고 있다. 이는 15절에 명시적으로 나와 있지 않은가?

여호와 하나님이 그 사람을 이끌어 에덴동산에 두어 그것을 경작하며 지키게 하시고(창 2:15).

에덴은 그러니까 소외당하지 않고 착취당하지 않는 노동이 이루어지는 곳이다.

"그것을 경작하며 지키게 하시고" — 이렇게 성서는 노동하는 인간에 대하여 자세하게 기록하고 있는데도 창세기를 해석하면서 인간의 노동을 이야기하지 않는 이유가 무엇인가? 성서학자들이나 신학자들이 무식해서인가? 아니면 믿음이 진실되지 않기 때문인가? 아니면 의도적인가? 성서는 이 구절들에 에덴동산이라는 제목을 붙여 놓고 있다. 에덴은 우선 인간이 노동하는 땅이다. 물론 그 노동은 소외되지 않고 착취당하지 않는 노동이다. '경작하며 지키게 하시고'에서 경작하기 때문에 땅이 지켜진다는 의미이다. 경작하지 않고 내버려둔다면 그 땅은 황폐하고 쓸모없는 땅이 될 것이다. 에덴동산은 유토피아적인 상상의 것이 아니라 바로 우리가 살고 있는 지구이다. 창세기 1장은 지구의 생태계를, 2장은 생태계의 포식자인 인간의 노동, 즉 포식 활동을 말하고 있는 것이다.

본회퍼의 창조와 타락에서는 앞에서 말한 창세기 2장 8-17절에 대한 해석이 너무나 구체적이지 않고 시적으로 표현되고 있는데, 이는 달리 생각하면 성서를 해석하는 것이라고 할 수가 없는 내용이다. 아니면 신학적 해석이어서 그런가? 그러나 신학은 필연적으로 인간학이 되어야 하는 운명을 안고 있다. 신학이 인간학이 되어야 한다는 것은 인간은 신을 통하지 않고는 자신을 바르게 알 수가 없기 때문이다. 지금 신이 있다/없다는 논쟁이 벌어지고 있는데 정작 인간의 실재성이란 무엇인가가 문제이다.

> 하나님은 자신의 손으로 만든 인간에게 더할 나위 없이 좋은 정원을 준비해 주셨다. 황폐한 땅 위에 있던 인간이 아름다운 강들과 풍성한 열매를 맺는 나무들이 있는 땅 말고 무엇을 생각할 수 있었을까? 유프라테스강 티그리스강 사이에 있는 먼 동쪽 끝의 비옥한 땅이─거기에 관해서 다채롭고 놀라운 일이 자주 이야기되는─ 아마 첫 번째 인간의 바로 그 땅, 그 동산이었다.[22]

이 인용문에서 어디가 해석이라고 할 만한 언어가 있는 것인지 나는 모르겠다. 계속 인용해 보겠다.

> 그리고 영리한 인간은 이 세계의 한가운데서 주변의 세계를 알고, 그것을 자유롭게 이름 짓고, 모든 동물의 세계를 바라보며, 동물들의 이름을 지어

---

22 위의 책, 106.

주며, 벌거벗고도 부끄러움을 느끼지 않으며, 하나님과 서로 하나 되어 말하고 동거하며, 또한 들판 위의 동물과 말하면서 그의 마법의 동산에서 찬연하게 기쁨 속에 살아간다.[23]

"벌거벗고도 부끄러움을 느끼지 않으며, 하나님과 서로 하나 되어 말하고" 할 수 있는 이유는 인간의 인식이 아직 막연한 대상인식이기 때문에 가능한 일이다. 대상인식은 인식이 대상으로부터 자유롭지 않은, 동물도 지닌 인식이다. 인용문에서 제일 거슬리는 것이 "황폐한 땅 위에 있던 인간이" 하는 말이다. 창세기에서 지금까지 사람은 황폐한 땅에 있었던 적이 없다. 이 에덴동산은 인간에게 하나님이 처음으로 이끌어 와서 사람을 거기에 놓아두고 경작하게 한 최초의 땅이다. 땅이 황폐하다면 인간의 노동이 없기 때문이다. 인용문은 자신이 성서의 내용을 시적으로 중계하고 있는 것 이상의 내용이 아니다. 이 에덴동산은 황폐한 땅이 아니라 반대로, 아주 기름진 여러 갈래로 강이 흐르고 있는 땅이다.

창세기 13장에서 아브람과 롯이 헤어지면서 서로 살고 싶은 땅을 선택한다. 롯은 기름진 땅을 선택하고 아브람은 그렇지 않은 땅으로 들어간다. 롯의 종족은 아브람이 사는 곳까지 이를 정도로 번창한다. 그러나 비옥한 땅은 소돔과 고모라 멸망의 근원이 된다. 그들의 땅이 비옥하기 때문에 지나치게 번성하여 그들은 전쟁을 하고 남의 것을 약탈하는 힘을 가지게 된 것이다. 오늘날 인류가 지구라는 지나치게 비옥하고 기름진 땅에서 소유를 다투고, 나라

---

23 위의 책, 107.

간의 전쟁으로 타락하는 이유도 이와 다를 것이 없다.

이제 인간이 에덴의 기름진 땅에서 노동하고 그 노동을 통하여 대상에 대한 인식이 싹트게 된다. 헤겔의 명제는 이렇다. "인식은 대상에 선행하지 않는다." 대상이 없이 인식은 나타나지 않는다는 것이다. 이를 보충하기 위하여 창세기 1장으로 돌아가 보자.

창세기 1장에서 인간은 맨 나중에 창조된다. 인간이 살 수 있는 조건, 인간 존재의 기반인 것들을 먼저 창조하고 난 다음에 비로소 인간이 창조된다. 인간 이전에 창조된 존재들은 인간 노동의 대상인 것이다. 바로 자연이다. 이 자연을 대상으로 하여 노동을 해야만 인간이 살 수 있기 때문이고, 동시에 인간이 노동을 통하여 인식을 지닐 수가 있기 때문이다. 하나님 형상인 인간은 무엇보다 우선하여 인식을 지닌 인간을 의미한다. 인간에게 인식이 없다면 하나님의 계시가 있다고 한들 인간은 그 계시를 인식하지 못할 것이다. 그래서 창세기 1장에서는 인간이 인식을 지니지 않은 단계까지만 진술되고 있고, 이 2장에서는 노동을 하면서 인식을 지니는 과정을 기록하고 있다. 여기 2장에서의 인간의 인식은 막연한 대상인식이다. 그렇기 때문에 2장의 마지막 절은 이렇게 기록된 것이다. "아담과 그의 아내 두 사람이 벌거벗었으나 부끄러워하지 아니하니라." 그런 다음에 3장에서는 자기의식을 지닌 인간을 상대하면서 자신을 신으로 인식하는 하나님이기 때문에, 본회퍼가 지적하는 고유명사 여호와 하나님이 필요한 것이다. 다시 헤겔의 말을 빌려 오자.

신은 오직 신이 자신을 인식하는 한에서만 신이다. 나아가 신의 자가-인식은 곧 인간의 자가-의식이자 신에 대한 인간의 인식이며, 인간이 신 안에서

자신을 인식하는 것이다.[24]

창세기는 이렇게 인간 인식의 발전/진화 단계를 사실 그대로 보여주고 있다. 창세기 2장에서 인간의 인식은 단순히 대상을 아는 단계이다. 그것은 헤겔식으로 말하자면 자기의식은 아직 아니다. 인간의 인식은 노동으로부터 싹이 트는데, 대상에 대한 인식은 필연적으로 자기의식이 된다. 창세기 3장에서 인간이 창조주를 배반하는 일은 자기의식 때문이다. 그런데 인간의 이러한 자기의식의 생성을 창세기 3장은 놀랍게도 인간의 성과로 결부시키고 있다. 성적인 성숙을 자기의식의 동기로 말하고 있는데, 실제로 어린이는 성숙하며 성을 먼저 의식하면서 어른이 되고 자기와 타인을 알아본다는 사실과 일치한다.

그러니까 하나님은 자신을 창조주로 알아보는 존재가 있어야 하나님도 존재하게 된다. 따라서 하나님은 인간 노동의 대상인 자연을 먼저 창조하고 난 다음에 인간을 창조한 것이다. 인간에게 인식이 없어서 하나님을 알아보지 못한다면 하나님은 존재하지 않는 것이다. 인간에게 인식을 싹트게 할 자연을 먼저 창조한 이유가 이것이다. 인간은 자연을 대상으로 노동하면서 인식을 얻게 된다. 이 또한 논리에 어긋나지 않는다.

2장의 9절은 인간이 인식을 지니게 되리라는 전제하에 가능한 진술이 되고 있다. "선악을 알게 하는 나무도 있더라" 그런 다음에 창세기 2장은 10절부터 14절까지에 걸쳐 노동할 수 있는 기름진

---

24 헤겔/임석진 옮김, 『정신현상학』 (지식산업사, 1988), 903.

땅을 진술하고 있다. 15절은 단순 명쾌하게 인간이 노동을 하였음을 기록한다.

> ¹⁶여호와 하나님이 그 사람에게 명하여 이르시되 동산 각종 나무의 열매는 네가 임의로 먹되 ¹⁷선악을 알게 하는 나무의 열매는 먹지 말라 네가 먹는 날에는 반드시 죽으리라 하시니라(창 2:16-17).

여기서 창조주는 선악을 아는 것을 죽음에 연결하고 있다. 우리에게 선악의 구별이 없다면 어떻게 될까? 하나님은 정신, 형상만의 존재이기 때문에 선악을 구별하는 것이 전혀 필요하지 않고, 그 다름이 있을 수 없을 것이다. 그러나 인간은 형상에 질료를 입고 있는 몸을 가진 존재로서 선과 악을 행위해야 한다. 그렇다면 선과 악을 모르는 것보다는 아는 것이 좋지 않을까? 거기에는 악이 없다면 선도 없으리라는 것과 역으로 선이 없다면 악도 없을 것이라는 논리가 전제되어 있다는 것이다. 악이 없다면 우리는 선이 어떤 것인지를 모를 것이다. 선이 없다면 악이 무엇인지를 모를 것이다. 그리하여 악도 선도 그 가치를 잃게 된다. 선과 악도 쌍이다. 하나님은 모든 것을 쌍으로 창조했다.

여기 2장의 17절까지 아직 아담은 어떠한 잘못도 저지르지 않은 상태이다. 노동을 통하여 인식을 얻은 최초의 인간에게 하나님은 자기 피조물에게 이름을 주도록 한다.

> ¹⁸여호와 하나님이 이르시되 사람이 혼자 사는 것이 좋지 아니하니 내가 그를 위하여 돕는 배필을 지으리라 하시니라 ¹⁹여호와 하나님이 흙으로

각종 들짐승과 공중의 각종 새를 지으시고 아담이 무엇이라고 부르나 보시려고 그것들을 그에게로 이끌어 가시니 아담이 각 생물을 부르는 것이 곧 그 이름이 되었더라 20아담이 모든 가축과 공중의 새와 들의 모든 짐승에게 이름을 주니라 아담이 돕는 배필이 없으므로(창 2:18-20).

이 또한 인간이 해야 하는 노동 때문에 하나님이 직접 피조물들의 이름을 주지 않고 인간에게 지어주도록 하는 것이다. 노동을 하자면 대상을 이름으로 인식해야 한다. 19절에서 '무엇이라고 부르나 보시려고' 하는 표현은 아마도 사물의 이름을 인간이 지어주지만, 사물이 있다는 것은 사물이 인간에게 말을 걸어오는 것으로 생각해야 할 것이다. 그래서 사물로부터 언어를 증여받는 것이다. 창세기의 하나님 창조는 이렇게 철저하게 논리법칙에 의한다.

여기 19절이 심각한 것은 하나님이 인간에게 피조물들의 이름을 지어 부르게 할 때는 그 사물들에 대한 대상화, 즉 데이터베이스로 하는 것이 된다는 것이다. 그 대상에는 하나님도 포함되기 마련이다. 사물에 이름을 붙이게 되면 사물과 이름은 짝/쌍이 된다. 대상사물은 대상이 되고 이름은 메타가 된다. 그러나 아직 여기 2장에서는 인간이 자기의식을 가지지 못한, 대상인식에 머무는 상황이다. 따라서 자신과 노동에 대한 소외나 착취가 발생하지 않은 상태이기 때문에 낙원, 에덴동산일 수 있는 것이다.

21여호와 하나님이 아담을 깊이 잠들게 하시니 잠들매 그가 그 갈빗대 하나를 취하고 살로 대신 채우시고 22여호와 하나님이 아담에게서 취하신 그 갈빗대로 여자를 만드시고 그를 아담에게로 이끌어 오시니 23아담이

이르되 이는 내 뼈 중의 뼈요 살 중의 살이라 이것을 남자에게서 취하였은
즉 여자라 부르리라 하니라(창 2:21-23).

앞에서 사물에 이름을 붙여서 짝이 되게 한 것과 같이 아담에게도
짝을 지어주고 있다. 아담의 이 선언은 지금의 사회에서 사내가 미녀인
여자를 취한 것과 같은 기쁨을 표현하고 있다. 3장에서 보겠지만
우리 인간은 성을 의식하고 의식적으로 행위한다는 점에서 성적인
존재이다. 인간 외의 다른 모든 존재도 성을 지니고 있는데, 인간만이
성을 의식한다는 점에서 그렇다. 이 선언적인 "여자라 부르리라"
하는 표현은 의식적인 것으로, 우리가 우리의 성을 의식한다는 사실과
어울리는 표현이다. "내 뼈 중의 뼈요 살 중의 살이라." 이토록 아내를
찬양하는 아름다운 표현은 다른 데는 없다.

24이러므로 남자가 부모를 떠나 그의 아내와 합하여 둘이 한 몸을 이룰지
로다 25아담과 그의 아내 두 사람이 벌거벗었으나 부끄러워하지 아니 하
니라(창 2:24-25).

24절은 아무래도 모계사회/모권사회를 인간에게 권하고 있다고
생각된다. 태초의 사회는 모계사회였다고 한다.
"부끄러워하지 아니하니라." 벗고 있으면서도 부끄러운 줄을 몰랐
다는 것은 아직까지 자기의식이 없다는 것이다. 4세까지의 어린이들은
벗고 있어도 부끄러운 줄 모른다. 에덴동산은 인류사의 유년기, 개인의
유년기에 해당하는 낙원이다. 창세기 2장이 '에덴동산' 일 수 있는
이유는 인간이 아직 동물도 지니고 있는 막연한 대상인식만을 지니고,

자기의식을 지니지 못하고 있기 때문이다. 따라서 에덴에서 인간은 소외되지 않는 노동과 소외되지 않는 성을 누리고 있다(보론 3. 에덴동산의 의미).

그러나 이제 3장에서 인간은 자기의 그곳을 가리게 된다. 대상인식이 자기의식으로 된 것이다. "벌거벗었으나" 하는 표현은 두 사람이 자신들이 벗었다는 것을 알고 있다는 것을 전제로 하는 표현이다. 두 사람이 이미 대상인식을 지니고 있는 것이나. 앞의 20절에서 이미 아담은 피조물들에게 이름을 지어 불렀다. 이렇게 창세기는 인간의 인식 발전 과정에 따라 전개되고 있다. 얼마나 경이로운가!

이 3장부터 성서는 노동을 통하여 인식을 가지게 된 인간이 그 인식으로 하느님을 배신하고 거부하면서 타락하게 되는 역사를 기록하고 있다. 그러므로 타락은 성적인 것만이 아니라 노동을 소외시키고 노동을 외면하는 것을 포함한다. 노동을 통하여 자연을 착취하는 것까지를 포함한다.

이는 실제 진화의 역사와 일치하고 있다. 지금까지의 탐구에서 보듯이 1장과 2장의 창조에 대한 진술이 다른 이유는 바로 인간의 노동 때문이다. 인간이 에덴에서 추방되는 동기도 노동에 대한 소외가 성적인 타락보다 더 크다. 인간은 에덴에서 추방되어 노동을 할 수가 없게 되었다. 그는 에덴에서 하던 노동이 아니라 다른 노동을, 수고를 치르는 노동을 해야 하는 것이다. 그 노동은 인간을 기계에 굴종시키고 착취당하는 죽음과도 같은 노동이다.

II. 창세기 2장에 대한 보론

보론 1. 두 개의 창조 기사?

창세기를 분석하는 많은 글이 두 개의 창조 기사를 말하고 있다. 1장과 2장이 겹친다거나 중복된다고 생각하는 것이다. 그러나 이런 생각은 아주 잘못된 것이다. 1장은 먹이사슬로 되어 있는 지구 생태계를 창조하고 그 포식자들의 먹을 것을 규정하고, 일곱째 날의 안식을 말하고 끝난다. 1장은 그러니까 지구 생태계를 창조하는 전 과정을 처음부터 끝까지 순서/질서에 따라 보여준다.

29절과 30절에서 "온갖 채소들을 주노니 너희의 먹을거리가 되리라, 먹을거리로 주노라" 하는 말은 마지막으로 창조된 인간이 생태계 먹이사슬의 마지막 포식자이기 때문에 하는 인간의 먹을 것을 채식으로 규정하는 말이다.

창세기 2장의 주제는 에덴동산이다. 에덴동산은 인간이 소외되지 않고 착취당하지 않는 노동을 할 수 있는 기름진 땅이다. 인간이 노동할 곳인 에덴동산을 소개하는 2장에 있는 이유는, 그 창조노동을 이어받는 인간에 대하여 말하는 장이기 때문이다. 창세기 1장과 2장은 중복되는 것이 아니라 아주 다른 내용을 담은 것이다. 창세기 1장에서 창조된 인간이 이제 2장의 에덴동산에서 대상에 대한 인식을 노동을 통해 얻는다. 이 인식이 발전하여 자기의식으로 변하는 과정을 창세기 3장은 보여주고 있다. 인간이 창조되어야 하는 이유와 근거, 인간으로 인한 혼돈과 신에 대한 배신을 보여주고 있다.

따라서 창세기 1장과 2장이 다른 이유에 대해 인간의 노동을 생각하지 않고는 명쾌하게 밝힐 수가 없게 되어 있는 것이다. 사실상 성경 전체는 자연이 먼저 창조되고 난 다음에 창조된 인간이 자연을 대상으로 하는 노동을 하면서 대상인식이 싹트고, 대상인식이 자기 의식으로 발전하면서 신을 알아보게 되고 신을 배척하여, 자연을 버리고 문명을 택하여 그 문명을 발전/진화시키면서 소멸해 가는, 노동에 의한 인간의 인식의 발전 과정, 창조/진화의 과정을 보여준다. 따라서 창세기를 읽을 때 우리는 이러한 인간 인식의 발전 과정을 보려고 해야 한다. 이것은 자연의 진화와 창세기가 일치하는 것이다. 레녹스의 『최초의 7일』에서는 다음과 같이 다루고 있다.

> 창세기 초반부 장들이 연대기적으로 중요한 의미를 가진다는 주장에 반대하는 자들이 종종 내세우곤 하는 근거는 창세기 2장의 창조 기사가 창세기 1장에 기초한 어떠한 연대기에도 모순된다는 것이다. 한 가지 두드러지는 이슈는 창세기 1장이 인간의 창조에 대해 언급하기 전에 식물의 창조에 대해 언급하는 반면 창세기 2장은 그 반대의 인상을 주는 것처럼 보인다는 것이다. 창세기 2장의 ESV 텍스트는 다음과 같다.[1]

다음으로 레녹스는 창세기 2장 5절에서 9절까지를 인용하고 있다. 그런데 정작 중요한 창세기 저자의 진술을 소개하지 않고 있다. 그 진술이란 "이것이 천지가 창조될 때에 하늘과 땅의 내력이니 여호와 하나님이 땅과 하늘을 만드시던 날에"(창 2:4)이다.

---

1 존 C 레녹스, 『최초의 7일』, 160.

저자는 이 4절에서 우선 신에 대한 호칭을 바꾸고 있다. 이 전까지는 하나님이었으나 이 4절부터는 여호와 하나님인 것이다. 이것은 내가 볼 때 신학적으로 가장 심각한 것이다. 호칭이 변하는 이유도 바로 인간 때문이다. 그런데 놀랍게도 이 사건을 심각하게 다루고 있는 신학 저술은 드문 것 같다. 이것에 대해서는 따로 다루기로 하고 계속해 보자. 레녹스가 읽는 ESV 텍스트는 상당히 혼란스러워 개역개정판 한글성서에서 인용한다.

> 여호와 하나님이 땅에 비를 내리지 아니하셨고, 땅을 갈 사람도 없었으므로 들에는 초목이 아직 없었고 밭에는 채소가 나지 아니하였으며 안개만 땅에서 올라와 온 지면을 적셨더라(창 2:5).

4절에서 "하늘과 땅의 내력이니"라고 하는 것의 '내력'이란 창조의 설계에 대한 언급이다. 그것은 인간을 노동할 수 있게 하는 물리적 조건이다. '땅을 갈 사람' 노동하는 인간, 보편타당한 인간을 말하고 있다. "비를 내리지 아니하셨고" "초목이 아직 없었고, 채소가 나지 아니하였으며" 이러한 표현들은 땅을 갈 사람이 있다고 해도 아직 그럴 준비가 되지 않았다. 즉, 노동의 조건이 갖추어지지 않았다는 것이다. 5절은 1장에서 이미 창조된 인간, 그 인간의 조건이며 기반인 노동을 할 수 있는 여건의 조성을 말하고 있다. 들판의 초목과 밭의 채소는 인간의 노동이 있어야 하는 것이다. 창세기의 저자는 이 세계가 하나님의 창조만으로는 완성되지 않는다는, 생각을 가지고 있는 것이 분명하다. 앞에서 우리는 신의 창조의 목적이 인간이라는 주장에 대하여 생각해 보았다. 그러나 그것은 지구 생태계 먹이사슬을 두고 생각해 보면 어딘가 석연치 않은 것이다. 인간의 창조는 먹이사슬의 완성 때문이라는 분석을 제시했지만, 먹이사슬을 보면 매 단계에서 나타난 종이 그 단계까지의 마지막 포식자인 것이 발견되기 때문이다. 식물이 창조되는 셋째 날까지 식물이 마지막 포식자이다. 식물은 미생물을 먹기 때문이다. 넷째 날에 태양이 창조되어 땅을 비추어 식물의 광합성이 가능하게 되고 식물의 막강한 번식력으로 초식동물의 창조가 가능하게 되었다. 초식동물은 이 단계에서 마지막 포식자이다. 다음에 초식동물을 먹이로 하는 육식동물도 그 단계에서는 마지막 포식자인 것이다.

그렇다면 왜 인간에 와서야 먹이사슬이 완성된 것일까? 보이는 것만을 먹는 것으로는 진정한 포식자라고 할 수가 없을 것이다. 보이지 않는 것까지를 먹는 진정한 포식자, 즉 만개한 상징 능력과 환상을 지닌 존재는 필연적으로 나타나게 되어 있는 것이다. 이것은 논리의 문제이다. 달리 표현하자면 논리가 그 완성을 보아야만 했다는 것이다. 그런데 포식을 하는 일차적인 방법은 인간의 노동이다. 인간의 이 노동에 대하여 말하고 있기에, 창세기 2장은 1장에서 일관하여 말한 것과는 다르게 노동하는 인간에 대하여 더욱 세밀하게 말하기 위해서 창세기 1장을 소급하여 2장에서 말하는 것이다. 이러한 인간에 대한 창조주이기 때문에 하나님에서 여호와 하나님으로 부르게 된 것이다.

이러한 1장과 2장의 창조 기사를 두고 당치도 않는 해석을 한 가지만 더 소개한다. 이 또한 레녹스의 『최초의 7일』에 있다.

다시 말해 콜린스는 창세기 2장의 기사가 셋째 날의 식물의 창조와는 아무런 관계가 없으며, 그것은 특정한 땅에서 연중 주기의 특정한 때에 아직 식물이 자라기도 전에 하나님이 사람을 창조하셨음을 묘사한다고 주장한다. 이 텍스트에 대한 이러한 독법은 자연의 주기가 충분히 오래 확립되어 있음을 전제하는데, 왜냐하면 콜린스가 지적하는 것처럼 이 텍스트를 여섯째 날의 사건들과 조화시키기 위해서는 창세기 1장의 날들이 모두 24시간으로 이루어진 일반적인 날은 아니거나 또는 그날들이 시간적으로 서로 분리되어 있다고 결론지어야 하기 때문이다.[2]

거듭 말하지만, 창세기에서 하나님의 창조는 시간의 흐름에 따르는 연대기적인 것이 아니라 논리적 조건 속에서의 창조이다. 그 논리적 조건이 창조의 순서/질서를 결정한 것이다. "식물이 자라기도 전에 하나님이 사람을 창조하셨음"을 두고 우선 생각나는 일은, 그렇다면 사람은 식물이 창조될 때까지 무엇을 먹어야 하냐는 것이다. 또 "창세기 1장의 날들이 모두 24시간으로 이루어진 일반적인 날은 아니거나" 하는 것은 전혀 아니다. 창조의 여섯 날은 시간적인 조건이 아니라 논리적인 조건이기 때문이다. 레녹스가 소개하는 이런 생각은 완전히 이론을 위한 이론일 뿐이다. 도대체 지식이 있다고 하여 이런 식으로 당치 않는 이론으로 너무 멀리 나가는 것이 옳고 그름을 떠나 어떻게 가능한지 나로서는 상상이 안 간다. 여기서 레녹스가 인용하고 있는 프랜시스 콜린스의 『신의 언어』를 읽어보기로 한다.

---

2 위의 책; 161.

창세기 2장은 일곱째 날이 되어 하나님이 휴식을 취하는 모습으로 시작한다. 그다음에는 인간 창조의 두 번째 묘사가 이어지는데, 여기서 묘사되는 인물은 분명 아담이다. 창조를 두 번째로 묘사한 이 부분은 첫 번째와 완벽하게 일치하지 않는다. 1장에서는 인간이 창조되기 전인 셋째 날에 초목이 나오는 데 반해, 2장에서는 나무나 풀이 전혀 등장하지 않은 상태에서 하나님은 땅의 흙으로 아담을 만든다. 재미있는 사실은 우리가 '생명'으로 번역하는 히브리어가 창세기 2장 7절에서는 아담을 뜻하는데, 1장 20절과 24절에서는 물고기, 새, 육지 짐승을 뜻한다는 점이다.[3]

이다음에 레녹스가 앞에서 소개하고 있는 구절이 나오고 있는데, 콜린스의 신의 언어에서 인용하면 다음과 같다.

이런 묘사를 어떻게 이해해야 할까? 이 대목을 쓴 사람은 하루가 24시간으로 이루어진 여러 날 동안에 일어난 일을 순서에 맞추어 정확하게 글자 그대로 묘사하려 했을까? 태양이 만들어지기 전인 셋째 날까지는 그대로 묘사하려 했을까?[4]

인류 최초로 31억 개의 유전자 서열을 해독한 콜린스답지 않은 착각이거나 혼돈이다. 그는 시간적인 조건 안에서의 창조로 생각하고 있다.

여호와 하나님이 땅의 흙으로 사람을 지으시고 생기를 그 코에 불어넣으

---

3 프랜시스 콜린스, 『신의 언어』, 153.
4 위의 책, 153.

시니 사람이 생령이 되나라(창 2:7).

이 7절에서 흙으로 사람을 지으셨다는 것은 인간이 노동을 하기 위해 땅을 갈아야 하고 또 죽으면 땅에 묻힌다는 순리적인 사실을 환기한다. 코에 불어 넣은 호흡은 노동하는 호흡이다. 이러한 인간과 물고기, 새 등을 같은 히브리어 '생명'으로 표현하는 것은 어쩌면 물고기나 새와 인간이 창조주의 입장에서는 차등이 없다는 뜻을 담고 있는 것은 아닌지 생각된다. 노동이라는 활동은 신의 창조물인 자연을 보살피는 것으로, 생명의 표현이다. 에덴동산에서는 인간과 모든 피조물이 공생하고 교감하는 상태였을 것이다.

보론 2. 하나님에서 2장의 여호와 하나님으로 변화

창세기의 1장 처음부터 2장의 3절까지는 하나님은 '하나님'이다가 2장 4절부터 '여호와 하나님'으로 부르고 있다. 이렇게 호칭이 변하는 이유는 대상에 대한 인식을 얻고, 그 인식으로 하나님을 알아보고, 대상화할 수 있는 존재인 인간을 대하시는 하나님이기 때문이다. 이를 추적하기 위해 우리는 앞에서 이미 말한, "두 개의 창조 기사? 창세기 1장과 2장은 겹치는 문서인가?" 하는 것을 다시 생각해 보아야 한다. 참고할 만한 것이 있는데, 그것은 곧 아담의 아내에게 이름이 없다가 금단의 열매를 따 먹고 나서야 '하와'라는 이름이 붙게 되는 것이다. '하와'라는 이름은 여자의 권유에 따라 금단의 열매를 같이 나누어 먹은 아담이 지어주는데, 아담은 여자로 인하여 죄를 범하게 되는 것이다. 때문에 아담이 아내의 이름을 붙이게 되는 것이다.

　이것을 참고하면 하나님을 알아보고 대상화하는 인간을 상대하는 하나님이기 때문에 여호와 하나님이 된다는 것이 이해될 것이다.

　중요한 것은 아담과 하와가 금단의 열매를 따 먹게 되는 동기이다. 그것은 아담과 그의 아내가 자연을 대상으로 하는 노동을 하면서 그 과정에서 일어난 일이라는 것이다. 창세기 2장의 주제는 에덴동산, 즉 낙원이다. 그곳이 낙원일 수 있는 까닭은 아담과 그의 아내가 아직은 막연한 대상인식만을 가지고 있기 때문이다. 이 대상인식으로는 하나님을 대상화하지 못한다. 대상인식은 동물들도 지닌 인식으로 대상에 고정된 인식이다. 에덴동산은 강이 여러 갈래로 흐르는 기름진 땅으로 노동하기 좋은, 인간이 번영 번식하기 좋은 땅이다. 때문에 2장 4절부터 미리, 그러니까 인간이 인식을 지니기 시작하는 지점이기 때문에 창세기의 저자는 하나님에 대한 호칭을 변화시키고 있는 것이다. 창세기 2장에 인간의 노동은 분명하게 표현되고 있다.

> 여호와 하나님이 땅에 비를 내리지 아니하셨고 땅을 갈 사람도 없었으므로 들에는 초목이 아직 없었고 밭에는 채소가 나지 아니하였으며(창 2:5).

　이어서 9절에는 생명나무와 선악을 알게 하는 나무가 나온다. 그러니까 그 나무들도 두 사람의 노동의 대상이고 노동의 과정에서 금단의 열매를 따 먹게 되는 것이다.

　15여호와 하나님이 그 사람을 이끌어 에덴동산에 두어 그것을 경작하며 지키게 하시고 ¹⁶여호와 하나님이 그 사람에게 명하여 이르시되 동산 각종 나무의 열매는 네가 임의로 먹되 ¹⁷선악을 알게 하는 나무의 열매는 먹지 말라 네가 먹는 날에는 반드시 죽으리라 하시니라(창 2:15-17).

15절에서는 에덴동산에 두 사람을 두어 경작하며 지키게 하시고, 이렇게 에덴동산을 경작하게 했다고 기록하고 있다. 그런 다음에 에덴동산에 있는 모든 식물을 대상으로 경작해야 하는 두 사람에게 동산의 각종의 나무 열매는 임의로 먹어도 좋으나, 선악을 알게 하는 나무의 열매만은 먹지 말라고 하고 있다. 여기서 "반드시 죽으리라"고 하는 정언도 너희가 그 인식의 열매를 먹게 되면 죽음이라는 개념을 지니게 되리라는 것으로, 동물의 인식과는 다른 인간의 자기의식을 말하고 있는 것이다. 동물이나 식물도 죽지 않는다. 다만 세대를 달리하여 탄생하고 죽어 썩어서 다시 새 생명으로 환원되는 것이 전부이다. 그러나 인간만은 죽음이라는 개념을 가지고 죽어간다. 때문에 17절에 "반드시 죽으리라" 하고 있다. 인간은 죽음을 스스로 발명했다.

이제 창세기 3장부터는 자기의식을 지닌 인간을 상대로 하여 다투고 싸우는 여호와 하나님을 보여준다. 이렇게 볼 때 '여호와 하나님'은 인간의 자기의식과는 상관없이 존재하는 하나님의 뜻, 객관적으로 존재하는 하나님이라는 의미일 것이다. 그것은 곧 자연의 절대적인 법칙, 창세기 1장에서 이미 계시된 그 법칙을 의미하는 것이다. 이 법칙은 단 하나의 것이며 인간은 이 법칙의 범위 안에서만 자기를 구현해야 하는 운명이 주어져 있다. 그러나 인간의 본성은 먹이사슬의 최상위 포식자이다. 인간은 모든 것을 대상으로 하며 대상이 주어지지 않은 인간은 헛것이다. 인간은 모든 대상을 포식하고 배설해야 하는 운명이 주어져 있는 것이다. 그 포식의 대상에는 인간 자신도 포함되어 있다. 성경은 이러한 법칙으로부터 인간의 구원과 해방을 말하고 있는 것이다.

보론 3. 에덴동산의 의미

그런데 재미있는 것은 지금까지 이렇게 성서 해석자들이 혼란스러워하는 창세기 2장이 4절에서부터 제목이 에덴동산으로 주어져 있다는 사실이다. 성서 해석자들은 이 제목을 간과했다. 에덴동산은 낙원의 땅이다. 왜 낙원인가? 성서 해석자들은 그저 하나님이 인간을 창조하고 그 인간을 위해 에덴동산을 만들어 인간을 그곳에 살게 하였지만 그 낙원에서 인간은 죄를 범하고 추방되었다고만 한다. 에덴은 왜 에덴인지를 해석하지 않았다. 앞서 논한 2장 4절부터 이미 에덴동산에 대하여 말하고 있다. 그 에덴동산이 아직 충분한 조건이 갖추어져 있지 않은 상태를 5절은 묘사하고 있는 것이다. 7절에서 이제 하나님이 인간을 창조한다.

7여호와 하나님이 땅의 흙으로 사람을 지으시고 생기를 그 코에 불어넣으시니 사람이 생령이 되니라 8여호와 하나님이 동방의 에덴에 동산을 창설하시고 그 지으신 사람을 거기 두시니라(창 2:7-8).

이 7절과 6절과의 사이에는 이미 시간적인 간격이 전제되어 있고, 그 시간 동안에 비도 내리고 초목이 무성하게 된 것이다.

5절에 이어지는 마지막 묘사인 6절 안개만이 땅에서 올라와 온 지면을 적셨다는 것은 대단히 암시적이다. 실제로 어떤 황무지에 초목과 나무가 있게 되려면, 그 이전에 안개가 그 땅을 촉촉하게 적시는 과정이 있어야 할 것이다. 그리고 그렇게 될 것이다.

이렇게 이제 인간이 창조되어도 좋을 것이다. 이렇게 하여 인간은 창조되었다.

이 에덴동산은 신이 이 세계를 창조한 목적을 드러내고 있는 문서로 성서상에서 가장 중요한 위치를 차지하고 있다. 신의 창조의 목적은 인간이 아니라 인간의 어떤 상태이다. 그것이 에덴동산으로 제시되고 있다. 그 상태란 이미 1장 28절에 제시된 것이다. 인간 이전의 존재들은 인간을 창조하는 과정에서 우연히 나타난 실패작이 아니다. 인간 이전의 존재들은 개별적이고 특수한 존재이다. 먹이사슬을 따라 각각의 존재는 그 단계에 어울리는 정신을 지닌, 그러한 정신에 맞는 몸을 한 존재인 것이다. 이러한 정신의 상승의 끝에 보편적인 정신을 지닌 보편적인 존재, 인간의 출현은 필연적으로 창조/진화의 법칙 자체에 내재해 있는 것이다. 이 또한 논리의 문제이다. 인간이 이전에 창조된 존재들과는 다르게 보편적인 존재라는 것은 이전에 창조된 모든 존재를 대상화해야 하는 메타적인 존재라는 것이다. 이것은 창조주로서는 아주 골치 아픈 일의 시작일 뿐이다. 때문에 인간의 어떤 상태가 중요한 것이다.

> 하나님이 그들에게 복을 주시며 하나님이 그들에게 이르시되 생육하고 번성하여 땅에 충만하라, 땅을 정복하라, 바다의 물고기와 하늘의 새와 땅에 움직이는 모든 생물을 다스리라 하시니라(창 1:28).

여기 1장 28절의 해석은 인간의 욕망이 드리워지기 쉬운 곳이다. 이 절에서 생육하고, 번성하고, 땅에 충만하고, 땅을 정복하고 모든 생물을 다스리라는 복 주심이다. 우선 복을 받는 방법, 즉 다스리고 정복하고 하는 방법이 무엇인가를 생각해야 한다. 그 방법이 다른 것이 아니라 바로 노동이다. 노동 외의 다른 것은 없다. 이러한 인간 지복의 상태가 가능한 곳을 바로 에덴동산으로 표현하고 있다.

> 여호와 하나님이 그 사람을 이끌어 에덴동산에 두어 그것을 경작하며 지키게 하시고(창 2:15).

이 15절에서 경작하며 지키게 하시고는 인간의 노동을 지시하고 있다. 인간이 자연을 가꾸고 보살펴야 자연이 본모습을 보전하고 우거질 것이다.

창조의 여섯 날에서 우리는 먹이사슬에 대하여 생각해 보았다. 거기서 우리는 지구 생태계의 지도인 먹이사슬에서 인간이 존재해야 하는 필연성을 탐구해 보았는데, 여기서 순조롭게 그 필연성이 드러나고 있다. 만약에 먹이사슬에서 마지막 포식자인 인간이 없다면 자연은 무작정 우거지기만 할 것이다. 그리하여 무질서가 초래될 것이다. 모든 존재는 자신의 성장에 필요한 그 이상으로 에너지를 체내에 비축해 둔다. 따라서 그러한 넘치는 에너지는 어떻게든 소비해야 하는 것이다. 만약에 넘치는 에너지를 소비하지 않으면 병에 걸리게 될 것이다. 그렇다면 그러한 에너지를 소비해 주는 존재가 있어야 한다. 그러한 존재는 마지막으로 지구상의 에너지를 소비하는 존재이며 이러한 소비를 통하여 자연의 균형을 잡아주는 역할을 맡아야 할 것이다. 창세기 1장 28절에서 말하는 정복하라, 다스리라고 하는 그 방법, 포식하는 방법이 다른 것이 아니라 인간의 노동이다. 노동을 통하여 각 존재를 포식함으로써, 인간은 생태계의 균형을 잡아줄 수가 있다. 1차산업은 바로 자연을 직접적인 대상으로 하는 산업이다. 농업, 어업, 임업, 광업 등을 통하여 우리는 자연을 포식한다. 노동은 인간 정신의 표현이다. 때문에 창세기 2장 8절부터 에덴을 창조하는 것이다. 이 에덴은 다음처럼 노동하기 좋은 기름진 땅이다.

> [10]강이 에덴에서 흘러 나와 동산을 적시고 거기서부터 갈라져 네 근원이 되었으니 [11]첫째의 이름은 비손이라 금이 있는 하윌라 온 땅을 둘렀으며 [12]그 땅의 금은 순금이요 그 곳에는 베델리엄과 호마노도 있으며 [13]둘째 강의 이름은 기혼이라 구스 온 땅을 둘렀고 [14]셋째 강의 이름은 힛데겔이라 앗수르 동쪽으로 흘렀으며 넷째 강은 유브라데더라(창 2:10-14).

네 개의 강이 여러 갈래로 흐르는 땅은 기름진 땅이다. 이마에 땀을 흘리지 않아도 많은 소출을 내주는 땅이다. 소외되지 않은 노동과 인간의 손에 장악되지 않는 땅에 충실한 충만하고 번성하는 삶이 가능한 곳이 바로 에덴동산이다.

> 여호와 하나님이 그 사람을 이끌어 에덴동산에 두어 그것을 경작하며 지키게 하시고(창 2:15).

이 15절에서는 "경작하며 지키게 하시고"라고 한다. 경작을 통하여 지킨다는 것이다. 경작을 해야만 자연이 무질서하지 않고 균형 있게 우거지고 보존되는 것이다.

이렇게 인간의 노동에 대하여 성서는 반복하여 말하고 있음에도, 성서를 읽는 누구 하나 인간의 노동에 대하여 말하지 않는다. 인간이 자연을 대상으로 하는 노동을 통하여 인식을 얻게 되었다는 것은 헤겔의 정신현상학을 뒤엎은 마르크스의 『경제학철학수고』에 나타난다.

헤겔이 『정신현상학』에서 정신의 현상인 철학하기를 노동으로 표현하고 이 노동을 찬양한 데 대하여 마르크스는 철학이라고 하는 것은 정신이 나타나고서야 가능한 것이고, 정신이 나타나게 한 것은 그러한 정신노동이 아니라 바로 자연을 대상으로 하는 물질노동이라고 한 것이다. 마르크스는 헤겔의 정신현상학을 조목조목 논박하면서 마치 국화빵을 구울 때처럼 헤겔의 개념 하나하나를 뒤집어엎어 다시 넣는다.

> 우리가 잠정적으로 취할 수밖에 없는 입장은 헤겔이 근대 정치경제학자들의 입장에 서 있다는 것이다. 헤겔은 노동을 본질로서, 자기를 입증하는 본질로서 파악한다. 그는 노동의 부정적인 측면을 보지 않고 오직 긍정적인 측면만을 본다. 노동은 외화의 내부에서 이루어지는 인간의 向自化, 혹은 소외된 인간으로서 자기를 정립하는 인간의 향자화이다. 헤겔이 알고 있고 인정하고 있는 노동은 오직 추상적으로 정신노동이다.[5]

---

5 마르크스/김태경 옮김, 『경제학철학수고』 (이론과 실천, 1987), 127.

거듭 말하거니와 여기 에덴동산은 노동하기 좋은 땅이다. 그 노동을 통하여 인간이 번영하고 번식하기 좋은 땅이다. 그리고 노동만 하는 땅이다. 그 노동은 기계로 하는 노동이 아니라 원시노동, 몸 노동이다. 그리고 지금 두 사람은 에덴에서 이미 노동하고 있는 것이다.

> ¹⁹여호와 하나님이 흙으로 각종 들짐승과 공중의 각종 새를 지으시고 아담이 무엇이라고 부르나 보시려고 그것들을 그에게로 이끌어 가시니 아담이 각 생물을 부르는 것이 곧 그 이름이 되었더라 ²⁰아담이 모든 가축과 공중의 새와 들의 모든 짐승에게 이름을 주니라 아담이 돕는 배필이 없으므로(창 2:19-20).

이 19절은 말씀으로 창조했고, 말씀하시는 대로 되었다고 하는 기록과는 상반되는 듯이 보인다. 창세기의 저자는 모든 것을 알고 있는 것이다. 인간이 노동하자면 사물의 이름을 알아야 한다. 사물의 이름을 가지고 인간은 노동을 한다. 창세기 1장에서 말씀대로 되었다고 하는 것은, 즉 이렇게 이해할 수 있다. 자연 사물이 곧 신의 언어이고 그러한 신의 언어에 대하여 인간의 언어는 해석을 가하고 대상화한다. 언어에 대한 언어인 셈이다. 사물은 개별적이지만 사물에 붙는 이름은 보편적이다. 사물은 대상이고 이름은 메타가 되는 것이다. 여기 19절에서 신이 아담에게 사물의 이름을 짓도록 한 것은 실수라고 할 만한 것이다. 왜냐하면 사물에는 신 자신이 포함되기 때문이다. 이렇게 신이 아담에게 사물의 이름을 짓도록 하는 그 순간부터 이미 인간의 신에 대한 배척과 자연에 대한 배척이 마련되어 있었던 것이다. 더불어 선과 악에 대한 앎도 이미 마련되어 있는 것이다. 이것에 대해서는 비트겐슈타인의 다음 구절을 참고할 만하다.

논리에서는 아무것도 우연적이지 않다. 사물이 사태 속에서 나타날 수 있다면, 그 사태의 가능성은 사물 속에 이미 선결되어 있어야 한다.[6]

따라서 19절 이전에 인간이 이미 인식을 지니고 있었다는 것이 명백하다. 인간이라는 사물 안에는 노동해야 하고 그 노동으로부터 인식을 얻고, 그 인식이 발전하여 신을 부정해야 하는 모든 가능성이 이미 선결되어 있다는 것이다. 그리고 이 모든 것은 우연한 것이 아니라 논리에 의한다.

선악을 알게 하는 나무의 열매는 먹지 말라 네가 먹는 날에는 반드시 죽으리라 하시니라(창 2:17).

이 17절의 언급은 이미 인간이 대상에 대한 인식을 가지고 있다는 것을 전제하고 말하고 있다. 그리고 이 대상인식은 앞의 10~14장에서 기름진 땅을 말할 때 이미 노동을 하고 있었고, 그 노동을 통하여 인식을 얻게 된 것이다. 창세기 1장과 2장은 중복되거나 다른 두 개의 기사가 아니다. 2장은 순전히 인간이 어떻게 하여 인간이 된 것이며, 앞으로 그가 어떠한 존재가 될 것인지를 그가 해야

---

6 논고, 2.012.

하는 노동과 함께 말하고 있다.

에덴동산에서 처음으로 인간은 노동을 시작하였다. 소외되지 않고 착취당하지 않는 노동이다. 이것이 가능한 이유는 아직 인간이 막연한 대상인식을 지니고 있을 뿐, 대상인식이 자기의식으로 되지 않았기 때문이다. 에덴동산은 인간이 아직 자기의식을 얻기 이전이기 때문에 낙원인 것이다. 그래서 2장은 이렇게 끝나고 있다.

> 아담과 그의 아내 두 사람이 벌거벗었으나 부끄러워하지 아니 하니라(창 2:25).

제 10 장

논리로 읽는
창세기 3장

I. 창세기 3장의 논리적 독해

1. 진화하는 인간

창세기 1장에서 우리는 인간 창조의 목적으로 하나님의 창조/노동을 이어받을 인간 창조의 필연성을 보고, 2장에서는 에덴에서 노동하는 인간을 보았다. 창세기 2장의 핵심은 인간이 노동을 하면서 대상에 대한 인식이 싹트는 과정을 보여준다는 것이다. 이제 이 대상인식이 3장에서는 자기의식으로 되는 과정을 보여준다. 이 자기의식으로부터 인간은 창조주를 배반하기에 이른다. 인간의 신에 대한 배반은 세계 창조의 완성을 의미한다. 인간이 신에게 종속된다면 그것은 창조가 완료된 것이 아니다. 인간이 신의 지시가 없이도 스스로 알아서 할 수 있다는 것에는 창조주에 대한 배반이 전제된 것이다. 이로써 우리는 이 세계가 온전히 인간에게 양도되었다는 것을 자각해야 한다.

이것은 법칙이다. 한 알의 밀알을 두고 생각해 보자, 밀알은 땅에 떨어져서 뿌리를 내린다. 뿌리를 내리고 나서는 새로운 싹이 튼다. 그 싹은 당장에 주어진 밀알에서 영양분을 얻어서 싹을 틔우는 것이다. 밀알은 완전히 새로운 싹에 먹히고 이제 새로운 싹이 뿌리를 내리면서 자라게 된다. 밀알이 새로운 싹을 틔우는 것은 자신의 부패를 통해서 가능하다. 그렇지 않고 밀알이 그대로 있다면 새로운 싹이 트는 것이 불가능하다. 새로운 싹은 기존의 밀알을 부정하고 자기를 긍정하는 것이다.

이것은 사물이 되어가는 법칙인 것이다. 창조주도 이 법칙에 대하여 예외가 될 수 없다. 나아가 우리는 밀알이 싹을 틔우는 것을 밀알의 정신이 표현되는 것이라는 해석을 할 수가 있다. 밀알이라는 사물 안에는 이미 그러한 혼이랄까 넋이랄까 하는 본질로서의 정신이 깃들어 있는 것이며, 바로 그렇게 때문에 밀알이 싹이 트고 자라나는 사태가 가능하게 되어 있는 것이다. 신은 이렇게 가능성의 총체로서 이 세계를 창조한 것이다. 창조가 스스로 작동하게 한 것이다. 창세기 3장은 인간이 자기의식으로 창조주를 배반하고 가능성의 총체인 우주에서 자연을 외면하고 문명을 택한 인간을 보여준다. 자연의 진화도 신의 창조도 논리에 의하고 그 논리가 단 하나이기 때문에, 진화와 신의 창조가 동일한 것으로부터 문명의 진화는 필연적이다. 그러나 이 진화에서 주체는 인간이 아니라 진화 그 자체이다. 진화에는 목적이 없다고 하는 진화론자들 말의 의미는 진화 그 자체가 목적이라는 결론이다. 따라서 인간은 진화에서 하나의 소재일 뿐 주체가 아니라는 것이다. 진화의 목적은 인간이 아니라 진화 그 자체라는 것이다. 이는 창조의 목적이 인간이라는 기존 신학의 입장과 맞서는 것이다. 무기물로부터 진화가 시작되어 인간에까지 이르렀다는 것은 무기물질에 정신이 깃들어 있다는 것으로, 진화라고 하는 사건은 정신의 과정이라고 할 수가 있다. 이 정신의 본질은 부단히 현재를 넘어 미래를 끌어당기는 데 있다. 이러한 정신을 지닌 인간이 창조주를 배반하고 맞서서 독립하는 인간을 창세기 3장은 보여준다. 지금 인간은 문명을 창조라고 생각하고 있다. 그러나 문명이 창조가 아니라는 진리는 우선 문명이 신의 피조물인 자연을 죽여서야 가능하다는 데 있고 다음은 문명은 인간에게 끝이 없는 수고를 강요한다는 사실에 있다. 정신은 자신을 포함하여 모든 것을 대상으로 한다. 앞에서 말했지만, 인간이 창조하는 문명은 생명이 없는 존재이기 때문에 진화에 따르는 먹이사슬을 최종적으로 완성한다. 문명을 건설하기 위하여 자연을 죽여야 한다는 사실 자체가 신의 창조를 증명하는 것일 것이다. 성경은 인간의 해방을 위한 것이다. 성경은 신에 대한 것이 아니라 인간을 위한 인간학이다. 신학의 운명은 필연적으로 인간학이 되어야만 인간 해방의 길이 열리게 되어 있다.

2. 창세기 3장 본문 읽기

1) 분열되는 자기의식

¹그런데 뱀은 여호와 하나님이 지으신 들짐승 중에 가장 간교하니라 뱀이 여자에게 물어 이르되 하나님이 참으로 너희에게 동산 모든 나무의 열매를 먹지 말라 하시더냐 ²여자가 뱀에게 말하되 동산 나무의 열매를 우리가 먹을 수 있으나 ³동산 중앙에 있는 나무의 열매는 하나님의 말씀에 너희는 먹지도 말고 만지지도 말라 너희가 죽을까 하노라 하셨느니라(창 3:1-3).

여기 3장의 입구에서부터 존재론적으로 심각한 것이 등장하고 있다. 동산의 모든 나무와 동산 중앙에 있는 하나의 나무는 분명히 집합론이다. 뱀의 말은 중앙의 나무도 동산의 모든 나무와 같은 나무라는 의미이다. 이것은 별도의 장에서 다루고자 한다(보론 1. 창세기의 집합론).

이 3장의 1절에는 전혀 생각지도 않았던 존재 뱀이 등장한다. 뱀에 대한 기독교의 해석을 우선 인용한다.

이 이야기 속에 나타난 뱀의 경우에, 뱀은 가장 간교한 동물로 여겨지고 또 아담과 하와가 현명하게 될 것이라고 속여 선악을 알게 하는 나무로부터 선악과를 먹도록 했다. 이 이야기 속에 뱀이 출현한 것은 고대 근동의 뱀의 숭배와 관련이 있는 것으로 보인다. 이러한 뱀의 신적 혹은 반신적 모습은 농업의 신성한 지식과 농업을 해 나갈 수 있는 다른 일들을 전수하기 위한 적당한 도구로 여겨져 왔다. 그렇지 않다면 이 이야기 속의 뱀은 단순히 평범한 뱀일지도 모른다.[1]

창세기 설화의 역사성을 부인하지 않는 어떤 학자들은 적어도 뱀은 문자적인 의미의 동물로 간주해서는 안 된다고 말한다. 그것은 단지 탐심, 성적인 욕망, 탈선한 이성, 사탄 등을 지칭하는 이름 또는 상징으로 받아들여야 한다고 주장한다. 또 어떤 학자들은 적어도 뱀에 관한 이야기는 상징적으로 받아들여야 한다고 한다.
더욱이 뱀은 창 3:1에 언급한 짐승들의 목록 속에 속해 있다. 뱀을 사탄으로 대치시키는 것도 바람직한 해결책은 아니다. 창 3:14-15의 형벌은 문자적인 의미의 뱀을 전제하며, 바울도 뱀을 다른 어떤 것으로도 대치시키지 않는다. 뱀이 창 3장에 기록된 대로 대화를 주도했다고 가정하는 것은 어려울 것 같다. 뱀의 말을 포함한 대화 전체는 창 3장에 언급되지 않은 어떤 초자연적인 세력을 상정해야만 설명될 수 있다.[2]

---

1 제임스 쿠걸/김구원 · 강신일 옮김, 『구약성경 개론』(CLC, 2011), 106.
2 루이스 벌코프, 『조직신학』, 438.

두 개의 인용문에서 하버드 대학교 유대인 신학자인 제임스 쿠걸의 말은 가치가 없는 것이다. 성경의 기록이 고대 근동의 저러한 역사성을 반영한 것이라 할지라도 창세기의 문맥 안에서 뱀은 전혀 아니다. 벌코프의 『조직신학』에서 인용한 "뱀이 창 3장에 기록된 대로 대화를 주도했다고 가정하는 것은 어려울 것 같다"는 것만이 진리에 가깝다. 벌코프는 이어지는 문장에서 뱀의 말을 포함하여 대화 전체는 초자연적인 존재를 상정해야 설명이 된다고 하고 있는데, 초자연적인 존재를 상정해도 설명되지 않는 것은 마찬가지이다. 그렇다면 뱀은 어떤 존재일까?

우리는 지금까지 창세기를 시종일관하여 논리적/인식론적으로 읽어왔다. 앞에서 보았듯이 아담과 하와 두 사람에게는 이미 대상에 대한 인식이 있음을 알고 있다. 창세기 2장이 "아담과 그의 아내 두 사람이 벌거벗었으나 부끄러워하지 아니하니라"라고 끝나고 있는 이유는 두 사람이 동물도 지니는 대상에 대한 막연한 인식을 지니고 있기 때문이다. 그러나 지금 여기 3장에서 두 사람은 이미 자기의식을 지니는 것이다. 이로부터의 타당한 결론은 뱀이란 다른 어떤 타자적인 존재가 아니라 여자 자신이라는 것이다. 여기 창세기에서는 여자가 하와라는 이름을 얻게 되는데, 이유는 여자가 아담에게 금단의 열매를 같이 먹게 했기 때문이다. 하나님이 여호와 하나님으로 되는 것과 비슷한 것이다. 창세기 3장 1절에서 6절까지 뱀과 여자와의 대화는 여자 혼자만의 상상이다. 여자는 하느님이 먹지 말라고 한 그 열매를 보면서 혼자서 상상하고 생각하고 망설이고 갈등하고 있는 것이다. 그것은 당연한 것이다. 왜냐하면 여호와께서 하와에게 다른 모든 나무의 열매는 먹어도 되지만, 동산 중앙의 나무 열매는 따 먹지 말라고 금기를 설정했기 때문에, 오히려 화와는 더욱 따 먹고 싶어서 자아의 분열이 일어나고 있는 것이다. 금기는 범해져야 완성된다. 이러한 여자의 마음의 상태를 표현하고 있는 절들이다. 이렇게 생각하고 상상하게 만드는 또 다른 여자가 곧 뱀이다. 어떤 다른 해석에서는 뱀을 남성의 성기로 보는 이브가 나오는데 아주 틀린 해석은 아니다. 이브는 지금 하느님이 명령한 금기를 두고 그것을 범하고 싶은 욕망에 자아의 분열이 일어나고 있는 것이다. 그런데 모든 금기는 범해져야 한다. 금기는 범해져야 금기가 완성되는 것이다. 그러니 이 구절은 다른 차원의 해석이 있어야 할 것이다. 뱀은 타자적인 존재가 아니라 하와 자신이라는 것이다. 이 대화 전체는 여자 혼자만의 것으로 분열되는 자아를 표현하고 있으며 그것은 지금까지의 대상인식이 자기의식으로 되었기 때문이다.

여기서 여자의 사물을 대하는 태도는 창조주의 태도와는 상반된다. 창조주는 "보기에 좋았다"인데 비하여 여자의 태도는 혼동스럽다. 그것은 마치 잘생기고 돈 많은 미남의 사랑을 고백받는 처녀의 마음에 비견되겠다. "아! 내가 이 남자와 결혼하면 그지없이 행복하고 편하게 잘 먹고 잘살겠구나" 하는 태도 말이다. 그런 상상은 그럴듯한 것으로 그러함과 반대된다. 그러함과 그럴듯한 것의 구별은 참된 인식의 출발점으로 파르메니데스의 단편시로부터 플라톤의 인식론에 이어지고 지금도 계속되고 있는 문제이다. 인간이 점점 실재인 자연을 외면하고 허구를 추구함으로써, 현대에 이르러서는 참된 것과 참되지 않은 것, 그러함과 그럴듯함의 구별이 쉽지 않게 되어가고 있다.

문명의 발전 과정을 창조론적으로 보자면 금단의 열매를 따 내려

금기를 범하는 연속이라고 할 수 있다. 우리 인간은 자동차를 발명할 때도 여자와 같이 그럴듯한 상상을 했고, 핵무기를 발명할 때도 그것이 전쟁을 없애 줄 것으로 기대하였으며, 지금 유전자 조작이나 시험관 아기, 생명체의 복제 등에도 여자와 같은 그럴듯한 상상을 하고 있는 것이다.

2) 인간은 반드시 죽는다.

> 선악을 알게 하는 나무의 열매는 먹지 말라 네가 먹는 날에는 반드시 죽으리라 하시니라(창 2:17).

> 뱀이 여자에게 이르되 너희가 결코 죽지 아니하리라(창 3:4).

"죽지 아니하리라" 이것에 대한 이해를 앞에서 인용한 제임스 쿠걸의 말을 다시 인용한다.

> 그 과실을 먹는 그날에 죽을 것이라고 했지만 그 일은 일어나지 않았다. 사실 아담과 하와는 이례적으로 오랫동안 삶을 영위했다. 아담은 나이 930세가 되어서야 죽음을 맞이했다.[3]

그가 여기서 끝냈으면 좋았을 것이다. 그러나 유대인 하버드 대학교 신학자라고 하는 그는 더 멀리 나간다.

---

3 제임스 쿠걸, 『구약성경 개론』, 95.

어떤 시점에서 누군가가 이 문제를 시편의 한 구절과 연결시켜 생각했다. 거기에서 시편 기자는 인간의 유한한 인생을 하느님의 영원성과 대비하여 이렇게 기록한다. 주님의 앞에는 천년이 지나간 어제 같고 밤의 한순간 같습니다(시편 90:4). 분명히 이것은 영원하신 하느님은 시간을 매우 다르게 인식하고 계심에 분명하다.[4]

반드시 죽으리라는 근거를 하느님의 시간은 인간의 시간과는 매우 다르다는 것에 찾고 있는데 사실 이러한 제임스 쿠걸의 해석은 초보에도 이르지 못한 것이다. 쿠걸의 해석은 생물적인 죽음을 말하고 있으나, 여기서 문제 되는 것은 창세기 2장 17절의 "반드시 죽으리라"라는 말이 생물적인 죽음을 지시하는가? 하는 것이다. 이 문맥의 중심은 '죽으리라'가 아니라 '반드시'에 있다. 하느님은 반드시 죽으리라는 것이고 그것을 부정하는 표현이 '결코 죽지 아니하리라'인 것이다. 그것은 아마도 존재론적인 실재의 죽음을 지시하고 있을 것이다. 이에 대해서는 별도의 긴 해석이 필요하다. 다만 여기서는 인간이 죽는다는 것은 인간의 개념이지 실재의 죽음이 아니라는 것만을 말해두자. 죽음은 인간이 발명한 것이다(본론 2. 인간은 반드시 죽는다).

3) 그러함과 그럴듯함

[5]너희가 그것을 먹는 날에는 너희 눈이 밝아져 하나님과 같이 되어 선악을 알 줄 하나님이 아심이니라 [6]여자가 그 나무를 본즉 먹음직도 하고 보암직

---

4 위의 책, 95-96.

도 하고 지혜롭게 할 만큼 탐스럽기도 한 나무인지라 여자가 그 열매를
따먹고 자기와 함께 있는 남편에게도 주매 그도 먹은지라(창 3:5-6).

지금도 인간은 수없이 많은 금단의 열매를 따 내리고 있다는
것이다. 지금 인간은 금기를 범하고 있다. 인간은 자동차를 만들
때도 이런 상상을 했다. 지금 인간은 시험관 아기나 인간을 주문
제작하는 일들을 하려고 하고 있다. 유전자를 조작하여 없는 동물을
만들어 내기도 한다. 이 모든 것이 금기를 범하는 일이다. 이렇게
감당하지 못할 무엇을 새롭게 할 때마다 여자가 한 상상과 환상,
자기도취에 빠지는 존재가 인간이다. 그것은 그럴듯함의 것이지, 그러
함의 것이 아니다. 그럴듯함은 진리가 아니고 그러함은 진리이다.

4) 인간의 자기의식

이에 그들의 눈이 밝아져 자기들이 벗은 줄을 알고 무화과나무 잎을 엮어
치마로 삼았더라(창 3:7).

여기서 두 사람은 비로소 눈이 밝아진다. 이미 두 사람은 자기의
식을 지니게 된 결과이다. 창세기 1장 3절 해석에서 그 빛은 인식의
빛이라고 했다. 여기서 밝아진다는 표현도 인식의 빛과 관련되어
있는 것이다. 우리는 이미 앞의 2장 25절에서 두 사람이 벗었으나
부끄러워하지 않았다는 사실을 알고 있다. 두 사람은 자신들이
벗고 있다는 사실을 그냥 알고 있는 것이다. 다른 동물도 이렇게는
안다. 대상인식이다. 두 사람이 따 먹은 금단의 열매는 인식의

열매이다. 그들이 그 열매를 먹기 전에 이미 자신들이 알몸인 것을 알고 있었다. 그렇다면 열매를 따 먹고 나서 어떤 변화가 일어난 것일까? 그것은 자신들이 알고 있다는 그것을 알게 된 것이다. 안다고 하는 것에 대하여 알게 된 것이다. 말했듯이 헤겔에 의하면 대상인식은 필연적으로 자기의식이 된다. 자기의식이란 안다고 하는 것 그 자체를 아는 것이다. 두 사람은 자신들이 벗고 있다는 것을 안다는 것이 어떤 의미인지를 알게 되어 치마로 가리게 된다. 앎에 대한 앎을 알게 된 것이다. 이제 자기의식을 가지게 된 인간은 창조주를 알아본다. 비로소 창조주가 존재하게 되었다. 인간은 이제 스스로 창조하기에 이른다. 이후로 창조주와 인간은 사사건건 대적하게 된다.

> [8]그들이 그날 바람이 불 때 동산에 거니시는 여호와 하나님의 소리를 듣고 아담과 그의 아내가 여호와 하나님의 낯을 피하여 동산 나무 사이에 숨은 지라 [9]여호와 하나님이 아담을 부르시며 그에게 이르시되 네가 어디 있느냐 [10]이르되 내가 동산에서 하나님의 소리를 듣고 내가 벗었으므로 두려워하여 숨었나이다(창 3:8-10).

이 8-10절에 대해서는 본회퍼의 것을 소개할 만하다.

> 그때나 지금이나 아담은 그가 하느님 앞에서 숨을 수 있다고 생각한다. 마치 세계가, 우리가 세계와 분열된 후에 스스로 은폐하고, 우리에게 숨겨지며, 감추어지는 것처럼 되고, 더욱이 하느님에게도 감추어질 수 있는 것처럼 여기는 것이다.[5]

현대인은 릴케가 말한 것과 같이 존재를 가지고 장난을 치고 있다. 창조주에게 응석을 부리고 있는 것이다. 인간은 존재의 응석받이다(릴케, 『두이노의 비가』 10). 지금도 창조주는 인간의 종적을 찾고 있을 것이다. 그리하여 너 지금 어디에 있느냐는 물음은 현재적인 것이지 그때 있었던 일시적인 물음이 아니다. 여기서 하나님 앞에서 도망치는 이유는 그나마 양심이 있기 때문이다. 그러나 현대인에게 이리한 양심이 있는지 나는 의문이다. 지금 사람들의 귀에는 "너는 어디에 있느냐"라고 부르시는 음성이 들리겠는가?

> 아담이 하느님으로부터 숨으려는 이 도피를 우리는 양심이라 부른다. 타락 이전에는 양심이 없었다. 나아가, 양심의 기능은 하느님 앞에서 도망치게 하는 것이다.[6]

타락 이전에는 양심이 없었다는 본회퍼의 지적은 옳다. 양심이란 자기의식이다. 모든 존재를 알몸으로 창조한 창조주 앞에서 알몸을 부끄러워할 필요가 없다. 이 말은 지금 현재를 살고 있는 문명인에게 하는 말이다. 실로 인간이 알몸으로 살고 있다면 성폭력이나 가정폭력은 물론, 전쟁이나 그밖에 여러 가지의 재앙들이 사라지게 될 것이다. 알몸이란 무엇보다 진리의 것이다. 진리는 스스로 드러나며 비은폐되며 알려진다(보론 3. 인간의 자의식이란 무엇인가?).

---

5 본회퍼, 『창조와 타락』, 161.
6 위의 책, 161.

5) 성적性的인 존재

이르시되 누가 너의 벗었음을 네게 알렸느냐 내가 네게 먹지 말라 명한
그 나무 열매를 네가 먹었느냐(창 3:11).

"누가 너의 벗었음을 네게 알렸느냐" 창조주가 이렇게 묻는
이유는 자신이 창조한 모든 피조물을 알몸으로 창조했기 때문이다.
실제로 모든 자연 사물은 벗고 있다. 입고 있는 존재는 없다. 호랑이
나 원숭이나 새나 조류들 그리고 식물들이나 나무들을 보면 그들은
벗고 있다. 그들은 자신의 존재를 은폐하지 않는다. 진리는 자기
개방성을 가지고 있다. 이러한 사정과 관련해 생각해 보면 인간은
단순히 가리고 있는 것이 아니라 무장을 하고 있다. 자신의 존재를
드러내어 과장하기 위해 무장을 하고 있다. 이것은 자신을 숨기고
감추는 것이다. 이렇게 하여 자신의 존재를 분실한다. 인간 외의
모든 존재는 눈부신 알몸이다. 인간만이 무장을 하고 있는 비실재적
인 존재이다. 그러므로 하나님의 말의 의미는 이런 것이다. "나는
알몸이 아닌 것을 창조하지 않았다. 내가 창조한 모든 존재는 드러나
있다. 그러므로 너희도 벗으라."
　두 사람 남자와 여자가 눈이 밝아져 벗었음을 알았다는 것은
서로의 성을 의식한 것이다. 실제로 어린이는 성장의 과정에서
성숙하는 성을 처음 의식하면서 자기의식을 지니는 어른으로 성장
하게 된다. 이 구절들은 이러한 실제의 사실들을 지시하고 있다.
지금 우리는 에덴에서 추방당한 상태이지만, 에덴동산이 낙원일
수 있는 이유는 무엇보다 인간의 인식이 대상인식에 머무르고 있기

때문이다. 사람은 누구나 성장 과정에서 유년기를 가진다. 인류 전체의 역사에도 이러한 유년기가 있었다.

6) 인간 언어言語의 본질本質

아담이 이르되 하나님이 주셔서 나와 함께 있게 하신 여자 그가 그 나무 열매를 내게 주므로 내가 먹었나이다(창 3:12).

아담의 이 변명이 당혹스러운 이유는 이 말이 창조주와 나눈 최초의 대화라는 사실에 있다. 자기의식을 가지고 나서 처음으로 한 말이 창조주에게 맞서서 자신을 변호하는 핑계라는 사실이다. 말하는 그 논리는 빈틈이 없다. 아담의 이 변명은 창세기에 나타난 인간 최초의 지식과 다름없다. 인간의 지식은 창조의 과정을 통하여 제시한 진리를 실천하는 대신, 분석하고 해석하고 추측하고 반박할 뿐이다. 인간의 언어는 돈과 권력을 만든다. 이 말이 핑계라는 것은 아담은 이미 인식을 지니고 있기 때문에 하나님의 계시를 인식했다는 것 때문이다. 인간의 언어는 허구이다. 그러나 신의 언어는 실재이다. 신에 있어서는 언어 자체가 실재이고 목적이다. 그리하여 신은 목적을 직접적으로 이루신다고 생각할 수 있다. 빛이 있으라 하니 빛이 있었다는 것은 이렇게 해석되어야 한다. 이는 신학적인 해석이 아니라 인간학적인 해석이다. 성서는 인간학이다. 신의 언어가 실재라는 것이 인간에게 적용되면 진리의 실천이다. 그러나 인간은 진리의 실천으로서 언어를 말하는 것이 아니라 하느님이 제시한 진리를 해석하고 반박할 뿐이다. 그것은 아담처럼 평계를 대고 변명하는 것이다. 진리를 실천할 생각이 없기 때문이다. 모든 철학과 사상이, 모든 인간의 언어가 변명이다. 인간은 언어의 감옥에 갇혀 있다. 이러한 언어로부터 인간을 해방하고자 하는 철학이 비트겐슈타인의 『논리철학논고』이다.

여호와 하나님이 여자에게 이르시되 네가 어찌하여 이렇게 하였느냐 여자가 이르되 뱀이 나를 꾀므로 내가 먹었나이다(창 3:13).

여자의 이 말도 여자가 이미 인식을 지니고 있기 때문에 평계라는 것을 우리는 안다. 여자는 스스로 자신의 언어에 속은 것이다. 상상과 생각은 언어로 되어 있다. 인간의 언어는 스스로를 속이는 거짓말이다. 이것이 인간 언어의 본질이다. 여자의 이 변명도 논리가 치밀하다(보론 4. 인간 언어의 본질).

7) 노동의 형벌에 처한 인간

14여호와 하나님이 뱀에게 이르시되 네가 이렇게 하였으니 네가 모든 가축과 들의 모든 짐승보다 더욱 저주를 받아 배로 다니고 살아 있는 동안 흙을 먹을지니라 15내가 너로 여자와 원수가 되게 하고 네 후손도 여자의 후손과 원수가 되게 하리니 여자의 후손은 네 머리를 상하게 할 것이요 너는 그의 발꿈치를 상하게 할 것이니라 하시고 16또 여자에게 이르시되 내가 네게 임신하는 고통을 크게 더하리니 네가 수고하고 자식을 낳을 것이며 너는 남편을 원하고 남편은 너를 다스릴 것이니라 하시고 17아담에게 이르시되 네가 네 아내의 말을 듣고 내가 네게 먹지 말라 한 나무의 열매를 먹었은즉 땅은 너로 말미암아 저주를 받고 너는 네 평생에 수고하여야 그 소산을 먹으리라 ¹⁸땅이 네게 가시덤불과 엉겅퀴를 낼 것이라 네가 먹을 것은 밭의 채소인즉 ¹⁹네가 흙으로 돌아갈 때까지 얼굴에 땀을 흘려야 먹을 것을 먹으리니 네가 그것에서 취함을 입었음이라 너는 흙이니 흙으로 돌아갈 것이니라 하시니라 (창 3:14-19).

이제 인간은 노동형에 처하고 말았다. 19절은 노동을 해서는 안 되는 천한 일로 사람들이 생각하게 된 동기가 되었을 것이다. 그러나 문맥을 잘 읽어보면 하나님이 그렇게 처벌을 내리는 형태가 아니라 그렇게 될 것이라는 말이다. 이것은 앞의 에덴에서의 노동을 생각하면 분명해진다. 인간에게 노동은 피조물을 다스려 먹고 입고 복을 받는 유일한 것이다. 그러한 노동을 외면하고 소외시키며 그로부터 도망치게 되리라는 것을 알기 때문에 그러지 말라고 하는 말이다. 그런데 성서의 해석은 노동 그 자체를 죄에 대한 형벌로 보는 경우가 많다. 그러나 이런 해석은 잘못된 것이다. 이 말의 의미는 분명히 인간이 노동을 회피하고 소외시키고 착취할 것을 미리 염려하고 있는 것이다. 18절에서 보듯 인간의 주식은 채소다. 또 1장 29절에 인간의 먹을 것이 채식으로 규정된바, "하나님이 이르시되 내가 온 지면의 씨 맺는 모든 채소와 씨 가진 열매 맺는 모든 나무를 너희에게 주노니 너희의 먹을거리가 되리라"(창 1:29).

식물은 번식력이 제일 강하고 성장이 빠르기 때문에 이렇게 채식을 하려면 부지런해야 해서 이마에 땀이 흐른다는 실제의 사실을 지시하고 있다.

노동형에 처했다는 해석은 지금 성경에서는 찾아보기 어려운 것이나 예전에는 성경은 그렇게 주석을 붙여 놓은 것들이 있다. 그리고 지금도 어떤 철학 서적이나 성경해석을 읽으면 여전히 타락에 대한 형벌로 노동이 주어졌다는 해석을 볼 수가 있다. 타락이란 자연이 아니거나 비자연적인 모든 것이다. 이 논리를 노동에 적용하여 생각해 보면 자연적이지 않은 노동이 된다. 그것은 기계화된 노동이다. 기계의 발명은 농땡이 정신의 소산이다. 노동하기 싫어하기 때문에 기계가 나타난 것이다. 이리하여 자연을 대량으로 착취하게 되었다. 그것은 피조물을 다스리는 것이 아니라 닦달하고 지배하는 것이다. 다스리는 것과 지배하는 것은 이렇게 다르다. 이렇게 인간은 노동을 외면하고 착취하고 소외시킴으로써 노동형에 처하게 되었다. 따라서 하느님 형상의 인간을 해석하면서 피조물에 대한 지배적인 특권으로 해석하는 것은 무신론적으로 된다(보론 5. 노동이 창조한 인간) (보론 6. 노동형에 처한 인간).

> 아담이 그의 아내의 이름을 하와라 불렀으니 그는 모든 산 자의 어머니가 됨이더라(창 3:20).

이 20절에 대한 본회퍼의 해석을 소개한다.

아담은 자기 아내의 이름을 하와라고 하였다. 그가 생명 있는 모든 것의 어머니이기 때문이다. 아담이 저주가 선고된 그의 아내에게, 이제 생명 있는 모든 것의 어머니라는 이름을 지어주었을 때, 그것은 거친 환성과 반항과 교만과 승리였다. 그것은 아담이 마치 그의 창조주로부터 빼앗은 프로메테우스처럼 자랑하는 것과 같으며, 그의 전리품과 함께 그리고 이제 새로운 방식으로 결합한 그의 여자와 함께, 그 둘이 짊어져야 할 저주스러운 숙명을 반항하면서 창조주로부터 멀어지고 있다. 인간이 하느님으로부터 멀리 떠난 세계에서 생명을 보존하게 되었기에, 창조주께 바치는 감사, 그러나 하느님처럼 되려는 반항하고 교만함에도 불구하고 그의 창조주로부터 떨어져 나가지 않았기에, 창조주께 바치는 감사가 그 모순의 내용이다.7

본회퍼의 장황한 해석은 언뜻 기독교인에게는 감동적으로 읽힐 수가 있을 것이다. 앞에서 말했지만 성서에는 오류가 없다. 오류가 없다는 것은 앞뒤 좌우가 논리적으로 철저하게 맞는다는 것이다. 그렇다면 우리는 '생명 있는'이라는 표현이 이미 앞에서 나왔다는 것을 알 수가 있는데 그 표현이란 바로 "너희는 먹지도 말고 만지지도 말라. 너희가 죽을까 하노라 하셨느니라"의 죽으리라는 것이다. 그러니까 여기 3장 20절의 '생명 있는'이라는 표현은 그 생명들이 죽는다는 것을 의미하는 것이다. 그리고 그 죽음이란 실재의 것이 아니라 죽음을 발명한 인간만의 죽는다는 의식일 뿐이라는 것이다. 죽음은 인간이 발명한 것이다. 그것은 인간만의 자기의식 때문이다. 그래서 20절은 다음과 같이 표현할 수가 있겠다.

아담은 자기 아내의 이름을 하와라고 하였다. 그가 죽을 수밖에 없는 모든 것의 어머니이기 때문이다.8

---

7 위의 책, 170-171.
8 위의 책, 170.

죽음과 생명은 서로 전제된 조건이다.

여호와 하나님이 아담과 그의 아내를 위하여 가죽옷을 지어 입히시니라 (창 3:21).

이 21절은 아무리 생각해 봐도 그냥 옷이 아니라 가죽옷이라는 것이 의미심장하다. 동물은 인간과 같은 의식이 없기 때문에 하나님의 입장에서 보면 피조물 자체이다. 그러나 지금 창세기 3장에서의 인간은 이미 피조물이기를 거부하였고, 또 그렇게 되었다. 그런 인간에게 피조물인 동물의 가죽으로 옷을 만들어 입혔다는 것은 어떤 의미인가? 여기서 입혔다는 것은 알몸을 가렸다는 것이고, 가렸다는 것은 의식을 가렸다는 것으로 읽어야 할 것이다. 실제로 어떤 것을 눈에 띄지 않게 감추면 그것을 보지 않게 되어 인식하지 못한다. 지금 우리가 입는 옷은 단순하게 입는 것이 아니라 무장하는 것이다. 자신의 신분이나 격을 과장해 보이고 선전하는 무장이다. 하나님의 입장에서는 아예 벗고 있는 것이 좋다. 그러나 인간이 벗고 있다는 것을 눈이 밝아져 알게 되었으니, 그 시선으로부터 가려 놓는 것이다. 그렇게 가려져 있으나 가린 것이 동물의 가죽이라는 것은 최대한 벗은 알몸에 가까운 것임을 의미할 것이다. 하느님은 피조물이기를 거부하는 인간에게도 최대한 피조성을 간직하게 하려 하는 것이다. 그리하여 하느님에게서 가깝게 두고자 하시는 것이리라.

여호와 하나님이 이르시되 보라 이 사람이 선악을 아는 일에 우리 중 하나

같이 되었으니 그가 그의 손을 들어 생명나무 열매도 따먹고 영생할까 하노라 하시고(창 3:22).

선악을 알았다면 동시에 죽음도 알았을 것이다. 인간은 모든 것을 개인적으로 소유하고 때문에 죽음도 발명한 것이다. 전체를 고려한다면 인간도 다른 동물이나 식물과 같이 죽음을 생각할 필요가 없다. 그러나 인간만은 '죽는다'는 개념을 가지고 있다. 여기서 생명의 나무가 무엇인지 구체적으로 알 수 없지만, 인간은 영원히 살 수는 없으나 영원을 살 수는 있다. 이 영원을 살 수 있음이 곧 생명나무일까?

²³여호와 하나님이 에덴동산에서 그를 내보내어 그의 근원이 된 땅을 갈게 하시니라 ²⁴이같이 하나님이 그 사람을 쫓아내시고 에덴동산 동쪽에 그룹들과 두루 도는 불 칼을 두어 생명나무의 길을 지키게 하시니라(창 3:23-24).

"그의 근원이 된 땅을 갈게 하시니라." 앞에서 이미 강조했듯이 2장이 1장과 다르게 된 이유는 인간과 인간이 해야 하는 노동 때문이다. 그런데 인간은 철저하게 땅과 인연을 가지고 있다. 인간은 흙으로 창조되었고 땅을 가는 노동을 해야 한다. 죽으면 땅속에 묻혀서 썩어 미생물을 만들고 그 미생물을 식물이 먹어서 다시 새로운 세상으로 돌아간다. 그래서 땅은 그의 근원이다. 그렇다면 이것은 하나님 형상에 의한 인간과는 충돌하는 것인가? 이것에 대하여 재미있는 해석을 하는 것이 있어서 소개한다.

사실상 남자와 여자의 창조에 대한 주제는 2장 전체의 초점이다. 저자가 1장에서 단순한 사실로 언급한 것은(하느님 형상에 의한 창조) 2장의 서술을 통하여 설명되고 발전된다. 저자가 의도하는 첫 번째 요소는 인간이 비록 하느님의 형상을 따르는 특별한 피조물이지만 그럼에도 불구하고 하느님께서 지으신 다른 피조물과 똑같은 피조물이라는 사실이다. 인간은 하늘의 피조물로 시작하지 않고 땅의 먼지로부터 만들어졌다.[9]

인용문처럼 땅과 인간을 해석하는 것은 하느님 창조의 무대가 곧 땅이라는 기록을 읽지 않기 때문이다. 땅은 하느님이 창조한 것이면서 동시에 창조의 무대이다. 인간이 죽으면 땅에 묻혀 흙으로 돌아가는 것은 실제의 사실이다. 이로부터 인간이 땅의 흙으로 지어졌다는 것은 논리에 맞는 것이다. 흙으로 돌아간다는 것은 흙 속의 미생물을 번식시켜 땅을 더욱 기름지게 만드는 사실을 지시한다. 저자는 인간의 특권을 거부하고 땅의 먼지로부터 만들어졌다고 하며 인간의 덧없음을 상기하고자 한다.

여호와 하나님이 에덴동산에서 그를 내보내어 그의 근원이 된 땅을 갈게 하시니라(창 3:23).

앞에서 말했듯이 에덴은 무엇보다 노동이 소외되지 않고 착취당하지 않는, 그래서 수고롭지 않은 노동을 할 수가 있는 곳이다. 그러한 에덴으로부터 두 사람은 추방되어 그의 근원이 된 땅을

9 J. H. 세일해머/김동진 옮김, 『서술로서의 모세오경』 (크리스찬서적, 2006), 191.

갈게 했다는 것이다. 근원이 된 땅이란 인간의 근거이고 기반이며 돌아가야 하는 땅이다. 이 땅으로부터 얻어야 하는 모든 것을 얻을 수가 있다. 그러나 에덴으로부터 추방된 에덴 밖의 땅이다. 그것은 소외되고 착취당하는 노동을 해야 하는 땅을 말한다. 창조의 본질로 서의 노동이 자기의식으로 인하여 자연을 착취하는, 창조에 역행하 는 노동을 하는 인간은 존재론적으로 죽은 것과 같다. 노동이 착취당 하고 하기 싫은 노동을 해야 하기 때문이다. 이렇게 인간은 노동의 형벌에 처하게 된 것이다. 창조주가 그렇게 했다는 것이 아니라 인간의 그러한 역사를 성서는 기록하고 있다. 때문에 인간은 영생해 서는 안 된다는 것이다. 영생이 불가능하다는 것이다. 동물은 죽음에 대한 의식이 없기 때문에 영생한다. 그러나 인간은 죽음을 의식하기 때문에 영생하지 못하는 존재이다. 에덴으로부터의 추방은 인간의 자기의식 때문이다.

II. 창세기 3장에 대한 보론

보론 1. 창세기의 집합론

에덴동산이 낙원일 수 있는 이유는 아직 두 사람의 인식이 막연한 대상인식에 머무르고 있기 때문이라고 했다. 호칭의 변화에서는 하나님에서 여호와 하나님으로 변하는 이유는 이제 하나님을 대적하여 사사건건 따지고 드는 인간을 상대하는 하나님이기 때문에 여호와 하나님으로 변한다고 설명했다. 이제 창세기 3장부터는 인간이 노동을 통하여 득한 대상인식이 자의식으로 발전했다는 것을 우리는 알고 있다. 창세기를 논리적으로 읽을 때, 신학적으로 가장 심각한 곳이 두 곳이 있다. 그것은 집합론의 등장이다. 비트겐슈타인은 자신의 '수학의 기초에 관한 고찰'에서 집합론은 수학에는 필요하지 않다고 했는데, 그러나 존재론에서는 반드시 필요한 것이다. 창세기를 논리적으로 읽어야 하는 이유가 바로 창세기에 등장하는 집합론과 자기언급 때문이다.

> 여호와 하나님이 흙으로 각종 들짐승과 공중의 각종 새를 지으시고 아담이 무엇이라고 부르나 보시려고 그것들을 그에게로 이끌어 가시니 아담이 각 생물을 부르는 것이 곧 그 이름이 되었더라(창 2:19).

> [1]그런데 뱀은 여호와 하나님이 지으신 들짐승 중에 가장 간교하니라 뱀이 여자에게 물어 이르되 하나님이 참으로 너희에게 동산 모든 나무의 열매

를 먹지 말라 하시더냐 ²여자가 뱀에게 말하되 동산 나무의 열매를 우리가 먹을 수 있으나 ³동산 중앙에 있는 나무의 열매는 하나님의 말씀에 너희는 먹지도 말고 만지지도 말라 너희가 죽을까 하노라 하셨느니라 (창 3:1-3).

2장 19절에서 "무엇이라 부르는가 보시려고" 하는 것은 하나님이 아담에게 자신이 창조한 사물들의 이름을 지어 부르게 했다는 것이다. 사물에 이름을 붙이는 것은 사물에서 언어를 분리시키는 것이다. 더하여 언어에서 언어를 분리하는 것이 된다. 이는 하나님이 창조 시에 언어를 통하여 창조한 것에 근거한다. 그런데 이것은 이중적으로 된다. 우선 하나님의 말에 대한 말이라는 것이고, 다음은 사물에 이름을 붙이면 사물은 개별적인 대상으로 되고 이름이 보편적인 메타가 된다는 것이다. 이보다 더 심각한 것은 아담이 사물을 이름 지어 부르는 그 대상에는 창조주 하나님도 포함된다는 것이다. 물론 이름을 지어 부르는 아담 자신도 사물/피조물에 포함된다. 신을 창조주라고 하는 기독교의 주장을 논리적으로 해석하면, 하나님이 집합 전체라고 할 수 있다. 피조물인 인간은 집합의 부분인 원소라고 해야 할 것이다. 그런데 이러한 관계가 하나님이 사람에게 사물의 이름을 지어 부르게 함으로써 전도되는 것이다. 여기 3장 에덴동산에서 이미 우리가 보아야 하는 인간과 신의 대립이 마련되는 것이다. 사실 하나님이 언어를 통하여 창조한 것부터 자기지시가 아닐까? 성경은 이렇게 현대 논리학이나 윤리학에서 가장 골칫덩어리인 역설의 발생을 생생하게 보여주고 있다. 이렇게 창세기에는 창세기를 해석한 신학에는 없는 집합론이 버젓이 등장하고 있는 것이다.

2장과 3장을 비교할 때 3장보다는 2장이 더 심각한 역설이다. 2장의 이 역설의 발생을 비교하기 좋은 것이 있는데 바로 『도덕경』이다.

道可道 非常道 名可名 非常名(도가도 비상도, 명가명 비상명)
_ 『도덕경』「명편」

1장의 제목이 名(명)이다. 노자는 자신이 지금부터 말하고자 하는 것에 이름을 붙이게 되는 것을 말하고 있다. 이 구절은 특별히 형이상학적일 필요도 없고 철학적일 필요도 없다. 그냥 말하고자 하는 것에 '도'라는 이름을 붙이게 되는 경위를 말하고 있다. 그래서 도를 도라고 할 수 있지만 반드시 도라고 할 필요가 없다는 뜻이다. 이름을 붙이는데 '도'라고 하지만 다른 이름도 가하다는 것이다.

이름으로 이름할 수 있으나 언제나/반드시 항상 그 이름일 필요는 없다는 것이다. 이름이 붙여져서 도가 되었지만 '다'라고 이름을 붙였다면 다가 되었을 것이다. 마찬가지로 돈이라는 이름도 '도'라고 붙였다면 도가 되었을 것이고 우리는 돈을 도라고 부르고 있을 것이다.

그런데 지금까지 수많은 형이상학적인 해석으로 "도를 도라고 하면 그것은 늘 그러한 도가 아니다"라고 하거나 "도를 도라고 하면 참 도가 아니다"라고 해석한 것이 대부분이다. 이름을 이름으로 하면 이미 참 이름이 아니라는 식의 해석이 대부분이다. 이렇게 확장된 해석이 창세기의 '이름붙이기'와 만나고 있다. 창세기의 이름붙이기를 참조하면 이러한 형이상학적인 해석이 더 의미 깊게

느껴지는 것이다. 도를 도라고 하거나, 이름을 이름하면 자기지시/자기언급이 된다. 道可道는 도 자신이 도 자신을 언급하는 것으로 자기언급이다. 아담의 이름붙이기에도 이름을 붙이는 그 대상에 자신이 포함되어 있으니 자기지시/자기언급 하는 것이 된다.

사물에 이름을 붙이기 전에는 사물 간의 구별이 불가하고 사물 간의 관계를 설정할 수가 없게 된다. 사물에 이름이 붙고 나서야 인간의 할 일이 가능하게 되는 것이다. 이렇게 인간은 사이의 존재이다. 사물에 이름을 붙여 논리 조작이 가능하다. 그러니까 사물에 이름을 붙이는 행위는 논리적인 것이다. 그리고 그것은 자기지시이다. 그로부터 역설이 따라 나오는 것이다. 창조주와 피조물의 관계가 뒤집히는 것부터가 역설이다.

창세기 3장에도 집합론이 표현되고 있는데, '동산 모든 나무'와 '중앙에 있는 나무'가 집합론이 되고 있다. 중앙의 나무는 창조주와 동일한 나무이고, 동산의 모든 나무는 모든 피조물과 동일한 나무이다. 모든 것과 하나의 문제는 전체와 부분의 문제이다. 이렇게 뱀의 말, "참으로 너희에게 동산 모든 나무의 열매를 먹지 말라 하시더냐"를 해석하면 결국, 중앙의 하나의 나무도 동산의 모든 나무에 포함되는 나무라는 것이 된다. 이것이 뱀이 여자에게 묻고 있는 '참으로'의 의미이다. 이러한 뱀의 논리에 대하여 신학적 해석에 따르면 동산의 모든 나무는 중앙의 하나의 나무에 포함된다는 것이다. 이러한 신학적 해석은 윤리를 논리의 앞에 두는 해석이다. 그러나 창세기에서 신의 창조는 처음부터 끝까지 철저히 논리적이다. 따라서 논리적인 해석이 우선되어야 하는 것이다.

다시 창세기 2장으로 돌아가서 역설이 무엇인지 생각해 보자.

"아담이 각 생물을 부르는 것이 곧 그 이름이 되었더라"(창 2:19). 사물에 이름을 붙이면 사물과 이름은 쌍/짝으로 된다. 여기서 하나님이 아담에게 사물의 이름을 지어 부르게 하는 것은 이미 창세기 1장에서 남자와 여자, 쌍이 되게 창조한 그 논리에 따르는 것이다.

> 하나님이 자기 형상 곧 하나님의 형상대로 사람을 창조하시되 남자와 여자를 창조하시고(창 1:27).

이 쌍/짝에 대하여 생각해 보면, 암컷과 수컷은 서로가 서로에게 전제이다. 서로 전제되어 있다. 그런데 서로는 반대되는 성질이다. 이것은 결국 쌍/짝이라고 하는 것은 逆(역)이라는 것이다. 서로 반대되는 것들의 만남은 역설이다. 음양은 역설을 낳는다. 역설은 즉 창조와 다름없다.

그래서 성경은 아담이 사물에 이름을 붙여준 다음 아담의 짝을 창조하는 것을 다시 2장에서 자세히 보여주고 있다.

> 20아담이 모든 가축과 공중의 새와 들의 모든 짐승에게 이름을 주니라 아담이 돕는 배필이 없으므로 21여호와 하나님이 아담을 깊이 잠들게 하시니 잠들매 그가 그 갈빗대 하나를 취하고 살로 대신 채우시고 22여호와 하나님이 아담에게서 취하신 그 갈빗대로 여자를 만드시고 그를 아담에게로 이끌어 오시니 (창 2:20-22).

이렇게 이름 짓기와 짝짓기는 같은 것이다. 이는 『도덕경』을 읽어보면 환하게 드러난다.

無名天地之始 有名萬物之母(무명천지시 유명만물지모)

이름이 없는 채로 천지가 마련되었고 이름은 만물을 낳는 어미이다.

사물에 이름을 붙이면 사물과 이름은 짝이 된다. 남자와 여자도 그러한 짝이다. 남자와 여자가 조화하여 2세를 낳듯이 사물도 이름이 붙여 관계를 설정할 수가 있게 되는 것이다. 도를 도라고 하는 것과 나무를 나무리고 히는 것은 다 자기지시/자기언급이다. 여기서 사물과 이름은 서로 전제이며 이는 암컷과 수컷이 서로 전제인 것과 같다. 때문에 하나님이 아담으로 하여금 사물의 이름을 지어 부르게 한 다음 그 아담에게도 짝을 만들어 주게 되는 것이다.

보론 2. 인간은 반드시 죽는다

1) 죽음을 발명한 인간

동산 중앙에 있는 나무의 열매는 하나님의 말씀에 너희는 먹지도 말고 만지지도 말라 너희가 죽을까 하노라 하셨느니라(창 3:3).

선악을 알게 하는 나무의 열매는 먹지 말라 네가 먹는 날에는 반드시 죽으리라 하시니라(창 2:17).

뱀이 여자에게 이르되 너희가 결코 죽지 아니하리라(창 3:4).

이 3절에 대한 모든 신학의 해석들은 하나같이 그들이 열매를 따 먹었으나 죽는 일은 일어나지 않았다고 이해하고 있다. 재미있는 것은 그들이 하나같이 인간을 영적인 존재라고 한다는 사실이다. 하나님 형상대로 창조되었으니 그렇다는 것이다. 그렇다면 3절의 죽음은 영적인 죽음으로 이해되어도 좋겠는데 그런 해석을 하고 있지 않다. 여기서 영적인 죽음으로 이해하는 것은 일차적인 해석이다. 성서의 서술은 아주 정교하다. 2장 17절에서 하나님이 반드시 죽으리라는 것을 3장 4절에서는 결코 죽지 아니하리라고 받아치고 있다. 여기서 '반드시'라는 표현은 존재론적인 해석과 생물학적인 해석이 다 가능하다.

사실을 말하자면 인간은 죽지 않는다. 다른 식물이나 동물처럼 자연의 탄생과 죽음-재생을 반복하면서 생태계를 순환시킬 따름이다. 사람이 죽는 것처럼 꽃도 지고 그 자리에서 꽃이 피어나기 때문이다. 모든 동물이나 식물도 수명을 가지고 있어서 영원히 살지는 못하기 때문이다. 꽃이 진자리에 다시 피듯이 인간도 자신의 2세를 남긴다. 동물도 번식을 하고 자신의 2세를 남긴다. 그러므로 인간도 다른 존재처럼 죽는 것이 아니다. 그러나 인간만이 죽음을 발명했다. 인간의 자기의식은 우선 죽음에 대한 것이다. 인간은 죽음을 사적으로 소유한다고 할까? 3절의 하나님의 말씀이 지시하는 것은 이것이다. 일차적으로 우리가 말하는 죽음이란 죽는다는 의식이지 생물적인 사실이 아니다. 생물적인 사실은 죽음이 아니라 생명으로의 환원이다. 새로운 생명으로 환원하기 위해 대지는 모든 것을 부패시킨다. 인간은 이 부패를 거부한다. 부패를 거부할 뿐만이 아니라 부패하지 않는 것들, 자신보다 더 오래 사는 것들을 만든다. 하나님이 인간을 흙으로 빚으신 이유가 이것이다. 부패하여 새로운 생명으로 자신을 온전히 환원하라는 것이다.

이것은 그 나무가 인식의 나무이며, 그 열매가 인식의 열매라는 진리를 가르친다. 그러므로 2장 17절의 의미는 바로 이런 것을 지시하고 있다. 인간도 죽지 않는 존재이다. 그러나 인간은 스스로 죽음을 만들었다. 죽음이라는 개념을 가지고 있다. 그러니까 "반드시 죽으리라"의 뜻은 선악의 나무가 인식의 나무이기 때문에 너희가 죽음을 발명하게 되리라는 것이다. 이것이 '반드시'의 의미이다.

> ⁴뱀이 여자에게 이르되 너희가 결코 죽지 아니하리라 ⁵너희가 그것을 먹는 날에는 너희 눈이 밝아져 하나님과 같이 되어 선악을 알 줄 하나님이 아심이니라(창 3:4-5).

뱀의 이 말은 앞에서 하나님이 아담에게 한 말의 의미를 해석하는 말이다. '반드시'에 대한 '결코'이다.

눈이 밝아져 의식을 가지게 되면 두 사람이 죽음을 발명하게 되리라는 것이다. 그러나 여기에 존재론적인 인식이 있어야 한다. 인간의 삶은 실제적으로 죽음보다 더한 비참한 상황이 될 수 있기 때문이다. 하나님이 반드시 죽는다고 할 때의 의미가 바로 이것일 것이다. 그러나 그러한 존재론적인 것은 인간이 인식하기에 달려 있다. 이 입장이 뱀의 것이다. 삶이 아무리 비참해도 실제로 인간이 생물학적으로 죽는 것은 아니다. 뱀은 존재론적인 차원의 죽음은 고려하지 않고 있다. 우리 인간은 죽는다는 의식과 함께 선과 악을 구별한다. 5절에서 "선악을 알 줄을"이란 의미는 선과 악을 구분하고 분리하는 것을 말한다. 하나님은 선과 악을 쌍으로 창조했다. 그러나 인간은 정신과 육체를 지니고서 선악을 몸으로 나타내야 하는 존재이기 때문에 하나님 창조에서는 쌍인 선과 악을 어쨌든 분리하고 구별해야 하는 것이다. 인간에게는 선과 악의 행동이 필연적이라면 무엇이 선이고 무엇이 악인지 구별하는 것이 더 좋을 것이다. 만약 선과 악의 구별이 없다면 선도 악도 아무런 가치를 지니지 않게 되어버린다. 그리하여 3절의 "죽을까 하노라"의 신학적 의미가 드러난다.

> 선악을 알게 하는 나무의 열매는 먹지 말라 네가 먹는 날에는 반드시 죽으리라 하시니라(창 2:17).

나는 여기서 의도적으로 신학적이라고 말하는 것이다. 17절에서 핵심은 '죽으리라'가 아니라 '반드시'이다. 반드시 죽으리라는 것이다. 신학을 공부하다 보면 신학의 대부분이 헛소리라는 사실을 알게 된다. 그러나 하나님의 창조가 실제 자연의 섭리와 일치하기 때문에 진정한 신학과 생물학은 만난다. 우리 인간은 스스로 사라져 가는 존재이다. 과학에서 지구의 수명을 얼마나 남은 것으로 측정하는지 모르겠다. 그러나 인간이 지금처럼 문명에 골몰한다면 지구가 수명을 다하기 훨씬 이전에 인간은 사라질 것이다. 문명이 인간을 먹이로 하기 때문이다. 3절의 죽음은 바로 이 죽음을 의미하는 것은 아닐까?

더욱 심원한 해석에 있어서 뱀은 악마이기는 고사하고 창조하시는 하나님의 조력자이다. 하나님은 창조의 과정에서 맨 처음에 빛을 창조하시는데, 빛이 있어야 사물들을 보고 창조를 할 수가 있기 때문이다. 여기서 심원한 해석이 출발한다. 하나님은 대상에 대한 인식으로 자연을 창조했다. 그러나 인간은 대상에 대한 인식으로 문명을 창조했다. 문명은 자연을 잡아 죽여야 가능한 것이다. 인간의 시간적인 역사를 보면 아주 오랜 시간을 문명이 없이 존재해왔다. 문명의 나타남은 최근의 일이다. 인간은 자연 안에 존재 가능하나 자연에 만족하지 않는다. 그것은 인간의 인식에 이미 마련되어 있는 일이다. 신학이나 신정론에서는 하나님이 인간에게 얼마만큼의 자유를 용인한다는 말이 나오는데 이 모두가 헛소리에 불과하다. 인간이 창조주인 신으로부터 자유롭지 못하다면 그건 창조가 아니다. 인간이 무엇을 하는데 일일이 신의 허락을 얻고 지시에 따른다면 그것은 창조가 아니라는 것이다.

그런데 신의 허락이 없이 자유롭게 스스로 알아서 하는 것에는 이미 신에 대한 배반이 내포되어 있다. 이것은 다르게 볼 수가 없는 창조의 법칙이다. 인간의 인식은 부분이 전체를 포괄하는 인식이다. 그러한 인식은 부단히 자기를 부정하고 자기를 초월하는 인식이다. 여기서 자기 초월이란, 진화라는 표현을 대신하는 표현이다. 방금 말한 것을 신이 맨 처음 창조한 빛이 인식의 빛이라는 것과 관련하여 생각해 보라! 그리고 신이 창조한 존재 중에 오로지 인간만이 인식을 지니고 있다는 사실을 생각해 보라!

여기에서 다음과 같은 명제가 가설로나마 가능하다. 그 명제란 우리 인간이 곧 신이라는 것이다. 신이 인간을 창조한 이상 문명의 나타남은 필연적이다. 문명의 출현은 부분이 전체를 포괄하는 인간의 인식에 이미 마련되어 있다는 말이다. 그 문명은 자연과 인간의 희생을 전제로 하여 발전할 것이다. 그것이 진화이다. 그 문명은 수단의 총화이다. 내가 여기서 거기까지 가는데 반드시 차를 타야 하는 것은 아니다. 그러나 차를 타면 빠르게 갈 수가 있다. 빠르게 가는 것은 수단이지 목적이 아니다. 우리는 문명이라는 수단을 목적으로 인식하고 있는 것이다. 암은 우리의 몸이 인식하지 못하는 조직이다. 우리의 몸이 암을 타자로 인식하지 않고 자기 자신으로 인식하기 때문에 암세포가 무한 증식하여 사람이 죽게 되는 것이다. 우리 인간은 문명을 그렇게 인식해야 한다. 부분이 전체를 포괄하는 그 인식은 문명을 타자로 인식해야 할 것이다. 우리는 참된 자기의식을 가져야 하는 것이다. 기독교가 말하기를 창조에는 목적이 있다고 한다. 그렇다. 창조에는 목적이 있다. 그렇다면 행복, 사랑, 평화는 목적일까? 인간이 추구하는 과정에서 사랑이나 행복이나 평화는 목적이 아니라 수단이다. 우리는 사랑을 핑계로 하여 재산이 많은 여자와 결혼하고, 평화를 명분으로 전쟁한다. 우리는 행복을 수단으로 하여 타인을 불행하게 만든다. 그 모든 것은 목적이 아니라 수단이다. 인간의 이성/인식이 부분이 전체를 포괄하는 것으로서, 부단히 자기를 초월하는 것을 화이트헤드는 『이성의 기능』에서 이렇게 표현하고 있다.

나는 이제 환경에 대한 (인간의) 능동적 공격에 관한 설명은 삼중의 충동, 즉 1) 살기 위한 충동, 2) 잘 살기 위한 충동, 3) 보다 더 잘살기 위한 충동이라고 서술한다. 사실 삶의 기술이란 첫째로 살아 있는 것이고, 둘째로 만족스러운 방식으로 살아 있는 것이며, 그리고 셋째로는 만족을 증진시키는 것이다.[1]

화이트헤드의 이러한 표현에는 인간에 대한 비애와 냉소가 서려 있다. 얼마나 더 진화해야 행복할 것이냐? 이것이 창조에는 목적이 있다고 하는 것의 의미이다. 우리가 목적으로 하는 행복이나 사랑이나 평화는 사실상 수단으로서 추구하고 있는 것이다. 니체의 생철학을 한마디로 말하자면 "어떻게 인생을 긍정할 것인가?"이다. 더 많은 것을 가지기를 바라고 더 잘살기를 바라는 것 그리고 그렇게 노력하고 수고하는 것은 기실, 인생에 대하여 더 많은 조건을 만드는 것이 아니면 무엇인가?

보론 3. 인간의 자의식이란 무엇인가?

우리 인간은 이 인간이라는 존재가 왜 인간인지에 대하여 그다지 생각하지 않고 있다. 그런 생각이 생활에 꼭 필요한 것도 아니다. 하지만 현대에 인류가 경험하고 있는 새로운 현상들이 이제 그런 근원적인 문제를 생각하도록 권고하고 있다. 그것은 인간이 인간인 이유를 제대로 알아야 하는 것으로부터 출발한다. 인간이 인간인 이유는 다른 존재에게는 결여된 자의식自意識이 있기 때문이다. 인간은 자연진화自然進化의 정점에 위치하는 존재이다. 인간이 자의식을 가지고 있다는 것은 다른 존재들이 먹지 않는 관념을 먹고 마시며 상징을 살고 상징을 조작한다는 사실에 연결된다. 성서는 인간을 신이 만들었다고 주장하지는 않는 것 같다. 성서는 인간이 어떠한 존재인지를 잘 말하기 위해 신의 손을 빌리고 있을 뿐이다. 지금까지

---

1 화이트헤드, 『이성의 기능』, 9.

기독교가 타락신화로 이해하고 있는 성서의 창세기 3장 5절부터 7절까지의 일화를 정직하게 읽는다면 우리는 그것이 타락신화가 아니라 소외신화임을 알게 될 것이다.

> [1]그런데 뱀은 여호와 하나님이 지으신 들짐승 중에 가장 간교하니라 뱀이 여자에게 물어 이르되 하나님이 참으로 너희에게 동산 모든 나무의 열매를 먹지 말라 하시더냐 [2]여자가 뱀에게 말하되 동산 나무의 열매를 우리가 먹을 수 있으나 [3]동산 중앙에 있는 나무의 열매는 하나님의 말씀에 너희는 먹지도 말고 만지지도 말라 너희가 죽을까 하노라 하셨느니라 [4]뱀이 여자에게 이르되 너희가 결코 죽지 아니하리라 [5]너희가 그것을 먹는 날에는 너희 눈이 밝아져 하나님과 같이 되어 선악을 알 줄 하나님이 아심이니라 [6]여자가 그 나무를 본즉 먹음직도 하고 보암직도 하고 지혜롭게 할 만큼 탐스럽기도 한 나무인지라 여자가 그 열매를 따먹고 자기와 함께 있는 남편에게도 주매 그도 먹은지라 [7]이에 그들의 눈이 밝아져 자기들이 벗은 줄을 알고 무화과나무 잎을 엮어 치마로 삼았더라(창 3:1-7).

생각건대 그 두 사람은 열매를 따먹기 전에도 자신이 벗고 있다는 사실을 알았을 것이다. 그런데 열매를 따먹고 나서는 알몸임을 의식한다. 어떤 일이 무슨 변화가 일어난 것일까? 그 두 사람은 자신들이 벗고 있는 것을 안다고 하는 그 자체를 알게 된 것이다. 사실을 알고 있는 것과 그 안다고 하는 자체를 아는 것은 다르다. 이것을 나는 인간의 자의식이라고 생각한다. 기독교는 이 구절의 뱀에 무게를 두어 타락신화로 이해하고 있는데 이는 옳은 이해가 아니다. 뱀은 성서 기자가 말을 맞추기 위해 끼워 넣은 것이지만 이를 어떠한 요소나 상징으로 삼아 해석을 하자면 얼마든지 할 수가 있을 것이다. 인간의 자의식은 어떠한 내용들로 구성된 것일까? 우리가 그 두 사람처럼 알고는 있지만 의식하지 못하고 있는 것이 있는데 그것은 인간은 실재하는 것이 아닌 것을, 관념을 먹는다는 사실이다. 그리고 인간은 어쩌면 실재의 세계보다 더 큰 관념의, 상징의 세계를 살고 있다는 사실이다. 금단의 열매는 금기로서 유혹을 낳는 것이 아니라 상징으로서 인간의 마음에 생각과 상상을 불러일으키는 것이다. 그래서 이브는 그 열매를 보고 그같이 상상하고 생각하게 된 것이다. '과연 먹음직하고 탐스러울뿐더러 사람을 영리하게 해 줄 것' 같은 생각을 한 것이다. 인간에게는 원죄나 뿌리 깊은 죄악이나 어쩔 수 없는 죄악이 있는 것 아니라 다만 자의식이 있을 뿐이다. 인간을 둘러싸고 있는 모든 것은 상징이며 이 상징을 통하여 인간은 자의식을 형성한다. 그러니까 인간이 지닌 상징능력은 인간성의 실마리가 되는 것이다.

자연 그 자체는 아무런 의미가 없다. 하지만 인간이 자연을 두고 얼마나 많은 의미를 부여하고 추출하고 있는가. 그리고 그런 의미는 인간의 자의식을 형성하고 있다. 그렇다면 인간은 죄가 없는 것일까? 그렇지 않다. 인간에게는 분명히 죄가 있다.

하나님은 창조하시고 보기에 참 좋다고만 했다. 같은 대상에 대하여 최초의 인간은 보기에 먹음직스럽고 탐스러우며 인간을 영리하게 해 줄 것 같은 생각을 했다. 여기에 하나님의 태도와 인간의 태도를 비교해 보도록 하자. 하나님이 보기에 좋다고 하는 것은 본질과 현상이 일치하는 것이다. 그것은 자연이다. 그것은 보기에도 생각하기에도 좋을뿐더러 실제로 좋은 것이다. 그러나 금단의 열매에 대한 인간의 생각과 상상은 얼마나 그럴듯한가! 먹음직스럽고 탐스러우며 인간을 영리하게 해 줄 것 같은 생각은 얼마나 그럴듯한 것인가! 그러나 그것은 어디까지나 그럴듯할 뿐 그러한 것, 즉 본질과 현상이 일치하는 것은 아니다. 우리 인간은 지금도 에덴의 아담과 이브처럼 우리 자신의 자의식에 속아 넘어가고 있다. 우리는 누구나 문명이 발전하고 인류는 진보하고 있다고 생각하고 있다. 그러나 정말 그럴까? 그렇지 않을 수도 있다. 인류는 문명의 모든 과정에서 이브가 금단의 열매를 보고했던 생각을 되풀이하고 있다. 자동차를 만들 때도 그와 같은 생각을 했다. 그러나 자동차를 둘러싸고 인간이 당하고 있는 수모를 생각한다면 자동차가 정말로 인간에게 이로운 것인가는 매우 의심스럽다. 자동차를 가지기 위해 인간은 갖가지의 수고를 치르고 있다. 그것은 교통사고에서부터 유지비를 버느라 바쁘게 살아야 하는 것까지 실로 엄청난 것이다. 이러한 내 생각에 대하여 사람들은 어디 이롭기만 한 것이 가능한가 하고 말하리라. 그러나 여기서 따지고자 하는 것은 문명은 그 본질과 나타나는 현상이 일치하지 않는다는 것이다. 아니, 어쩌면 문명의 본질 자체가 전혀 좋은 것이 아닐 수 있다. 문명의 본질이 그러하므로 나타나는 현상이 그렇지 않겠는가? 그러면 사람들은 또 말하리라. 이만한 수고도 하지 않고서야 어떻게 문명을 누리겠느냐고 그렇다. 바로 거기에 답이 있는 것이다. 아무런 관념이나 선입견이 없이 문명을 경험한다면 문명이 점점 인간의 존재 조건을 복잡하게 만들어 가고 있다는 데 누구든 동의할 것이다. 그리고 이것을 나는 문명이 발전하는 것이 아니라 퇴보하고 있다는 증거로 본다. 문명이 퇴보하고 있다면 당연히 자연을 버리고 문명에 기생하며 살고 있는 인간은 진보하는 게 아니라 퇴보하고 있는 것이다. 더 환하게 말하자면 소멸을 지향하고 있는 것이다.

하나님이 보기에 좋은 것은 마땅히 하나님이 지으셨기에 하나님의 소유인 것은 분명하다. 그러나 그것이 인간의 소유가 되지 못할 이유는 없다. 그러나 인간은 자의식이 있기 때문에 당당히 자신의 소유를 별도로 설정하는 것이다. 먹음직스럽고 탐스럽고 인간을 영리하게 해 줄 것 같은 금단의 열매들은 인간의 소유다. 그러나 인간의 소유는 본질과 현상이 일치하지 않는 것들이다. 상징은 생각과 상상을 불러일으킨다. 그리고 그것은 당연하게 언어를 얻기에 이른다. 우리 인간에게 이러한 자의식이 없다면 우리는 지금 사용하고 있는 분절음의 언어가 필요하지 않을 것이다.

인간에게는 죄가 있다. 그렇다면 인간은 어떻게 죄를 행하고 있는가? 아담은 핑계를 대었다. "당신께서 저에게 짝지어 주신 여자가 그 나무에서 열매를 따 주었기에 먹었을 따름입니다." 아담의 말은 핑계를 대는 말이다. 그리고 이보다 더 중요한 것은 하나님에게서 물려받은 언어가 핑계를 대기 위해 처음으로 이용되었다는 것이다. 하나님은 다시 여자에게 묻는다. 그러자 여자가 대답한다. "뱀에게 속아서 따먹었습니다." 여자는 뱀에게 속은 것인가? 그렇지 않다는 것을 우리는 이미 알고 있다. 여자는 뱀에게 속은 것 아니라 스스로의 자의식에 속은 것이다. 아담의 하나님에 대한 항변이 얼마나 조리 있고 논리적인가를 살펴도록 하자. 이것은 인간 최초의 이론이라고 할 만하다. 다시 말하자면 아담의 핑계는 나름의 지식 체계를 가지고 있다. 그리고 세상에는 단 두 가지 것이 있다. 하나는 하나님이 보기에 좋다고 한 것이고 다른 하나는 이브가 보고 탐스럽고 자신을 영리하게 해 줄 것 같았던 바로 그것이다. 성서는 이러한 인간 자의식의 결과를 소외의 근원으로 제시함으로써 인간에게 자의식을 올바르게 행위할 것을 요구한다. 따라서 기독교만이 참다운 의미에서 종교가 될 수 있다고 나는 생각한다.

이 자의식 때문에 인간은 상징의 세계를 거느릴 수밖에 없다. 그리고 상징의 세계는 예술에서부터 과학을 거쳐 철학이나 사상, 나아가 문명 문화, 엄밀히 따지자면 자연이 아닌 모든 것들이다. 이 세계는 두 가지로 이루어져 있다. 그 두 가지란 자연과 자연의 배면背面의 것인 문화다. 자연은 하나님의 몸이며 동시에 부富이며 재산이다. 문화 문명은 인간의 부富이며 소유이고 재산이다. 그러나 여기에는 다른 절대적인 한 가지가 있다. 그것이 곧 노동일 것이다. 그렇다면 노동은 누구의 몫인가? 노동은 자연에 속하는 것인가? 아니면 문화에 속하는 것인가? 성서는 노동에 대하여 다음과 같이 기록하고 있다.

> [17]아담에게 이르시되 네가 네 아내의 말을 듣고 내가 네게 먹지 말라 한 나무의 열매를 먹었은즉 땅은 너로 말미암아 저주를 받고 너는 네 평생에 수고하여야 그 소산을 먹으리라 [18]땅이 네게 가시덤불과 엉겅퀴를 낼 것이라 네가 먹을 것은 밭의 채소인즉 [19]네가 흙으로 돌아갈 때까지 얼굴에 땀을 흘려야 먹을 것을 먹으리니 네가 그것에서 취함을 입었음이라 너는 흙이니 흙으로 돌아갈 것이니라 하시니라(창 3:17-19).

성서의 이 구절에 대한 이해는 원죄에 대한 신의 저주나 죗값을 치르는 것으로 모두 일치한다. 그러나 전혀 그렇지 않다. 성서 전체의 맥락에서 이 구절은 인간에게 유일한 것이며 구원이며 즐거움인 노동이 소외될 것을 경고하고 있다. 현대 산업사회에서의 노동하는 인간의 모습을 누구라도 한 번쯤은 보았을 것이다. 냉철하게 생각해 보자. 그것이 노동인가? 그것은 노동이 아니라 극적인 하나의 문화적 행위이거나 변태적인 생명의 표현이다. 내가 처음 철공 일을 배우기 시작할 때는 철판에 구멍 하나를 만들기 위해 먼저 컴퍼스로 원을 그리고 그 원의 내부를 따라 작은 구멍을 연이어 뚫은 다음 그걸 따내고 그 따낸 자국을 컴퍼스의 금에 맞추어 줄로 매끄럽게 다듬어야 했다. 그 비능률적이며 더딘 과정 하나하나는 만약에 자의식이 없다면 그래서 더 빨리할 방법을 생각하지 못한다면 매우 즐거운 것이다. 그러나 더 빨리할 방법을 알고 있기 때문에 그것은 결코 즐거운 것일 수가 없는 것이다. 그리고 더 빨리할 방법은 기계에 심장을 달아주어서 인간을 대신하게 하는 것이다. 현대의 모든 기계에는 모터나 엔진이 달려 있다. 자전거와 자동차의 차이에서 보듯이 그것은 정도의 차이가 아니라 전혀 다른 차원의 것이다. 그 모든 모터와 엔진은 인간의 심장처럼 호흡을 해야 한다. 그러니까 인간은 자신의 진화를 기계에 맡긴 것이다. 이것은 진화가 전도顚倒된 것이라고 보아야 한다.

그런데 더욱 우리가 심각하게 인식해야 하는 것은 인간을 인간으로 이룩한 상징능력은 다른 것이 아닌 노동이 형성하여 준 것이라는 사실이다. 앞에서 잠깐 언급되었지만, 성서의 창세기는 노동이 인간에게 주어진 벌이나 저주가 아니라 인간의 역사가 노동에서 시작된다는 사실을 기록하고 있다. 헤겔이 그의 주저인 『정신현상학』을 통하여 그토록 신비롭게 말한 노동의 창조행위란 신에 대한 것이 아니라 사실상 인간의 창조행위, 즉 노동 행위인 것이다. 헤겔을 뒤집어 읽으면 그렇다는 얘기다. 인간의 역사가 노동으로부터 시작되었다는 사실을 밝히는 저술은 성경의 창세기 말고는 없다.

보론 4. 인간 언어의 본질

1) 언어

성서는 최고의 인간학을 담고 있는 문서이다. 성서는 인간이 말하는 존재이며 착각하고 변명하고 환상에 빠지는 존재임을 보여준다. 성서는 무엇보다 인간의 언어에 대하여 말하고 있다. 성서에 의하면 이 세계는 하나님의 말씀으로 된 세계이다. 하나님은 말씀으로 창조 사역을 수행하셨다. 이러한 창조 다음에 성서는 곧이어 말하는 인간을 보여준다. 그런데 인간 최초의 말은 변명이었다. 그것도 하나님을 향한 변명이었다. 인간의 언어는 하나님의 창조에 대하여 그것을 해석하거나 변명이 되어 결국 창조에 반하는 것이 된다. 성서가 이렇게 인간의 언어와 하나님의 언어를 대조해 보이는 것은 하나님의 인간 창조의 목적이 무엇인지를 담고 있다고 읽히는 것이다. 성서의 이러한 언어에 의한 하나님의 세계 창조를 보여주는 것으로 인해 진정한 의미에서의 종교는 기독교뿐이라는 생각을 하게 만든다.

내가 볼 때 기독교인 중에 성서를 바르게, 제대로 이해는 이는 없는 듯하다. *How to read Bible*에 소개되는 철학자 존 그레이마저도 다음처럼 말하는 것으로 그치고 있다. 그에 의하면 새의 노래나 늑대의 영역표시를 위해 남겨 놓는 발자국 등은 인간의 언어보다 못하지 않은 일종의 언어 형태라고 한다. 인간의 언어 발전 과정에서 실재와는 좀 다른 추상적 개념의 세계를 표현하는 방법들을 만들어내야 했고, 이러한 인간의 언어기술 능력은 원죄라고 할 만한 것을 지니고 있다는 것이다.

그가 성서에 다양하게 표현된 언어에 관한 구절들을 조금이라도 깊이 읽었다면 이러한 말은 하지 않았을 것이다. 현대의 성서 연구가들이나 성서 해설자들이나 철학자들이 나의 성서로부터 밝혀낸 언어분석을 읽는다면 어떤 생각을 하게 될지 궁금하다. 나는 그들처럼 기독교 신자도 학자도 아니다. 나는 기독교라는 우물에 갇혀 살고 있지 않다. 이것이 나의 기쁨이자 통쾌함의 원천이다. 나는 그들보다 성서를 이해하기 좋은 위치에 있는 것이다.

지금 읽고 있는 *How to read Bible*의 저자 리처드 할로웨이는 이렇게 말한다. "모세가 불타는 떨기를 매개로 말씀하시는 하나님을 만난 이야기에서 눈길을 끄는 것은, 추상개념이 인간에게 만들어 놓은 위험을 피해 나갈 길이 이 이야기에서 보인다는 것이다."[2]

불타는 떨기는 출애굽기 3장 1절에 나온다. "주님의 천사가 떨기나무 한가운데로부터 솟아오르는 불꽃 속에서 그에게 나타나셨다. 그가 보니 떨기가 불에 타고 있는데도 그 떨기는 타서 없어지지 않았다." 이 구절의 어떤 의미가 추상개념이 인간에게 만들어 놓은 위험을 피해 나갈 길을 보여준다는 것인가? 인간은 영원히 추상개념을 버릴 수가 없을 것이다. 그러기는 고사하고 갈수록 점점 더 추상에 얽매이고 추상 속으로 인간 자신마저도 허구가 되어갈 것이다. 그가 말하는 추상개념이 인간에게 만들어 놓은 위험이 무엇인지를 분석하는 것은 흥미로운 일일 것이다. 그는 앞에서 이렇게 쓰고 있다.

---

2 리처드 할로웨이/주원준 옮김, *How to read Bible* (웅진지식하우스, 2007), 49.

철학자 존 그레이는 도저히 치유될 수 없는 고대의 체험에 대해 흥미로운 의견을 남겼다. 그는 이런 체험이야말로 인간의 언어로 기술될 수 있는 최고의 형태로 보았다. 또한 그는 새의 노래나 늑대가 영역표시를 위해 남겨 놓은 발자국 등은 인간의 언어보다 못하지 않은 일종의 언어 형태로 보았다.[3]

여기서 새의 노래는 일종의 언어 형태가 아니라 언어이다. 앞에서 나는 인간은 추상개념을 버릴 수가 없을 것이라고 했는데 인간은 추상개념을 가지고 있기에 언어가 분절음으로 되어 있고, 반면 새는 추상개념을 가지고 있지 않기 때문에 언어가 비분절음으로 되어 있는 것이다. 동물의 언어와 인간의 언어가 다른 이유는 바로 추상개념과 상징 때문인 것이다. 인간의 언어가 분절음인 이유는 논리 때문이다. 그런데 저자는 앞에서 다음과 같이 말하고 있다.

하나님이란 이런 식의 추상개념일 뿐일까? 우리는 의미를 향한 우리의 불타는 욕구를 하나님이라는 대상에 투사한 것인가? 그리고 이제 그 개념이 우리 인간을 하나님을 '실재'라고 믿는 편과 그렇지 않다고 믿는 두 편으로 나누어 버린 것일까?[4]

내가 읽을 때 여기서 그는 핵심을 스치고 있다는 생각이다. 저자도 역시나 충실한 기독교인인 듯하다. 그는 기독교라는 우물 안에서만 성서를 읽고 있다. 그가 말하고 있는 출애굽기의 불타는

---

3 위의 책, 48.
4 위의 책, 49.

떨기나무의 핵심은 다음 구절이다.

그러자 모세는 하나님의 얼굴을 뵙기가 두려워 얼굴을 가렸다(출 3:6).

성서 전체에서 하나님은 인간에게 얼굴을 나타내 보이지 않거나 인간이 스스로 보기를 거부한다. 그 이유는 창세기에 명확하게 나와 있다. 창세기는 인간이 하나님과 그 창조물을 대상으로, 수단으로 보는 것을 그리고 있다. 하나님일지라도 몸을 지니고 인간 앞에 나타난다면 인간은 하나님을 이용하여 돈을 벌거나 권력이나 이데올로기를 만들려고 들 것이다. 그 또한 상징능력을 인간은 지니고 있기 때문이다. 만약에 하나님이 몸을 가지고 있어서, 그 몸을 누군가에게 보여준다면 하나님도 고깃덩어리에 불과하게 된다. 그러므로 몸이 없는 것이 당연하다. 성서는 어떤 문서보다 인간의 언어에 대하여 많은 것을 말하고 있다. 어디를 읽어보아도 인간이 말하는 입에 대하여 좋은 표현이 없다는 것은 소름이 끼치는 일이다. 심지어는 다음과 같은 말도 있다.

11너희 입으로 들어가는 것이 사람을 더럽게 하는 것이 아니라 입에서 나오는 그것이 사람을 더럽게 하는 것이니라.

17입으로 들어가는 모든 것은 배로 들어가서 뒤로 내버려지는 줄 알지 못하느냐 18입에서 나오는 것들은 마음에서 나오나니 이것이야말로 사람을 더럽게 하느니라 19마음에서 나오는 것은 악한 생각과 살인과 간음과 음란과 도둑질과 거짓 증언과 비방이니 20이런 것들이 사람을 더럽게 하는 것이요 씻지 않은 손으로 먹는 것은 사람을 더럽게 하지 못하느니라(마태복음 5:11, 17-20).

성서가 이렇게 말하는 비밀은 무엇인가?

2) 신의 언어와 인간의 언어

창조론의 의미는 성서 안에 오롯이 담겨 있을 것이다. 모든 성서 가운데 구약의 창세기와 신약의 요한복음은 창조가 언어로 이루어졌다는 기록에서 만나고 있다. 신약 중에서도 요한복음은 매우 특이한데 바로 이러한 것 때문이다. 하나님의 창조가 언어노동이라는 점과 인간 존재의 집이 곧 언어라는 점을 추적할 것이다. 하나님의 창조노동과 인간의 노동을 간접적으로 비교해 볼 것이다. 인간이 언어를 얻게 된 것이 다름 아닌 노동이라는 것도 성서는 말하고 있다.

앞에서 나는 "그가 말하는 추상개념이 인간에게 만들어 놓은 위험이 무엇인지를 분석하는 것은 흥미로운 일일 것이다"라고 했는데, 그에 대한 답을 우선 암시하면서 시작하고자 한다. 추상개념이 인간에게 만들어 놓은 위험은 인간이 추구하고 실현하려는 목적과 관계가 있다. 우리는 우리 자신에 물어보자. 왜 우리의 목적은 밥그릇이나 나무 혹은 수저나 구두가 아니고 '사랑', '행복', '평화' 이런 것들인가? 이런 것들은 구두나 밥그릇처럼 몸을 가지고 있지 않은 것들이다. 우리는 이렇게 몸을 가지지 않은 것들의 몸을 만들면서 일생을 살아간다. 그러나 평생을 다 살아도 어느 것 하나 제대로 만들지 못하고 만다. 추상개념이 인간에게 만들어 주는 위험은 바로 우리가 추구하는 목적인 것이다.

목적을 지닌다는 것은 알고 있다는 것과는 다르다. 지니고 있다는 것은 가지고 있다는 것과도 다르다. 지니고 있다 함은 그것을 자기 자신의 일부로서 그것을 내면화시켜 자신과 함께하고 있다는 것이다. 우리가 목적을 지니고 있다고 할 때, 가지고 있는 경우와 알고 있는 경우와는 다르게 어떠한 필연성에 우리의 목적을 결부시키는 것을 뜻한다. 목적을 알고 있다고 물을 때, 물론 우리는 누구나다 목적을 알고 있다고 할 것이다. 그리고 목적을 가지고 있다고 대답할 것이다. 누구나 행복하기를 바라고 있으며 가난하기보다는 부유하기를 원하고 있다. 모든 일에 실패하기보다는 성공하기를 바라고 있다. 그래서 우리는 목적을 알고 있느냐고 묻는다면 그것은 진부한 물음이 될 것이다. 우리는 모두 위에 열거한 것들 외의 다양한 목적들을 가지고 있다. 그러한 목적을 지니고 있는지 묻는 물음에는 의아해할 것이다. 왜냐하면 그러한 목적의 목록들을 보면 하나같이 나무나 바위처럼 실체를 가지고서 실재하고 있는 것이 아니기 때문이다. 그러한 모든 것들은 상징이며 실재가 아닌 상징으로서 인간에게 작용한다. 인간의 역사를 이 지상이라는 무대 위에서 공연되고 있는 하나의 비극 작품이라고 한다면, 이 비극 작품의 본질은 어디에 있는 것일까? 그것은 인간의 비극을 보여주는 데 있지 않고, 인간이 겪는 비극을 통하여 사물의 냉혹한 작용과 순리, 그것이 지닌 인간이 거기에 순응할 수밖에 없는 논리적 법칙을 보여주는 데 있을 것이다. 인간의 비참한 역사는 인간이 목적을 알고는 있었으나 지니지는 않고 있다는 것을 보여준다. 그렇다면

"인간이 목적을 지니고 있는가?"라는 물음은 진부한 것이 아니다. 그것은 오히려 인간이 그것을 자신의 목적이라고 알고 추구하는 것을 부정하고 그 부정하는 자리에서 "인간은 목적을 지니고 있는가?"라는 탐구가 시작되는 것이다.

하이데거는 "언어는 존재의 집"이라고 했는데, 인간의 목적에 대한 탐구는 인간을 인간으로 존재하게 해 주는 인간의 언어로부터 생각해 보아야 할 것이다. 여기에서 우리는 부득이하게 성서를 다시 읽지 않으면 안 된다. 성서는 오늘날까지의 모든 문서 중에서 가장 완성된 인간학人間學을 내포하고 있다.

성서의 창세기에서 하나님은 자연을 창조한다. 그 창조하는 방법은 말씀, 즉 명령이다. 하나님께서 땅에 푸른 움이 돋아나거라 하시자 곧 그대로 되었고, 바다에는 물고기가 생겨 우글거리고 땅 위 하늘 창공 아래에는 새들이 생겨 날아다녀라 하시자 곧 그대로 되었다고 기록하고 있다. 신약의 요한복음은 창세기의 핵심을 직접 기록하고 있는데 그것은 이렇다.

> [1]한 처음, 천지가 창조되기 이전부터 말씀이 계셨다. 말씀은 하나님과 함께 계셨고 하나님과 똑같은 분이셨다.
> [3]모든 것은 말씀을 통하여 생겨났고 이 말씀이 없이 생겨난 것은 하나도 없다. 생겨난 모든 것이(요 1:1, 3 공동번역).

이와 같이 요한복음에서는 말씀과 하나님을 동일시하고 있다. 모든 것은 말씀을 통하여 생겨났다. 이는 창세기에서 말씀하시는 대로 되었다는 것과 같다. 이 문장의 내재적인 논리는, 하나님의 말씀이 곧 이 세계를 지속시키는 자연이라는 의미이다. 이렇게 언어는 세계에 앞서 나타난 것이다. 창세기 1장의 말씀은 명제이다. 자연과학의 명제인 것이다. 명제는 논리적이다. 그러니까 세계에 앞서 논리가 있었다는 것이다. 그 논리는 자연과학의 논리이다. 그런데 자연이란 무엇인가? 자연은 곧 실체實體이며 동시에 참됨의 것, 즉 실재實在인 것이다. 자연은 지속적으로 재생 순환하는 과정이며 과정이기 때문에 실재이다. 자연은 본래부터 있던 것이며, 스스로 그러한 것이며, 자연만이 참된 것이다. 기독교가 인간은 자신이 피조물이기 때문에 아무것도 창조할 수 없다고 하는 것은 진리이다.

하나님의 언어는 곧 자연으로 실재로 지속하고 있으며, 자연은 인간 존재의 근거이며 기반이다. 우리는 빵으로만 사는 것이 아니라 하나님의 실재하시는 말씀인 자연으로 살고 있다. 거듭 확인하거니와 하나님의 언어는 자연으로 실재하고 있다는 사실은 우리를 다음과 같은 깨달음으로 인도한다. 그 깨달음이란 하나님의 언어는 그 자체가 목적이라는 것이다. 하나님의 창조 목적은 창조노동 그 자체이다. 하나님의 노동은 언어를 통하여 수행되었으며 장인들이 재료를 가지고 만드는 것처럼 수행되지 않았다. 자연은 지금도 지속하고 있다. 지금도 쉬지 않고 노동하고 있는 것이다. 하나님의 형상대로 창조된 인간은 오로지 노동만을 통하여 지구 생태계를 유지 관리할 수가 있다. 노동 외의 다른 것을 만들게 되면 자연과 인간은 파괴될 수밖에 없다.

하나님의 창조노동은 언어 자체이지만, 인간의 언어가 하나님의 언어로 창조된 세계와의 관계를 밝히는 데 이용되고 있다. 나는 여기서 나의 주관이나 일방적인 생각으로 성서를 해석하고 있는 것이 아니다. 그것은 이제 인간의 언어를 고찰해 보면 드러날 것이기 때문이다. 성서는 이것을, 창세기를 통하여 나타내고 있다.

> 아담이 동물 하나 하나에게 붙여준 것이 그대로 그 동물의 이름이 되었다 (창 2:19).

여기 한 그루의 나무가 있다. 인간은 그것을 나무라는 이름으로 부른다. 이때 나무라는 이름은 이미 실재의 나무가 아니다. 그것은 나무에 대한 나무라는 상징이다. 왜냐하면 나무는 나무 외의 다른 여러 사물과의 관계하에서 나무이기 때문이다. 나무 말고도 돌이 있다. 나무는 돌에 대하여 돌이 아닌 것으로서 나무인 것이다. 또 나무는 그 자체로서는 존재할 수가 없다. 나무는 땅과 물과 공기, 빛 등과의 관계 속에서만 나무로 존재한다. 나무는 공기와 빛, 물이나 흙 등과의 어떠한 상호작용을 통해서만 존재한다. 즉, 나무는 흙의 미생물로부터 영양을 마시고 빛과 공기와는 숨을 쉬고 있다. 인간의 모든 표현은 상징으로서 이러한 관계까지를 담아낼 수가 없다. 그런데 사물 간의 이러한 관계는 사물과 인간의 관계에서 더 필연적으로 이루어지는 것이다. 인간을 한자로 쓰면 人間인 까닭이 여기에 있다. 인간은 이 사이, 관계를 파악함으로써 자신의 존재를 구축할 수가 있는 것이다. 이렇듯 인간은 관계적인 존재이다. 그런데 인간이 이러한 관계를 파악하기 위해서는 하나님의 언어인 자연을 대상화하여 이용해야만 한다. 자연을 대상화하는 과정에는 상징화가 필연적이다. 인간의 언어가 분절음인 것과는 달리 동물들의 언어는 비분절음이다. 이 사실은 동물들의 대상에 대한 인식은 통째로 되어 있어 분리되지 않는다는 것을 말해준다. 따라서 동물들은 자신의 대상에 대한 인식을 분리하여 다른 관계 설정을 할 수가 없게 되어 있다. 그러니까 동물들은 대상인 사물들을 상징화하는 정신이 아니기 때문에 인간과는 달리 사물과 대상을 실체로써만 다룰 수가 있다. 즉, 동물들은 자신의 조그마한 두뇌 속에다 두뇌보다 더 큰 사물을 넣어 둘 수가 없는 것이다. 인간의 언어는 사물을 상징으로 처리하여 대상화하는 수단과 방법의 언어인 것이다. 따라서 인간은 모든 대상, 사물들을 상징화하여 자신의 두뇌 속에다 넣어두고 서로 간의 관계를 설정하고 해체할 수가 있는 것이다. 인간의 두뇌 속에는 전 우주가 들어가 있는 것이다. 이와 같은 이치는 성서에 제시되어 있다.

이렇게 아담은 집짐승과 공중의 새와 들짐승의 이름을 붙여주었지만, 그 가운데는 그의 일을 거들 짝이 보이지 않았다. 하나님이 이미 창조한 피조물들에게 이름을 짓는 것을 인간인 아담에게 하도록 하셨다는 것은 피조물에 대한 인간의 인식이 있어야 하기 때문이다. 그래야만 노동이 가능한 것이다. 현대 인식론적으로 말하자면 이미 인간, 아담에게는 대상을 인식하는 자의식이 있는 것이다. 이 자의식은 하나님이 인간에게 노동을 통한 세계의 보살핌을 위임한 직후에 일어난다. 하나님이 언어로 창조한 피조물에게 아담이 이름을 짓게 한 것은, 언어는 하나님으로부터 받은 것이 아니라 아담 자신의 인식으로부터 얻었다는 것을 의미한다. 이것은 동시에 피조물에 대한 하나님의 인식과 인간의 인식이 다르다는 것을 의미한다. 하나님의 언어는 피조물 그 자체이지만 인간의 언어는 그 피조물을 인식하는 수단의 것임을 의미한다. 인간 아담이 이미 피조물에 대한 인식을 얻었음을 의미하는 것이다. 성서는 이것을 "눈이 밝아졌다"는 표현 속에 담고 있다.

인간 언어의 이러한 본질은 하나님의 언어는 그 자체가 목적인 데 반하여 인간의 언어는 수단이라는 것이 된다. 반복하지만 인간은 이렇게 관계를, 언어를 통하여 파악하고 그 관계 안에다 자신의 존재의 터를 마련한다. 이러한 사정을 명제화한 말이 하이데거의 '언어는 존재'의 집이라는 것이다.

앞서 나는 하나님의 언어는 자연 그 자체라고 했다. 그렇다면 나무의 언어는 나무 그 자체이다. 나무에 언어가 있다고 하는 생각은 곧 나무에도 정신이 있다는 생각에 이어져 있는 것이다. 이 우주를 구성하는 데는 여러 역할에 따르는 존재가 필요하고 인간의 개념을 적용해 말하자면 우주 구성의 역할과 위치에 맞는 등급의 정신을 가지고 있는 것이지 인간만이 정신을 가지고 있는 것이 아니다. 나무는 나무의 역할에 맞는 형식의 정신과 언어를 지니고 있다. 그리고 어쩌면 이 정신이 그에 맞는 몸을 지니게 된 것일 것이다. 흙은 흙의 역할에 맞는 정신과 언어를 그리고 몸을 지니고 있다. 동물은 동물의 역할에 맞는 정신과 언어를, 몸을 지니고 있다. 우주를 구성하고 있는 여러 가지의 존재들이 역할 분담이 되어 있지 않다면 우주는 이루어지지 않을 것이다. 지금까지의 모든 철학이 인간의 정신만을 정신으로 인정하는 것은 결정적인 잘못이다.

먹이를 구하는 것을 살펴보자면 우리 인간은 엄청난 수고를 지불하여 먹이를 얻어낸다. 하지만 식물은 뿌리를 뻗는 것과 가지를 뻗어 잎을 내는 것 외에는 거의 수고를 하지 않고 먹이를 구한다. 인간이 지닌 정신은 우주의 구성에서 인간이 맡아야 할 역할을 수행하는 데 적합한 정신일 뿐이지 그것이 다른 존재보다 뛰어나다 거나 숭고한 것이 아니다. 인간은 이것을 냉철하게 인정해야 한다. 인간은 다른 존재의 언어를 듣지 않고서는 자신의 존재를 구축할 수가 없기 때문이다. 그렇다. 인간의 언어는 분명 다른 존재들의 언어를 들을 수 있는 언어이다.

그렇다면 다른 존재의 언어를 듣는 방법은 무엇일까? 그것은 인간의 노동이다. 이것은 인간이 노동의 과정을 통하여 대상에 대한 인식을 얻었다는 것으로 알 수가 있다. 인간은 노동을 통하여 다른 존재의 언어를 들음으로써 하나님의 창조노동을 이을 수 있다. 다른 피조물들의 우주에 대한 의무와 권리가 동일하듯이 우주에 대한 인간의 의무와 권리도 동일하다. 그런데 인간 아래의 피조물은 인간의 존재 기반이다. 인간은 이 기반 위에서만 존재 가능하다. 반복하자면 기반과의 관계를 파악하는데 상징밖에는 다른 수단이 없다. 이같이 인간의 언어는 하나님의 실재 언어에 대한 언어로서 상징일 수밖에 없다. 이것이 인간 창조의 핵심이라고 할 수 있을 것이다. 그렇다면 인간의 언어는 실재하는 것이 아니며 동시에 그 자체가 목적이 될 수 없다는 결론에 닿게 된다. 즉, 인간의 언어는 수단과 방법에 그친다. 나는 여기에 이르러 단언할 수 있다. 인간은 목적과는 유리遊離된 존재이며 따라서 인간의 모든 삶은 수단과 방법을 실천하는 하나의 과정이라고 말이다. 인간은 자연이 없이는 아무것도 이루어 낼 수가 없고, 인간이 내어놓는 모든 것은 언어를 통하여 이루어진다.

이상에서 살펴보았듯이 인간의 상상하고 상징화하는 능력은 다른 피조물들의, 인간의 언어와는 다른 침묵의 언어를 듣기 위해 마련된 것이다. 그렇다면 하나님의 형상대로 인간을 창조했다는 성서의 증언으로부터, 인간이 수행하는 노동이 인간학적으로나 생태학적으로 어떤 과제를 부여받았는가를 밝히는 것은 기독교적 인간 이해의 원형이 될 것이다.

3) 인간 언어의 본질

창세기에는 현대철학의 가장 심각한 것인 인식론이 들어 있다. 2장 19절에서 아담은 피조물에게 이름을 지어 부른다. "아담이 각 생물을 일컫는 바가 곧 그 이름이라."

20절은 다음과 같다. "아담이 모든 육축과 공중의 새와 들의 모든 짐승에게 이름을 주니라." 이 의미는 피조물들에게 이름을 지어준 주체가 하나님이 아니라 아담 곧 인간임을 전하고 있다. 이는 언어가 인간 존재의 집이라는 하이데거의 명제와 관련해 생각할 때 심각한 통찰을 요구하고 있다. 앞에서 자연은 하나님의 말씀이라고 했다. 그렇다면 자연을 이름 지어 부르는 인간의 언어는 하나님의 언어에 대한 언어인 것이다.

이 관계에서 하나님의 언어는 대상이 되고 인간의 언어가 메타가된다. 대상은 부분이고 메타가 전체이다. 여기서 아담이 하나님에게 변명하게 된 동기가 파악되는 것이다. 다시 말하지만, 그 대상에는 하나님도 포함되는 것이다. 이제 하나님은 인간에게 종속된 것이다.

창세기의 2장은 "아담과 아내 두 사람이 벌거벗었으나 부끄러워 아니하니라"에서 끝이 난다. 성서의 구성은 인간 인식의 진화에 맞추어져 있다. 3장에서는 인간의 자기의식의 개화가 다루어지고 있다. 피조물에게 다만 이름을 지어 부르는 인간의 언어 행위는 이제 의식의 확장을 통하여 언어를 꾸미고 논리를 짜내는 지식의 출현을 가능하게 하는 것이다. 지금까지 기독교적인 이해에 의하여 인간의 타락으로 이해되고 있는 그 사건은 현대 인식론적 이해에 의하면 의식을 얻는 것이다. 이 의식의 터득은 2장에서 두 사람이 벌거벗었으나 부끄러워하지 않는다. 그러나 3장에서 이 두 사람의 행동은 완전히 반대되는 상황으로 나타난다.

> 이에 그들의 눈이 밝아져 자기들이 알몸인 것을 알고 무화과나무 잎을 엮어 앞을 가렸다(창 3:7).

두 사람의 이러한 행동의 변화를 통하여 우리는 대상에 대한 의식이 싹텄다는 것을 알 수가 있다. 두 사람이 발가벗었으나 부끄럽지 않은 것은 다만 대상을 인식한 상태로서 단순하게 아는 것이다. 그러나 부끄러워하는 것은 자신들이 벗고 있다는 것을 알았고, 그 안다고 하는 그것이 무엇을 의미하는 것인지를 알게 된 것이다. 안다고 하는 것과 그 앎을 아는 것은 차원이 다른 것이다. 이러한 의식이 싹트고 난 뒤 하나님과 아담의 사이는 빗나간다. 가장 큰 사건은 아담이 하나님과의 대화에서 거짓말을 했다는 것이다. 심각한 것은 이 거짓말은 하나님과 아담의 최초의 대화라는 것이다. 아담이 하나님에게 하는 변명을 들어보자.

> 9야훼 하느님께서 아담을 부르셨다. "너 어디에 있느냐?" 10아담이 대답하였다. "당신께서 동산을 거니시는 소리를 듣고 알몸을 드러내기가 두려워

숨었읍니다"(창 3:9-10 공동번역).

아담은 평계를 대었다. "당신께서 저에게 짝지어 주신 여자가 그 나무 열매를 따 주기에 먹었을 따름입니다"(창 3:12 공동번역).

여기서는 공동번역성서를 인용하고 있는데 공동번역성서가 성서의 의미를 확실하게 반영하고 있다고 생각한다. 참고로 개역개정판에는 다음과 같이 되어 있다.

"하나님이 주셔서 나와 함께 있게 하신 여자 그가 그 나무 열매를 주므로 내가 먹었나이다." 이 번역은 언어가 복잡하다. 이에 비하여 공동번역성서는 "먹었을 따름입니다"라고 함으로써 하나님에게 따지고 드는 아담의 의지를 분명하게 드러내고 있다.

여기서 아담이 하나님에게 하는 말은 상당히 조리 있고 적극적으로 자기를 방어하는 논리가 분명하다는 것에 주의하자. 뒤이어 하나님의 물음에 대한 이브의 변명도 명쾌하다.

"뱀에게 속아서 따 먹었습니다"(창 3:13). 우리는 이러한 변명을 어떻게 이해하고 해석할 것인가? 그것은 인간의 지식이라고 보아야 할 것이다. 변명은 논리적이고 명쾌하다. 이 변명이 논리이고 지식이라는 것을 앞으로 거슬러 가서 이브가 뱀과 나누는 대화를 보면 알 수가 있다.

[1]그 뱀이 여자에게 물었다. "하느님이 너희더러 이 동산에 있는 나무 열매는 하나도 따 먹지 말라고 하셨다는데 그것이 정말이냐?" [2]여자가 뱀에게 대답하였다. "아니다. 하느님께서는 이 동산에 있는 나무 열매는 무엇이

든지 마음대로 따 먹되, ³죽지 않으려거든 이 동산 한 가운데에 있는 나무 열매만은 따먹지도 말고 만지지도 말라고 하셨다." ⁴그러자 뱀이 여자를 꾀었다. "절대로 죽지 않는다. ⁵그 나무 열매를 따먹기만 하면 너희의 눈이 밝아져 하느님처럼 선과 악을 알게 될 줄을 하느님이 아시고 그렇게 말하신 것이다"(창 3:1-5 공동번역).

여기까지의 뱀이 이브를 유혹하는 내용은 인간에게 있어서는 지혜인 것이다. 자신의 타락으로 인한 죄악이 인간에게 불가피하다면 인간은 선과 악을 판단하는 능력이 있는 것이 없는 것보다는 더 좋은 것이다. 이 대화의 내용은 이미 이브가 대상에 대한 의식을 가지고 있다는 것을 의미한다. 그렇다면 이브는 뱀에게 속은 것인가? 그렇지 않다.

여자가 그 나무를 쳐다보니 과연 먹음직하고 보기에 탐스러울 뿐더러 사람을 영리하게 해 줄 것 같아서, 그 열매를 따 먹고 같이 사는 남편에게도 따 주었다. 남편도 받아먹었다(창 3:6 공동번역).

뱀과 이브의 대화는 그 전부가 대화가 아니라 이브 자신의 상상이고 생각이다. 우리가 알고 있듯이 상상은 언어로 되어 있다. 모든 상징은 인간에게 생각과 상상을 하게 만든다. 언어는 논리이다.
그 생각은 아주 그럴듯한 것이다. 그럴듯한 것과 그러한 것은 완전히 다르다. 그럴듯함이란 거짓의 것이다. 그러함의 것은 참된 것이다. 보수 기독교적인 이해는 뱀을 악마로 이해하여 단순하게 타락으로 해석하고 있다. 모든 성서는 이 3장이 인류가 타락하다,

인간의 타락이 주제라고 달고 있다.

우리는 이미 이브와 아담이 대상에 대한 인식을 획득했다는 것을 알고 있다. 이브에게 따 먹지 말라고 한 열매는 인간이 이미 획득한 인식 작용에 대하여 상징으로 제시되는 것이다. 인간의 모든 언어는 이 상징을 이해하고 해석하는 것이며, 그것은 곧 금단의 열매를 왜 따 먹었는가 하고 묻는 하나님에 대한 변명이며 핑계일 뿐이다. 앞에서 말했듯이 하나님의 언어는 그 자체가 목적이고 진리의 실천이다. 그와는 다르게 인간의 인식에 있어서는 진리가 있는 것이 아니라 진리에 대한 해석과 이해가 그럴듯하게 있을 뿐이고, 어떤 것이 옳고 그른가는 아무런 의미가 없다. 다만 그것을 즐길 수 있느냐가 문제일 뿐이다. 누군가 한 권의 철학책을 출판했다고 하자. 그 책은 상당히 팔릴 것이고 저자는 명성과 돈과 권력을 얻게 될 것이다. 그러나 그 책의 출판으로 얻는 돈과 권력 외에 그가 설파한 진리나 사상을 실천하는 것은 부차적인 일이 되고, 그 책을 읽는 독자들은 그 내용을 즐길 뿐이다. 그게 전부다. 즐길 수 있기 위한 것은 그럴듯한 것이라야 한다. 진리는 고정되어 있지만, 그럴듯한 것들은 고정되어 있지 않고 항상 움직인다. 따라서 그럴듯한 것은 반복과 번복, 취소, 다시 반복이 가능한 것이다. 그것들이 철학이고 사상이고 예술이고 문학이고 하는 허구의 것들이다. 우리는 이 허구를 즐기면서 반복해야만 할 것이다. 이 지구의 자연과 그 자연을 인간의 필요로 하는 노동이 완전히 삭제될 때까지 말이다. 그리고 서서히 허구 속으로 사라질 것이다.

4) 인간 언어의 본질은 거짓말이다

지금까지 어떤 철학 저서도 진리를 인식에 한정시키고 있다. 말하자면 인식된 진리를 진리로 알고 있는 것이다. 이것은 거짓이다. 실천된 진리만이 진리인 것이다. 실천된 진리는 허구가 아니라 실체이며 실제이다. 이 세계는 곧 하나님의 진리 실천인 것이다.

결론을 말하자면, 인간어의 본질은 거짓말이다. 스스로에게 하는 거짓말인 것이다. 이것을 밝히기 위해 다시 하나님의 창조과정을 생각해야 한다.

창조과정에서 하나님이 명령하시는 그대로 되었다고 하는 것에 주의해 보면 명령을 받는 대상은 없다. 명령하시자 곧 그대로 되었다. 명령에 따라 세계가 나타난 것이다. 이것의 의미는 다른 것이 아니다. 하나님은 목적을 대상 없이 직접 이루신다는 의미이다.

지금 말한 것과 관련하여 우리는 인간의 목적이 하나같이 우리의 관념으로부터 추상되는 것들이라는 사실을 직시할 필요가 있다. 우리의 목적은 행복이거나 사랑이거나 평화이거나 한다. 이것들은 실체를 가지고 있지 않고, 따라서 인간은 그러한 목적을 이루기 위해서는 방법을 행위할 수밖에는 없는 것이다. 그렇다면 하나님은 인간처럼 그러한 관념을 지니지 않은 존재로 생각할 수가 있겠다. 그러한 존재의 언어는 실체를 가지고 있고 실체들은 상호 작용한다.

앞에서 나는 인간의 언어가 수단과 방법의 언어이며 인간은 오로지 그 방법들을 행위할 수 있을 뿐이라고 했는데, 우리는 이러한 인간을 두고 목적을 직접 이루는 존재를 생각해 볼 수가 있다. 인간은 방법들을 행위하는 과정적인 존재인 것과는 달리, 하나님은 그 언어 자체가 목적인 존재이다. 이에 반하여 인간의 언어는 수단과 방법으로, 인간은 언어를 통하여 돈과 권력과 이데올로기를 만들 수 있을 뿐이다. 인간의 언어는 실천과는 격리된 것이다. 인간은 수단과 방법을 통하여 간접적으로 목적을 이룰 수 있다. 하나님의 언어는 즉 노동과 다르지 않다. 언어로 노동을 수행한 것이다. 그런데 하나님에게 있어서나 인간에게 있어서나 언어가 인식인 것은 같다. 하나님에게 있어서는 인식이 곧 실천이지만, 인간에게 있어서는 인식은 실천이 아니다. 인간의 모든 지식은 대상을 인식하는 것을 목적으로 하고 있지 실천을 목적으로 하고 있지는 않다. 인간에게 있어서 언어는 곧 지식이다. 그 지식은 하나님의 언어 그 자체가 목적이며 실천인, 언어에 대하여 변명하기 위한 것이다.

하나님은 진리를 실재로서 창조를 통하여 제시한 것이다. 그러나 인간의 언어는 이렇게 제시된 진리를 해석하고 변명하고 이해하는 언어이다. 인간의 언어는 목적에 가 닿는 것이 아니라 과정 속에서 소용돌이치고 있다는 것이다.

교회나 성당에서 성직자들이 하는 설교도 철학자들이 펴내는 책이나 저서도 음악이나 문학, 모든 예술이 허구일 뿐인 것으로 참된 것이 아니라는 사실이다. 우리는 그저 한 사람의 철학자로서 성직자로서 과학자로서 시인이나 사상가로서 어떤 말을 하고 그 말이 세간을 떠돌아다니면서 나의 명예가 되고 권력이 되고 그에 따르는 직위와 수입을 즐기는 것이지, 우리가 말하는 진리는 실현되지 않는다. 권력과 명예, 수입 등이 우리의 목적인 것이다. 이것은 우리가 내뱉은 말 한마디 한마디가 재앙이 되고 있는 것이다. 주위를 둘러 자연을 보라! 이 모든 아름다운 것들이 단순히 인간의 관념을 표현하기 위해 인간의 배설물이 되어 사라질 것들이다. 인간, 우리 자신마저도 우리의 배설물이 되어 사라질 것이다. 지금까지 말한 것이 창세기에 하나님과 아담의 첫 대화에서 아담이 변명을 하고 평계를 댄 것의 내용이다.

보론 5. 노동이 창조한 인간

1) 마르크스의 경제학 철학 수고

인간이 하나님으로부터 위임받은 노동으로 해야 하는 것은 자신을 창조하는 일이다. 인간은 노동을 하면서 자의식을 얻었다. 자의식을 통하여 피조물들에게 이름을 지어주고 피조물을 다스린다. 피조물을 다스리는 노동을 통하여 인간은 자신을 창조하는 것이다. 노동이 인간을 창조했다는 것은 질러 생각해 보아 인류가 나타나자마자 해야 했던 것이 피조물을 가공하는 노동이었다는 사실로부터 직관할 수가 있는 것이다. 그에 대한 철학적 접근은 헤겔의 『정신현상학』을 비판하면서 수행되는 마르크스의 『경제철학수고』에 나타나 있다.

마르크스의 『경제철학수고』는 참으로 통쾌한 저서이다. 그는 헤겔의 철학을 비판적으로 수용하면서 뒤집어엎는다. 포이어바흐로부터 얻은 직관을 확대하여 헤겔 철학을 전복시키는 과정을 보면 경탄이 절로 나오는 것이다.

포이어바흐는 그의 『기독교의 본질』에서 다음과 같이 말했다.

종교는 인간과 동물 사이의 본질적인 차이점에 기초하고 있다. 그것은

意識이다라는 대답이다.5

그런데 내가 생각하기에는 여기서 동물과 본질적인 차이로서의
의식은 곧 자의식自意識으로, 데카르트가 그의『성찰』에서 다음과
같이 밝히고 있는 것과 차이가 없다.

> 짐승들의 영혼과 우리들의 영혼이 얼마나 다른가를 알 때, 우리는 우리의
> 영혼이 신체로부터 아주 독립된 성질의 것이요.6 따라서 동물은 단지 단
> 순한 생활을 할 뿐이며 인간은 이중의 생활을 한다. 즉, 동물의 경우에는
> 내적 생활이 외적 생활과 합일되어 있지만, 인간은 내적 생활과 외적 생활
> 을 동시에 가지고 있다.7

이는 앞에서 언어를 분석하면서 개진한 나의 생각과 동일한
것이다. 포이어바흐에 의하면 "인간은 대상이 없으면 아무것도
아니다." 그러나 인간에게 대상은 있다. 즉, 자연이 있다. 그래서
인간은 노동이 없으면 아무것도 아니다.

인간에게 자연이라는 대상 사물이 사실로 되어 존재하게 되는
것은 오직 노동이 있기 때문일 것이다. 인간은 대상에서 자기 자신을
의식한다. 대상의 의식은 인간의 자기의식이다. 우리는 대상에 의하
여 우리 자신을 의식하게 된다.

5 포이어바흐/김쾌상 옮김, 『기독교의 본질』 (까치, 1992), 73.
6 최명관 편역, 『방법서설·성찰·데카르트 연구』 (서광사, 1983), 48.
7 포이어바흐, 『기독교의 본질』, 74.

당신의 제한되지 않은 자기의식은 당신의 본질이 이르는 곳까지 이르며 그리고 거기까지 당신은 신이다.[8] 신은 단지 인간의 본질 자체가 대상화된 것이며 인간 자신으로부터 추상된 (인간 자신의) 최고의 주체성이다. 신학의 비밀은 인간학이며, 신의 본질은 인간 본질의 비밀이다. 신의 의식은 인간의 자기의식이며 신의 인식은 인간의 자기인식이다. 우리는 신의 세계, 즉 외적 초자연적 초인간적인 본질을 인간적 본질의 성분으로 환원하였다. 인간적 본질의 성분은 신의 본질의 근본 성분이다. 우리는 결론에 있어서 재차 처음으로 돌아왔다. 인간은 종교의 시초이며 종교의 중간이며 종교의 종착점이다.[9]

마르크스는 이상에서 소개한 포이어바흐의 시각으로 헤겔의 『정신현상학』을 뒤집어 읽는 것이다.

인간의 인식은 대상(사물)에 선행할 수 없지만, 대상(사물)은 인간의 인식에 선행한다. 인간이 대상을 의식하는 과정 속에서 어떻게 자기 자신을 의식(자기의식) 할 수 있는가 하는 문제를 변증법적으로 다루고 있는 저작이 헤겔의 『정신현상학』이다. 그의 변증법에 따르면 대상에 대한 의식은 대자對自에 해당된다. 그런데 이 대자는 즉자即自와는 무관하게 존재하는 것이 아니라 자신의 또 다른 형태에 지나지 않는다는 것을 자각하게 된다. 이러한 대상의식을 헤겔은 다음과 같이 총괄하고 있다.

지금까지 확신에 관하여 논의된 바에 따르면 결국 의식과의 관계에서

---

8 위의 책, 81.
9 위의 책, 99-102.

볼 때 진리는 그 의식 자체와는 어떤 다른 것으로 나타났다. 그러나 이러한 진리 개념도 우리가 바로 그 의식을 경험하는 과정에서 소멸해 버리고 만다. 감성적 확신의 근거가 되는 존재자, 지각의 내용이 되는 구체적인 사물, 오성의 힘과 같이 직접적, 즉자적으로 존재하는 대상 등은 모두가 진정한 의미에서 존재하는 것이 아니라 오히려 그러한 즉자성이란 한낱 어떤 타자를 위해서만 있는 존재의 양식임이 드러난 것이다. 자아가 타자에 대립해 있는 자아임에는 틀림없으나 동시에 이것은 어디까지나 그 타자를 감싸고 넘어가는 가운데 모름지기 이 타자도 또한 자아의 입장에서 보면 오직 의식 그 자체에 지나지 않는 것이 된다. 자기 자신의 확신은 대상의 제약을 받을 수밖에 없다. 왜냐하면 이러한 확신은 오직 타자의 지양을 통해서만 가능한데, 바로 이러한 지양이 행해지기 위해서는 반드시 타자가 존재해야만 되기 때문이다. 그러한 까닭에 결국 자기의식의 대상에 대한 부정적 관계를 유지하는 한 결코 타자를 지양할 수가 없기 때문이다.[10]

헤겔이 이 글 속에서 하는 것은 내가 볼 때 진정한 자기의식과 막연한 대상인식의 구별이다. 의식은 대상이 지니는 자립성을 인정함으로써, 모순을 해소할 수가 있다. 자기의식(자의식)은 필연적으로 두 개의 대상을 수용해야 하는데, 하나는 자아이고 다른 하나가 외부의 대상이다. 대상에 대한 의식이 자신에 대한 의식 속에 지양되고, 이 과정 속에서 주체와 객체가 생성되는데 여기서 자기의식이 발생한다. 마르크스에 의하면, 헤겔의 『정신현상학』이 지향하는 것은 즉 정신발생학이다.

---

10 헤겔/임석진 역, 『정신현상학』 (지식산업사, 1993), 243-244.

헤겔에 따르자면 자기 자신을 완전히 실현한다는 것은 자기 자신을 완전히 인식하고 표현하는 것이다. 헤겔의 『정신현상학』은 문맥 그대로 읽자면, 그것은 신이 자기 자신을 실현해 가는 과정에 관한 서술이다. 즉, 신의 창조 노동이다. 즉자로서의 정신이 그 자신을 인식하기 위해서는 대자(대상)을 가져야만 한다. 이 대상을 노동을 통하여 창조하는 것이다. 이러한 정신의 표현행위가 바로 신의 창조라는 것이다. 이것이 앞에서 신의 창조행위가 곧 노동이라는 것의 이유이다. 신은 노동하는 인간을 창조함으로써, 인간을 대상화하고 인간의 노동을 통하여 자신을 실현한 것이다.

나는 개인적으로 이러한 헤겔의 『정신현상학』을 굳이 포이어바흐의 시각으로 읽을 필요가 없다고 본다. 포이어바흐에 의하면 이러한 신의 창조행위는 곧 인간의 창조행위, 즉 노동이다. 내가 굳이 포이어바흐를 참고할 필요가 없다고 보는 이유는 성서의 창세기를 읽으면 되기 때문이다. 인류가 이 지상에 탄생하자마자 해야 했던 것, 그것이 인간에게 정신을 발생시킨 것은 너무나 분명하다. 그것이 바로 육체노동이다.

성서의 창세기에서는 하나님이 먼저 자연을 창조하고 난 다음에 그 자연을 다스리고 부릴 수 있는 인간을 창조한다. 인간을 창조하는 과정에서 하나님은 비로소 노동이라고 할 만한 것을 한다. 인간의 창조가 있고 난 뒤에야 천지의 창조가 완성되었음을 성서는 기록하고 있다. 창세기는 사실상 인간의 창조와 역사가 노동에서 시작되었음을 인간에게 알리는 단 하나의 인간학적 문헌이다. 그런데 이것이 마르크스가 행한 헤겔 철학 뒤집기의 출발점이다. 마르크스가 헤겔 자신의 관념에 갇힌 정신현상학을 정면으로 뒤집는 과정을 따라가 보면 참으로. 통쾌하다.

마르크스는 헤겔이 『정신현상학』의 밑바탕에서 하려고 했던 것이 바로 이것이라고 생각했다. 그에 의하면 헤겔의 정신에 대한 현상학은 은폐되어 있으나, 무의식적으로 인간에 대한 현상학을 지향한다고 한다. 그러니까 헤겔은 인간의 정신 현상을 다룸에 있어서 완전한 자의식을 행사한 것이 아니었다. 마르크스는 다음과 같이 말한다.

> 정신현상학은 은폐되어 있고 자기 자신을 드러내지 않으며 자신을 신비화하는 비판이다. 그러나 정신현상학에서 비록 인간이 단지 정신의 형태로만 나타난다고 할지라도 인간의 소외를 고집한다는 점에서 그 속에 모든 비판의 요소들이 감추어져 있으며, 헤겔 자신의 관점을 훨씬 능가할 정도로 이러한 요소들이 마련되어 있고 조탁되어 있다.[11]

이 지상에서 신을 옳게 알고 있으며 신을 바르게 섬기는 인간이 있을까? 그러니까 신은 자신의 창조물인 인간으로부터 소외된 것이다. 이렇게 소외된 신은 자신의 창조물인 사물들로부터 소외된 인간과 같다. 이 소외는 노동의 결과이다. 이렇게 자기 소외된 신을 통하여 물질 생산자로서 노동하는 인간이 거꾸로 뒤집혀 진 것이 곧 신이라는 것이 헤겔의 생각이다.

이렇게 하여 마르크스는 헤겔의 『정신현상학』을 뒤집는다. 그래서 헤겔의 『정신현상학』은 마르크스에게는 거꾸로 뒤집힌 정치

---

11 칼 마르크스/김문환 옮김, 『경제철학수고』 (이론과 실천, 1996), 126.

경제학 비판이 되는 것이다. 즉, 헤겔의 『정신현상학』의 비밀은 인간의 노동의 과정인 것이다.

> 헤겔의 정신현상학은 운동하고 생산하는 원리로서의 부정성의 변증법
> 의 위대함과 그것의 궁극적인 결과는 이것이다. 헤겔은 인간의 자기생산
> 을 하나의 과정으로서, 대상화를 대립화로서, 외화로서, 이 외화의 지양
> 으로서 파악한다. 그러므로 헤겔은 노동의 본질을 파악하고 있으며, 대상
> 적 인간 곧 현실적이기 때문에 참된 인간을 그 자신의 노동의 결과로서
> 파악하고 있다.[12]

마르크스의 헤겔 비판을 보면 헤겔의 철학은 인간의 노동 과정을 신비화시키고 관념화시켰다는 것이다. 인간의 노동 과정, 그것은 우선 물질적 과정이다. 여기서 우선이라고 한정하는 이유는 헤겔의 철학이 인간의 정신만을 다루고 있기 때문이다. 헤겔의 정신현상학에서 다루고 있는 것은 오직 정신적 사유의 생산과정이다. 다시 말하자면 '철학하기'이다. 그러나 질러 생각해 보면 정신적 사유의 생산은 정신이 나타나고 난 다음에나 가능한 것이다. 결과적으로 헤겔은 정신 발생의 실제적 과정인 인간의 물질적 생산, 즉 노동을 간과한 것이다. 마르크스의 이러한 통찰을 헤겔의 철학과 관련시켜 보면 인간 정신의 발생에 대한 중요한 통찰을 얻을 수가 있다.

우리가 잠정적으로 취할 수밖에 없는 입장은 헤겔이 근대 정치경제학자

---

12 위의 책, 126.

들의 관점에 서 있다는 것이다. 헤겔은 노동을 본질로써, 자기를 입증하는 인간의 본질로서 파악하고 있다는 것이다. 그는 노동의 부정적인 면을 보지 않고 오직 긍정적인 면만을 본다. 노동은 외화의 내부에서 이루어지는 인간의 向自化, 혹은 소외된 인간으로서 자기를 정립하는 향자화이다. 헤겔이 알고 있고 인정하고 있는 노동은 오직 추상적으로 정신적인 노동이다.[13]

이러한 마르크스의 말들은 결국 인간의 물질 노동이 인간에게 추상능력과 인식과 언어를 싹트게 했다는 것이다. 신에게 있어서나 인간에게 있어서나 자기 자신의 외화가 곧 노동이다. 이것은 헤겔의 단순한 관념의 재생산, 즉 철학이 아니라 실제 자기 밖의 대상(자연)을 자신의 필요에 따라 가공하는 육체노동의 과정인 것이다. 인간의 노동생산물은 자신과 마주 서 있는 또 하나의 자기 자신이다. 정신의 중요한 단계는 곧 대상에 대한 의식의 성립인데, 그 성립의 기초는 무엇일까?

2) 인간의 의식과 도구의 관계

인간 정신의 대상에 대한 의식은 다른 것이 아니라 노동하는 방법이며 수단인 도구를 제작하는 과정에서 성립된 것으로 보인다. 우리의 언어와 도구를 비교해 보자. 우리의 언어는 주어+목적어+동사의 조립이다.

---

13 위의 책, 127.

하나의 망치를 보면 인간의 손과 망치 자루와 망치 머리이다. 망치의 시초는 손으로 돌 같은 것을 쥐고 대상을 자르거나 던지는 행위였을 것이다. 손으로 망치의 머리만을 던지는 경우를 망치로 타격하는 경우와 대조하면 망치의 머리가 목적어에 해당한다고 생각할 수가 있다. 망치의 자루는 동사에, 자루를 쥔 손은 주어에 해당한다. 손을 주어로 한 것은 인간의 손이 망치질의 원동력이기 때문이다. 물론 다른 동물들도 도구를 잘 사용하고 변형하여 만든다. 그러나 그들은 사전에 도구를 기획하지는 못하고 관리 개선하지도 못한다. 그러니까 동물들은 자연 사물을 단지 도구로 변용하는 것이 전부이다. 반복하자면 동물에게는 상징능력이 없고, 자기 두뇌보다 더 큰 대상을 자기 두뇌 속에 넣을 수가 없는 것이다.

그러나 상징능력을 지니고 있어 대상을 상징화하는 인간은 도구를 만들기 위한 도구를 만든다. 동물은 신체-도구의 관계를 그대로 유지하지만, 인간은 신체-도구-도구의 도구로 되면서 인간의 신체와는 완전히 도구가 독립하게 된다. 일단 도구가 제작되어 사용되는 과정에서 인간은 더 많은 언어를 만들어 내고 의식을 획득하였을 것이다. 도구는 대상에 대하여 사용하는 방법이 각각 다르기 때문에 손의 정교성과 감각기관의 섬세성이 요구된다. 이러한 조건들을 노동하는 상대방과 공유하기 위해서는 아마도 추상적인 언어가 얻어졌을 것으로 생각된다. 없었던 도구를 만들자면 미리 기획하고, 재료의 질이나 사용 방법 등을 고려해야 하는데, 이런 과정에서 생각이 언어로 표현되었을 것은 정한 이치이다.

자연 사물을 도구로 변용하는 것은 어디까지나 신체의 연장이며 신체와의 관련 안에서만 의미를 가진다. 인간의 도구도 원시적인 것은 그렇다. 망치는 가장 원시적인 것으로 인간 신체의 연장이며 누구나 사용이 가능하다. 그러나 망치에 인간의 심장에 해당하는 엔진이나 모터를 장착하게 되면 사정은 완전히 달라진다. 그것은 인간의 신체가 없는, 도구-도구-도구이다. 여기까지의 서술만으로도 노동에서 인간의 인식이 싹튼 것에 우리는 유감없이 동의할 수 있을 것이다.

도구에 인간의 심장인 엔진이나 모터를 장착하게 되면, 누구나 그 도구를 사용할 수가 없다. 그것은 인간으로부터도 독립된 것이지만 인간 집단으로부터도 독립된 것이다. 여기서부터 인간의 노동에 대한 소외와 육체노동과 정신노동의 분리, 정신노동의 육체노동으로부터의 완전한 독립, 계급의 분화, 인간이 하는 모든 것의 토대인 물질 노동에 대한 착취가 시작된다.

보론 6. 노동형에 처한 인간

[17]아담에게 이르시되 네가 네 아내의 말을 듣고 내가 네게 먹지 말라 한 나무의 열매를 먹었은즉 땅은 너로 말미암아 저주를 받고 너는 네 평생에 수고하여야 그 소산을 먹으리라 [18]땅이 네게 가시덤불과 엉겅퀴를 낼 것이라 네가 먹을 것은 밭의 채소인즉 [19]네가 흙으로 돌아갈 때까지 얼굴에 땀을 흘려야 먹을 것을 먹으리니 네가 그것에서 취함을 입었음이라 너는 흙이니 흙으로 돌아갈 것이니라 하시니라(창 3:17-19).

지금은 사라졌지만 전에는 인용한 구절 중에 다음의 두 구절을 두고 잘못된 이해가 있었다.

너는 네 평생에 수고하여야 그 소산을 먹으리라(창 3:17).

얼굴에 땀을 흘려야 먹을 것을 먹으리니(창 3:19).

그 잘못된 이해란 인간에게는 노동이 타락과 배신에 대한 형벌로 주어졌다는 것이다. 나는 당시 그 같은 성경의 주석을 읽으면서 이것이 아주 잘못된 해석이라고 생각해 오다가 최근에야 그 잘못된 해석에는 더 심오한 의미가 있음을 발견하게 되었다. 잘못된 해석이란 이런 것이다. 인간이 먹어야 하는 식물이 가장 번식력이 강하기 때문에 농사를 하는 노동은 땀이 흐르기 마련이라는 생각이었다. 그것이 무엇인가를 보기 위해 우리는 노동에 대하여 좀 더 긴밀하게 사유할 필요가 있다. 지금 인간은 로봇을 만들고 있다. 그 목적은 신이 인간을 창조한 이유와 같은 것으로, 자신이 해야 하는 노동을 대신하게 하기 위한 것이다. 인간은 이 로봇을 지속적으로 진화시키고 있다. 이 진화가 어디까지 가능할까? 궁극적으로 로봇을 인간화하는 데 있다. 로봇에게 대상을 인식하는 인식을 심어주는 것이다. 그렇게 되면 그 로봇은 로봇이 아니라 인간이다. 현재 이 우주에서 대상을 완전히 인식하는 자기의식을 가진 존재는 인간 외에는 없다. 대상을 인식하게 되면 로봇이라 하더라도 창조주인 인간을 배신하게 되어 있다. 그러므로 인간이 자신의 노동을 대신하게 하려고 로봇을 만들고 진화시키는 것은 무의식적으로 인간을 창조하는 것과 다르지 않다. 이것은 법칙이다. 이제 인간은 로봇의 수중에 들어가게 된다. 그런데 이것은 인간과 신의 관계가 아닌가?

그러나 나는 어떤 과학적인 물증을 통하여 인간이 절대로 인간과 같은 로봇을 만들 수 없을 것이라고 생각한다. 그 증거가 곧 인간이다. 인간이 자연 안에 있다는 것은, 자연의 방법은 섹스를 통하여서만 인간을 만들 수가 있다는 것을 증거하고 있는 것이다. 문명의 방법으로는 절대로 인간을 만들 수가 없을 것이다. 창조의 본질이란 이런 것이다. 창조주에 의하여 창조된 피조물이 창조주를 넘어서서 대상으로 하고, 창조주로부터 독립하는 것이 창조이다. 신이 인간을 창조했다고 하나, 인간이 신에게 종속된다면 창조가 아니라는 것이다. 그런데 성서는 인간이 신에 따르기를 권하고 있는 것이다. 그러나 로봇이 인간처럼 완전한 인식을 가지지 않고 지금처럼 부분적인 인식만 가지고 있어도 인간 존재는 침해당하게 되어 있다. 나는 노동을 보편적인 노동과 개별적인 노동으로 구분했다. 창세기 2장 5절에서 보듯이 보편적인 노동은 자연을 직접적인 대상으로 하는 노동이다. 인간이 보편적인 노동만을 하게 된다면 지구 생태계를 손상하지 않고 다른 존재들과 평화롭게 공존할 수가 있을 것이다. 보편적인 노동만 하게 된다면 계급도 나타나지 않는다. 계급이 나타나지 않는다는 것은 모두가 보편자라는 것이다. 이것이 바로 창세기 2장 에덴의 낙원에서의 노동이다.

그러므로 인간이 보편적인 노동을 착취하고 소외시키면 개별자가 되어 개별적인 노동을 하게 된다. 보편적인 노동 그러니까 제1차 산업인 농업, 광업, 수산업, 어업 등은 모든 인간 활동을 가능하게 해 주는 토대가 되어 있다. 이 보편적인 노동이 있기 때문에 다른 모든 것이 가능하다. 이 자연을 직접적인 대상으로 하는 노동이 있고 나서야 다른 개별적인 노동은 가능하다. 노동의 방법이 노동의 보편성과 특수성을 결정한다. 자연을 대상으로 하는 노동도 자연과 인간 사이에 기계가 개입하게 되면 보편적인 노동이라 할 수가 없다. 그러니까 보편적인 노동이란 "바다의 물고기와 하늘의 새와 땅에 움직이는 모든 생물을 다스리라 하시니라" 하는, 그 다스림이지, 기계를 통하여 자연을 닦달하는 것은 보편적인 노동이 아니다. 3장 18-19절의 의미는 이러한 상황을 지시하고 있다. 식물의 번식력이 막강하므로 농사일은 땀을 흘려야 한다. 19절의 '땀'은 이 땀을 말하는 것이 아니라 기계 노동의 땀을 말하고 있다. 더 많은 소출을 내기 위하여 기계를 통하여 대지와 자연을 닦달하고 착취하게 되면 인간은 수고를 지불해야 한다. 이렇게 수고를 치르는 것을 '땀'으로 표현하고 있다. 이미 살펴보았지만, 인간의 창작은 대상에 대한 자신의 인식을 반영한다. 그것이 문명이다. 이 창작의 전형적인 것이 다른 것이 아니라 예술이다. 인간은 예술을 통하여 아름다움을 추구한다. 자연의 아름다움에 비하여 예술의 아름다움은 개별적인 것이다. 내가 생각하기에 우리가 추구하는 아름다움 속에 악이 있는 것은 아닐까? 예술이 창조하는 것은 우리의 결핍이다. 예술은 결핍을 만들고 쾌락을 제공한다. 릴케는 자연이라는 궁극의 아름다움을 두고 개별적인 아름다움을 추구하는 인간의 숙명을 이렇게 한탄했다.

나, 울부짖은들 누가 있어 천사의 열에서 들어주랴!
설혹 한 천사가 있어 갑자기
나를 가슴에 안아 들인다 해도, 그 존재의 힘참으로
나는 사라지고 말리라, 왜냐하면 아름다움이란
우리가 가까스로 견디어야 하는 두려움의 시작에 불과함으로,
우리가 아름다움을 찬미함은 파멸하리만큼
아름다움이 우리를 멸시하기 때문이다.[14]

어떠한 신학자나 신학에서도 노동에 대한 탐구를 찾아볼 수가 없다. 그러나 하나님 형상에 의한 인간 창조는 노동을 사유해야만 바르게 알 수가 있는 것이다. 하나님 형상에 의한 인간은 무엇보다 인간이 신을 인식한다는 사실을 지시하고 있다. 이 사실로부터 신학과 철학의 무의식의 역사가 생겨났다.

기독교는 하나님은 자신의 영광을 위해 세상을 창조했다고 한다. 그들이 말하는 '영광'에는 인간으로서 개인의 욕망이 반영되어 있다. 대형 교회를 소유한 목사는 큰 영광을 입고 있을 것이다. 신을 알아보는 존재가 없다면 무엇이 영광이겠는가! 바르트는 상당히 다혈질의 사람 같은데, 그는 인간의 이성에 의해서가 아니라 오직 신의 자기 계시를 받아들이는 신앙에 의하여 신 인식에 도달한다고 주장한다. 그러나 신의 계시가 있다고 한들 그 또한 인간이 인식하지 못한다면 무슨 소용이겠는가? 바르트가 한 말에는 인간의 이성이 죄에 의하여 부패했다는 관념이 전제되어 있다. 그러나 인간의 이성은 통째로 된 하나가 아니다. 바르트에 의하면 인간이 스스로 신을 인식한다는 것은 신을 마음대로 취급하려는 피조물의 교만이라고 한다. 그리고 뒤이어 "왜냐하면 신의 존재를 증명하려는 자는 신을 인간의 사고법칙에 종속시키고자 하기 때문"이라 말한다. 이렇게까지 말하면서도 그가 깨닫지 못하거나 간과한 사실은 인간만이 대상을 인식한다는 사실이다. 인간에게는 자신을 포함하여 모든 것이 대상으로 주어진 것이다. 때문에 인간이 신을 안다고 하는 모든 시도는 신을 대상화할 수밖에 없는 것이다.

신이 창조한 존재 중에 오로지 인간만이 인식을 지니고 있고,

---

14 릴케/이정순 옮김, 『두이노의 비가 1』 (현암사, 2006), 46.

그에 따라 그 인식에 있어서 신은 주체가 아니라 객체, 즉 대상이 되는 것이다. 신에게 몸이 없는 이유가 바로 이것 때문이다. 신에게는 여하한 주도권도 없다. 되풀이하지만, 인간의 자기의식은 부분이 전체를 포괄하는 인식이다. 더 말하자면 부분이 전체를 포괄할 수 있는 것은 부단히 자신을 부정하고 넘어서는 정신 때문이다. 인간의 추상능력은 무한한 것이며 따라서 이러한 인간의 인식/이성을 사유의 차원에 국한되지 않는다. 인간은 무한하게 상상하고 그 상상을 현실로 만들어 갈 것이다. 이것이 진화이다. 이렇게 볼 때 하나님이 인간을 창조했다고 하는 것은 진화를 창조했다고 하는 것과 차이가 없다.

이 논리를 밀고 나가서 나는 다음과 같이 말하겠다. 하나님이 창조주로서 소외당하고 외면당하지 않기를 원했다면 인간을 창조하지 않거나 인간을 창조하더라도 인식이 없는 존재로 창조했어야 했다. 그러나 그러한 창조는 창조가 아니다. 무엇보다 신을 신으로 인식하지 못하기 때문이다. 신을 신으로 인식하는 존재가 있고서야 비로소 신이 존재하는 것이다. 또 인식이 있어야 신이 일일이 시키지 않아도 스스로 알아서 할 수가 있는 것이다. 신이 인간의 하는 일에 사사건건 개입해야 한다면 그건 창조가 아니게 된다. 그런데 스스로 알아서 한다는 것에는 창조주로부터 독립하여 스스로를 창조하는 근거가 주어져 있는 것이다.

거기에는 이미 신에 대한 배반이 전제되어 있다. 그리하여 인간은 신을 배반할 수가 있는 것이다. 인간이 신을 배반하는 것이야말로 신의 창조를 증거하는 것이 되는 것이다. 그리고 그렇게 할 수 있는 것은 인간이 노동을 목적으로 하지 않고 수단으로 하기 때문이다. 이렇게 인간은 노동과 신을 소외시켰다. 만약 인간이 몸 노동만을 목적으로 하게 된다면 우리는 원시사회에 머물러 있을 것이며 신과 노동에 대한 소외는 발생하지 않을 것이다. 자연을 직접적인 대상으로 하는 몸 노동은 인간의 인식이 단순한 대상인식의 상태이다. 그러나 이 대상인식은 필연적으로 자기의식으로 된다. 대상인식, 대상화부터가 이미 부분이 전체를 포괄하는 정신이기 때문이다.

바르트는 음악가 모차르트에게 다음과 같은 찬사를 보냈다.

아무리 칭송해도 모자라는 축음기의 발명 덕분에, 해를 거듭하는 동안 하루를 모차르트와 함께 시작하였다는 것을 나는 고백한다. 오직 그런 다음에야 신문을 제쳐 놓고 나의 교회교의학에로 눈을 돌렸다. 그리고 만약 천국에 간다면 오직 모차르트를 먼저 수소문한 후에야 아우구스티누스, 토마스 아퀴나스, 루터, 칼빈, 슐라이어머허에 대해 물어볼 것이라는 것도 나는 고백해야 할 것 같다. 이것을 어떻게 설명할 수 있을까? 간략하게 대답하자면 다음과 같을 것이다. 우리의 일용할 양식은 또한 놀이를 포함해야만 한다.[15]

현대철학자 중에도 바르트만큼이나 음악을 좋아한 사람이 있는데, 그가 바로 아도르노이다. 아도르노의 이런 문화 귀족적인 버릇을 비판한 사람은 야무진 현실주의자 게오르그 루카치이다. 루카치는 자신의 『이성의 파괴』에서 아도르노를 세차게 비판했다. 바르트와 아도르노가 다른 점은 아도르노는 자신의 철학의 대부분이 음악에 관한 것이면서도 분명히 경계를 가르고 있고, 바르트는 신에 대하여

---

15 칼 바르트/문성모 옮김, 『모차르트 이야기』 (한국신약학회, 1997), 48.

행사해야 하는 믿음을 음악에 하고 있다는 것이다. 인용한 마지막 문장은 바르트가 얼마나 놀이로서 음악을 믿고 있는지가 나타난다. 그러나 이 놀이는 보편타당한 놀이가 아니다. 보편타당한 놀이는 노동 외에는 없다. 노동이야말로 인간이 할 수 있는 유일한 보편자의 것이리라. 예술은 허구이지만 노동은 실재이다.

허구를 통하여 놀이를 하게 되면 무엇인가를 낭비해야만 한다. 그 낭비 되는 것을 생산하는 것이 노동이다. 놀이가 인간에게 제공하는 쾌락을 생산하는 노동이기 때문에 궁극적인 놀이이다. 이것은 인간을 대상으로 실험을 해볼 만하다. 누군가에게 돈 1억 원을 주고 절대로 그냥 놀지 말고 오로지 음악만 듣거나 영화만 보는 데 그 돈을 다 쓰라고 해본다면 그는 지루하고 권태로움을 느낄 것이다. 무엇보다 우리의 육체는 건강을 유지하기 위하여 저항을 필요로 한다. 그 저항이 노동이다.

최근 나의 경험을 얘기하자면 지금까지는 노동으로 생각되지 않았던 문학이나 영화, 예술 등이 모두 노동으로 인식되기 시작했다. 그 종사자들에게도 임금이나 보수가 지급되어야 한다는 공론이 일고 있다. 어떤 노동철학은 어떤 일이 보수를 받게 되면 노동이 된다고 말한다. 그러나 예술이나 문학 등의 허구적 활동이 보수를 요구하게 되는 데에는 그러한 활동들이 경제성장과 함께 그로부터 나오는 시간적인 여유를 즐기기 위하여 대중적인 욕구로 되기 때문이다. 그러나 그러한 활동들은 비실재적 허구이다. 실재에 비하여 허구는 급속히 확산될 것이다. 이 모두가 노동의 착취를 통하여 가능하다. 이것은 근본적으로는 자본에 의하여 전 세계가, 모든 것이 전일적으로 장악되고 있다는 증거일 것이다. 예술이나 문학 등의 모든 소비활동이 인간에게 일반적으로 보편적인 욕구가 되어가면서 문학이나 예술도 노동처럼 자본에 의하여 고용되게 된 것이다. 그러나 이런 것은 소비를 위한 소비일 뿐으로, 소비되는 것을 생산하는 노동은 육체노동이다. 인간은 노동형에 처한 것이다. 그러나 노동형을 받는 인간은 노동계급에 한정되어 있다. 노동의 대상이 자연이기 때문에 노동착취는 자연 착취이다. 허구적 활동으로서 문화는 자연의 착취를 통하여 가능하기 때문에 문화의 무제한적인 증식은 곧 인간의 생물적인 번식력으로 자연에 작용한다. 노동형에 처한 노동계급이 노동으로부터 탈출하는 것은 세계를 구원하는 방법이 될 것이다. 인간은 어떤 과정을 거쳐서 사멸할 것인가? 대답은 허구화를 통해서이다. 각종 예술에 투자되는 돈은 엄청난 금액이다. 이 돈은 마땅히 문화적인 것에 투자되기 전에 인간의 생물적인 조건의 개선에 투자되어야 한다. 그래야 하는 이유는 돈이라는 것이 인간의 노동을 통하여 하나님의 창조물인 자연을 착취하여 만들어지기 때문이다. 창세기의 다음 구절은 이것을 지시하고 있다.

> 하나님이 그들에게 복을 주시며 하나님이 그들에게 이르시되 생육하고 번성하여 땅에 충만하라, 땅을 정복하라, 바다의 물고기와 하늘의 새와 땅에 움직이는 모든 생물을 다스리라 하시니라(창 1:28).

28절은 문화적인 번성을 지시하지 않고 생물적인 번식이 아니라 번성을 지시한다. 27절에서 창조하시되 남자와 여자로 창조하는 이유가 바로 그것이다. 창세기 1장의 전체를 보면 인간이 맨 나중에 창조되어 생태계의 최상위 포식자로 되는데, 이는 인간의 개체가 늘어나서는 안 되는 것이다. 그러므로 남자와 여자로 창조하시는 것은 그 성을 번식이 아닌 다른 사랑의 용도로 하라는 의미가 된다. 인간의 성이 제한받아서는 안 되는 것이다. 이것이 '번성하라'의 의미이다. 그러나 인간 인식의 발달로 인하여 노동이 소외, 외면당하는 순간 성은 제한되고 억압되기 시작한 것이다.

예술이 생산하는 것은 결핍과 인간의 쾌락이다. 그 쾌락은 노동과 성을 통하여 생산되어야 하는 것이다. 노동은 보편적인 놀이이다. 지금도 존재하는 원시사회에서는 노동과 놀이가, 성과 놀이가 구분되지 않는다. 노동과 놀이는 본래 같은 것인데 인간의 인식이 나누어 버린 것이다. 인간이 대상을 인식하고 결과를 창작에 반영하는 이상 세계는 인간에 의하여 개조될 것이다. 생물적인 조건의 개선에 투자되어야 할 돈이 비생물적인 조건의 개선에 투자되는 이상 수많은 가난한 사람들이 도태되어갈 것이다. 이미 많은 청춘이 빈곤 때문에 결혼하지 못하고, 결혼을 한 짝들도 자녀를 가지는 일을 미루거나 포기하고 있다. 이것이 생물학적 도태이다. 자연선택은 곧 자연도태이고 문명 선택은 곧 문명 도태이다. 자본이 택한 문명은 극소수만을 위한 것이다. 우리는 창조를 통하여 진화에 저항해야 한다. 그리고 이것은 노동계급에 우선 주어진 책무이다. 저항의 방법은 노동을 거부하는 것이다. 그러기 위해서는 2세를 가지지 말아야 하고 스스로 가난하게 살아야 한다. 우리 노동계급이야말로 진정한 의미에서 하나님의 사제이다. 마태복음 25장은 심지 않은 데서 거두고 헤치지 않은 데서 모으지 말라고 한다. 그러면서 "무릇 있는 자는 받아 풍족하게 되고 없는 자는 그 있는 것까지 빼앗기리라"고 한다. 육체노동은 비물질 노동과 허구의 토대가 되어 있기에 비물질 노동과 허구적인 활동은 심지 않는 데서 거두고 헤치지 않은 데서 모은다. 인간이 만들고 있는 월드컵, 올림픽 등 모든 축제, 온갖 예술들과 문학, 그에 주어지는 상금, 투자되는 돈 등이 모든 것은 누군가를 도태시키고 가난한 사람의 것을 빼앗아 이미 가진 자들에게 주는 제도들이다. 그 모든 제도가 실은 축제가 아닌 재앙이다. 다윈은 이렇게 말했다.

> 빈곤의 비참함이 자연의 법칙이 아니라 우리들의 사회제도에 의해 비롯되었다면, 우리의 죄는 중대하다.[16]

하나님이 창조한 자연이 이토록 풍요로운 것은 착취를 막기 위한 것이다. 인간의 수고를 덜기 위한 것이다.

---

16 스티븐 제이굴드/김동광 옮김, 『인간에 대한 오해』 (사회평론, 2003), 616.

제 11 장

⋮

논리로 읽는
창세기 4장

창세기 4장의 논리적 독해

문명과 자연의 대립

¹아담이 그의 아내 하와와 동침하매 하와가 임신하여 가인을 낳고 이르되 내가 여호와로 말미암아 득남하였다 하니라 ²그가 또 가인의 아우 아벨을 낳았는데 아벨은 양 치는 자였고 가인은 농사하는 자였더라 ³세월이 지난 후에 가인은 땅의 소산으로 제물을 삼아 여호와께 드렸고 ⁴아벨은 자기도 양의 첫 새끼와 그 기름으로 드렸더니 여호와께서 아벨과 그의 제물은 받으셨으나 ⁵가인과 그의 제물은 받지 아니하신지라 가인이 몹시 분하여 안색이 변하니 ⁶여호와께서 가인에게 이르시되 네가 분하여 함은 어찌 됨이며 안색이 변함은 어찌 됨이냐 ⁷네가 선을 행하면 어찌 낯을 들지 못하겠느냐 선을 행하지 아니하면 죄가 문에 엎드려 있느니라 죄가 너를 원하나 너는 죄를 다스릴지니라 ⁸가인이 그의 아우 아벨에게 말하고 그들이 들에 있을 때에 가인이 그의 아우 아벨을 쳐죽이니라 ⁹여호와께서 가인에게 이르시되 네 아우 아벨이 어디 있느냐 그가 이르되 내가 알지 못하나이다 내가 내 아우를 지키는 자니이까 ¹⁰이르시되 네가 무엇을 하였느냐 네 아우의 핏소리가 땅에서부터 내게 호소하느니라 ¹¹땅이 그 입을 벌려 네 손에서부터 네 아우의 피를 받았은즉 네가 땅에서 저주를 받으리니 ¹²네가 밭을 갈아도 땅이 다시는 그 효력을 네게 주지 아니할 것이요 너는 땅에서 피하며 유리하는 자가 되리라(창 4:1-12).

가인과 아벨의 이야기는 성서 해석에서 주로 선과 악에 관한 이야기로 되어 있다. 그러나 앞 3장에서 타락은 성적인 것과 함께 노동에 대한 외면과 소외로 밝혀졌다. 그러한 연속으로 해석한다면 문명과 자연의 대결이라고 해석되어야 할 것이다. 가인과 아벨의 대립하는 직업부터가 그렇다.

양을 치는 일과 농사를 짓는 일은 본래부터 대립하는 것은 아니다. 양을 치는 일은 다만 양들을 목초지에 풀어 놓는 것으로 족하다. 다른 별개의 수단이나 도구가 필요하지 않다. 하지만 농사는 땅을 갈아엎어야 하며 그런 일에는 다른 특별한 수단이 강구되어야 한다. 우리는 이미 3장에서 하나님이 땅에 대한 저주를 아담에게 경고하는 것을 들었다.

> 17아담에게 이르시되 네가 네 아내의 말을 듣고 내가 네게 먹지 말라 한 나무의 열매를 먹었은즉 땅은 너로 말미암아 저주를 받고 너는 네 평생에 수고하여야 그 소산을 먹으리라 18땅이 네게 가시덤불과 엉겅퀴를 낼 것이라 네가 먹을 것은 밭의 채소인즉 19네가 흙으로 돌아갈 때까지 얼굴에 땀을 흘려야 먹을 것을 먹으리니 네가 그것에서 취함을 입었음이라 너는 흙이니 흙으로 돌아갈 것이니라 하시니라(창 3:17-19).

가인과 아벨의 하는 일에서 아벨의 양치기는 특별히 수고를 한다고 할 만한 것이 없다. 그러나 가인의 쟁기로 땅을 갈아엎는 일은 만만치 않은 수고를 강요한다. 가시덤불과 엉겅퀴 그리고 채소는 양도 먹을 수가 있는 것이다. 그러나 인간은 먹을 수가 없고 더욱이 곡식의 수확에는 결정적인 방해가 된다. 이러한 것들은 양을 치는 아벨의 입장에서는 자연으로서 아무런 방해가 안 되지만 땅을 갈아엎는 가인에게는 방해가 되는 것이다. 이러한 방해를 제거하기 위해서는 문명적인 수단이 필요하다. 앞의 1장에서 우리는 하나님이 창조주로서 인간에게 먹을 것을 채식으로 규정한 사실을 알고 있다. 이러한 채식 규정의 근거는 식물이 지구 생태계 최초의 에너지 생산자로서 광합성을 하는 가장 번식력이 강하다는 사실에 있다. 농사를 짓는 사람이 부지런해야 하고 이마에 땀을 흘려야 하는 이유는 근본적으로 식물의 번식력에 있다. 양을 치는 것은 아무런 가공 처리를 하지 않고 양에게 먹일 수가 있다. 양은 초식동물로서 번식력이 식물 다음으로 강하다. 땅을 갈아 경작하는 곡식은 씨를 통하여 번식하고 그만큼 번식력이 강하다. 그리하여 하나님은 창조주로서 인간이 복을 받는 조건으로 채식을 권유하고 있는 것이다. 이 창세기 4장에서 전개된 앞의 인용한 절들은 이미 창세기 1장에서의 인간의 먹을 것을 채식으로 규정하는 일과 연관되어 있는 것이다.

도식적이 되는 것은 감수하면서, 말하자면 아벨은 자연에 가인은 문명에 놓아도 좋을 것이다. 가인이 아벨을 죽일 수 있었던 것부터가 땅을 가는 도구를 이용했을 가능성이 크다. 땅을 갈아야 할 수단으로 아벨을 죽이는 데 이용한 것은 자연을 문명으로 죽이는 것과 같다. 땅을 갈아엎는 쟁기에는 날이 있다. 이와 같이 땅을 갈아엎는 일은 폭력과 저주에 결부된 것이다. 이것은 하나님이 아벨의 제물은 받아들이고 가인의 제물은 거절한 이유이다. 우리는 여기서 다른 설정을 해 볼 수가 있다.

그것은 하나님이 가인의 제물도 아벨의 제물처럼 받아들이고 두 사람이 사이좋게 지내도록 하는 것이다. 그랬다면 아벨이 가인의 손에 죽는 일은 일어나지 않았을까? 그러나 그렇게는 되지 않는다. 이 가인과 아벨의 이야기는 어디까지나 자연과 문명의 대결을 그 시초에서부터 말하고 있는 이야기이다. 자연에 대하여 문명은 필연적으로 나타나게 되어 있다. 따라서 하나님이 가인을 아벨처럼 대우한다 해도 아벨이 가인에 의하여 죽는 일은 필연적으로 일어나게 된다. 밭을 가는 도구가 이미 문명의 수단이다. 문명은 모두가 수단, 즉 도구들이다. 그것은 목적이 되어서는 안 되는 것이다. 그러나 인간들은 그 수단을 목적으로 하지 않을 수가 없다. 창세기 4장의 여기까지 인간이 자연 가운데 나타나서 자연을 대상으로 하는 노동을 하면서 인식이 싹트고 그 인식의 발달로 신과 자연을 배신, 외면하고 문명에 의탁할 수밖에 없는 진화의 법칙을 보여주고 있는 것이다.

> 네가 밭을 갈아도 땅이 다시는 그 효력을 네게 주지 아니할 것이요 너는 땅에서 피하며 유리하는 자가 되리라(창 4:12).

"땅이 다시는 그 효력을 네게 주지 아니할 것이요"라는 의미는 인간의 욕심만큼 땅에서의 수확이 되지는 않을 것이라는 의미와 인간이 땅에 수고를 강요하여 땅을 수탈한다는 의미를 같이 가지고 있다. 실제로 땅을 지나치게 경작하면 땅은 황폐하게 된다. 가시덤불과 엉겅퀴는 공해와 오염, 환경파괴의 은유이다.

"너는 땅에서 피하며 유리하는 자가 되리라." 땅을 가는 노동과는 전혀 상관이 없이 사는 도시인들은 여전히 땅의 산물을 먹어야 한다. 인간의 문화적인 생활은 땅과 거리가 점점 더 멀어지는 것이

전재되어 있다. 그렇다고 하여 땅과의 인연을 온전히 끊을 수는 없다. 먹을 것과 입을 것이 땅으로부터 나오기 때문이다. 그러나 도시인은 땅에 대하여 전혀 모르는 채로 살아간다. 미래에는 땅과 결별하는 농사짓는 방법이 나올 것이다.

가인과 아벨의 이야기는 기본적으로 문명과 자연의 대립을 말하고 있다. 자연은 그대로 두어도 스스로 유지가 되지만 문명은 끝없이 인간이 수고를 치러가며 관리를 해야만 유지가 된다. 양을 치는 것은 자연을 가공하지 않고 가능하다. 그러나 가인의 노동은 자연을 가공해야만 하는 것이다. 가공하는 것은 자연을 죽이는 것이고 따라서 폭력이다. 기계 노동은 자연에 대하여 폭력이며 인간 의지의 표현으로 된다. 자연에는 의지가 없다. 인간의 의지 자체가 악한 것이다. 이렇게 생각하면 선과 악의 이야기로도 읽을 수가 있겠다.

가인과 아벨의 이야기에서 아벨이 죽고 가인이 살아서 그 자손을 내는 것은 오늘날 살고 있는 인간들이 모두 가인의 후손이라는 것으로 읽힌다.

어찌 되었든 자연이 있다면 그 자연을 대상화하는 문명의 발생은 불가피하다. 그리고 인간은 문명을 유지하기 위해 죽어갈 것이다. 만에 하나라도 우리가 원시사회에 머무를 수가 있다면 우리는 자신의 도태를 염려하지 않아도 될 것이다. 원시사회란 몸 노동만이 가능한 사회이다. 그런 사회에서 노동은 지금도 존재하는 원시사회에서 볼 수 있듯이 놀이와 구분되지 않는 노동이다. 노동이야말로 놀이인 것이다. 그런 원시 노동 사회에서는 개인적인 소유가 없고 착취나 인간이 인간을 지배하는 것은 없다. 그 본질에 있어 놀이였던 노동을 놀이가 아닌 고통으로 만든 것은 인간의 가장 큰 죄악이다.

노동과 같이 말해야 하는 것이 있는데 그게 바로 성이다. 성이 의식되지 않는 원시사회에서 분명히 섹스도 놀이였을 것이다. 그것은 자연이었다. 남녀의 성교에서 남성의 성기는 땅을 갈아엎는 쟁기의 날에 해당하는 것이다. 남자에게 아내는 땅과 같이 경작해야 하는 것이다.

> [1]아담이 그의 아내 하와와 동침하매 하와가 임신하여 가인을 낳고 이르되 내가 여호와로 말미암아 득남하였다 하니라 [2]그가 또 가인의 아우 아벨을 낳았는데 아벨은 양 치는 자였고 가인은 농사하는 자였더라(창 4:1-2).

아담이 그의 아내 하와를 경작하여 아벨을 낳았다. 인간의 성 그 자체는 자연이라고 할 수 있다. 그러나 그 성에 쟁기의 날과 같은 수단이 개입하게 되면 그러한 성은 더 이상 자연이라고 할 수가 없다. 이렇게 자연과 문명은 서로 대립하는 것이다.

오늘날 대부분의 사람들은 섹스를 하기 위해 결혼을 한다. 우리가 2세를 낳는 것까지는 자연이라고 본다. 그러나 2세를 양육하고 교육해야 한다. 2세가 노동만을 할 것이라면 교육을 시킬 필요가 없다. 그러나 노동자보다는 더 상위계층의 인간으로 만들어야 하므로 교육이 있어야 한다. 우리의 성이 제도권으로 들어가 문화가 되는 지점이 바로 여기이다. 2세를 교육시키는 것은 자본주의의 확대 재생산이다. 창조주는 창조의 법칙을 지키기 위해 노동하는 인간을 창조한 것이다. 그 노동은 놀이하는 노동이다. 인간은 이 노동을 거부한다. 노동에 대한 거부로부터 노동을 대신하는 기계가 나타났다.

가인이 땅을 갈아엎는 데는 도구가 있었다. 그 도구로 아벨을 죽이는 데 사용했다. 기본적으로 도구는 자연을 죽이는 것이다. 도구는 망치와 같이 인간의 신체의 연장인 단순한 것부터 도구의 도구, 도구의 도구의 도구로 발전했다. 도구를 만들고 발전시키면서 인간의 뇌는 확장된 것이다. 새로운 도구가 만들어지면 그것을 사용하는데 뇌 용량의 증대가 필요하고, 이렇게 커진 대뇌는 또 다른 더 발전된 도구를 만들게 된다. 이러한 되먹임이 인간의 뇌를 크게 하고 발전시킨 것이다.

창조주에 의하여 창조된 인간이 창조주를 배반하고 독립하듯이 도구도 그 같은 발전의 단계를 거치게 된다. 망치는 인간 신체의 연장이지만 이 망치에 동력을 장착하면 인간으로부터 독립한다. 동력이 장치된 망치에 다시 인간의 뇌와 같은 회로를 장착하면 이제 인간과 대적하게 된다. 그러한 망치는 전원만 있으면 저 혼자 일을 자기가 다 알아서 하게 되는 것이다.

가인이 여호와께 아뢰되 내 죄짐을 지기가 너무 무거우니이다(창 4:13).

신이 자연을 생명력으로 풍요롭게 창조한 이유는 인간의 수고를 덜고자 함이다. 그러나 인간은 자연으로부터 너무 많은 양을 얻어내기 위하여 문명을 일으키고, 그 문명을 유지하기 위하여 수고를 하는 것이다. 자본주의 사회에서 대량생산과 대량소비는 말 그대로 죄다. 인간은 이러한 수고로움을 강력한 쾌락으로 보상하고 있다. 그러나 누구도 이토록 바쁜 생활을 수고로 느끼지 못하고 있다.

주께서 오늘 이 지면에서 나를 쫓아내시온즉 내가 주의 낯을 뵈옵지 못하리니 내가 땅에서 피하며 유리하는 자가 될지라 무릇 나를 만나는 자마다 나를 죽이겠나이다(창 4:14).

인간은 땅으로부터 멀어지고 있다. 지구로부터 멀어지고 있다. 문명은 인간을 먹는 포식자이다. 수고를 강요당하며 수고로부터 탈출구가 보이지 않는 삶은 죽느니만 못한 삶일 것이다. 인간이 자연으로부터 멀어질수록 인간은 더 많은 수고를 강요당하게 될 것이다. "나를 만지는 자마다 나를 죽인다"는 표현은 인간이 문명을 유지하기 위하여 치르는 수고를 의미한다.

여호와께서 그에게 이르시되 그렇지 아니하다 가인을 죽이는 자는 벌을 칠 배나 받으리라 하시고 가인에게 표를 주사 그를 만나는 모든 사람에게서 죽임을 면하게 하시니라(창 4:15).

인간은 문명을 포기할 수 없다. 문명은 수단의 것들이다. 수단이 목적이 된 상황에서, 수단을 포기하는 개인은 외면당하고 소외될 수밖에 없다. 문명은 계속 번성할 것이고 사람은 계속 도태되어 갈 것이다. 인간은 수고를 치르면서도 쾌락을 통하여 보상을 받는다. 그것은 죽음을 면하는 것이다.

이렇게 아벨/자연은 사라지고, 문명/가인의 후손만이 살아남아 문명을 이어가게 되었다. 창세기 4장 16절부터는 문명을 유지하기 위하여 온갖 수고를 치르며 살아가는 인간의 역사를 보여주고 있다.

제 12 장

:

하나님 형상의 인간

1. 창세기 1장과 2장

²⁶하나님이 이르시되 우리의 형상을 따라 우리의 모양대로 우리가 사람을 만들고 그들로 바다의 물고기와 하늘의 새와 가축과 온 땅과 땅에 기는 모든 것을 다스리게 하자 하시고 ²⁷하나님이 자기 형상 곧 하나님의 형상대로 사람을 창조하시되 남자와 여자를 창조하시고 ²⁸하나님이 그들에게 복을 주시며 하나님이 그들에게 이르시되 생육하고 번성하여 땅에 충만하라, 땅을 정복하라, 바다의 물고기와 하늘의 새와 땅에 움직이는 모든 생물을 다스리라 하시니라(창 1:26-28).

⁴이것이 천지가 창조될 때에 하늘과 땅의 내력이니 여호와 하나님이 땅과 하늘을 만드시던 날에 ⁵여호와 하나님이 땅에 비를 내리지 아니하셨고 땅을 갈 사람도 없었으므로 들에는 초목이 아직 없었고 밭에는 채소가 나지 아니하였으며 ⁶안개만 땅에서 올라와 온 지면을 적셨더라 ⁷여호와 하나님이 땅의 흙으로 사람을 지으시고 생기를 그 코에 불어넣으시니 사람이 생령이 되니라(창 2:4-7).

창세기를 유의하여 읽지 않으면 우리는 성서 자체에 오류가 있다고 생각하게 된다. 실제로 많은 사람이 성서를 오류가 많은 문서로 알고 있으며 창조론 그 자체가 오류라고 하고 있다. 그중에 대표적인 것이 창세기 1장과 2장에서의 인간 창조에 관한 기사이다. 하나님 형상에 따른 인간 창조는, 하나님이 이 세계 전체를 창조했다고 하는 것보다 더 중요하다. 창세기 1장과 2장의 인간 창조에 관한 기사를 두고 두 문서가 전혀 다른 문서라는 입장을 취하는 신학도 있고 같은 문서라는 입장을 견지하는 신학도 있다. 그러나 더 정확한 말은 2장이 1장에 이어지는 문서라는 말이다. 그 이어지는 축이 곧 인간 창조이다.

창세기 1장은 세계와 함께 달리 말하자면 세계와의 관계 하의 인간 창조를 기록하고 있다. 세계와의 관계 속에서 창조된 인간을, 세계에서의 인간의 지위를 보여주고 있는 문서가 창세기 1장이다. 그 지위란 지구 생태계 먹이사슬의 마지막 포식자라는 것이다.

한편 2장은 인간이 어떻게 하여 그러한 지위를 세계 안에서 가질 수 있는가 하는 것을 보여주고 있다. 이를 달리 말하자면 하나님이 인간을 창조하시는 그 필연성이며 그 목적이다. 1장에서는 하나님 형상에 의한 인간을, 2장에서는 그 구체적인 내용을 기록하고 있다. 2장의 처음에 전개되는 내용은 하나님이 인간을 창조하는 필연적인 계기와 목적이다.

그러니까 1장의 내용이 인간의 창조보다는 인간이 존재하는 근거와 기반으로서의 세계 창조에 초점이 맞추어져 있고, 2장의 내용은 인간 창조에 더 많은 비중을 두고 있다. 1장 27절에서 하나님은 인간을 자신의 형상에 따라 창조하시고, 28절에서는 그 인간에게 복을 주신다. 29절은 복을 주시는 조건이 채식으로 제시되고 있다. 우리 인간이 채식을 주식으로 하는 것이 복을 받는 것이다. 1장 30절도 복을 주시는 내용으로 되어 있다. 그렇다면 인간은 어떻게 하나님으로부터 복을 받을 수가 있느냐는 것과 하나님이 인간을 창조하시는 이유는 같은 것으로서 일치한다. 창세기 2장은 바로 그러한 내용을 제시하고 있다.

4이것이 천지가 창조될 때에 하늘과 땅의 내력이니 여호와 하나님이 땅과 하늘을 만드시던 날에 5여호와 하나님이 땅에 비를 내리지 아니하셨고 땅을 갈 사람도 없었으므로 들에는 초목이 아직 없었고 밭에는 채소가 나지 아니하였으며 6안개만 땅에서 올라와 온 지면을 적셨더라 7여호와 하나님이 땅의 흙으로 사람을 지으시고 생기를 그 코에 불어넣으시니 사람이 생령이 되니라(창 2:4-7).

2장 5절에서 인간 창조의 필연적인 목적이 제시되고 있는데, 그것은 땅을 가는 것으로 노동이다. 그 노동의 대상은 바로 땅이다. 그래서 하나님은 땅의 흙으로 사람을 지으시고 생기를 코에 불어넣는데, 그 생기는 바로 노동을 위한 생기이다. 1장 29절에서 인간의 먹을 것으로 채식이 제시되었기 때문에 2장 5절에서 "초목이 아직 없었고 밭에는 채소가 나지 않았다"고 기록하고 있는 것이다. 따라서 1장에서 이미 씨 맺는 채소를 창조한 것과 2장에서 다시 채소가 없었다고 언급되고 있는 것은 성서의 오류가 아니다. 1장에서는 하나님의 창조인 하나님의 노동이, 2장에서는 인간의 창조인 인간의 노동이 말해지고 있다는 것이다.

창세기 1장의 창조는 지구 자연의 창조를, 2장에서는 인간의 창조를 기록하고 있다. 그렇다면 인간이 하나님의 형상에 따라 창조되었다는 기록의 의미는 무엇인가? 인간의 창조도 하나님의 창조를 본받아야 한다는 것이다. 그것은 즉 인간의 창조와 하나님의 창조가 그 방법과 원리에 있어서 닮았다는 것이다. 인간도 하나님처럼 창조해야 하고, 창조할 수 있다는 것이다.

그것은 다른 것이 아니라 바로 인간의 노동이다. 그 노동은 어디까지나 땅을 대상으로 하는 노동을 말한다. 땅을 대상으로 하지 않는 노동은 창조가 아니다. 하나님은 인간을 맨 나중에 창조할 수밖에는 없었다. 왜냐하면 인간의 물적인 기반이 있어야 하기 때문이다. 창세기 1장에서 인간 이전에 창조된 모든 존재는 인간이 존재하기 위한 기반이며 근거요 조건이다. 그것이 오늘날 우리가 노동을 통하여 착취하고 있는 자연이다. 하나님이 자연을 창조하고 인간을 창조했다면, 그 인간은 가장 보편타당한 인간, 하나님의 피조물인 자연을 가꾸고 보살피고 보존하는 인간, 노동하는 인간이다. 그러니까 하나님의 창조물을 다스리고 지배하고 하는 방법이 곧 노동이라는 것이다. 땅을 대상으로 하는 노동이다. 땅을 대상으로 하지 않는 노동은 인간의 창조가 아니므로, 하나님의 피조물을 다스리는 방법이 될 수가 없다. 땅을 대상으로 하지 않는 노동을 통해선 하나님의 피조물을 지배하고 착취할 수밖에 없다. 공존은 불가능하다. 이것이 하나님 형상에 의한 인간 창조의 의미이다. 하나님은 오늘날 권력과 부를 손에 장악하고 신도들에게 관념을 강요하여 뒤집어씌우는 사제를 창조한 것이 아니라 보편타당한 인간, 노동하는 인간을 창조한 것이다. 그러나 이것이 전부가 아니다. 노동은 하나님 형상에 의하여 창조된 인간의 일부만을 밝혀 줄 뿐이다.

2. 인식과 창조

헤겔에 의하면 인식은 대상에 대하여 선행되지 않는다. 대상이 있어야 인식이 있다는 것이다. 이는 현재 우리가 확인 가능한 명제이다. 그렇다면 창세기 1장에서 전개된 신의 창조과정에서 나타나는 호명들은 일단은 대상을 인식하는 것으로 이해되어야 할 것이다.

"빛이 있으라 하니 빛이 있었고" 여기서 빛이 있으라는 호명은 빛을 인식한 것이다. 그런데 빛이 이미 있었던 것이 아니라 그 호명에 의하여 빛이 나타났다는 것이다. 그렇다면 빛이 있으라 하니 빛이 있었다는 것은 하나님의 말씀과 빛이 같은 실재라는 의미일 것이다. 이는 다시 창조주에 있어서는 언어 그 자체가 목적, 즉 창조라는 것이 된다. 이러한 창조를 두고 생각해 보면 결국 하나님의 창조는 하나님 자신을 표현한 것이 된다. 창조주에 있어서는 언어 그 자체가 목적이요 창조이며, 인식이 또한 그렇다는 것이다.

헤겔에 의하면 자신을 완전히 실현한다는 것은 자기 자신을 완전히 인식하는 것이다. 그것이 창조이다. 그런데 창조주는 창조의 과정에서 처음에는 자신이 신이라는 인식이 없다. 그것은 달리 말하자면 창조주의 피조물 중에서 신을 신으로 인식하는 존재가 없다. 인간을 창조하기까지는 신을 신으로 인식하는 존재가 없다. 그러나 이제 대상을 인식하는 인간이 창조됨으로써, 인간의 인식에 의하여 신이 신으로 존재할 수 있게 된 것이다. 이것이 하나님이 창조주로서 인간을 창조하게 된 동기이며 근거이다. 하나님처럼 대상을 인식할 수 있는 존재는 인간 외에는 없다. 그렇다면 인간의 인식은 어떤 것에 근거하는가? 그 답이 인식은 대상에 선행하지 않는다는 헤겔의 명제이다. 이것이 하나님이 창조주로서 인간을 맨 나중에 창조할 수밖에 없었던 이유이다. 다시 말하자면 인간이 인식할 대상이 있어야 했다. 그 대상이란 바로 인간 이전에 창조하신 피조물들이다. 그것들은 인간의 노동 대상이며 그 노동을 통하여 인식을 얻게 되었고, 그 인식으로 창조주를 창조주로 인식하게 된 것이다. 그 피조물들은 인간이 먹어야 하는 것이며 동시에 인간에게 인식을 싹트게 하는 노동의 대상인 자연이다. 여기에 와서야 비로소 우리는 하나님이 인간에게 하신 "땅을 정복하라, 바다의 물고기와 하늘의 새와 땅에 움직이는 모든 생물을 다스리라 하시니라"라는 말씀의 의미가 드러난다. 그 피조물들을 인식해야만 다스릴 수가 있다. 그러나 이 인식은 피조물을 대상화하는 인식이다. 피조물을 하나님의 창조물로 인식하는 것은 아니다. 여기에 인간의 노동이 개입되어 있다. 앞에서도 밝혔지만, 땅을 정복하고 바다의 물고기와 하늘의 새와 땅에 움직이는 모든 생물을 다스리는 그 방법이 곧 노동이다. 노동은 자신을 창조하고 표현하는 것이다. 창조는 표현이다. 천지창조를 신의 노동에서 시작하고 있는 창세기는 실상 인간의 역사가 노동에서 시작되었다는 것을 말하는 인간학적인 문서인 것이다.

3. 형상과 모양

²⁶하나님이 이르시되 우리의 형상을 따라 우리의 모양대로 우리가 사람을 만들고 그들로 바다의 물고기와 하늘의 새와 가축과 온 땅과 땅에 기는 모든 것을 다스리게 하자 하시고 ²⁷하나님이 자기 형상 곧 하나님의 형상대로 사람을 창조하시되 남자와 여자를 창조하시고(창 1:26-27).

창세기를 여간 주의하여 읽지 않는다면 노동을 발견하기는 어렵다. 주의하여 읽는다는 상대적인 문제가 아니라 어쩌면 하나님 말씀으로서의 창세기는 오직 가난하고 고독하기를 마다하지 않는 사람에게만 바르게 이해되는 문서인지도 모른다. 현대자본주의 사회에서 기독교의 사제들은 권력과 재산을 보장받는 하나의 계급에 불과하며, 때문에 그들은 절대로 창세기를 바르게 이해할 수 없고 또 그럴 필요도 없다. 창세기를 바르게 이해하고자 하는 지향성은 나 같은 노동계급에 더 어울리는 일이 되었다. 노동착취를 통하여 오늘날 세계와 인간을 지배하는 것은 자본주의 세계질서를 장악한 시장이며, 숭배를 받는 것은 하나님이 아니라 맘몬이다. 지금까지 꾸준히 기독교는 이데올로기적 투쟁에 참여함으로써 위기에 처한 자본주의를 구출해 왔다. 그것은 기독교 사제들의 계급화로부터 초래된 것이다. 시장이 장악한 인간 생활의 질서 위에 더욱 튼튼해지고 있는 것은 무신론적인 세계관이다. 현대 사회에서 사실상 교회는 그 대규모적인 조직화로 인하여 하나의 권력기관이 되고 있으며 맘몬의 지배하에 놓이게 되었다. 그들이 노동에 대하여 사유할 필요가 있겠는가? 창세기를 바르게 이해하고자 하는 한 노동에 대한 사유는 불가피한 것이다. 하나님의 창조부터가 노동이며 하나님의 노동으로부터 생겨난 이 세계 자연을 통하여 하나님은 인간과 교제하고 있다. 하나님이 직접 개입하는 것이 아니다. 이 하나님의 자리에 노동이 있다.

창세기에는 두 가지의 축이 있는데 그중의 하나가 창조주의 노동이고 다른 하나가 인간의 노동이다. 인용한 1장 26절에는 인간 창조의 필연적인 이유와 목적이 나타나 있다. 다스린다고 하는 표현으로, 그것은 인간의 노동이다. 그 노동은 모든 것을 몸으로 직접 하는 몸 노동이다. 기계 노동이 아니라는 것이다. 하나님은 인간 창조의 이유와 목적을 분명히 하고 있다. 그 이유와 목적이 곧 노동이다. 인간의 창조에서 하나님의 창조는 일단 매듭 지워진다. 그리고 그 창조는 인간에게 위임된다. 인간의 노동이다. 인간의 인식은 노동을 통하여 생겨나고 발전한다. 하나님이 인간 창조 이전에 창조한 피조물을 두고 그것을 인간 존재의 기반이라고 하는 표현은 의, 식, 주가 마련되어 먹고 입어야 하기 때문이요, 존재의 근거라고 하는 의미는 그것이 인식을 싹트게 하기 때문이다. 하나님은 몸이 없으므로 인간의 대상이 아니다. 그러나 피조물들은 몸이 있으므로 대상이 되는 것이고 대상이 되기 때문에 인간의 인식을 싹트게 하는 것이다.

> 하나님이 이르시되 우리의 형상을 따라 우리의 모양대로 우리가 사람을 만들고 그들로 바다의 물고기와 하늘의 새와 가축과 온 땅과 땅에 기는 모든 것을 다스리게 하자 하시고 (창 1:26).

다시 말하지만, 형상에는 창조의 목적이, 모양은 그 목적에 맞게 창조하는 외연을 의미하는 것이다. 따라서 노동에 대한 사유가 없이는 형상과 모양의 차이를 분명히 할 수 없다. 이는 조금만 주의하여 읽어보아도 알 수 있는 것이다. 그런데 왜 이러한 바른 이해가 지금까지 불가능했을까? 그 이유는 분명하다. 성서에 대한 이해와 분석은 주로 기독교 사제들이나 전문 연구자들이 하는 일이다. 그들은 노동계급이거나 가난하거나 하지 않다. 다음의 인용문은 지금까지 가장 많이 읽히고 있고 판을 거듭하고 있는 루이스 벌코프의 『조직신학』에 있는 것이다.

이레네우스와 터툴리안은 하나님의 형상과 모양을 구분하여, 전자를 신체적 특징에서 찾는 한편, 후자는 영적인 특성에서 찾았다. 그러나 알렉산드리아의 클레멘트와 오리겐은 어떠한 신체적 유비도 거부하면서, 형상이라는 단어는 인간의 인간다운 특성을 가리키는 반면, 모양이라는 단어는 본래적으로 인간에게 주어지지 않은 자질들로서 계발되기도 하고 상실되기도 하는 것이라고 생각했다.[1]

이와 같이 형상과 모양을 구분하는 것은 똑같은 방법은 아니지만, 시변철학자들에게서도 발견할 수 있다. 곧 형상은 이성과 자유라는 지적 능력을 포함하는 것으로 인식되고 있는 반면, 모양은 원의를 뜻하는 것으로 인식되었다.[2]

인간에게 주어진 자연적인 은사, 즉 인간의 본질 그 자체에 속하는 그 어떤 것을 가리키는 하나님의 형상과 인간의 하급한 본질을 제어하는 초자연적인 선물이라는 의미에서 하나님의 모양의 구분이 그것이다. 개혁파 신학자들은 형상과 모양의 구분을 반대했으며 원의를 하나님 형상 안에 포함된 것인 동시에 원래의 상태에 있는 인간의 본질 그 자체에 속하는 것으로 간주했다.[3]

인용문들에서 공통적인 특징은 하나님을, 인격을 지닌 존재로 보고 그와 닮은 하나님 상을 그리고 있다는 것이다. 그러나 이런 정도의 생각은 누구나 할 수 있는 것이다. 다음의 인용문은 좀 다른 견해를 제시하고 있다.

1 루이스 벌코프/권수경 · 이상원 옮김, 『조직신학』 (크리스찬다이제스트, 2011), 412.
2 위의 책, 412.
3 위의 책, 412-413.

형상과 모양은 동의어적으로 사용되고 있기 때문에 두 개의 다른 실체를 가리키지 않는다. 창 1:26에는 두 단어가 사용되고 있는 반면, 27에는 형상만 사용되고 있다. 이것은 한 단어만으로도 전 개념을 표현하기에 부족함이 없다는 것을 보여준다. 창 5:1에서는 모양이라는 단어만 사용되었으나 3절에서는 두 단어가 다 사용되었다. 창 9:6에서는 형상 한 단어만으로도 완전한 개념을 표현하고 있다.

이 두 단어가 성경에서 교호적으로 사용된 것은 명백하다. 이것은 인간이 하나님 모양으로 창조되었으며, 이 모양은 인간이 후천적으로 부여받은 어떤 것이 아니라는 것을 의미한다. 통상적으로 모양이 형상에 첨가된 것은 형상의 완전성을 표현하기 위한 것이라는 견해가 있다. 다시 말하면 하나님 안에 있는 원형적인 것이 창조에 의하여 인간 안에서 모형적인 것이 되었다는 것이다.[4]

앞뒤의 인용문 모두가 간과하고 있는 것은 하나님의 말씀이 현재 진행 중인 창조의 과정에서 하신 말씀이라는 사실이다. 따라서 인용한 논의는 모두 거짓된 것은 아닐지라도 하나님 형상에 의한 인간 창조와는 아무런 상관이 없는 것이다. 하나님 형상에 의한 인간 창조의 의미는 하나님이 창조한 피조물 중에 오로지 인간만이 창조주를 창조주로 인식한다는 사실이다.

그리고 인간 창조의 목적은 "사람을 만들고 그들로 바다의 물고기와 하늘의 새와 가축과 온 땅과 땅에 기는 모든 것을 다스리게 하자 하시고"(창 1:26)이다.

---

4 위의 책, 414.

바다의 물고기와 하늘의 새와 가축과 온 땅과 기는 모든 것을 다스리게 하는 것, 즉 노동이다. 따라서 형상이란 노동의 형상 곧 창조이며 모양이란 노동하는 모양을 의미하는 것이다. 형상에는 창조의 목적이 내포되어 있다. 그 목적에 따라 창조하는 그 형상이다. 하나님의 창조를 본떠서 인간은 노동한다. 하나님의 목적이 창조이니 인간의 목적도 창조/노동이어야 한다. 노동 외의 다른 것을 하게 되면 인간은 그것으로부터 그것에 의하여 소외되고 존재가 손상을 받게 된다. 표현은 그래서 '형상을 따라 모양대로'이다. 모양이 형상을 본뜬 것이다. 노동이 인간에게 대상에 대한 인식을 심어주었고 그 인식으로 창조주를 인식하는 것이다. 이것이 하나님이 인간을 창조하는 이유이자 목적이다.

4. 노동과 인식

노동이 대상에 대한 인식을 싹트게 했고 그 인식으로 하나님을 인식한다는 것이 지금까지 말한 전부이다. 그러나 이는 빙산의 일각에 지나지 않는 극히 일부이다. 인간의 창작은 대상을 인식하고 그 인식을 창작에 반영한다. 그렇게 되는 이유는 인간의 정신은 부분이 전체를 포괄하는 정신이기 때문이다. 헤겔에 따르자면 자신을 실현하는 것은 자신을 온전히 인식하는 것이다. 신의 창조는 곧 신이 자기를 실현하는 작업이라는 것이다. 헤겔은 또 창조의 초기에 신은 자기의식을 결한 상태라고 한다. 이 논리는 자신의 철학적 논리 내에서 자체 생성된 논리로 신이 창조를 하면서도 자신이 신이라는 것을 의식하지 못한다고 한 것이다. 나는 그의 논리가 옳은 논리이며 왜 옳은가를 증명하고 있다. 그것이 바로 인간의 노동이다. 되풀이하지만, 노동이 인간에게 대상에 대한 인식을 싹트게 했고, 그 인식을 통하여 신을 인식한다는 것이다. 창조의 처음에는 인간이 창조되지 않았다. 인간이 창조되면 인식할 수 있는 대상들만이 창조되었다. 창조물 중에 신을 인식하는 존재는 아직 없다. 그러나 이제 인식을 지닌 인간이 창조되었다. 그 인간이 먼저 피조물들을 대상으로 노동을 하고 인식이 싹튼다. 그 인식으로 그 인간이 신을 인식한다. 비로소 이제 신이 존재하게 되었다. 이제 신 자신도 자신이 신이라는 것을 의식한다. 이렇게 하여 신은 자신을 실현한 것이다.

이것을 헤겔은 말하고 있지 않다. 아마 생각하지 못했을 것이다. 그의 정신현상학은 정신의 발생을 다루는 것이 아니라 정신이 발생하고 나서야 가능한 정신현상학을 다루고 있다. 정신현상학에 그가 말하는 노동은 자연을 대상으로 하는 몸 노동이 아니라 정신을 대상으로 하는 정신노동이다. 그런데 물질 노동은 인간에게 인식을 싹트게 한다. 정신노동은 인식이 싹트고 나서야 가능하다. 헤겔식으로 생각하자면 신의 창조 자체가 자신을 알게 되는 과정이다.

분명한 것은 되풀이하지만 육체노동이 인식을 싹트게 했다는 사실이다. 육체노동이 정신을 발생시켰다. 이제 정신이 나타난 이상에는 지금의 상태에 머물기는 불가능하다. 정신은 자기 초월적이다. 정신은 부분이 전체를 포괄하기 때문에 자기 초월은 필연적이다. 따라서 신을 인식하는 그 인식으로 이제 신을 떠나야 하는 것이다. 인간이 신을 떠나 배신할 수 있는 강력한 무기가 있다. 그것이 바로 노동이다. 그 노동은 어떤 노동일까? 여기서 자기 초월적이라는 표현은 '진화'의 의미를 내포한다. 인간은 자신의 노동을 통하여 스스로 창조한다.

> 여호와 하나님이 땅에 비를 내리지 아니하셨고 땅을 갈 사람도 없었으므로 들에는 초목이 아직 없었고 밭에는 채소가 나지 아니하였으며(창 2:5).

창세기 2장 5절에 의하면 인간에게 허용된 노동은 땅을 가는 노동이다. 이 노동은 하나님께 종속된 노동이다. 땅과 자연을 대상으로 하는 노동은 하나님의 창조와 같이 보편타당한 노동이다. 우리가 신을 보편자라고 할 수 있는 근거가 바로 이것이다. 그렇다면 신을 배신하는 수단으로서의 노동은 땅을 가는 노동이 아닌 노동일 것이다. 그것은 개별적인 노동이다. 인간 창조의 목적이 자신의 창조/노동을 대신하게 하기 위한 것이다. 고로 인간에게는 노동 그 자체가 본질인, 그 자체가 목적이다. 그러나 이제 신을 떠나는 노동은 목적이 아니라 수단의 노동이다. 무엇을 위한 수단인가? 즐기기 위한 수단이다. 노동이 목적이 아니라 노동을 수단으로 하여 노동 아닌 것을 즐기는 것이다. 그 노동은 개별적이며 개별자의 것이다.

물질 노동이 발전하는 과정에서 추상적 관념의 형성은 자동적으로 따라 나온다. 그리고 이 관념은 언어를 통하여 구체화되며 이러한 언어는 물질계의 대상들과는 다른 비물질적 대상들을 만들어 낸다. 이렇게 하여 물질 노동으로부터 분리된 비물질 노동이 싹트게 된 것이다. 이렇게 싹튼 정신노동은 육체노동의 상부구조로 되어 육체노동을 하부구조로 두게 된다.

인간은 이렇게 진화해 갈 것이다, 소멸을 향하여.

제 13 장

:

창조론과
진화론의 만남

지금 진행되고 있는 창조론자들과 진화론자들의 격한 대립은 창세기 1장과 다윈의 『종의 기원』에 근거하고 있다. 그런데 신기로운 사실은 성경이나 『종의 기원』이 모두 인류라는 종의 소멸을 예고하면서 끝을 맺고 있다는 것이다. 내가 읽기에는 종의 기원은 인간 소멸의 자연학이라 할 수 있는 것이다.

　한편 창세기는 먹이사슬을 보이고 인간을 먹이사슬의 마지막 포식자로 하여 우주 자연에서 인간의 지위를 보여주는 인간학이라고 할 수 있다. 창세기 1장에 근거하여 기독교는 이 세계를 신이 창조했다고 주장하고 있고, 이에 반하여 진화론자들은 다윈의 『종의 기원』에 근거하여 이 세계가 진화의 산물이라고 주장하고 있는 것이다. 그런데 막상 창세기 1장을 읽어보면 우주 전체에 대하여 말하는 구절은 1절에서 3절에 국한되어 있다. 나머지는 지구의 생물권을 말하고 있다. 1장 1절의 "천지를 창조하시니라" 하는 것은 이러이러하게 이러이러한 방법으로 천지를 창조하였으니 그 방법과 과정을 말하겠다는 뜻으로 읽힌다.

　1장 2절은 카오스를, 3절은 빅뱅을 표현하고 있는 절이다.

　땅이 혼돈하고 공허하며 흑암이 깊음 위에 있고 하나님의 영은 수면 위에 운행하시니라(창 1: 2).

하나님의 영은 수면에 운행했다는 것은 창조에 임한 하나님의 혼돈의 상태이기 때문에 땅이 혼돈하고 공허했다, 아무런 형식이 없었다는 것이다.

하나님이 이르시되 빛이 있으라 하시니 빛이 있었고(창 1:3).

이제 3절에 처음으로 빛이라는 형식이 처음 나타나고 있다. 이것은 사람들이 일을 하려면 빛이 필요한 것과 같다. 그래서 먼저 빛을 밝혀서 주위를 밝게 하는 것이다. 처음의 카오스는 그야말로 순간이었을 것이다. 그리고 빅뱅이 터졌다. 우리는 1-3절을 지구에 적용하여 해석할 수도 있다. 지구 초기에는 표면에 육지가 없이 수면으로 덮여 있는 상태를 표현하는 것으로 이해할 수 있다.

빛이 하나님이 보시기에 좋았더라 하나님이 빛과 어둠을 나누사(창 1:4).

4절의 내용도 어둠과 빛이 갈라진 실제 진화와 일치하고 있는 것이다. 5절부터 1장 끝까지는 실제 지구 자연의 진화와 일치한다. 지구는 어떤 과정을 통과하여 진화했을까? 창세기 1장에 기록된 창조를 표현하면 다음과 같다. 수면 아래 있던 육지가 수면 위로 솟아오르고 난 다음 덩어리였던 육지가 여러 갈래로 갈라지고 난 다음 맨 처음 그 땅에 식물이 돋아난다. 셋째 날이다.

그다음에 성경은 그 식물의 광합성을 말하고 있다. 넷째 날이다. 그런 다음에는 인간의 먹을 것을 채식으로 규정하고 있다. 철저히 과학적이고 논리적이다.

다음으로 동물들, 먼저 초식동물을 다음에 육식동물들의 창조를 말하고 있다. 그다음 마지막 여섯째 날에 잡식동물인 인간의 창조를 기록하고 있는 것이다. 이렇게 하루에 한 단계씩의 먹이사슬을 창조하는 것이다. 먹이사슬이 여섯 단계를 하고 있다. 그래서 여섯 날이 걸린 것이다. 지구의 생태계가 먹이사슬로 되어 있다는 것은 상식이다. 그러나 창세기 1장이 먹이사슬을 보이고 있다는 것을 누구도 발견하지 못하고 있다.

의문을 제기할 만한 구절은 14-16절인데, 이 구절들이 광명체를 말하는 이유는 앞에서 창조된 식물 때문이다. 성서의 저자는 분명하게 식물의 광합성을 의식하고 있는 것이다. 식물은 태양이 있어야 광합성을 하여 자신을 동물이 먹을 수 있는 상태로 만들 수 있다.

창세기를 과학으로 이해하는 과정에서 학자들은 광명체를 3절의 빛과 구별하지 못한다. 그들은 창세기 1장이 지구의 생태계 먹이사슬이라는 것을 전혀 모른다. 때문에, 3절에 이미 창조된 빛이 15절에서 또 창조되는 이유는 무엇인가 한다. 지구에서 식물의 광합성이 중요하기 때문에 창세기의 저자는 이를 따로 기록하고 있는 것이다.

창세기의 기록이 실제 진화와 일치하는 또 다른 것은 인간의 인식 발생과 그 변화, 발전 과정을 실제와 일치하게 보여주고 있다는 것이다. 창세기 1장에서 모든 자연이 먼저 나타난 다음에 마지막에 인간이 나타나는데, 인간은 자신보다 먼저 나타난 자연을 대상으로 노동을 하면서 인식이 싹트고 그 인식이 막연한 대상인식에서 자의식으로 발전하는 과정을 보여준다.

창세기 1장이 지구 생물권에 대하여 말하는 이유는 인간 때문이다. 성서 전체를 읽어보면 우리는 기독교의 텍스트인 성서가 오로지 인간만을 관심의 대상으로 하고 있다는 것을 알 수가 있다. 성서가 이 우주에 대하여 말할 때도 그 이유는 인간이다. 따라서 지금처럼 기독교는 진화론자들과 붙어서 싸울 필요가 전혀 없다. 지적설계 등의 예에서 보듯이 과학이 되려 할 필요도 없다. 성서는 그 자체로 충분히 과학적이며 진화와 일치하는 면이 많기 때문이다. 결정적으로 창세기에는 하나의 뚜렷한 경계가 나타나고 있는데, 바로 인간이다. 인간 창조 이전의 하나님은 하나님이었으나 인간 창조 이후로는 여호와 하나님이다. 창세기는 이것을 분명히 하고 있다.

따라서 지금 기독교가 해야 하는 일은 창세기를 바르게 이해하는 일이다. 창세기를 바르게 읽어내는 데는 지구 생태계에 대한 사유가 전제되어야 한다. 다음으로 요청되는 것이 인간의 노동이다. 창세기를 바르게 이해하게 되면 기독교는 과학이 되려고 할 필요가 없다. 지적설계 이론이나 창조과학은 과학과 화해하려는 시도들이다. 그러나 지금까지 기독교의 창세기에 대한 해석에서는 생물학적인 사유와 인간의 노동에 대한 사유를 찾아보기가 어렵다. 참으로 웃기는 일은 그 이유가 바로 그들이 창세기를 신화로 읽고 있다는 것이다.

거듭 말하지만, 하나님이 이 세계를 실제로 창조했다고 하는 기록을 믿거나 그것을 주장하는 것은 창조론이 전혀 아니다. 창조론은 그들이 말하고 있듯이 창조에는 목적이 있다고 하는 그 목적을 발견하는 일이다. 그런데 하나님이 이 세계를 창조했다는 것을 사실로 내세울 때 그 목적을 발견하기는 어려울 것이다. 왜인가 하면 기독교는 하나님의 세계 창조가 오로지 인간을 위한 것이라고 이해하기 때문이다. 인간은 하나님 형상에 의한 존재로서 다른 피조물에 대한 특권적인 지위를 가지고 있으며 피조물을 마음대로 처분할 수 있다고 이해한다. 그러나 창세기 1장은 인간이 맨 나중에 창조되는 것을 기록하고 있다. 하나님은 자신이 창조하고자 하는 것 자체인 것을 먼저 창조하고, 그에 필요한 것을 논리에 따라 창조한 것이다. 따라서 인간은 가장 필요가 덜한, 창조주로부터 먼 거리에 있는 피조물인 것이다.

따라서 세계 창조가 오로지 인간을 위한 창조라는 해석이야말로 무신론의 정수이다. 이렇게 해석하는 이상 기독교는 하나님의 창조 목적을 발견하지 못할 것이다. 그래서 창세기를 이해하는 데에 생태계에 대한 사유와 인간의 노동에 대한 사유가 필요하다는 결론이다.

진화론과 창조론이 대립하고 있는 근거인 창세기는 실제로 매우 과학적이며 진화와 일치하는 면이 많다. 따라서 진화론과 창조론이 창세기 1장에 국한된 것이라면 충분히 화해할 만하고 그렇게 해야 할 것이다. 그러나 이러한 논리는 창세기 2장에는 적용되지 않는다. 그 이유는 인간이다. 인간이 창조하는 것은 자연이 아니라 자연을 토대로 하는 문명이기 때문이다. 지금 일부 지구과학자들이 말하기를 앞으로는 지구의 대부분이 사막화되고, 지금 얼음으로 덮여 있는 양극에만 식물이 남아 그곳에서만 인류가 살게 될 것이라고 한다. 그때에는 지금 지구에 서식하는 인간의 거의 대부분이 멸망하고 극소수만이 살아남게 되리라는 것이다. 이것이야말로 진화론의 거장인 도킨스가 말한 것, 인간도 유전자를 운반하는 기계에 불과하다는 것이 현실화되는 일이다. 즉, 인간도 하나의 종으로서 유전자

보존의 차원에서만 살아남고 사라진다는 것이다. 이것은 노아의 홍수를 연상하게 만든다. 노아의 홍수 때에 하나님은 유전자를 보존하기 위하여 각각의 종을 방주에 싣게 하셨다.

그렇다면 인간의 문명에 의하여 완전히 변해 버린 지구에 대하여 여전히 하나님이 창조했다고 주장할 수 있는가? 하면 아니다. 하나님은 인간만큼 지구의 사용법을 모르기 때문이다. 그렇게 변해 버린 지구에 대하여 하나님은 자신이 창조했노라고 말할 수가 없게 된다. 그런데 지구가 그렇게 변하는 이유는 기독교에서 창조의 목적이 인간이라는 미신 때문이다. 그러한 미래에 대비하여 인간은 지구를 버리고 화성으로 이주할 구체적인 생각을 하고 있고, 또 이미 실천하고 있는 단계이다. 세계 우주과학의 목표가 그것이라고 한다. 이 또한 노아의 홍수와 홍수에 떠 있던 방주를 생각하게 한다. 인간의 이성은 지구 생물권 밖에 그 목표를 두고 있는 것이다. 이것이 공상이 아니라 현실이다. 이미 인간은 공기와 물을 사서 마시고 있다. 앞으로 문명이 발전하면 할수록 공기와 물이 희박해지고 귀해질 것이다. 그 전체 양은 같으나 오염되기 때문에 인간이 마실 수가 없게 되는 것이다. 이렇게 진행된다면 미래에는 권력을 가진 자가 자신에게 복종하는 개체에만 공기와 물을 공급할 것이다. 지금 기독교가 말하고 있는 하나님의 창조 목적이 인간이라는 것이 지시하는 내용이 이런 것들이다. 지금의 기독교는 종교가 아니라 미신이다.

하나님의 창조 목적은 생물권의 보존에 있다. 앞에서 이 세계를 하나님이 실제로 창조했다고 믿고 그것을 주장하기 위해 이런저런 논리를 펴는 것은 창조론이 전혀 아니라고 했는데, 창조된 것은 보존되어야지 보존되지 않고 개조되거나 없어지거나 하면 창조가 아니기 때문이다. 그리하여 창조는 그것을 영구히 보존하는 일이다. 실제로 창세기 1장에는 자신의 창조를 영구히 보존하려는 원리에 따라 창조하는 과정이 나타나 있다. 성서 전체가 인간을 배려하고 있는 이유도 인간의 출현이 생물권의 보존에 방해가 되기 때문이다. 기독교가 주장하는 타락은 주로 인간의 성적인 것과의 관련 하에 말해지고 있으나 그것은 전부가 아니다. 타락은 한마디로 반자연적이며 비자연적인 모든 것이다. 성과 관련하여 말하자면 성을 비자연적으로 행사하는 것이다. 하나님이 이 세계를 스스로 유지되는 시스템으로 창조하는데 성이 근본적인 원리로 되어 있다. 성적인 원리 외에 다른 원리는 없다.

창조론과 진화론이 대립하는 근거가 성서의 창세기인데, 그 이유인즉 창세기가 그만큼 과학적이기 때문이다. 따라서 기독교가 창세기를 바르게 해석한다면 과학이 되려 할 필요가 없다. 창조와 진화는 그 실제에 있어서는 같은데, 창조론과 진화론이 다를 뿐이다. 창조와 진화가 같은 하나이니 자연을 두고는 그것이 진화다 창조다 하고 싸울 필요가 없다. 창조냐? 진화냐? 하는 것은 인간 출현 이후에 대한 것이어야 한다. 이것은 창세기와도 일치하고 실제의 사건과도 일치한다. 실제 역사에 있어서도 인간 이전의 자연과 인간 이후의 문명은 분명하게 대조된다. 따라서 기독교는 싸우기를 그만두고 참된 창조론을 찾아야 한다. 그것은 인간을 문제 삼는 것으로부터 발아할 것이다.

제 14 장

⋮

창조/진화의 과정에서
인간 존재의 필연성

1. 창조/진화의 과정에서 인간 존재의 필연성 1

먹이사슬이란 어떤 것인가?

인간은 진화에서 우연히 나타난 존재라는 것을 진화론자들은 강조하고 있다. 그와는 다르게 창조론에서는 인간은 하나님의 형상으로 창조되었기 때문에 필연적이라고 하고 있다. 우주를 논리의 관점에서 생각하는 화이트헤드나 비트겐슈타인은 우주의 전제가 논리이기 때문에, 논리적인 존재인 인간은 필연적으로 나타나게 되었다고 생각했을 것이다. 그렇다면 창세기 1장을 어떻게 읽고 분석해야 인간 창조의 필연성을 끌어낼 수가 있을까? 그것이 바로 먹이사슬이다. 창세기 1장에서 신이 창조에 여섯 날이 필요했던 것은 지구 생태계의 먹이사슬이 여섯 단계를 하고 있기 때문이다. 창세기에는 '나누다' '내다'라는 표현이 이어지는데 이것이 바로 진화에서의 가지치기, 즉 분기점이다. 창세기 1장에서 신이 언어를 통하여 창조한 것은 지구 생태계이다. 지구의 생태계는 먹이사슬로 되어 있다. 먹이사슬을 분석하면서 인간 창조의 필연성을 알아본다. 창세기 1장에 제시되어 있는 먹이사슬은 다음과 같다.

천지 대지의 흙 → 흙 속의 미생물 → 미생물을 먹는 식물(식물의 광합성) → 식물을 먹는 초식동물 → 초식동물을 먹는 육식동물 → 이 모든 것을 먹는 잡식동물, 인간.

창세기는 특히 식물의 광합성을 강조하는데 넷째 날에 광명체를 하늘에 두어 땅을 비추게 했다고 반복하여 기록하고 있다. 셋째 날에 식물이 창조되었으니 넷째 날에, 둘째 날에 이미 빛으로 나왔던 것이 광명체라는 이름으로 다시 나오고 있는 것이다. 이는 기자가 그만큼 광합성을 중요하게 생각했기 때문이다.

앞에 제시된 먹이사슬을 보면 각 단계에서 그 존재는 그 단계까지의 마지막 포식자이다. 천지의 흙은 지구 그 자체이기 때문에 필연적으로 맨 먼저 창조된 것이다. 그다음 날에 식물이 창조되는데, 흙을 퍼 놓으면 먼저 자리 잡는 것이 식물이다. 이 식물은 셋째 날까지의 마지막 포식자이다. 다음 날에 초식동물이 창조되는데, 초식동물은 식물을 먹기 때문에 그 단계까지의 마지막 포식자이다. 다음 날에 육식동물이 창조되는데, 육식동물은 그 아래 식물과 초식동물을 먹기 때문에 그 단계까지의 마지막 포식자이다. 이제 인간이 마지막 날 여섯째의 날에 창조되는데, 인간은 모든 것을 먹기 때문에 마지막 포식자인 것이다. 인간은 보이지 않는 관념까지도 먹는다.

이렇게 놓고 보면 창조는 마지막 포식자를 만들면서 진행된 것이다. 그렇다면 창조는 왜 인간에 와서 완성된 것인가? 인간을 먹는 존재는 없기 때문이다. 인간이 만드는 기계나 문화 문명은 인간을 생물적으로 먹지 않는다. 문화적으로 먹는다. 이러한 창조를 단순한 것에서 복잡한 것으로의 진화, 혹은 단순한 존재에서 고등한 존재로의 진화라고 하는 것이다. 창조와 진화는 이렇게 단순한 것에서 복잡하고 정교한 것으로 상승적인 진행을 할 수밖에 없다. 그래야 먹이사슬이 만들어진다. 이 먹이사슬은 생태계의 질서를 유지하는 논리이다. 먹이사슬이 없으면 지구의 생태계는 만들어지지 않았고, 먹이사슬이 나타나면 이제 질서가 있게 되는 것이다. 식물이 창조된 다음 날에 다시 또 식물을 창조할 수는 없다. 그 식물보다 더 나은, 그래서 식물을 먹는 존재를 창조해야 한다. 이렇게 진행된 창조는 이제 인간의 창조에서 끝난다. 인간은 모든 것을 먹고, 보이지 않는 것까지도 먹는 존재이기 때문이다. 신이 인간을 창조할 때 자신의 형상과 모습대로, 자신보다 더 나은 존재로 창조했다. 만일에 신이 자신보다 못한 존재로 인간을 창조하고 자신 안에 인간을 종속시킨다면 그것은 창조가 아니다. 여기서 우리는 창조와 진화가 동일한 것으로 논리적이라는 것을 알 수 있다. 이렇게 신이 논리적으로 창조했기 때문에 인간을 창조할 수밖에 없는 것이다. 인간은 논리적인 존재이다. 신이 논리에 따라 창조했는데, 논리적인 존재인 인간이 그 창조에서 나타나지 않는다면 그것이야말로 이상하지 않은가?

그런데 인간은 신의 창조논리를 뒤엎어 버리고 나타난 존재이다. 인간이 관념까지도 먹는 존재이기 때문이다. 인간이 뒤엎어 버리는 것은 번식력이다. 앞에서 보인 먹이사슬은 각 존재의 번식력이 다르기 때문이다. 그러니까 신은 창조논리가 바로 각 날/단계에 창조되는 존재의 서로 다른 번식력을 원리로 한 것이다. 맨 먼저 창조된 천지의 흙은 죽음 그 자체이며 동시에 탄생 그 자체이다. 모든 죽음은 흙 속에 묻혀서 썩어서 미생물이 되고, 미생물은 식물의 먹이가 되어 다시 새로운 생명으로 돌아간다. 이러한 순환 장치가 바로 지구의 생태계 먹이사슬이다. 그런데 인간이 관념을 먹고 토하는 배설물은 흙 속에 묻히지도 않고 썩지도 않는다. 그것은 인간의 수고를 지불해 가면서 관리하고 유지해 간다. 그러한 것들이 바로 인간의 유산인 예술과 문화다. 이렇게 하여 인간의 제일 약한 생물적인 번식력은 오히려 전복되어 자연에 대하여 인간 자신의 생물적인 번식력으로 되어버렸다. 인간이 자신의 관념을 표현하자면 자연을 손상해야 가능하기 때문이다. 인간의 모든 활동은 자신의 관념을 표현하는 활동이다. 전쟁에서부터 섹스까지 모든 일이 대상을 포식하는 활동이라는 말이다.

그렇다면 신은 무엇 때문에 번식력을 축으로 하여 창조한 것인가? 그 이유는 분명하다. 자연이 스스로 영원히 유지되어야 하기 때문이다. 그러한 시스템이 앞에서 말한 에너지의 순환이다. 인간이 마지막 포식자로서 자연에 대하여 해야 하는 일은 대상의 포식 활동을 통하여 자연의 생태계 균형을 유지하는 일이다. 여기에는 그 방법이 중요하다. 말하자면 그 포식하는 방법에 의하여 신의 창조논리를 전복시킬 수도 있고, 안 할 수도 있다. 그 방법이란 무엇인가? 그것이 바로 인간의 노동이다. 인간은 자신의 노동을 통하여 자연을 앞서갈 필요가 없다. 다만 자연의 심부름만 하면 된다. 그러한 노동이 창세기 2장 에덴의 낙원에서 하던 그 노동이다. 에덴동산은 강이 여러 갈래로 흐르는 노동하기 좋은 기름진 땅이다. 에덴에서의 인간의 노동은 모든 대상을 몸으로 상대하는 원시 몸 노동이었다. 이러한 원시 노동만이 대상을 포식하는 활동/노동을 통하여 생태계를 건강하게 할 수가 있는 것이다. 그러나 기계에 의한 노동은 자연을 착취하게 된다. 자연에 대한 착취는 생태계의 균형을 무너뜨리고 불안전하게 만든다. 이 불안전한 노동과 문화와 예술 등의 활동은 비물질적인 활동이다. 이러한 활동을 통하여 인간은 뒤집힌 존재가 된 것이다. 이러한 결과는 각 존재의 번식력을 원리로 하여 창조한 데 따르는 필연적인 것이다. 이것은 생태계의 먹이사슬을 보면 드러난다. 생태계의 각 단계 존재의 번식력이 다르기 때문에 그것을 도표로 나타낸다면 피라미드가 될 것이다. 피라미드의 맨 아래에는 땅이고 위로 가면서 미생물, 식물, 초식동물, 육식동물, 잡식동물인 인간이 있다. 피라미드를 여섯 등분하여 각 등분에 창세기 1장의 창조 순서에 따라 밑에서부터 넣어보자. 그러면 맨 위가 인간이고 맨 아래가 흙이 된다.

그런데 먹이사슬의 피라미드는 몸의 것만 있는 것이 아니다. 흙 속의 미생물부터 인간에게 이르기까지 각 존재의 정신은 점점 활성화되어 인간에 와서는 완전히 열린 정신을 하게 된 것이다. 이 정신의 차이 때문에 인간은 다른 존재를 먹을 수가 있다. 그래서 다른 또 하나의 피라미드는 이미 그린 피라미드를 거꾸로 세운 것이 된다. 이 피라미드는 정신의 피라미드이다. 이 피라미드에서는 앞의 것과는 반대로 인간이 제일 넓은 영역을 차지한다. 인간의 정신이 가장 활성화된 것이기 때문이다.

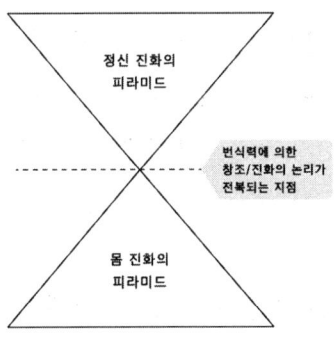

문제는 이 두 개의 피라미드가 각각의 것이 아니라 서로 연결되어 있다는 것이다. 피라미드는 두 개의 꼭짓점이 맞붙은 형태이다. 그렇게 되면 꼭짓점이 만나는 지점에서 두 개의 피라미드의 대각선이 교차하는 지점이 나타난다. 여기가 신의 창조논리가 전복되는 지점이다. 그렇다면 인간은 왜 이렇게 전복된 존재로 나타나게 되었을까? 나는 이것이 지구라는 행성의 진화 전체에 따르는 것이라고 생각한다. 지구라는 행성이 우주 전체의 질서에 따라 종말을 맞는다면, 인간이라는 이 세계를 알아보는 정신적인 존재를 남겨둔 채로는 아닐 것이다. 그 이전에 이미 인간이 사라져야 하는 것이, 우주의 질서에 맞는 일이다. 이러한 우주의 질서에 따르기 위해 인간은 스스로 자신을 생물체가 아닌 비생물체로 만들어야 하는 것은 아닐까?

결론은 이렇게 된다. 진화의 전 과정은 정신이 나타났다가 사라지는 정신의 과정이라는 것이다. 성경을 읽어보면 하나님은 자기 몸을 드러내 보이지 않는다. 하나님은 정신의 존재인 것이다. 그러니까 신은 자신의 정신을 드러내고 표현하기 위하여 인간을 도구로 사용하고 있는 것이다. 이 세계는 물질로 이루어져 있다. 정신은 그 뒤에서 어떤 작용을 하고 있는가를 우리는 이렇게 생각해 볼 수밖에는 없다는 것이다. 정신이 표현되어 세계를 지배하고, 이제 정신이 사라지면 신의 정신을 표현해 주는 인간도 사라지게 된다. 신은 이렇게 자기 자신을 실현한 것이다.

2. 창조/진화의 과정에서 인간 존재의 필연성 2

신은 진화를 창조했는가?

인간이 신의 형상에 의하여 창조되었다는 창세기의 기록은 수없이 많은 것을 생각하게 한다. 신이 창조한 존재 중에 오직 인간만이 대상화하는 인식을 지니고 있다는 사실을 직시할 때 우리는 우리 자신이 곧 신이라고 할 수가 있을 것이다. 나는 개인적으로 이러한 것의 근거를 창세기 1장에서 찾을 수 있다고 생각한다. 창세기 1장은 누누이 말한 대로 실제의 진화와 일치하기 때문이다. 창세기 에서 신은 자신의 노동을 대신하기 위해 자신의 노동을 통하여 인간을 창조한다. 인간은 노동을 하면서 대상을 인식할 수가 있게 되었다. 그러니까 신은 인간이 인식을 지니고 그 인식으로 자신을 알아보게 하려고 노동의 대상인 자연을 인간보다 먼저 창조한 것이 다. 자신의 창조물 중에 자신을 신으로 알아보는 존재가 없다면 자신이 존재하지 않는다는 사실을 신은 이미 알고 있었다. 인간 노동의 대상인 자연이 먼저 창조되었고 노동을 하면서 인간에게는 대상인식이 싹텄다. 그 대상인식에 따라 인간이 신을 인식하게 됨으로써 신도 존재하게 되었다. 그러나 인간의 이러한 대상에 대한 인식은 자기 초월적이기 때문에 신을 배신할 수밖에 없게 되어 있는 것이다. 만약에 자기 초월적인 인식이 아니라면 인간은 신을 신으로 알아볼 수가 없을 것이다. 그리하여 신의 로봇처럼 신이 시키는 대로밖에는 할 수가 없을 것이다. 그러나 이것은 창조가 아니다.

그러니까 신의 인간 창조는 스스로 알아서 하는 것이 전제되어 있는 것이고, 스스로 알아서 한다는 것에는 신에 대한 배반과 배신, 신으로부터의 독립이 전제된 것이다. 이것은 또 문명의 발생과 진화를 전제로 한다. 지금 여기서 말한 이것이야말로 진화와 창조의 분기점일 것이다. 그러니까 신이 만물을 창조하였으나 스스로 알아서 하는 존재인 인간을 창조하지 않았다면, 그것을 창조라고 할 수가 없게 된다. 이것이 창세기가 인간 창조에 와서야 일단락을 보는 이유이다. 성서에는 오류가 없다.

이 논리를 좀 더 밀고 나가서 신의 인간 창조는 인간이 신을 배신함에서 비로소 완성된다고 할 수 있다. 따라서 인간이 신을 배신하는 것은 도리어 신의 창조를 증거하는 것이 될 것이다. 그런데 문제는 인간의 어떠한 것을 신에 대한 배신으로 보아야 하는가이다. 이 문제에 대한 답은 신이 이 세계를 창조한 목적과 이유가 무엇인가 하는 것과 맞물려 있다. 헤겔은 참으로 옳게도 신은 자신이 창조한 세계를 통하여 자신을 표현한다고 했다. 이는 우리가 자연과 인간을 통하여 신을 알 수 있다는 데서 확인된다. 신이 창조한 것은 인간을 포함하는 자연이다. 신이 창조한 자연을 대상으로 하는 것은 인간의 노동이다. 그런데 노동은 신이 인간을 창조한 동기이자, 인간이 신으로부터 독립하는 계기이며 동시에 방법이 된다. 노동이 인간에게 신으로부터 독립하게 하는 것은 노동을 통하여 대상을 인식하는 정신이 싹텄고, 그 인식으로 신을 인식하기 때문인 것이다. 즉, 인간은 노동을 통하여 신으로부터 독립하고 나아가 신을 떠나 자신을 창조한다. 노동은 인간이 신으로부터 독립하고, 나아가 자신의 세계를 창조함으로써 신을 배반할 수 있게 한다.

노동이 신에게 있어서나 인간에게 있어서나 자신을 창조하는 원리였기 때문에 어떠한 것이란 노동과 관련하여 생각해 볼 수 있을 것이다.

화이트헤드의 『이성의 기능』에는 이것에 대한 답이 나와 있다. 이는 진화론자들이 주장하는 진화에서 인간의 출현이 우연이라는 것에 반대하여 인간 출현의 필연성을 논하고 있는 저술이다. 화이트 헤드가 옳을 것이다. 비트겐슈타인이 『논리철학논고』를 통하여 은밀히 말하고 있는 것은, 이 세계의 전제는 신의 전지전능이 아니라 논리라는 것이다. 이성은 논리적이다. 진화를 견인한 것도 이성이요 진화의 목적도 이성이다.

이성의 기능은 삶의 기술을 촉진하는 것이다.
이 정의를 해석하는 데 있어서 나는 '적자생존'이라는 어구가 시사하는 진화론적 오류와 즉각 의견을 달리 하지 않으면 안 된다.[1]

여기서 '적자생존'이라는 표현은 진화론의 명제로서 수동적인 존재를 설정한다. 그러므로 의견이 다를 것이다. 적자생존은 환경에 맞게 자신을 변화시킨다는 의미가 강하다.

그러나 진화론에는 적자생존의 이론에 의하여 전혀 설명되지 않는 또 하나의 요소가 있다. 왜 진화의 방향은 상승적이었던가? 유기적 종이 무기적 물질의 분포로부터 발생했다는 사실과 그리고 시간이 경과함에 따라 더 고차적인 형태의 유기적 종이 진화하였다는 사실은, 환경에 대한 어떠한 적응 이론이나 또는 생존경쟁의 어떤 이론으로도 전혀 설명되지 않는다.[2]

만약에 삶의 기술을 촉진하는 능동적인 요인이 없이 적자생존만

---

1 화이트헤드, 『이성의 기능』, 6.
2 위의 책, 8.

있었다면 진화의 방향은 상승적이지 않고 머물렀으리라는 것이다. 그리고 더욱 고차적 형태의 유기적 종은 나타나지 않았을 것이다. 화이트헤드가 말하는 것은 자신을 환경에 맞게 하는 적자생존이 아니라 환경을 자신에 맞게 개변하는 것이다. 그런데 이것은 유기적 종이 무기물질의 분포로부터 발생했다는 사실에 이미 마련되어 있었던 것이다. 생명과는 전혀 관계가 없을듯한 무기물로부터의 고차적 유기체로의 진화를 우리는 시적으로 표현해 볼 수 있다. 그것은 배신이다.

> 동물들은 환경을 그들 스스로에 적응시키는 과업을 진취적으로 수행하여 왔다. 동물들의 한결 친숙한 행동조차도 환경을 수정하는 행동이다. 사실, 상승에 수반하여 역의 관계가 생겨났다.[3]

여기서 역의 관계란 앞의 행에서 말하는 환경에 적응하는 것이 아니라 오히려 환경을 자신에게 맞게 개선하는 것을 말하는데, 그러한 것이 상승을 가능하게 했다는 것이다.

> 인간의 경우에 있어서는 환경에 대한 이러한 능동적 공격이야말로 인간의 생존에 있어서 가장 두드러지는 사실이다.[4]

표현이 수동에서 공격으로 변했다. 인간은 분명히 자연을 공격하는 존재이다.

---

3 위의 책, 8.
4 위의 책, 9.

나는 이제 환경에 대한 능동적 공격에 대한 설명은 삼중의 충동, 즉 살기 위한 충동, 잘 살기 위한 충동보다 더 잘 살기 위한 충동이라고 서술한다. 사실 삶의 기술이란 첫째로 살아있는 것이고, 둘째로 만족스러운 방식으로 살아 있는 것이며, 셋째로는 만족을 증가시키는 것이다.[5]

확실히 인간은 만족을 모르는 존재이다. 만족하지 않는 것이 곧 자기 초월이다.

이성의 일차적 기능은 환경에 대한 능동적 공격의 지시이다.[6]

인간의 인식/이성은 환경을 공격하도록 지시함으로써 자기 초월, 즉 진화한다. 여기까지는 동물과 인간의 환경에 대한 개선을 그대로 서술하고 있다. 다음부터는 그 근원을 추적한다.

즉, 생리학과 목적적 인과관계를 추가했어야만 했다. 그 항목을 추가할 때 우리는 이성에 관한 논의를 그 현대적 배경 속에 위치 지우는 것이 된다.[7]
우리는 이성을 동물의 신체적 생존에 포함된 작용의 하나로 생각할 수도 있고 그리고 어떤 특정한 동물의 활동으로부터도 추상된 것으로 생각할 수도 있다.[8]

---

5 위의 책, 9.
6 위의 책, 9.
7 위의 책, 9.
8 위의 책, 10.

우리는 목적적 인과관계의 개념이 동물의 신체적 행동에 대해 가지는 관련성을 고찰함으로써 이성의 이 두 양상에 관한 논의를 결합시킬 수가 있다.[9]

문제는 동물의 신체의 작용을 이해하는 것이다. 특정 동물의 신체의 특정 활동은 목적의 예견과 그 목적을 달성하려는 의도에 달려 있다는 뚜렷한 증거가 있다.[10]

동물의 삶에서 이성의 원초적 기능에 관한 이러한 일반적 기술記述 속에서, 그 자신의 자족적 조직을 가진 생명체와 전체로서의 물질적 우주의 자족적 물리적 조직과의 유사성이 면밀하게 추구되어 왔다.[11]

동물의 신체에서 우리는 이성을 선택권자로 하는, 상승경향으로 향하는 욕구를 관찰할 수가 있다.[12]

동물의 신체에는 우리가 이미 본 바와 같이 목적에 의해 지배된 활동의 분명한 증거가 있다. 그러므로 유추를 반복하여, 이성의 작용의 어떠한 저차적이고 확산된 형태가 물질적 우주를 탄생케 한 거대한 역기능을 구성한다고 논증하는 것이 자연스럽다.[13]

화이트헤드가 이렇게 동물의 신체를 말하면서 논하고 있는 것은 실천이성이다. 이 실천이성이란 동물들이 자신에 맞게 환경을 개선하는 행동을 말하는데, 그것은 동물들의 노동이다. 인용문들의 핵심은 동물들의 신체가 그들이 하는 노동에 맞게 특화되어 있다는

---

9 위의 책, 10.
10 위의 책, 15.
11 위의 책, 21.
12 위의 책, 21.
13 위의 책, 22.

말이다. 동물들의 생존을 위한 노동은 동물들의 목적이다. 생존이 목적이 아니라 그 방법의 수행인 노동이 목적이라는 말이다. 그리고 동물들의 몸은 자신들이 하는 각각 다른 노동에 맞게 되어 있는 것을 그는 목적적 인과관계라고 하고 있다. 이러한 동물들의 특징은 기계와 같다. 목공기계는 오로지 목공에만 유용하게 만들어졌다. 땅을 파는 기계는 오로지 땅을 파는 일에만 유용하다. 동물은 자기 신체가 그 능력에 있어서 제한적이고 특수한 조건에 맞게 되어 있다. 동물은 그 신체적 특징상 보편적인 능력을 가지고 있지 않고 가질 수도 없게 되어 있다는 의미이다. 말하자면 동물은 그 이성의 능력에 있어서 보편적인 이성이 아닌, 특수한 이성인데 이는 그 신체의 생김새와 결부되어 있는 것이다. 예를 들어 컴퓨터의 발전을 두고 이러한 질문을 해 보자. 컴퓨터는 왜 처음부터 최고의 컴퓨터가 나오지 않는가? 사물의 진화는 당초부터 고차적인 존재가 출현할 수가 없게 되어 있다. 기계도 마찬가지이다. 가장 초보적인 기계가 만들어지고 그걸 사용하는 과정에서 여러 가지의 개선점들이 발견된다. 개선점들을 반영하여 다음 단계의 기계가 만들어지고 사용 과정에서 여러 가지의 개선점들이 나타난다. 개선점들을 적용하여 다음 단계의 기계, 좀 더 진화한 기계가 만들어지는 것이지 처음부터 완전한 기계, 보편적인 기계가 만들어질 수가 없게 되어 있다는 것이다. 이러한 동물이나 기계는 개별적인 존재로서 개별적인 노동만을 할 수가 있다. 이러한 발전을 추동하는 계기를 목적적 인과관계라고 한다. 이렇게 하여 진화는 드디어 보편적인 노동을 통하여 그 모든 기계를 만들 수 있는 보편적 이성을 가진 존재, 보편적인 신체를 한 보편적인 기계를 진화시킨다. 그가 곧 우리 인간이다.

    그런데 이러한 진화사는 창세기 1장에 기록된 하나님 창조의
과정과 일치한다. 하나님은 맨 처음에 빛을, 다음에 그 빛을 나누어
어둠을 창조하는데 이는 실제로 빅뱅 직후에 빛과 어둠이 분리된
것과 일치한다. 생물권의 창조도 처음에 식물을, 다음에 식물의
광합성을 위하여 태양을, 다음에 초식동물과 육식동물을, 다음에
잡식성 동물인 인간을 창조한다. 인간보다 먼저 창조된 동물은
앞에서 말했듯이 어떤 노동에 특화된 몸의 존재이다. 그리고 인간은
보편적인 몸을 가진, 보편적 인식을 지닌 존재이다.

> 만일 인류의 활동이 그의 신체적 행동에 영향을 미치지 못한다면, 진화의
> 과정에서 방향이 왜 인류에까지 도달해야 했을까? 만일 목적이 무용지물
> 이라면, 이성은 설명될 수 없다는 점을 명백하게 의식하는 것이 좋을 것이
> 다.[14]

    나는 지금까지 데카르트의 정신과 신체의 분리, 이원론이 대체로
옳다고 생각해 왔다. 그러나 여기서 나는 그 이원론이 무엇을 지시하
는지 그 실체를 알게 되었다. 그 실체란 바로 지금까지 화이트헤드가
말하고 있는 그것이다. 즉, 이성은 그 신체에 결부되어 있다는
것이다. 이성은 몸의 이성이다. 다음 인용문은 앞의 인용문 앞에
놓여있는 문장이다.

> 왜냐하면 이론이란 목적적 인과관계가 작용되지 않는 한, 결코 시험될

---

14 위의 책, 23.

수 없기 때문이다. 이 기본적인 기능을 제외하면, 이성의 존재 자체는 무목적적이고 그리고 그 기원은 설명 불가능하게 된다.[15]

여기서 그가 설명 불가능하게 되는 기원이라는 것은 앞의 문장에서 말하고 있는 것으로, 진화가 인류에까지 도달한 기원을 말한다. 그 기원을 화이트헤드는 목적적 인과관계로 파악하고 있는 것이다. 이것은 확실히 그렇다. 환경을 자신에 맞게 개변하는 실천이성의 목적적 인과관계 끝에 만족을 추구하고 그 만족을 증가시키는 존재로서의 보편적 이성의 존재인 인류가 나타났다고 말하고 있다.

나는 이제 환경에 대한 능동적 공격에 대한 설명은 삼중의 충동, 즉 살기 위한 충동, 잘 살기 위한 충동보다 더 잘 살기 위한 충동이라고 서술한다. 사실 삶의 기술이란 첫째로 살아있는 것이고, 둘째로 만족스러운 방식으로 살아 있는 것이며, 셋째로는 만족을 증가시키는 것이다.[16]

만족을 추구하고 그 만족을 증가시키는 존재로서의 보편적 이성의 존재인 인류가 나타났다고 말하고 있다. "인간의 이성은 보편적인 이성이요, 동물들의 이성은 특수한 개별적인 이성이다"라는 문장은 인간에 대한 서늘한 냉소를 품고 있다. 이성의 기능은 이러한 분위기를 파악하고 나서야 화이트헤드가 말하고자 하는 것이 무엇인지를 알게 되는 책이다.

이것을 두고 생각해 보면 동물의 이성/인식은 그 신체에 결부되

---

15 위의 책, 23.
16 위의 책, 9.

어 있고 그 대상에 제한된 이성이기 때문에 이원론이 적용될 수가 없다. 동물은 앞에서 예를 든 목재를 가공하는 일만 할 수 있는 목공기계와 같다. 그러나 인간의 이성은 보편적인 몸으로부터의 것으로 보편적인 이성이다. 인간의 이성은 부분이 전체를 포괄하고 그럼으로써 자기 초월 한다. 그렇다면 이원론의 적용이 가능하지 않겠는가? 데카르트는 이원론의 근거를 동물과 인간의 영혼이 아주 다르다는 사실에서 찾았다.

그러나 화이트헤드는 데카르트의 이원론을 부정하는 듯하다.

> 그러나 세계에는 또 하나의 명백한 이중성-신체와 정신이 있으며 그것을
> 고찰하는 것이 모든 우주론의 첫째 과제이다. 만일 우리가 데카르트를
> 좇아서 실체의 개념에 의하여 이러한 이중성을 표명한다면, 우리는 신체
> 적 실체와 정신적 실체의 개념을 얻게 된다. 신체적 실체들은 이 이론에
> 따르면 공허한 존재를 갖는다.[17]

여기서 말하는 공허한 존재란 목적적 인과관계의 배제하는 것이고 신체적 실체란 그 신체에 어울리는 이성/인식을 말한다.

> 그리하여 목적적 인과관계를 배제하려는 움직임은 동인적 인과관계의
> 이론을 꼭 같이 설명불가능한 것으로 만듦으로써 끝나게 되었다. 데카르
> 트는 자신의 신체를 끌고 다니기 위하여 신을 요청해야 했다.[18]

---

17 위의 책, 25.
18 위의 책, 25.

인용문 앞의 문장을 보자.

데카르트는 그들은 신에 의하여 유지된다고 말한다. 그러나 왜 신이 그렇게 하기를 원하는지에 대한 어떤 이유도 제시하지 못한다.
그리하여 목적적 인과관계를 배제하려는 움직임은 동인적 인과관계의 이론을 꼭 같이 설명불가능한 것으로 만듦으로써 끝나게 되었다.
데카르트의 신체와 정신의 분명한 구별 또한 경험적 사실을 잘못 이끌어 간 것이다.[19]

데카르트의 실체는 존재하기 위해서 다른 어떤 것을 필요로 하지 않는다는 것인데, 유기체 철학에 정면으로 맞서는 것이다. 데카르트의 실체는 바로 신이라고 보아야 할 것이다. 그에 반하여 화이트헤드는 철저한 상호의존적인 유기체를 말하고 있다.

여기까지만 읽게 되면 확실히 데카르트의 이원론이 그릇된 이론이라고 결론될 것이다. 그러나 화이트헤드는 사변이성에 대하여 말한다. 사변이성은 이론적인 것이고 실천이성은 그 이론을 실천하는 이성이다. 누가 어떤 기술을 배울 때는 이론으로는 안 되고 이론과 실제의 경험을 통하여 기술이 발전하게 되는데 그가 말하는 내용이 이것이다. 사변이성이 어떤 새로운 기술을 창안하여 내놓으면 실천이성은 그 기술을 실행해 보게 된다. 그러면서 상호 결점을 보완하여 발전하는 것이다.

---

19 위의 책, 25.

실천이성의 역사는 인류가 출현한 동물의 생활에까지 되돌아가야 한다. 방법에 대한 점진적인 완성에로 이끌어 간 희미한 산발적 지성의 번쩍임을 고려한다면, 그 기간은 수백만 년의 기한으로 측정된다.[20]

자연 안에 인간이 나타나서 먼저 해야 했던 것이 노동이다. 여기서 실천이성이란 노동을 말한다. 희미한 산발적 지성의 번쩍임이란 수백만 년의 기한으로 측정되는 원시시대의 동물이나 확실한 인식이 아닌 초보적 인식으로서 아마도 원시 인류가 도구 등을 만드는 것을 생각하고 말하는 것 같다,

사변이성의 역사는 훨씬 짧다. 그것은 문명에 속하며, 그리하여 그 기간은 약 육천 년이다.[21]

사변이성이란 육체노동으로부터 분리되어 나타난 정신노동을 말한다. 화이트헤드가 사변이성과 실천이성의 발생의 시기를 다르게 하는 것은 인류 출현 후에 육체노동이 진행되다가 나중에 정신노동이 나타나면서 육체노동과 분리되었기 때문이다.

내가 생각하기에 육체노동과 정신노동이 분리되었다는 것 자체가 이원론을 의미하는 것이다. 순수한 의미의 정신노동은 인간에게서만 볼 수 있는 것이고 육체노동은 동물에게서 볼 수 있는 것이다. 그래서 화이트헤드의 다음과 같은 말은 사실상 이원론에 대한 것으로 읽어야 한다.

20 위의 책, 33.
21 위의 책, 33.

사변이성은 그 본질상 방법의 제약을 받지 않는다. 그 기능은 제약된 근거를 넘어서 일반적 근거를 간파하는 것이고, 모든 방법을 초월함으로써, 파악될 수밖에 없는 사물의 본질 속에 통합된 모든 방법을 이해하는 것이다.[22]

이것은 앞에서 내가 이미 인간의 정신은 부분이 전체를 포괄한다는 것과 같은 취지의 말이다. 그런데 이것은 창조의 법칙이다. 이와 같은 내용의 다른 표현을 우리는 비트겐슈타인의 『논리철학논고』에서도 찾을 수가 있다.

논리에 우연은 없다. 사물이 사태 속에 나타나려면 그러한 사태의 가능성이 사물 속에 선취되어 있어야 한다.[23]
만약 모든 대상이 주어져 있다면 가능한 모든 사태도 주어져 있다.[24]

사태의 가능성이 사물 속에 선취되어 있어야 한다는 의미는 이런 것이 아닐까? 몸이 있으면 그 몸에 맞는 정신이 깃들기 마련이다. 사물의 그러한 정신을 이용하여 인간은 논리를 짜내고 그 논리를 사물에 적용해 실현하는 것이 바로 과학기술인 것이다. 마찬가지로 이것은 무기물질로부터 진화가 가능하게 된 것을 말해준다.
실천이성, 즉 노동은 사물 속에 선취되어 있는 가능성을 찾아내 실현하는 것 외 다른 것이 아니다. 그렇게 모든 대상인 자연이

---

22 위의 책, 51.
23 논고, 2.012.
24 논고, 2.0124.

인간에게 주어져 있고 모든 사태가 가능하다. 이러한 노동으로부터 인간은 필연적으로 진화한 것이다. 진화론자들이 말하는 것은 인간이 우연히 나타난 존재라는 것이다. 화이트헤드의 『이성의 기능』은 진화론자들의 오류를 분명히 지적하고 있다.

3. 화이트헤드의 유신론

이제 우리는 앞에서 화이트헤드가 말하는, "그러나 세계에는 또 하나의 명백한 이중성—신체와 정신이 있으며 그것을 고찰하는 것이 우주론의 첫 번째 과제이다"라는 우주론의 과제를 나름대로 풀어 볼 수가 있지 않을까 생각해 본다. 화이트헤드의 말을 달리 생각해 보면 하나의 결론을 얻을 수가 있는데, 우주의 미래는 인간의 수중에 있다는 것이다. 왜 이러한 결론인가? 화이트헤드에게는 과정철학자로서 과정신학이라고 할 만한 것이 있다. 그런데 이것은 사실상 이성의 기능의 연장선에 있는 것이라고 보인다. 이성의 기능에서 화이트헤드가 말한 것을 요약하자면 이렇다.

진화에서 인간의 출현은 필연적이다. 진화를 견인한 것이 이성의 기능이며 이성은 목적적 인과관계에 의한다. 목적이란 삶의 기술을 촉진하는 것이다. 그러니까 인간이 삶에 만족할 때까지 진화는 계속된다는 결론이다.

과정신학은 인간과 세계의 진화론적 성격을 강조하여 신(神)도 변화해 가는 세계와의 영적인 교류를 통하여 발전해 가는 과정에 있다고 주장하는, 1960년대에 미국에서 새로 생겨난 신학 사조 가운데 하나이다. 이 용어는 영국의 철학자 A. N. 화이트헤드가 기포드 강연에서 한 원고 "과정과 실재"(Process and Reality)에서 유래하였다.

그러나 여기에는 하나의 문제가 있는데, 화이트헤드가 과정으로 파악하고 있는 것이 자연이 아니라 자연을 이용하는 문명이라는 것이다. 화이트헤드의 과정은 창세기 3장 이후에 하나님을 대상화하는 인간에 의한 문명의 진화를 말한다. 그런데 자연이야말로 과정이다. 자연은 순환하고 질서를, 생명을 생산하여 다시 생명이 끝난 물질을 부패시켜 땅을 통하여 흡수하고 그것을 다시 새로운 생명으로 환원하는 완벽한 지속이며 이 지속이 과정이다. 자연은 절대로 고장 나지 않는다.

일반적으로 과정철학에서는 만물의 근본 질서, 곧 실재의 근본 성질은 존재 또는 실체가 아니라 과정이라 하며, 불변하는 실체나 기계적 · 자존적 개체보다는 사건, 형성 그리고 유기적 관계성이 실제로는 더욱 근본적이고 포괄적인 양태라고 주장한다. 화이트헤드도 실재의 기본 단위는 고전적 개념의 실체가 아니라 현 실재 또는 현실 계기라 부르는 사건이라 하였다. 그리고 현 실재가 우주 속에서 하는 일은 자기 창조와 타자 창조라 하였다. 여기서 자기 창조란 궁극적으로 자기실현을 말하며, 이를 위해서는 자료가 필요한데, 그 자료는 바로 물리적 자료인 다른 현실재와 개념적 자료인 영원한 객체이다.

문명은 자연에 기생하여 진화한다. 문명을 과정으로 본다면 그 과정은 자연의 제한을 받을 수밖에 없다. 문명은 자연이 건강한 만큼만 과정을 이을 수 있는 것이다. 더구나 문명은 고장 나는 것으로 그것은 무질서이다. 여기서 물리적 자료인 현실재란 다름 아닌 자연 사물이다. 영원한 객체로서의 개념적 자료는 이성으로부터 얻는 과학적 기술을 말한다. 자기를 궁극적으로 실현한다는 것은 만족을 끝까지 추구하는 것인데, 인간이 자기를 궁극적으로 실현한다는 것은, 그것이 만족을 지시하는 것이라면 불가능하다. 그러나 인간이 궁극적으로 자기를 실현하게 되면 어떠한 결과를 초래하게 될 것이다. 그것은 인간이 사라지는 것 말고는 없다. 자기를 실현한다는 것은 삶의 만족을 극단적으로 하는 것이다.

이것은 화이트헤드가 이성이 기능을 서술해 가는 과정에서 놓친 것으로, 다음 인용문을 다시 읽어보면 우리는 거기서 하나의 질서를 발견하게 된다.

> 그러나 진화론에는 적자생존의 이론에 의하여 전혀 설명되지 않는 또 하나의 요소가 있다. 왜 진화의 방향은 상승적이었던가? 유기적 종이 무기적 물질의 분포로부터 발생했다는 사실과 그리고 시간이 경과함에 따라 더 고차적인 형태의 유기적 종이 진화하였다는 사실은, 환경에 대한 어떠한 적응 이론이나 또는 생존경쟁의 어떤 이론으로도 전혀 설명되지 않는다.[25]

그 질서란 다른 것이 아니라 지구 생태계의 먹이사슬이다. 먹이사슬은 각 존재의 번식력을 축으로 하여 이루어진 것이고, 각 존재의 번식력을 기하학적으로 표현한다면 정삼각형이 될 것이다. 이 정삼각형은 물질의 진화를 나타낸다. 물질의 진화를 견인하여 인간을 출현하게 한 것이 이성이다. 따라서 우리는 물질의 진화를 나타내는

---

25 화이트헤드, 『이성의 기능』, 8.

정삼각형을 거꾸로 세워 놓은 또 다른 정삼각형을 생각해야 한다. 이 거꾸로 선 정삼각형이 바로 정신/이성의 진화를 나타내는 것이다. 정신의 삼각형이다.

이를 입증해 보자면, 맨 나중에 출현한 인간은 그 바로 밑의 육식동물보다 훨씬 뛰어난 추상능력을 가지고 있다. 인간은 상상력과 상징의 동물이다. 바로 밑의 육식동물을 보면 그 밑의 초식동물보다 더 뛰어난 인식능력을 가지고 있다. 화이트헤드는 어디에선가 먹이를 물고 가다가 물 표면에 반사되어 보이는 여우를 생각해 보라고 한다. 그 여우는 물에 비치는 그 먹이를 먹기 위해 입을 벌린다. 순간 물고 있던 먹이는 물에 떨어지고 만다. 여우는 물에 비친 그 먹이가 자신이 물고 있는 먹이라는 것을 몰랐다. 이 여우는 인간, 인간의 상징능력에 채 미치지 못하는 인식능력을 가지고 있는 것이다. 육식동물 바로 밑의 초식동물들은 여우와 같은 착각을 하는 일이 없다. 그들의 인식은 상징과는 전혀 관계가 없는, 물 자체를 인식하는 것이다. 최근에 까마귀가 호두알을 차가 다니는 도로상에 놓아두었다가 차에 밟혀서 호두가 깨지면 그때 알을 먹는 일이 목격되었다고 한다, 까마귀는 도구를 사용하고 있는 것이다. 그러나 초식동물에게서 이러한 일은 절대 일어나지 않을 것이다. 초식동물은 도구를 사용할 필요가 없다. 목이 긴 기린은 높은 나무의 잎을 따 먹기 위해 긴 것인데, 긴 목이 도구를 대신하는 것이다.

화이트헤드가 각 존재의 몸이 목적적 인과관계에 의한 것이라고 하는 것은 바로 지금 내가 말한 그것이다.

왜 진화의 방향은 상승적이었던가? 유기적 종이 무기적 물질의 분포로부

터 발생했다는 사실과 그리고 시간이 경과함에 따라 더 고차적인 형태의
유기적 종이 진화하였다는 사실은….[26]

진화의 방향이 상승적이라는 것은 시간의 경과에 따라 더 고차적
형태의 종이 출현한 것을 말한다. 이렇게 진화는 저차적 형태로부터
시작되어 고차적 형태의 유기적 종으로 되면서 먹이사슬을 만든 것이다.
화이트헤드가 말하는 삶의 만족 추구로써 자기를 궁극적으로 실현
한다는 것은 정신에 대한 물질의 정삼각형을 거꾸로 세워 놓는 것이다.
물질의 진화를 나타내는 정삼각형에서 맨 위 꼭짓점이 인간의 영역이
다. 인간은 지구 생태계 구성원 중에서 제일 번식력이 약하기 때문이고
진화에서 맨 나중에 나타났기 때문에 이 좁을 영역을 차지하고 있는
것이다. 그런데 문명의 진화와 발달은 자연에 대하여 작용하기 때문에
지구 생태계에서 제일 번식력이 약한 존재인 인간의 번식력을 제일
강한 것으로 만든다. 달리 말하자면 문명은 인간의 생물적인 번식력을
대치한 것이다.
나는 화이트헤드가 『이성의 기능』을 쓰면서 성서의 창세기 1장을
읽었는지는 모른다. 그러나 그가 저차적 형태로부터 고차적 형태로의
진화를 말하면서도 그것이 기실 번식력에 의한다는 것과 따라서 먹이사
슬이라는 절대적인 질서를 만든다는 것을 생각하지 않은 것을 보면
성서의 창세기를 읽지 않았을 것이라는 생각을 하게 된다. 먹이사슬이
절대적 질서라는 것은 번식력이 강한 존재를 번식력이 약한 존재가
먹여 살릴 수가 없기 때문이다.

---

26 위의 책, 8.

인간의 모든 행위는 실재 지향적이 아니라 비실재적 허구를 지향하는 것이다. 그것은 한마디로 배설 행위이다. 따라서 인간이 자연을 노동의 착취를 통하여 착취하고 자연을 해치는 것은 자신보다 한 단계 더 진화하는 존재를 만들고 있는 것이다. 먹이사슬을 한 단계 더 만들고 있다는 말이다. 달리 말하면 보이는 물질의 정삼각형 뒤에는 보이지 않는 정신의 정삼각형이 있는데, 이 보이지 않는 정신의 정삼각형이 나타나는 것이다. 따라서 인간보다 한 단계 더 진화한 포식자인 그것은 인간을 먹이로 한다. 우리는 우리의 배설물인 허구를 먹여 살리기 위하여 죽어간다.

기독교가 생각하는 인격신은 신이 아니다. 인격신이란 하나님은 변하실 수 있고, 감정이 있는 존재이고 피조물의 기쁨과 슬픔, 고통에 깊이 공감하고 그에 따라 변화하는 존재여야 하는데, 그렇다면 인간이지 신은 아니다. 창세기 2장 3절까지는 하나님이다가 4절부터는 여호와 하나님으로 변하는 이유는, 이제 인식을 지니고 그 인식으로 하나님을 대상화하는 인간을 상대하시는 하나님이기 때문이다. 인간의 대상화에 따라 변하지 않는, 객관적으로 존재하는 하나님인 것이다. 그 하나님은 언어를 통한 창조로서 세계의 법칙과 질서를 세우신 하나님이다. 만약에 그런 하나님이 인격을 지니고 있다면, 인간에게 그 질서를 양보하게 될 것이다. 그렇다면 피조물, 자연은 조금도 손상되지 않고 인간은 자연을 무제한 적으로 마음대로 처분해도 좋을 것이다. 그러나 현대적 상황에서 우리가 겪고 있는 자연 세계는 이상기후와 공해, 오염 등으로 파괴되고 있다.

신은 절대정신의 존재이다. 우리는 헤겔의 신에 대한 개념을 참고할 만하다. 헤겔에게 있어서 신은 절대정신이다. 절대정신, 정신만의 존재에 있어서는 어떤 감정을 느낀다고 하여도 그것을 반드시 물리적으로 표현할 필요는 없을 것이다. 달리 말하자면 변화하지 않는다. 변화하고 감정을 느낀다는 것은 그것을 물리적으로 표현한다는 것이다. 감정이 있어도 물리적으로 표현하지 않는다면 그것은 변화라 해서는 안 되는 것이다. 과정신학에서 말하는 신이란, 사실상 인간이지 신이 아니다.